安徽省高等学校省级质量工程教材建设项目

医学生职业发展与就业指导

张 铭　余 亮◎主编

中国科学技术大学出版社

内 容 简 介

本书以医学生职业成长全要素为主要内容，以期为医学人才发展提供系统性指引。开篇从职业规划底层逻辑切入，帮助学生完成从通用理论到专业认同的认知跃迁；创新能力培养篇章助力医学生形成跨学科融合的创新能力；就业指导部分聚焦医学生就业理论认知向实践能力的转化；创业探索模块突出互联网医疗、精准医疗等细分赛道，为创业实践提供从构思到运营的路径参考。

全书内容尽量兼顾职业发展共性与医学相关行业规律，既包含智慧医疗等前沿趋势研判，也提供可直接复用的实操工具，适合医学生系统提升职业竞争力。

图书在版编目（CIP）数据

医学生职业发展与就业指导 / 张铭，余亮主编. -- 合肥：中国科学技术大学出版社，2025. 8. -- ISBN 978-7-312-06379-4

Ⅰ. G647.38

中国国家版本馆CIP数据核字第20250KK502号

医学生职业发展与就业指导

YIXUESHENG ZHIYE FAZHAN YU JIUYE ZHIDAO

出版 中国科学技术大学出版社
安徽省合肥市金寨路96号，230026
http://press.ustc.edu.cn
https://zgkxjsdxcbs.tmall.com

印刷 安徽省瑞隆印务有限公司

发行 中国科学技术大学出版社

开本 787 mm×1092 mm 1/16

印张 18.75

字数 456千

版次 2025年8月第1版

印次 2025年8月第1次印刷

定价 48.00元

编　委　会

主　编　张　铭　皖南医学院

余　亮　皖南医学院

副主编　汪全海　皖南医学院

胡剑辉　安徽省皖南康复医院

黄　旭　皖南医学院

徐　维　皖南医学院

编　委（以姓氏笔画为序）

王文娴　皖南医学院

叶　兰　皖南医学院

叶　晨　皖南医学院

刘　欢　皖南医学院

刘　瑾　皖南医学院

束玉洁　皖南医学院

张　伟　皖南医学院

张建英　皖南医学院

张晋艳　皖南医学院

张海涛　皖南医学院

陈紫君　皖南医学院

范君君　皖南医学院

郑　柯　皖南医学院

候东晓　皖南医学院

高　冰　皖南医学院

唐浩如　皖南医学院

景　婷　皖南医学院

焦健浩　皖南医学院

前　言

在健康中国战略深入推进的时代背景下，医学人才的培养不仅关乎每一位医学院校大学生个人职业价值的实现，更承载着守护全民健康的重要使命。医学生作为医疗卫生事业的储备力量，其职业发展路径的科学规划、就业能力的系统提升以及创新创业素养的全面培育，已成为医学教育领域亟待回应的关键课题。作为安徽省教育厅2023年度高等学校省级质量工程项目(2023jcjs116)的《医学生职业发展与就业指导》一书，正是立足医学教育规律与行业发展需求，为医学生量身打造的就业创业指南。

本教材在编写过程中，以“理论介绍-实践导引-医学聚焦”为核心逻辑。第一篇“职业生涯规划基础”，从普适性职业规划理论切入，首先带领学生认识职业生涯规划的本质，剖析职业兴趣、价值观与人格特质的内在关联，系统探索工作世界的运行规则；进而紧密结合医学职业的特殊性，深入阐释医学职业修养的核心内涵——它不仅是专业技能的精进，更是医德医风的坚守、人文关怀的践行以及终身学习意识的养成，为医学生筑牢职业发展的认知根基。第二篇“医学创新能力培养”，聚焦创新驱动发展战略对医学领域的深刻变革，在介绍创新理论与通用创新方法的基础上，独辟“医学创新思维与创新工具”专章，以期助力学生打破学科壁垒，培育“医学＋X”跨界创新思维，助力应对医学科技高速发展的核心竞争力养成。第三篇“就业指导与实践”，直面医学生最为关注的就业现实，在系统梳理医疗卫生行业就业形势与国家相关政策，帮助学生建立宏观就业认知的基础上，从简历制作、面试技巧、职业形象管理等实操层面进行专项指导，以期帮助学生实现从“理论认知”到“求职实战”的无缝衔接。第四篇“医学创业探索”，结合医学行业特点构建创业知识模块。在介绍创业通用理论的基础上，特别设置“医学创业”专章，深度剖析互联网医疗平台、精准医疗服务、医学科技成果转化等细分领域的创业机会与风险，为有志于医疗健康领域创业的学生打开实践视野。

本教材坚持三大编写原则：一是专业性与普适性相统一，既保留职业发展和就业指导理论的基本框架，又紧密贴合医学教育规律；二是前瞻性与实用性相结合,既纳入智慧医疗、远程诊疗等行业前沿趋势,又呈现可直接套用的职业规划工具;三是价值引领与能力培养并重,在讲解求职技巧的同时,始终贯穿"健康所系,性命相托"的职业初心教育,引导学生在职业选择中践行医学人文精神。

作为一本面向医学院校学生的教材,本书既可作为职业发展与就业指导课程的核心教材,也可作为医学生职业能力和创新创业技能自我提升的案头读物。愿每一位医学生都能从书中汲取养分,在守护人类健康的伟大事业中找准定位,书写属于自己的职业华章。

另外,本教材在编写过程中参考了多部职业生涯规划和就业指导相关教材和论著,吸收了许多专家同仁的观点和内容。在此,特向在本教材中引用和参考的已注明和未注明的教材、专著、文章的作者表示诚挚的谢意。

本教材在编写出版过程中虽经多轮审校和修改完善,但由于编者能力有限,不足之处在所难免,敬请专家读者批评指正。

编　者

2025年6月

目　录

第三篇　就业指导与实践

第四篇　医学创业探索

第一篇
职业生涯规划基础

第一章　走进职业生涯规划

学习目标

1. 知识目标

理解职业、生涯和职业生涯规划的基本概念及其内涵。

2. 能力目标

能够结合自身兴趣、性格、能力、价值观等因素进行职业生涯的初步规划。

3. 情感价值观目标

激发学生对职业生涯规划的重视，帮助其树立正确的职业观念，明确自己的人生方向。

本章概要

本章从什么是职业生涯开始讲述，阐述职业、生涯、职业生涯及职业生涯规划的概念及内涵；介绍帕森斯人-职匹配理论、霍兰德职业兴趣理论等职业选择理论，舒伯职业生涯彩虹图等职业发展相关的理论。

以彼得·圣洁的“橡皮筋效应”和马斯洛需求层次理论为切入点，尝试从大学生就业中存在的疑惑寻找共鸣，阐述大学生做职业生涯规划的意义。

最后，介绍大学生如何通过认知自我与外部环境，明确职业方向和目标，进而选择职业路径、制定发展规划，为达成职业生涯目标设定行动时序与方案。

引子

王一的蜕变

九月的梧桐叶扑簌簌落在肩头，王一（化名）攥着某医学院校临床医学专业的录取通知书站在学校门口。看着学长学姐们抱着厚重的《系统解剖学》匆匆走过，他心里却盘算着：终于熬过地狱般的高三，是时候解放了！那些因为备考错过的热门电视剧，被搁置的游戏账号，还有收藏夹里吃灰的综艺，都能安排上了！

军训结束后的第一个周末，王一就开启了“自由放纵”模式。白天窝在宿舍追完剧，深夜和网友组队激战。专业课上，他总坐在后排偷偷刷短视频，反正高中老师说“大学靠自学”。解剖课上，他戴着口罩远远躲开福尔马林浸泡的标本，实验报告直接复制学霸的内容。到期末考时，他在图书馆突击3天，看着61分的“系统解剖学”成绩自我安慰：“没挂科就行，学长说临床靠实践，分数说明不了什么！”

转折发生在大二寒假的同学聚会上。当听说高中同桌在学校拿了“互联网+”大学生创新创业大赛一等奖时，王一心里泛起一丝不安。回到家的这天夜里，他做了个漫长又真实的梦：

22岁的自己穿着皱巴巴的白大褂站在医院招聘会现场。面试官翻着简历，指着“熟练掌握医学知识”问：“能详细说说你对心脏传导系统的理解吗？在临床实践中如何应用？”

王一喉咙发紧：“呃……心脏传导系统由窦房结、房室结这些组成，临床……临床好像在心电图里会用到……”

“那你参与过什么病理实验项目？”

“没、没有……但我理论知识学得不错……”

“我们需要的是能独立分析病理切片、参与病例讨论的医生。”面试官调出电脑上的病理图片，问道：“这张肺癌切片的典型特征是什么？”

王一盯着密密麻麻的细胞，大脑一片空白。隔壁展位传来熟悉的声音——正是拿奖的同桌，正在和面试官分享他参与的肿瘤标志物研究项目。

冷汗浸透睡衣的王一猛然惊醒，床头的时钟显示凌晨三点。他颤抖着打开台灯，翻出积灰的《诊断学》，那些曾经觉得晦涩的心电图波形，此刻像未解开的谜题般刺得他眼眶发酸。

改变从每天的清晨六点开始：

王一跟着考研党去图书馆复习，把人体骨骼肌肉的知识点抄在便利贴上，贴满宿舍的各个角落。

他主动敲开教授办公室的门：“老师，我想参与您的‘心血管疾病研究’课题，从整理数据开始！”

后来，他又报名参加“全国大学生临床技能大赛”，和队友在模拟病房反复练习心肺复苏、胸腔穿刺，手指被模拟注射器磨出了茧子；周末他不再追剧打游戏，而是泡在医院的见习室，跟着带教医生查房、写病历，把患者的症状和课本知识一一对照。

毕业季，王一的简历终于有了分量：

参与3项校级医学研究课题，独立完成心血管疾病病例数据分析；

获全国大学生临床技能大赛一等奖；

在三甲医院实习期间，成功识别出一例急性心肌梗死的不典型症状，及时协助医生挽救患者生命。

面试那天，他穿着笔挺的白大褂，从容地展示自己参与的课题成果：“这是我们团队关于冠心病早期诊断的研究，通过分析患者的动态心电图和心肌酶谱变化，将诊断准确率提高了15%……”看着面试官眼中的认可，王一忽然想起那个噩梦。原来，真正的医者之路，从来不是靠侥幸和敷衍就能走通，而是用无数个挑灯夜战的坚持、无数次反复练习的汗水，在守护生命的承诺中，踏出的每一个坚实脚印。

第一节　职业生涯规划的概念

一、什么是职业生涯规划

（一）职业的概念

1. 职业的内涵

职业是个人参与社会分工的重要载体，指人们凭借专门知识与技能从事的、以获取主要生活来源为目的的社会性工作。从构词角度看，“职业”由“职”与“业”组成：“职”体现了工作中蕴含的社会责任、权利与义务，强调个体对社会的贡献与担当；“业”则指向特定领域的专业技能，以及运用该技能完成的业务活动或事业目标。这一概念既涵盖行业性的专业活动属性，也包含与之对应的责任、义务和权益关系。简而言之，职业是个体通过社会分工，以专业能力创造物质或精神财富，获取相应报酬以实现生存与发展需求的工作形式。

职业一词的本义至少包括以下四个方面：

(1) 从社会协作维度看，职业的产生与人类需求及社会职业架构深度绑定，选择某一职业即意味着成为社会分工网络中的具体节点。

(2) 就职业的本质特性而言，其核心要求体现在对特定领域专业知识与技能的系统性运用。

(3) 在社会价值创造层面，职业活动强调通过劳动产出物质成果或精神财富，并基于贡献获得相应的合理回报。

(4) 回归个体生活视角，职业不仅是维系物质生存的主要经济来源，亦能通过工作成就、专业成长等途径满足精神层面的需求。

职业是劳动者通过稳定从事某项有报酬的社会劳动而获得的角色定位，它是对特质相近的一类工作岗位的统称，综合体现了个体的经济水平、生活状态、文化素养、行为模式及思想认知等维度。这一概念与“工作”存在本质差异却又紧密关联——许多人常将二者混为一谈，实则需明确区分：

职业是人们为谋求生存与个人发展而从事的、具有相对稳定性的社会活动，需满足“有经济收入”“能获得社会报酬”等核心要素，其内涵超越具体劳动行为，更指向可持续的事业发展；

工作则侧重于个人为完成特定任务所进行的阶段性活动，更强调具体事务的执行过程。对于大学生而言，毕业之后的目标不应局限于获取一份有经济收入的工作，而应树立长远人生规划，探寻与自身特质、发展愿景相契合的职业方向。

2. 职业的特征

职业特征是劳动者在长期实践中形成的、区别于其他社会活动的本质属性。作为一种

社会现象,它通常具备以下特点:

(1) 社会性

职业是人类劳动分工的产物,既体现了劳动力与生产资料的结合方式,也反映出劳动者之间的协作关系,以及不同职业间通过劳动成果交换形成的社会联系。在职业活动中,人们基于劳动分工形成的社会关系,以及劳动价值在交换中体现的等价原则,均凸显了职业劳动成果的社会属性。

(2) 规范性

职业规范性包含操作规范与伦理规范两个层面。前者指各职业内部为确保专业性,在劳动过程中形成的标准化操作流程;后者即职业道德,是职业者在对外服务时需遵循的伦理准则。二者共同构建了职业规范的完整内涵。

(3) 功利性

职业的功利性(或称经济性)体现在,它既是个人谋生的手段,也是满足社会需求的途径。职业活动需兼顾个人利益与社会价值,只有实现二者的有机统一,才能赋予职业发展持久的生命力。

(4) 技术性

各职业均有特定的技术要求,不同岗位的工作内容往往对应着差异化的专业技能标准,这构成了职业的技术特性。

(5) 时代性

职业形态受科学技术迭代、社会生活变迁等因素影响,不同时代的职业特征会深刻反映当时的社会发展水平,形成独特的时代印记。

阅读材料

中国的职业分类

根据中国不同部门公布的标准分类,中国的职业分类主要有以下三种类型:

1. 按照《职业分类标准》分类

《职业分类标准》由国家统计局、国家标准总局、国务院人口普查办公室1982年3月公布,供第三次全国人口普查使用的。它依据在业人口所从事的工作性质的同一性进行分类,将全国范围内的职业划分为大类、中类、小类三层,即8大类、64中类、301小类。其8个大类的排列顺序是:第一,各类专业、技术人员;第二,国家机关、党群组织、企事业单位的负责人;第三,办事人员和有关人员;第四,商业工作人员;第五,服务性工作人员;第六,农林牧渔劳动者;第七,生产工作、运输工作和部分体力劳动者;第八,不便分类的其他劳动者。在八个大类中,第一、二大类主要是脑力劳动者,第三大类包括部分脑力劳动者和部分体力劳动者,第四、五、六、七大类主要是体力劳动者,第八类是不便分类的其他劳动者。

2. 按照《国民经济行业分类和代码》分类

《国民经济行业分类和代码》于1984年发布,并于1985年实施,由国家发展计划委员会(现为国家发展和改革委员会)、国家经济委员会、国家统计局、国家标准局批准。这项标准主要按企业、事业单位、机关团体和个体从业人员所从事的生产或其他社会经济活动的性质的统一性分类,即按其所属行业分类,将国民经济行业划分为门类-大类-中类-小类四级。门类共13个:① 农、林、牧、渔、水利业。② 工业。③ 地质普查和勘探业。④ 建筑业。⑤ 交通运输业、邮电通信业。⑥ 商业、公共饮食业、物资供应和仓储业。⑦ 房地产管理、公用事业、居民服务和咨询服务业。⑧ 卫生、体育和社会福利事业。⑨ 教育、文化艺术和广播电视业。⑩ 科学研究和综合技术服务业。⑪ 金融、保险业。⑫ 国家机关、党政机关和社会团体。⑬ 其他行业。

3. 按照《中华人民共和国职业分类大典》分类

第一部《中华人民共和国职业分类大典》将中国职业归为8个大类,66个中类,413个小类,1838个细类(职业)。

第一大类:国家机关、党群组织、企业、事业单位负责人,其中包括5个中类,16个小类,25个细类;第二大类:专业技术人员,其中包括14个中类,115个小类,379个细类;第三大类:办事人员和有关人员,其中包括4个中类,12个小类,45个细类;第四大类:商业、服务业人员,其中包括8个中类,43个小类,147个细类;第五大类:农、林、牧、渔、水利业生产人员,其中包括6个中类,30个小类,121个细类;第六大类:生产、运输设备操作人员及有关人员,其中包括27个中类,195个小类,1119个细类;第七大类:军人,其中包括1个中类,1个小类,1个细类;第八大类:不便分类的其他从业人员,其中包括1个种类,1个小类,1个细类。

以上三种分类方法简明扼要,具有实用性,后根据中国的职业发展现状进行修订。

根据不同标准的职业,可有不同的分类方法。如:

从行业上划分,可分为一二三产业。

从工作特点上划分,可分为务实(使用机器、工具和设备的工种)、社会服务、文教、科研、艺术及创造、计算及数学(钱财管理、资料统计)、自然界职业、管理、一般服务性职业等10多种类型的职业。

无论哪一种分类方法,对其职业的特定性都有明确的解释,这对我们更好地掌握某一职业的特点,去选择适合自身职业有指导作用。

(二) 生涯的内涵

生涯指从事某种活动或职业的生活经历。

在中国文化语境里,“生涯”一词最早可追溯至《庄子·养生主》中“吾生也有涯,而知也无涯”的表述。其原意是指生命存在边际与限度,后逐渐引申为对生命历程、人生轨迹的概括。《现代汉语词典》对“生涯”的诠释中,“生”取“活着”之意,“涯”泛指边界,两字组合后意为“生活的边际”或“一生的限度”,侧重表达生命从起始到终结的完整经历。

在西方文化背景下,“生涯”对应的英文“career”源于拉丁语,本义为“两轮马车”,后引申为“人生行进的道路”,既指人或事物经历的发展轨迹,也涵盖个体一生中所扮演的多重角色。西方语境中,“career”蕴含着探索未知、勇于冒险、克服挑战、奋进向上的精神内涵。这一概念强调面向未来的动态性——即便面对未知，仍以积极主动的姿态迎接挑战，体现出一种蓬勃向上的生命态度。

目前学界广泛认可的生涯定义，源自美国生涯发展理论大师舒伯(Super, 1976)的经典阐释：生涯是个体生命历程中各种事态的动态演进方向，它整合了人在不同人生阶段依次发展的职业角色与生活角色，形成独特的自我实现路径。这一过程始于青春期，贯穿至退休后的晚年生活，既包含连续或阶段性的有酬/无酬职业岗位经历，还涵盖与之关联的多重社会角色，例如：

职业角色：学生、职场人、退休者、自由职业者等。

生活角色：家庭成员(子女、父母、配偶)、休闲者、公民等。

舒伯的理论突破了传统"职业＝生涯"的局限，强调生涯是一个涵盖职业发展、家庭生活、社会参与的系统性整体概念，其核心在于通过角色互动与阶段衔接，呈现个体独一无二的生命形态。

生涯具备以下特征：

(1) 方向性：指个体生活中各类事态的持续演进轨迹。

(2) 时间性：强调生涯是贯穿一生的连续性发展进程。

(3) 空间性：以职业角色为核心，同时涵盖与工作相关的其他社会角色(如职场人、合作者、行业参与者等)。

(4) 独特性：每个人的生涯路径因个体经历、选择和环境差异而呈现独一无二的样态。

(5) 现象性：其存在依赖于个人的主动探索与实践，需通过具体行动赋予意义。

(6) 主动性：个体并非被动接受生涯走向，而是通过自主选择与行动主动塑造自身发展历程。

(三) 职业生涯

根据中国职业规划师协会的权威定义，职业生涯是个体一生中的职业发展历程。它不仅包含个人所有与职业相关的行为、活动及态度、价值观等连续性经历，还涵盖学业轨迹、职位变迁、工作实践及理想实现的完整过程。这一概念强调职业与人生的深度关联，体现为贯穿一生的动态发展脉络。

职业生涯是人生的核心组成部分，在个体生涯中占据关键地位。它不仅涵盖一个人一生中与职业相关的行为、活动、态度、价值观及理想追求的连续性历程，还包括职业选择、职位变动及职业目标实现的完整轨迹。这一漫长且重要的过程，会受到教育背景、家庭环境、性格特质、兴趣倾向、价值观念、性别角色、健康状况、社会环境及发展机遇等主客观因素的综合影响。

从本质而言，个人职业生涯由职业发展的状态、历程及最终结果共同构成。个体对自身职业发展具备一定主观能动性，能够通过把握机遇，在职业历程中最大化实现成功目标并获取满足感。

职业生涯与职业的内涵存在本质差异：前者是一个动态发展的概念，既涵盖个体过去、现在和未来可观察到的连续性职业活动轨迹，也包含个人对职业发展的认知、期待与规划。这一历程是人生中至关重要的成长阶段，是个体追求自我实现的核心路径——在此过程中，职业不再仅仅是维持生计的手段，更成为彰显个人价值、趋近理想生活的关键通道。

（四）职业生涯规划

职业生涯规划又叫职业生涯设计，是个人与组织协同的过程，指在全面分析个体职业生涯的主客观条件（如教育背景、职业经历、能力特质等）基础上，综合评估自身兴趣、专长、职业倾向与时代发展趋势，确定最优职业目标，并制定系统化行动方案以推动目标实现的动态规划过程。

职业生涯规划既包含个人对自身职业发展的规划设计，也涵盖组织针对员工构建的职业规划管理体系。其核心目标不仅在于协助个人依据自身资历与能力匹配适配岗位、达成阶段性目标，更在于通过系统性的自我认知与环境分析，帮助个体明晰职业定位，制定贯穿全生命周期的发展方向，结合主客观条件设计科学可行的职业发展路径，实现个人价值与职业目标的深度融合。

职业生涯规划并非仅关乎个体发展，还与个人所处的家庭环境及社会环境紧密相连。科学合理的职业生涯规划，对个人实现自我价值与社会价值具有关键作用。特别是在当下高校毕业生就业形势日益严峻的背景下，针对大学生开展系统的职业生涯规划教育尤为重要。

二、职业选择理论

（一）帕森斯人-职匹配理论

美国波士顿大学教授弗兰克·帕森斯（Frank Parsons）提出的特质-因素理论，又称“帕森斯的人-职匹配理论”。早在20世纪初，帕森斯在其著作《选择一个职业》中指出，职业选择的核心在于人的需求与职业要求相契合，并系统阐释了特质-因素理论。

特质：指个体的固有特征，包括能力倾向、兴趣偏好、价值观念及人格特质等，可通过心理测量工具进行科学评估。

因素：指职业领域中达成成功所需的条件或资质，须通过系统性的工作分析加以明确。

帕森斯认为，每个人都拥有独特的特质组合，而每种特质组合对应着特定的职业类型。当个体特质与职业要求实现精准匹配时，职业发展的成功率将显著提升。

帕森斯提出，特质因素理论的核心由三大要素构成，即个体特性、职业因素与人职匹配。

首先需全面认知自我，涵盖身体条件、兴趣偏好、性格特质、能力水平、价值观念、学历背景、实践经历等个人信息，同时明确自身存在的各类限制。其次要深入了解职业环境，分析不同行业及岗位所需的任职条件、技能要求和发展前景。最后，通过对个人特质与职业要求的系统性比对，梳理两者的关联性，从而做出科学合理的职业适配决策。

特质-因素理论基于这样的前提：个体具有独特的自身特征，且这些特征具有可测量性，能够通过具体数据进行比较分析。该理论的理想状态是实现个人特质与职业需求的最大化匹配，两者契合度越高，职业发展效果往往越优。换言之，该理论的核心在于探究个人特质与职业要求之间的匹配关系。

人职匹配分为两种类型：

(1) 因素匹配(工作找人)。例如，需要有专门技术和专业知识的职业与掌握该种技能和专业知识的择业者相匹配。

(2) 特性匹配(人找工作)。例如，具有敏感、易动感情、不守常规、个性强、理想主义等人格特性的人，宜于从事审美性、自身情感表达的艺术创作类型的职业。

在求职过程中，个体差异普遍存在于心理与行为维度，每个人独特的人格特征与行为模式往往对应着相适配的职业类型，这是职业选择的关键环节之一。特质-因素理论的核心在于寻求个人特性与职业需求的动态平衡。具体而言，由于个体在不同成长阶段会表现出差异化特征，需通过定性与定量结合的方法，对相关数据进行系统化分析、整合与深度解读，最终以数据为支撑，为个体精准匹配最优职业，实现个人价值的最大化。

不过，特质-因素理论也存在一定局限性：

(1) 目标单一性的局限：该理论假定个体的职业目标具有唯一性，认为人一生仅有一个“正确”职业目标。但实际情况是，个体可能存在多个适配的职业发展方向。

(2) 测量依赖性的局限：理论过度依赖心理测量结果，而忽视了职业选择中环境因素的复杂影响。

事实上，除个人特质外，社会环境、经济形势、家庭背景等外部因素均会对职业决策产生重要作用。

(二) 霍兰德职业兴趣理论

以特质-因素理论为基础，美国心理学家霍兰德提出了人格-职业匹配理论，该理论也被称作“人格类型理论”或“人业互择理论”。霍兰德认为，职业选择行为是个人人格特质的一种延伸，在职业选择过程中能够体现出个人的人格特质。而最终所选职业与个人人格特质的匹配程度，会对个人的工作满意度、适应度以及工作稳定程度产生影响。基于此“人格类型理论”，霍兰德发布了六角形模型。

依据霍德兰的理论，个体存在六种人格特质类型，分别是现实型(R)、研究型(I)、艺术型(A)、社会型(S)、企业型(E)、常规型(C)。这些类型并非界限分明，而是彼此关联、相互影响，其内在关系可通过一个六角形模型来直观呈现(图1.1)。

具体而言，现实型(R)人格特质的个体通常体格强健、行动高效，但在人际交往与沟通方面往往有所欠缺，这类人群更适合从事对身体素质要求较高的职业，如体力劳动类工作。

研究型(I)人格特质的个体通常具备扎实的知识储备，对科学探索怀有强烈热情，倾向于关注理论层面的研究，而相对忽视现实应用的可操作性。

艺术型(A)人格特质的人群往往情感丰沛、感性细腻，对现实世界充满想象，具有突出的创造力，偏好通过个性化表达展现自我，通常倾向于动态变化、开放包容的工作环境。

社会型(S)人格特质的典型特征是高度责任感与出色的语言沟通能力，对社会问题保持敏锐关注，更倾向于选择能够实现自我价值的职业类型。

企业型(E)人格特质的个体普遍具备冒险精神与挑战意识，自信果断，对高品质生活有明确追求，擅长在竞争环境中发挥领导力。

常规型(C)人格特质的人以认真严谨、稳健守规为显著特点,习惯于服从指令,在独立思考方面可能有所欠缺,其特质可视为前五种类型的综合体现。

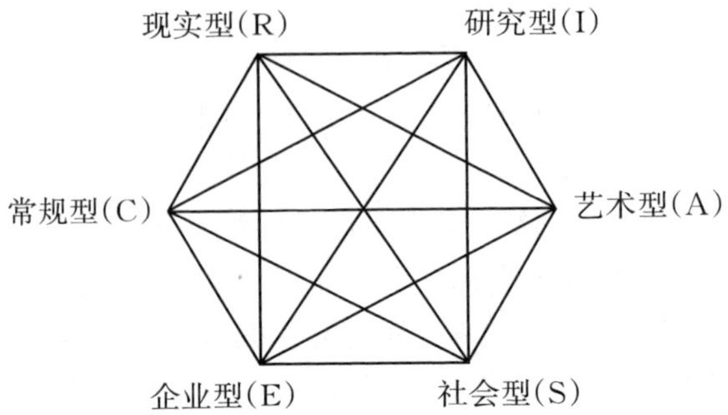

图1.1 霍兰德人格-职业类型匹配模型

在简要归纳各类型特征后,可见不同类型间存在差异化关联,主要体现在三个维度:

(1) 相邻关联:相邻的两类人格特质通常具有较多共性,例如现实型与研究型。

(2) 间隔差异:间隔的两类人格特质往往存在显著区别,部分甚至呈现对立特征,如现实型与企业型。

(3) 相对对立:相对的两类人格特质表现出更强的异质性,彼此关联性低于间隔类型,例如研究型与企业型。

在六角形模型中,两种人格类型的空间距离越近,其关联性越强。当个体无法找到与自身人格类型完全契合的职业时,若选择与自身类型邻近的人格类型所适配的工作,往往具备更高的职业适应度。反之,若从事与自身人格类型相对立的职业,个体的适应可能性则会显著降低。

个体依据自身人格类型选择适配的职业类型,能够最大化释放个人价值,实现企业与个人的双向增益。霍兰德教授通过长期实践与经验积淀,将不同人格类型与职业选择建立关联,开创了职业规划领域的全新研究范式。

霍兰德职业兴趣理论至今仍是生涯规划领域极具影响力且应用广泛的测评工具。该理论的核心并非探究个人心理特质的形成机制,而是聚焦于如何实现个体特质与职业需求之间的匹配。区别于其他测评工具,霍兰德测试不仅能展现个体的兴趣、人格与价值观,还对职场环境及职业类型进行了系统性分类。

(三) 施恩的职业锚理论

职业锚理论由埃德加·施恩(Edgar H. Schein)提出,指个体在职业选择中不愿放弃的核心价值或职业定位。这一长期职业定位通过持续的自我探索形成,由三要素构成:自我认知的才干与能力、内在动机与需求、价值观与态度。职业锚通过职业经验逐步稳定内化,成为个体面临职业决策时不可妥协的核心要素。施恩归纳出八种职业锚类型:

1. 技术/职能型职业锚

此类个体追求“专家型”职业路径,专注于技术或职能领域的深耕,拒绝全面管理职责,但愿意在专业领域承担管理角色,以技术能力提升为职业核心目标。

2. 管理型职业锚

以晋升至管理岗位为核心驱动力，将承担更大管理责任视为职业成功的标志，重视等级晋升与收入增长，具备强烈的权力动机与组织忠诚度。

3. 自主/独立型职业锚

强调职业自主性，追求摆脱组织约束的工作环境，倾向于自由灵活的工作方式，将个人能力施展与职业认同感置于首位，对程式化管理有明显抵触。

4. 安全/稳定型职业锚

以职业稳定性与保障性为首要需求，倾向于选择组织结构清晰、风险较低的岗位，对组织依赖度高，职业生涯发展以维持现状为主，避免不确定性挑战。

5. 创造/创业型职业锚

以创新与创业为核心驱动力，渴望建立完全属于自己的事业成果（如新产品、新组织），愿意承担风险并应对不确定性，将个人创造力转化为实际价值视为职业终极目标。

6. 服务型职业锚

以服务他人、践行社会价值为职业核心，选择职业时优先考虑工作的社会意义，而非个人能力的最大化发挥，将帮助他人、解决社会问题作为内在满足感的来源。

7. 挑战型职业锚

以征服困难、超越极限为职业动力，热衷解决高难度问题、应对竞争挑战，将克服障碍、战胜对手视为职业乐趣，享受不确定性带来的刺激感。

8. 生活型职业锚

注重职业与生活的平衡，拒绝以牺牲家庭或个人需求为代价追求事业成功，倾向于选择弹性工作制与包容性文化的组织，将工作视为实现多元生活目标的工具。

需要注意的是，职业锚的形成具有滞后性：多数人的首份职业并非最终归宿，通常需经过5～10年工作实践的探索。施恩研究表明，个体开始系统寻找职业锚的平均年龄为35岁，明确锚定职业方向的平均年龄为40岁。职业锚一旦确立，个体将形成稳定的职业定位，事业发展路径随之清晰化。

三、职业发展理论

20世纪50年代，职业生涯发展理论逐渐形成，这成为整个职业生涯规划发展史上的重要里程碑。该理论的核心观点认为，职业选择并非某一特定时刻的孤立行为，个体在不同职业发展阶段会表现出差异化的职业需求、追求方向及行为模式。唯有充分认识人生各阶段的特点与规律，才能更科学地进行职业生涯规划。其典型理论涵盖舒伯的职业发展理论、施恩的职业生涯周期理论等。

（一）舒伯职业发展理论

舒伯将人的职业生涯发展分为五个阶段：

第一阶段：成长阶段（0～14岁）。

该阶段儿童开始构建自我概念，通过多样化的行为表达需求，并在与现实世界的互动中逐步塑造职业角色认知。该阶段核心发展任务包括:形成清晰的自我形象,建立对职业世界的理性认知,理解工作的社会意义与价值。

第二阶段:探索阶段(15~24岁)。

青少年通过学校教育、社会实践等渠道,开展自我能力、职业角色与行业领域的系统性探索,职业倾向逐步聚焦于特定方向。此阶段细分为三个时期:

(1) 试探期(15~17岁):初步接触职业信息,尝试性探索兴趣领域。

(2) 过渡期(18~21岁):通过高等教育或职业培训深化职业认知,缩小选择范围。

(3) 试验承诺期(22~24岁):初步确定职业方向,通过实习或入职体验验证长期职业适应性。大学生群体正处于探索阶段,核心任务是在多元机会中明确职业偏好,并在选定领域开启职业生涯。

第三阶段:建立阶段(25~44岁)。

经历前一阶段的实践尝试后,个体通过职业适配性检验逐步明确事业定位,在31~40岁期间开始侧重巩固职业地位。该阶段的核心发展任务为整合资源、稳定根基并追求进阶,具体划分为两个时期:25~30岁为试验稳定期,可能因工作变动或生活调整寻求更适配的发展路径;31~44岁进入建立期,职业状态趋于稳定,创造力与生产力达到峰值,核心任务是巩固职业地位并谋求晋升发展。

第四阶段:维持阶段(45~64岁)。

个体通过持续努力维持职业成就,在专业领域保持竞争力,发展重心转向巩固既有地位、指导后辈传承经验,确保职业生命周期的持续性。

第五阶段:衰退阶段(65岁以上)。

受生理与心理机能衰退影响,个体逐步从职业活动中淡出,通过发展新社会角色(如退休后参与志愿工作、培养兴趣)实现需求替代。

舒伯理论强调,生涯发展阶段具有递进性与关联性:前一阶段任务完成度直接影响后续阶段的发展基础。同时,每个阶段内部均需面对"成长-探索-建立-维持-衰退"的微型循环,体现职业生涯动态演进的本质。

从生涯彩虹图(图1.2)中可窥见立体化的生涯发展图景:

时间维度(长度):涵盖个体从出生到终老的完整生命历程,体现为贯穿一生的生活广度。

空间维度(广度):由职业角色与非职业角色共同构成,舒伯强调,持家者、公民、休闲者、学生、子女、配偶、退休者等角色与工作者角色同等重要,均是个人自我概念的具象化表达。工作与生活的满意度,取决于个体能否在职业场域与生活场景中寻得自我价值的多元展现途径。

舒伯理论的核心在于凸显职业对个体的意义建构作用,同时指出完美人生并非仅由职业角色的圆满程度决定,非职业角色为个体自我实现开辟了更多元路径。以学生群体为例,当专业学习难以完全承载个人兴趣时,可通过规划休闲角色拓宽自我实现渠道。我国台湾学者金树人对非职业角色有过形象阐释:"生涯辅导视休闲为与教育、职业紧密关联的生涯要素,三者共同构成完整的生涯体系。恰似绘画中的留白、插花中的空间,看似'空白'却构成整体精髓。"

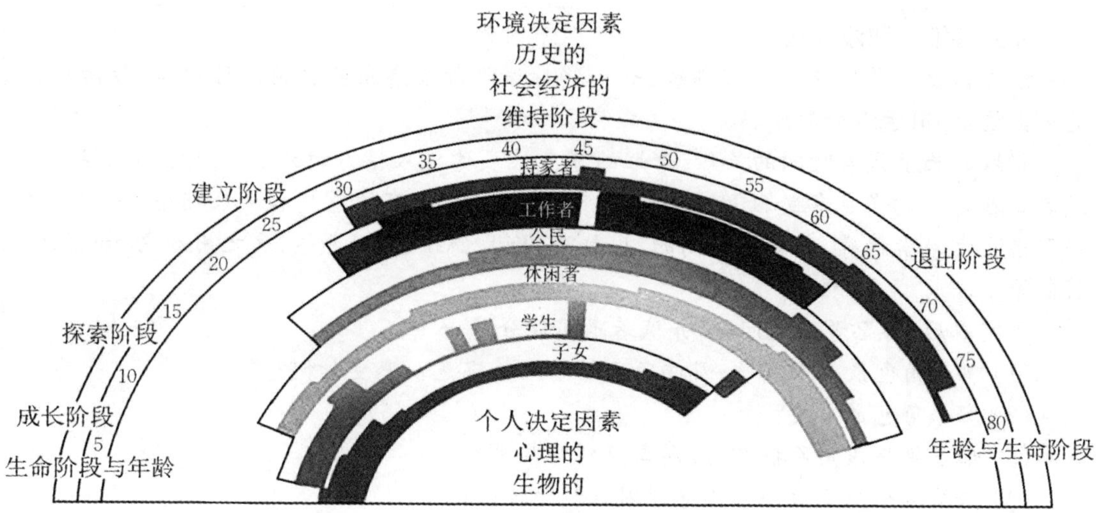

图 1.2 生涯彩虹图

生涯并非静态节点，而是动态演进的连续过程，贯穿人生各个阶段。受遗传基因、家庭环境、成长经历、性格特质、兴趣偏好、价值观念、能力水平及社会环境等多元因素影响，每个人的生涯轨迹均具独特性。即便处于相同时代与文化背景下，个体生涯发展仍呈现鲜明的个性化特征，彰显独一无二的生命叙事。

课堂练习

手绘生涯彩虹图

你想拥有一张属于自己的生涯彩虹图吗？现在，让我们一起来了解一下手绘生涯彩虹图的具体步骤吧。

1. 准备纸张

拿出一张空白纸。

2. 绘制彩虹形状（同心半圆）

用铅笔画 10 个同心的半圆。

3. 标注年龄

在彩虹的最外围弧线上写上年龄，一般是从 0～80 岁按等比例划分。

4. 标注角色

彩虹的纵向（内部的多道同心弧线）表示角色，在彩虹图半圆底部相应位置写上角色，如儿童、学生、休闲者、公民、工作者、家长等不同的角色。

5. 表示角色投入程度

可以用不同的颜色或者线条的粗细等方式来表示每个角色在不同阶段的投入程度，颜色面积越多或者线条越粗，可以表示对该角色投入的长度越多，也就说明这个角色越重要。

6. 完善细节和添加边框

根据需要完善图中的细节内容，如一些特殊阶段或者角色转换的标识等，最后用铅笔画出边框，用于添加内容。

彩虹的长度代表时间的长短，彩虹的宽度代表你投入精力的大小。把自己已经扮演或者正在扮演的角色年龄段用实线描下来；根据自己已有的感受和未来期望，给相应的扇形格涂色。幸福感、成就感越高的，用越暖的色，如红色、橙色等，反之用冷色，如紫色、蓝色等。

画完以后，再思考下列问题，并试着跟同伴分享一下：

(1) 哪个角色最令人满意，哪些角色最令人不满意？感受如何？

(2) 哪个角色最重要？

(3) 如果要将该角色扮演好，则需做到哪些事？

(4) 扮演哪个角色最令自己感到困难？为什么？

(5) 若要将这些角色的重要性列出先后顺序，那么自己会如何排序？

(6) 在“理想”与“现实”之间，哪些角色是你原本希望投入更多，但现实却没有做到的？为何如此？

(7) 相反，哪些角色是你本来不打算投入这么多，但现实却是投注了许多的？为何如此？

(8) 在角色的比重分配上，你希望怎样调整？有哪些具体方案吗？

(二) 戈特弗雷德森的职业抱负发展理论

戈特弗雷德森(Gottfredson)的职业抱负发展理论属于生涯发展理论范畴。该理论聚焦职业抱负的内涵及其演变过程，既涵盖兴趣、能力等特质-因素理论关注的要素，也重视发展理论强调的阶段性成长议题。理论融合心理学与社会学视角，将性别类型(sex-type)、社会声望(prestige)和职业领域(field of work)确立为研究职业抱负发展的三大核心维度。

1. 职业自我概念

自我概念在职业抱负形成过程中发挥关键作用，其核心不仅涉及“我是谁”的身份认知，更包含“我期望成为谁”的未来导向。这一概念兼具心理与社会双重属性：心理层面涵盖价值观、人格特征、家庭规划等内在要素；社会层面涉及性别角色认知、社会地位期待等外部影响。职业自我概念具体包含以下三方面内涵：

(1) 性别类型：个体对自身性别角色的职业适配认知。

(2) 社会声望：对职业所承载的社会地位与价值认同的判断。

(3) 职业兴趣：基于个人偏好的职业领域倾向与动力来源。

2. 职业性别类型和社会声望的二维空间

个体对职业的综合性认知可凝练为“职业印象”(image of occupation)，该概念与霍兰德提出的“职业刻板印象”(occupational stereotype)内涵相近，涵盖职业从业者人格特质、工作内容、生活模式、回报机制及职业适配性等要素。尽管不同个体的职业印象存在细节差异，但社会对职业的认知普遍基于性别类型与社会声望两个维度展开分类，对职业领域（即工作类型）的认知亦融入这一二维框架。借此，个体能够通过这两个维度构建自我认知与职业印象的关联，形成具有个性化特征的“职业认知地图”。

3. 社会空间

一般而言，个体往往难以寻得与自身所有要素完全吻合的职业，因此职业偏好通常表现为一个弹性区间而非单一固定点。也就是说，在丰富多样的职业选择中，并非只有某一种职业与自我概念完全匹配，而是存在一定范围内的职业类型，既能够与自我概念的核心要素相兼容，又能被个体视为可接纳的选项。这一范围在二维的职业认知地图上的投射，被戈特弗雷德森称作“社会空间”（social space）。

社会空间的边界具有个体差异性：

社会声望维度：存在“可容忍水平边界”（tolerable-level boundary），即个体对职业最低社会地位的接受底线；同时设有“通过努力可以达到的边界”（tolerable-effort boundary），即个体基于自身能力预期的职业声望上限。

性别类型维度：不同性别的个体均存在“可容忍性别类型边界”（tolerable-sex-type boundary），即对职业性别属性的心理接受范围。

上述边界共同勾勒出“可接受职业选择区域”（zone of acceptable alternatives），该区域内的职业构成个体优先考虑的职业集合。

4. 职业抱负的发展阶段

戈特弗雷德森将职业抱负的发展划分为四个阶段：

（1）大小与力量取向阶段（3～5岁）

这一阶段的儿童基于“大与小”的直观标准对人群分类，既未形成固定的性别角色认知，也未建立关于男女职业差异的抽象概念。

（2）性别角色取向阶段（6～8岁）

儿童开始发展性别角色意识，职业抱负主要体现为对“符合性别特征的工作”的认知。他们倾向于认同自身性别优势，排斥跨性别行为，并初步形成对职业性别类型的“可容忍边界”。

（3）社会评价取向阶段（8～13岁）

儿童对社会评价（如同伴、他人反馈）变得敏感，职业关注重点从性别差异转向社会地位高低。他们开始理解教育、职业与收入的关联，意识到职业分层现象及其对生活方式和社会评价的影响，进而建立双重边界：

下限：确立“可容忍最低社会声望边界”，排除低于该水平的职业。

上限：设定“通过努力可达成的边界”，拒绝超出能力预期或风险过高的职业。

（4）内在自我导向阶段（14岁以上）

青少年进入自我认同发展关键期，对兴趣、性格、能力、价值观等认知尚不稳定，可能出现认同混乱。与前阶段“拒绝不可接受选项”不同，此阶段侧重“筛选可接受职业”，结合人格特质、家庭需求、现实障碍等因素，在兴趣与可行性间寻求平衡，开始职业选择的“妥协过程”，如因预判理想职业难以实现，主动调整期望的预期性妥协；和因实际障碍（如竞争失败）被迫放弃首选，转向次优选项的经验性妥协。

生涯发展理论因其系统性和实践指导性，成为高校就业指导的重要理论基础。其核心创新在于将职业生涯视为动态发展过程，打破"静态匹配"思维，强调个体在不同阶段的需求演变，以及职业理想与现实条件的持续互动。通过划分阶段性任务，该理论为个人规划与社会引导提供了兼具科学性与灵活性的框架。

第二节　职业生涯规划的意义

在21世纪的今天，职业生涯规划于每个人而言均具有重要意义，其并非单纯的职业抉择过程，而是关乎个人成长、职业进阶与社会适应的重要战略布局。

一、锚定目标，凝聚动能

彼得·圣吉在《第五项修炼》中提出的"橡皮筋效应"，揭示了愿景与现实的动态关联：当"愿景"(vision)与"现况"(当前实际状态)在心智中并置时，二者的差距会形成"创造性张力"(creative tension)——一种驱动个体弥合差异、追求合一的内在力量。这种张力本质上是自我超越的核心机制，其精义在于学会在生命历程中孕育并维持这种建设性的动力。

这一效应可具象化为愿景与现实之间的弹性关联：若将二者比作橡皮筋的两端，拉伸所产生的张力即象征理想与现实的差距。缓解张力的路径有二：其一，推动现实向愿景趋近，成为期待中的自我；其二，调整愿景适配现实，接受既有的状态。这一过程本质上是自我实现的两种范式，体现了个体与环境的动态博弈。

创造性张力的价值在于转化为持续前进的动能。对未来愿景与目标的界定越清晰、锚定越稳固，所激发的张力越强大，形成宛如利箭离弦般的靶向驱动力。这正是自我超越、实现梦想的内在逻辑——通过明确目标整合分散力量，将愿景转化为可感知、可推进的现实进阶过程。

二、逐步发展，逐层满足

马斯洛需求层次理论把人类需求划分为从低到高的五层架构：生理需求、安全需求、爱和归属需求、尊重需求和自我实现需求(图1.3)，构成逐层递升的动力机制。

(一) 生理需求：生存的基础驱动力

作为最底层需求，生理需求涵盖呼吸、食物、睡眠等维持生命的基本条件。若无法满足，个体生理机能将陷入紊乱，生命存续面临威胁。因此，这类需求是人类行动的原始动力。马斯洛指出，只有当生存必需的基础需求得到最低限度满足后，更高层次的需求才会被激活，而业已满足的生理需求则不再具备激励作用。

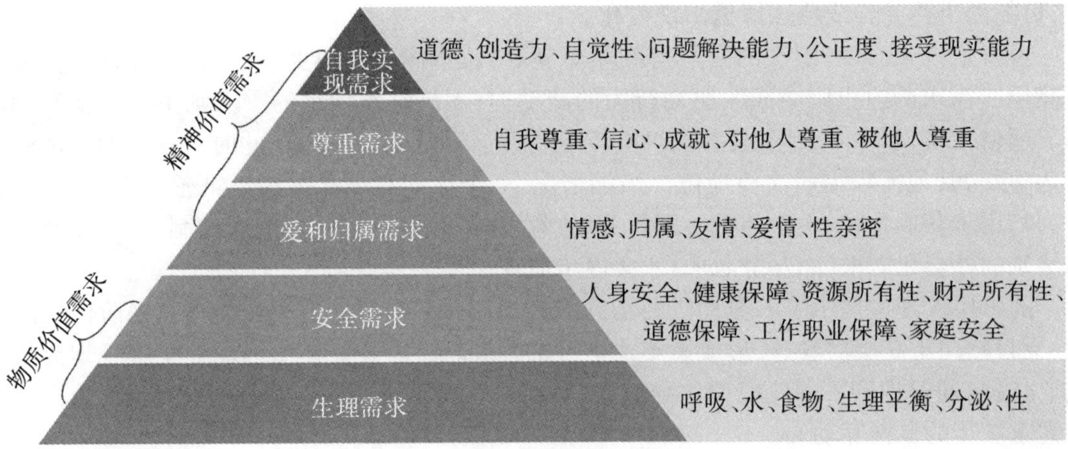

图1.3　马斯洛需求层次理论

(二) 安全需求:寻求秩序与保障的本能

当生理需求相对稳定后,安全需求成为主导,表现为对人身安全、职业稳定、财产保障等方面的诉求。个体通过构建安全机制(如储蓄、保险、规则遵循)抵御不确定性,甚至将科学探索与人生哲学视为广义的安全保障手段。该需求一旦获得满足,其激励效能即随之减弱。

(三) 爱和归属需求:社会性联结的渴望

这一层次体现为对亲情、友情、爱情等亲密关系的追求,以及对群体认同(如家庭、职场、社群)的归属感。相较于生理需求,情感需求更具主观性,受个体经历、教育背景、文化信仰等因素影响显著,反映了人类作为社会动物的本质属性。

(四) 尊重需求:价值认可的双向追求

尊重需求包含内在与外在双重维度:

内在尊重:表现为自尊,即个体对自身能力、独立性和自信心的认同,追求在不同情境中胜任角色、实现自主;

外在尊重:指向社会评价,期待通过地位、声望、他人认可获得价值肯定。

马斯洛认为,尊重需求的满足能增强个体的自我效能感,激发对社会的参与热情,使其深刻体会到生命的意义与价值。

(五) 自我实现需求:潜能释放的终极追求

作为最高层次的需求,自我实现指向个体理想的达成与潜能的最大化发挥,表现为追求与自身能力匹配的事业成就、创造性表达或精神境界的升华。实现路径因人而异,可能是艺术创作、科学突破或社会贡献等。处于该层次的个体通常具备更强的问题解决能力、独立思考力和自我接纳度,其核心目标是通过持续成长成为“理想中的自我”。

上述五类需求呈阶梯式从低到高排列,通常按层级逐步递升,但这一顺序并非完全固定,可能因个体差异或特殊情境出现变化。

通常来说,当某一层次的需求得到相对满足后,个体就会向更高层次的需求迈进,而对更高层次需求的追求则会成为驱动行为的新动力,而已基本满足的需求则不再具备激励作用。通俗来讲,若一个人同时匮乏食物、安全保障、情感归属和尊重,此时对食物的需求往往最为迫切,其他需求退居次要地位。极端情况下,个体的意识几乎被饥饿感完全占据,所有精力均用于获取食物,人生的重心简化为“生存”本身。唯有当生理需求的制约得到缓解,更高级别的社会化需求(如安全需求)才会逐步显现。

需求层次理论揭示了人类动机的动态演进规律——个体在低层次需求获得阶段性满足后,会自然向更高层次攀升,形成螺旋式上升的发展轨迹。这一模型为职业生涯规划提供了重要依据:通过识别不同阶段的主导需求,可精准匹配职业目标与发展策略,实现个人成长与需求满足的良性互动。

三、大学生进行职业生涯规划的意义

大学生常面临这样的困惑:“大学期间我究竟收获了什么?”“我不清楚自己能胜任何种工作?”“用人单位的招聘条件究竟有哪些?”“两份工作摆在面前,一份待遇优厚、地处大城市,但工作内容非我所好;另一份待遇一般、位于小城镇,却能提供理想的发展空间与工作内容,该如何抉择?”“若我心仪的工作不被父母认可,又该怎么办?”……

诸如此类的疑问不胜枚举。要解答这些问题,需先明晰职业于自身的意义。那我们想要从事何种职业? 自己期待的职业有哪些基本要求? 等等,因此,进行有效的职业生涯规划,有着重要的意义:

(一)有助于挖掘潜能,激发主体意识

现实中,部分大学生缺乏求职择业的主动意识,未能充分认识到学习是未来职业生涯发展的必要准备;更有学生和家长将考入大学当作人生的终极目标,而非从事特定职业的积累阶段。这种认知偏差使得个别学生进入大学后丧失生活目标与学习动力,终日浑浑噩噩,甚至因沉迷网络而荒废学业。

职业生涯规划能够帮助大学生更客观、全面地认识自我,前瞻性地把握社会人才需求,从而制定职业目标,并将规划转化为自觉行动,有目的地汲取知识、提升素养,增强学习的动力与针对性。

一份有效的职业生涯规划具有多重价值:

自我认知深化:引导个体明晰个性特征、现有及潜在资源优势,重新锚定自身价值并实现持续提升。

职业目标明晰:通过对比分析综合优劣势,树立明确的职业发展目标与理想。

竞争力提升路径:辅助职业定位,掌握科学方法与可行步骤,增强职业竞争力,挖掘潜在职业机会,最终实现职业目标。

(二)有助于促进全面发展

通过职业生涯规划,剖析未来可能从事的职业类型及具体特性,可让当下在校学习与综合能力培养更具明确指向性。规划中的具体举措与部署,有助于强化"当下"的养成教育,推动个体在生活中学会做人、求知与做事,通过自我激励与监督,掌握职业技能,为未来顺利择业、就业夯实基础。

人们对成功职业生涯的追求,本质是实现个人全面发展。现代社会对人的全面发展提出更高要求,随着生活水平提升,人们在追求健康体魄、丰富知识及良好人际关系的同时,也期待在事业上取得成就,并拥有幸福和谐的家庭生活与充实多元的休闲时光。职业生涯规划可助力大学生在大学阶段有针对性地成长,推动个人全面发展目标的达成。

(三)有助于增强竞争意识,提升就业核心竞争力

"物竞天择,适者生存"的法则在职业领域尤为凸显。近年来,随着经济社会的飞速发展与全民文化素质的普遍提升,职场竞争愈发激烈。在时代的快速变迁中,那些未能敏锐感知趋势的人,往往在多变的环境中陷入慌乱——内心惶恐不安、行动不知所措,既难在事业上有所建树,更可能阻碍身心的健康成长。若想在这场激烈的角逐中脱颖而出、站稳脚跟,提前规划职业生涯成为关键破局点,它能让我们胸有成竹,以"有备之姿"应对职场挑战。

对大学生而言,尽早开展职业生涯规划,本质上是一场"自我升级"的战略布局:通过持续深化自我认知、提升综合能力、挖掘内在潜能,精准锚定人生方向,为创造成功人生筑牢根基。当我们树立清晰的职业目标,努力便有了明确的靶向——不再盲目摸索,而是有意识地围绕目标培养能力、淬炼素质,主动为事业发展积蓄能量,从而加速通往成功的进程。

(四)有助于树立职业生涯发展目标

大学生职业生涯规划包含知己、知彼、抉择、目标和行动五大要素,其中知己与知彼是后续进行抉择、设定目标和付诸行动的基础。

知己:深度认知自我。

所谓"知己",即全面了解自身特质,包括个人兴趣、能力禀赋、价值观念、性格特点,以及家庭、学校和社会教育带来的影响等。认识自我是职业生涯规划的首要前提,唯有清晰把握自身优势与不足,才能精准锚定职业方向。这一过程需对自我进行深层次剖析:大学生需明确自身能力边界,识别优势领域与短板所在,并结合过往经验推断未来可能的职业路径,从而解决"我想做什么"与"我能做什么"的核心问题。

值得注意的是,用人单位日益重视应聘者的自我认知能力。例如,招聘环节常要求候选人阐述优缺点、兴趣爱好及关键经历,旨在考察其自我觉察的深度。因此,大学生需提炼自身独特特质,形成鲜明的个人定位,让才华更易获得职场认可。自我认知需秉持全面、客观、深刻的原则,不回避缺点,敢于直面不足。

知彼:洞察外部环境。

"知彼"聚焦于探索外部职业世界,涵盖行业特性、岗位能力要求、就业渠道、工作内容、发展前景及薪资水平等维度。

古人云“知己知彼，百战不殆”，恰如其分地揭示了两者的关联——知己是明晰自身“角色属性”，知彼旨在掌握职场“舞台规则”。职业生涯规划的核心任务，是通过平衡自我剖析与职业分析，实现个人特质与岗位需求的精准匹配。

（五）助力构建理性社会认知

职业生涯规划不仅能帮助大学生精准认知自我、客观分析环境、科学设定目标、理性选择职业，更能引导其以恰当方法突破职业发展障碍，规避人生风险，最终收获事业成就。无论未来从事何种职业，大学生都需通过科学规划实现个人目标、成就卓越自我，完成从平凡到优秀的蜕变。

当前大学生择业观念呈现多元新态势，主要表现为以下典型类型：

1. 抉择犹豫型

患得患失、举棋不定，既渴望自主掌控职业选择权，又陷入理想化择业误区，在“高不成低不就”的纠结中错失良机。

2. 盲目攀高型

缺乏清晰自我认知，自恃“天之骄子”，过度挑剔用人单位待遇福利，将“工作稳定”“坐办公室”视为择业硬指标，不愿涉足乡镇、私营企业等基层岗位，甚至出现“有业不就”现象。

3. 仓促应战型

对就业缺乏充分心理建设，目标模糊、储备不足，既不了解行业企业知识，也欠缺求职技巧，面对严峻就业形势茫然无措，遭遇挫折便怨天尤人。

4. 消极等待型

在“继续深造”与“求职就业”间摇摆不定，成为依赖家庭的“袋鼠族”，这类心态成为制约就业能力提升的关键主观因素。

（六）强化职业发展有序性

“凡事预则立，不预则废”，职业发展需依托清晰规划，而非盲目“碰运气”——许多职业挫败皆源于规划缺位。职业生涯规划可破解学习的盲目性与被动性，让职业目标与行动策略清晰可触，便于从宏观层面调整方向、掌控进程，减少探索弯路，节约时间精力。同时，规划如同内在引擎，持续激发个体为阶段性目标与终极理想不懈奋斗。

职业规划指导为学生打开认知社会的窗口、提供深度自我觉察的契机，尽早启动规划有助于调适择业心态。通过系统性学习与针对性就业准备，大学生的就业竞争力将显著提升，为顺利踏上职业轨道、实现终身职业目标奠定坚实基础。

第三节　如何进行职业生涯规划

大学生在大学阶段通过对自身和外部环境的了解，明确职业方向与目标，选取适配的职业路径并制定发展规划，同时确定达成职业目标的行动时序与方案，是职业生涯规划的核心任务。本章围绕“如何开展职业生涯规划”展开探讨，通过解析规划的方法、原则与步骤，助力大学生制定科学合理的职业发展规划，为成就成功人生筑牢根基。

一、职业生涯规划的方法

（一）80/20法则

80/20法则也称帕累托法则（Pareto principle），由意大利经济学家帕累托提出。该法则表明，在诸多情境中，80%的结果往往由20%的原因、投入或努力促成。即：在所有影响因素里，关键的仅占20%，剩余80%虽占多数，但其影响程度远不及这“关键的少数”。

80/20法则揭示了原因与结果、投入与产出、努力与报酬之间普遍存在的非均衡关系：

80%的产出通常源自20%的关键投入；80%的结果通常由20%的核心原因驱动；80%的收获大多来自20%的重点努力。

这意味着，占比80%的多数因素仅能产生20%的影响，而占比20%的少数关键因素，却主导着80%的核心效果。这种不平衡性普遍存在于各类系统中，凸显了“关键少数”对整体结果的决定性作用。

80/20法则（帕累托法则）不仅在经济学、管理学领域应用广泛，对个人发展同样具有重要启示：避免将时间精力消耗在琐碎事务上，聚焦关键主要矛盾。这一法则同样适用于职业生涯规划——我们需在规划中学会识别关键因素，以高效思维优化资源分配，而非盲目应对日常杂务。

我们日常需要关注的事件中，80%属于常规性、基本可预测的范畴；而在特殊情境下，更应聚焦那未被规划的、意外的20%事件（即偶发事件），并随时针对这些值得关注的突发情况调整规划。这些仅占20%的偶发事件，极可能对人生走向产生决定性影响。

这意味着在进行职业生涯规划时，需以个人特质、环境背景、兴趣专长为根基，充分发挥优势，用20%的时间精力达成80%的核心目标；同时，对那些具有战略意义的20%关键事件，需倾注80%的时间精力重点突破，通过精准分配资源实现效能最大化。

历史上，许多重大科学发现都源于对偶然事件的敏锐捕捉，如放射性物质与青霉素的发现，均得益于科学家对非常规情况的关注。这启示我们：面对突发事件，须及时响应并灵活调整规划，避免因固守既定计划而错失机遇。

80/20法则在生涯规划中的应用可概括为三个维度：

（1）时间分配逻辑：制定规划时，为常规事务预留80%的时间，保留20%的弹性空间用于应对未知。

（2）内容规划重点：聚焦80%高频出现的日常事务（如工作、学习、生活），允许20%的非常规事件保持开放性。

（3）突发应对策略：若遇未规划的关键事件，必要时倾注80%的资源（时间、精力）重点处理——这类“意外”极可能成为影响人生走向的转折点。

这种动态平衡既保证了规划的系统性，又赋予其适应变化的灵活性，帮助个体在有序推进目标的同时，捕捉偶然中的重大机遇。

（二）SWOT分析法

20世纪80年代初，美国旧金山大学管理学教授提出SWOT分析法（态势分析法），该方法最初用于企业内部战略分析，通过分析组织自身条件，识别优势（strength）、劣势（weakness）、机会（opportunity）和威胁（threat）。其中，优势与劣势属于内部因素，机会与威胁来源于外部环境。从企业竞争战略的完整逻辑而言，该方法旨在构建"组织能力边界"（强项与弱项）与"环境可能性"（机会与威胁）的动态匹配，助力决策者在内外因素的相互作用中寻得战略平衡点。

SWOT分析法借助系统性思维，对看似独立的因素进行关联匹配与综合分析，有助于全面、精准地剖析个人或组织所处的情境，为制定发展战略、行动计划及应对策略提供科学依据。运用该方法分析自身职业发展时，可遵循以下五个步骤：

1. 剖析自身优势与短板

每个人都具备独特的技能禀赋与能力特质。在高度专业化分工的当下，鲜少有人能精通所有领域，大多在特定方向展现专长。例如，有人在人际交往中游刃有余，而有人面对陌生人时则会紧张不安。具体操作建议：

优势梳理：通过清单形式列举自己擅长的事务及兴趣所在，明确核心竞争力（如沟通能力、逻辑思维、专业技术等）。

短板识别：同样以列表方式梳理不擅长的领域或不愿涉足的事务（如公开演讲、数字运算等），客观评估能力边界。

识别短板与挖掘优势同等关键，基于此可形成两种发展策略：

优化路径：针对可提升的短板（如技能盲区），制定改进计划，通过学习训练弥补不足。

规避路径：对于难以改变的劣势（如性格特质限制），主动调整方向，避免选择对短板有硬性要求的领域。

在清单中标记对职业选择影响重大的关键优劣势，为后续规划提供决策依据。

2. 洞察职业环境中的机遇与挑战

不同行业面临着差异化的外部环境变量，识别这些因素对职业选择至关重要——它们不仅影响第一份工作的质量，更会贯穿整个职业发展周期。

威胁分析：若目标行业受政策限制、技术替代等不利因素冲击（如传统零售业受电商挤压），往往伴随岗位缩减、晋升通道狭窄等问题，须谨慎评估风险。

机遇捕捉：聚焦处于上升期的行业（如新能源、人工智能），其政策红利、技术创新空间和人才需求增长，能为职业发展提供更广阔的前景。

核心逻辑：通过行业环境扫描，判断目标领域的"生态健康度"，优先选择机会大于威胁的赛道，为长期职业成长奠定基础。

3. 锚定阶段性职业目标

以提纲形式明确未来3～5年的职业目标，建议在完成SWOT自我评估后，梳理出4～5个核心诉求。目标可涵盖以下维度（以医学领域为例）：

职业方向：明确期望涉足的具体医学领域（如心血管内科诊疗、肿瘤精准医疗研究、公共卫生政策制定、医学影像技术开发等）。

发展规模：设定临床/科研管理幅度（如带领5～10人专科医疗团队或科研项目组）或专业技术层级（如成为副主任医师、资深医学研究员）。

价值回报：制定薪资及职业成长目标（如3年内达到三甲医院主治医师薪资水平或科研机构中级研究员待遇标准）。

关键原则：确保目标设定紧密结合个人优势（如擅长分子生物学技术可聚焦精准医学研发岗位），并与医学行业趋势释放的机会（如AI辅助诊断、远程医疗、再生医学等领域的人才需求）形成精准匹配，避免脱离医学领域实际发展现状的空想。

4. 制定阶段性职业行动方案

以提纲形式构建未来3～5年的职业行动路线图，聚焦可落地的执行细节。围绕近期职业目标，制定分阶段行动计划，明确每项目标对应的具体任务、时间节点及资源需求。若需外部支持，须清晰界定协助类型与获取途径。以医学研究领域为例，若目标为医学科研岗位，而SWOT分析显示需补足科研方法论短板，那么，行动计划可细化如下：

第一年：完成《医学统计学》课程学习并通过结课考核。

第二年：参与1项医院临床科研项目（如某疾病队列研究），进行数据收集与分析。

第三年：以第一作者身份在核心期刊发表1篇相关领域研究论文。

详尽的行动计划如同职业探索的"导航地图"，既能为决策提供清晰指引，又能通过阶段性成果验收增强执行动力，避免目标落空。

5. 借助专业力量优化职业路径

识别职业发展瓶颈与行为模式短板并非难事，但以有效方式实现改进却需技巧。朋友、上级或职业咨询专家均能提供帮助，特别是在专业咨询力量的参与下，往往能大幅提升改进效率。

开展个人SWOT分析需投入时间与精力，但这一过程极具价值：通过系统化梳理，可形成连贯可行的职业策略，助力个体在竞争激烈的职场中斩获兼具挑战性、高回报与趣味性的职业机会。因此，制定策略性行动方案值得投入心力。

事实上，SWOT分析可广泛应用于各类决策场景——从职业规划到日常事务，皆可通过这一工具明晰现状、预判风险，为目标达成提供清晰行动框架。

（三）5"What"归零思考法

在职业咨询与规划领域，诸多专业机构和心理学专家常运用"5个What"的归零思考模型，通过连续追问五个核心问题，挖掘自我认知与职业目标的内在关联，进而构建个性化的职业生涯规划。具体思考框架如下：

1. What are you？——我是谁？

这是一场深度自我反思，需系统性剖析个人特质：

梳理核心优势（如医学专业知识扎实、临床沟通能力强）与劣势（如科研论文撰写经验不足）。

结合性格特征(如细致严谨、抗压性强)与价值观(如对精准医疗的使命感),明确“职业人格”画像。

2. What do you want? ——我想干什么?

聚焦职业心理趋向,动态审视各阶段的兴趣演变:

区分短期职业憧憬(如成为急诊医生)与长期理想(如推动基层医疗体系改革)。

关注兴趣迁移规律,例如从基础医学实验转向临床诊疗,或从疾病治疗延伸至公共卫生政策研究。

3. What can you do? ——我能干什么?

全面评估能力边界与发展潜力:

硬技能:量化专业能力(如掌握3项手术操作、熟练使用SPSS数据分析软件);

软技能:提炼可迁移优势(如跨部门协作经验、医患纠纷调解能力);

潜力维度:从学习能力(如快速掌握新诊疗技术)、创新思维(如提出改良版护理流程)等角度预判职业天花板。

4. What can support you? ——环境支持我干什么?

立体化分析内外部资源网络:

(1)客观环境:

行业趋势(如老龄化社会催生康复医学需求)。

政策红利(如基层医疗人才补贴政策)。

平台资源(如三甲医院科研设备投入)。

(2)主观环境:

人际网络(同事在多学科诊疗中的协作意愿)。

家庭支持(异地就业时的后勤保障、进修学习期间的时间分配自由度)。

关键提醒:避免忽视主观能动性,例如主动搭建跨科室合作网络、争取领导对创新项目的支持。

5. What you can be in the end? ——我最终能成为什么?

整合前四问的答案,锚定职业终极形态:

结合“自我特质”(如擅长慢性病管理+热衷患者教育)与“环境机遇”(如社区医疗中心扩张),确立职业定位(如成为区域知名的全科医学专家)。

设定可量化的长期目标(如10年内建立区域性慢性病管理标准体系),并确保目标与个人价值观、社会需求形成共振。

通过这五个问题的层层递进,打破惯性认知,在自我与环境的交叉维度中找到职业坐标,避免规划陷入“空想”或“随波逐流”的误区。

(四)CASVE循环

CASVE循环就是一种职业生涯规划决策技术,由沟通、分析、综合、评估、执行五个步骤构成(图1.4)。

1. 沟通

在职业探索进程中,我们往往借助内外部沟通渠道,感知职业理想与现实之间的差距。

这类信息既包括情绪信号(如对当前岗位的不满、工作厌烦感、职业焦虑或发展失望),也涵盖身体信号(如长期疲惫嗜睡、压力性头痛、胃肠功能紊乱等身心反馈)。

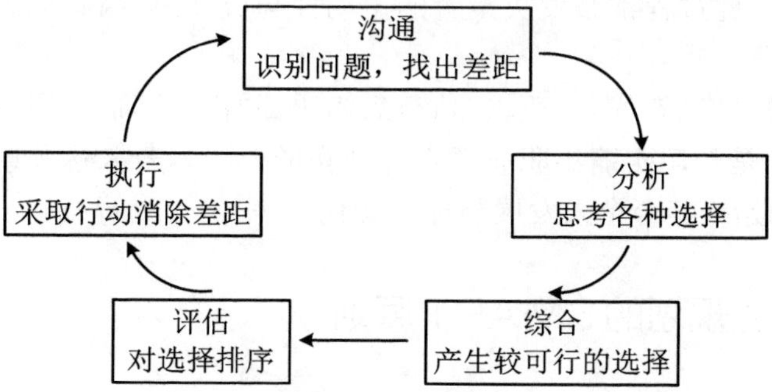

图1.4　CASVE循环

2. 分析

此阶段需要决策者以理性视角深入剖析问题本质,通过思考、观察与调研,全面理解落差产生的根源及自身应对能力。优秀的生涯规划者会避免以冲动行为缓解沟通阶段的压力——这类应激反应往往低效,甚至可能加剧矛盾。

从自我追问维度来看,需明确自身哪些特质(如专业技能短板、职业价值观冲突)与现状不匹配;分析环境限制(如行业发展瓶颈、组织晋升壁垒)对职业路径的影响;评估家庭期望、经济条件等现实因素与职业选择的平衡关系。

可以从深化自我认知角度来梳理职业兴趣演变、能力边界及价值观优先级;从拓展环境认知角度来研究目标行业趋势、岗位能力模型及家庭支持系统;从建立关联逻辑角度将个人特质与职业需求、家庭期待与长期目标进行交叉匹配,识别核心矛盾(如兴趣导向的职业选择与家庭期望的地域限制)。

通过以上系统性分析,精准定位差距产生的内在动因(如能力不足、定位模糊)与外部诱因(如政策变化、资源匮乏),为后续决策提供逻辑支撑。

3. 综合

此阶段需经历“发散-收敛”的双向筛选过程:

第一步,方案发散:通过头脑风暴、行业对标等方式,系统性挖掘缩小职业目标与现实差距的解决方案,尽可能覆盖技术学习、岗位调整、资源整合等多元路径。

第二步,方案收敛:基于人脑工作记忆的最佳容量(3～5个选项),筛选出兼具可行性与实效性的核心方案,聚焦资源投入产出比最高的策略。

4. 评估

该阶段旨在从备选方案中确定最优解,分两步推进:

影响评估:综合考量每个方案对个人职业发展、家庭关系、社会角色等多维度的影响(如参军对个人成长、伴侣关系、家庭责任的潜在作用);

优先级排序:依据目标达成度、资源匹配度等标准,对筛选后的方案进行优劣排序,选定最能有效缩小差距的方案,并明确执行承诺。

5. 执行

将决策转化为具体行动的关键阶段。通过制定分阶段、可量化的行动计划，推动职业规划从构想走向实践。此过程常激发决策者的主动性与成就感，因其标志着问题解决从理论分析转入实质性推进。

CASVE循环遵循“动态优化”逻辑：执行后需重回“沟通”阶段，通过复盘评估所选方案的实际成效，检验其是否切实缩小职业理想与现实的差距。若未达预期，则重启循环，修正策略，确保职业规划始终契合个人发展与环境变化。

二、职业生涯规划的SMART原则

尽管每个人的职业规划因个体条件差异而各具特色，但确立目标时都需遵循通用准则，其中SMART原则便是核心框架：

（一）sequential（S）——连续性

职业目标的规划须具备贯穿生涯全程的系统性与连贯性。建议同一阶段聚焦单一核心目标，避免分散精力；待当前目标达成后，再基于现有成果进阶至更高层级目标，通过阶梯式推进实现长远发展。

适度拔高目标能有效激发学习动力，推动个人主动优化工作方法、提升能力；但需注意把握尺度，若目标脱离现实基础，易沦为空想，反而削弱行动效能，导致目标失去实际指导意义。

（二）measurable（M）——明确性

职业目标需结合不同阶段特征，以清晰、具体的表述界定行动标准，合理规划各项任务的时间节点与执行顺序。建议设定可量化指标作为评估依据，例如明确完成周期（如1年或3年达成目标）、能力等级（如通过英语六级考试）等。通过数据化衡量标准，既能直观判断目标完成进度，也有助于制定精准的推进策略。

（三）attainable（A）——可行性

职业目标的设定需遵循“需求导向”逻辑，其价值实现依赖于与现实环境的深度契合。在确立目标时，需充分考量内外环境要素：既要对接社会发展趋势、行业需求及组织战略导向，也要评估个人能力边界、资源储备等现实条件，确保目标具备可实现性。若目标脱离客观实际，缺乏落地基础，则规划本身将丧失指导意义。

（四）relevant（R）——关联性

职业目标的规划应深度锚定个人特质，将兴趣偏好、性格倾向、核心优势与专业特长作为核心支撑点。以个人优势为根基确立目标，能够在职业发展中形成天然竞争力，占据主动地位。马斯洛理论强调，个体内在驱动力是职业发展的核心动能，外部环境虽有影响，但属于次要制约因素。基于此，规划需立足个人实际情况，量身定制适配方案，避免盲目跟风或脱离现实的目标设定。

（五）time-based（T）——时限性

职业目标需建立明确的时间约束机制，通过设定阶段性时限推动目标分阶段落地，避免因缺乏时间边界导致规划陷入无限拖延。在时间维度的设计上，需注重长短期目标的有机协同：

长期目标作为职业发展的战略指引，可锚定方向、凝聚动力，规避短视行为。

短期目标则是战略落地的战术单元，其达成既能提供阶段性成就感，强化行动激励，又能为长期目标积累必要资源。

若仅聚焦短期目标，易陷入"见树不见林"的局限，导致职业路径波动甚至偏离核心方向；反之，缺乏短期目标支撑的长期目标则会沦为空中楼阁。唯有通过时间维度的科学分层，形成"远景牵引＋近景驱动"的闭环，才能保障职业发展的持续性与方向性。

SMART原则内容解析表如表1.1所示。

表1.1　SMART原则内容解析表

SMART原则	内　容　解　释
连续性（sequential）	规划职业目标时，得先想清楚"到底要在整个职业生涯里串起一条怎样的线"
明确性（measurable）	考虑一下你正在使用的方法，应是量化的
可行性（attainable）	确保你的要求在可以实现的范围内
关联性（relevant）	不要由于不切实际而导致失败，一步步地提高比跨越一大步更切合实际
时限性（time-based）	决定一个合理的时间段，然后执行

三、职业生涯规划的步骤

职业生涯规划的核心本质，是在充分认知自我与洞察环境的基础上，明确个人职业发展的方向、目标及路径，并通过系统性行动推动目标达成的过程。其核心在于解决"自我定位"与"路径选择"的双重命题——清晰界定"我是谁""能力边界何在""环境机遇几何""行动路径如何设计"，使日常行动与长远愿景形成科学联动，最终实现个人价值的最大化释放。

这一过程涵盖五大核心要素：自我评估、职业环境分析、职业定位、制定实施计划和评估与调整（图1.5）。具体到大学生群体，职业生涯规划的基本实施框架可概括为以下步骤：自我评估（明晰兴趣、能力、价值观）、外部环境分析（行业趋势、组织需求、政策导向）、目标体系设定（长短期职业目标分层）、策略执行（分阶段行动计划）及反馈修正（基于实践动态调整路径）。通过这一闭环流程，构建从认知到行动、从规划到迭代的完整职业发展支撑体系。

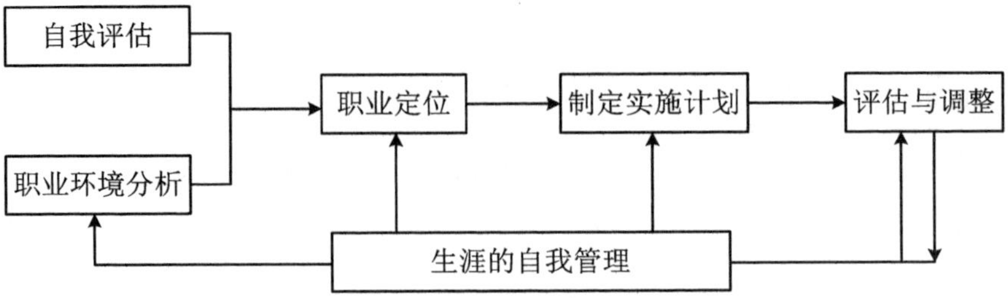

图1.5　职业生涯规划设计的步骤

（一）自我评估

对于大学生而言，需借助科学认知方法与工具，系统认知自身兴趣、性格、能力及价值观等，明确优势特长与劣势短板。自我评估可通过自我剖析、职业心理测试（如霍兰德兴趣量表、MBTI性格评估）及多维度角色建议（导师、行业从业者反馈）等多元途径完成。帕森斯的"人职匹配理论"表明，个体间普遍存在差异，每种能力模式与人格特征都对应着特定的职业类型。不同职业因工作属性、环境及流程差异，对从业者的知识结构、技能水平、性格特征及心理素质均有独特要求。

职业决策的核心在于基于个体个性特征实现"人职匹配"，即通过个人特质与职业要求的精准对接确定职业类型。当个体特征与职业环境高度契合时，往往能显著提升工作效能与职业成功概率；反之则可能导致效率低下或发展受阻。因此，对组织与个人而言，科学的人职匹配是优化职业发展路径的关键环节，而充分认知个体特性则是实现这一匹配的必要前提。

认知自我是一个需要深度探索的过程，大学生在厘清"自我定位、价值取向、能力边界、兴趣偏好"等根本性问题时，难免会经历困惑与迷茫，甚至在层层剖析中面临自我认知的阵痛。但唯有沉下心来完成这一过程，才能奠定职业生涯规划的根基——真实的自我认知是一切规划的逻辑起点。

评估过程中需保持客观理性，避免以偏概全：既要认可自身优势，也需正视能力短板。唯有建立立体、真实的自我认知体系，才能规避规划的盲目性，确保职业路径与个人特质高度适配。

（二）职业环境分析

制定个人职业生涯规划时，职业环境分析是关键环节。对大学生而言，需系统性剖析环境特征、演变趋势、个体与环境的互动关系等核心维度，具体涵盖：环境条件的本质特点、动态变化规律、个人在环境中的定位、环境提出的能力要求，以及环境带来的机遇与挑战，以此精准评估职业机会的可行性。

由于大学生的主要活动场域集中于校园，对社会职业生态的认知存在天然局限性，深入开展环境分析尤为必要。通过立体化解读环境要素，可打破信息壁垒，避免规划脱离现实土壤，提升职业目标与外部环境的适配性。

职业环境的分析主要包括三个方面。

1. 组织环境的分析

对目标组织进行全维度分析，涵盖：

组织属性（行业地位、运营模式、业务版图）；

文化特质（价值观导向、管理风格、员工成长生态）；

发展动能（战略规划、市场竞争力、技术创新能力）；

人才机制（岗位需求结构、晋升通道、培训体系）；

岗位特性（工作内容、技能要求、职业发展路径）。

2. 社会环境的分析

聚焦社会系统的动态变量：

政策导向（如就业扶持政策、行业监管新规）；

文化变迁（如职业价值观迭代）；

技术革命（如AI、大数据对岗位需求的重塑）；

市场供需（如人才结构失衡领域、新兴职业崛起趋势）。

以上分析需跟踪年度政策文件、行业白皮书等实时数据，确保分析结论的现实指导意义。

3. 经济环境的分析

构建宏观经济影响模型：

经济转型（如从投资驱动向创新驱动的模式转变）；

体制改革（如国企混改、自贸区政策对就业市场的辐射）；

产业升级（如传统制造业数字化转型、新兴产业布局）；

国际格局（如全球化退潮、区域经济合作对行业的冲击）。

经过上述剖析，大学生需对职业环境的特征、演变趋势，自身与环境的关联，以及个人在特定环境中的位置有清晰认知；同时，要充分了解环境因素所具备的优势和存在的限制等情况对自身职业生涯发展产生的影响。唯有对这些环境因素有全面的认识，才能够在复杂的环境中趋利避害、目标明确地行动，进而让自己的职业生涯规划得以顺利实施。在此，建议大学生尽量实现与工作世界的“近距离”接触，以此提升对职业环境认识的全面性。

（三）职业定位

职业定位指的是职业生涯目标的设定。明确目标是制定职业生涯规划的核心环节。高效的生涯规划需要设置切实可行的目标，以排除无关干扰，将全部精力集中于目标达成。在完成自我评估与外部环境分析的基础上，需选定个人职业发展方向，确立职业生涯的发展目标，力求使职业目标与自身潜能及主客观条件实现最优匹配。理想的职业定位需以个人的最佳才能、最优性格、最大兴趣及最有利的环境等信息为依据。一般而言，目标制定应遵循SMART原则（见上文）。

职业定位涉及人生目标、长期目标、中期目标和短期目标的设定，这些目标分别与人生规划、长期规划、中期规划和短期规划形成对应关系。具体来说，需先根据个人专业背景、性格特点、气质类型和价值观念，结合社会发展趋势，明确人生目标与长期目标；继而，将人生目标和长期目标进一步细化，依据个人经历及所处的组织环境，制定相应的中期目标和短期目标。

通过自我评估与生涯机会评估，完成对自我的认知与环境的分析，进而在此基础上进行职业选择。具体而言，在职业选择过程中，需充分考量自身特性，包括性格特质、兴趣倾向和专业特长；同时，也要全面分析环境因素对个人职业发展的影响。通过深入剖析自我、了解自身优势与局限，结合对职业环境和行业趋势的洞察，实现个人性格、兴趣、特长与职业需求的精准匹配。这一原则对于即将踏入社会、初次进行职业选择的大学生而言尤为关键。

大学生在进行职业定位时，需综合考量性格与职业的适配性、兴趣与职业的契合度、特长与职业的匹配性、专业与职业的关联性以及社会需求与个人意愿的协调性，力求达成"择己所爱、择己所长、择社会所需"的理想状态。针对当前就业形势严峻的现状，大学生应树立"从基层起步、以实干筑梦"的就业观念，立足实际动态调整就业预期，在就业地域、单位性质、岗位类型及薪资待遇等方面作出合理取舍，主动适应社会发展节奏，规避"高难企及、低不愿就"的择业困境。从宏观层面看，职业定位需与国家人才培养导向相契合，积极响应政府关于大学生投身基层、服务基层的号召；从个体成长维度讲，还需遵循人才发展的客观规律，在实践积累中逐步实现职业目标与个人价值的统一。

（四）制定实施计划

制订实施计划包括选择职业生涯路线和制订行动方案两个步骤。

1. 选择职业生涯路线

职业生涯路线是指个体选定职业后，规划通过何种路径达成职业目标的路径设计。不同发展路线对个人能力、特质的要求存在明显差异，即便处于同一职业领域，也会细分为多元岗位方向：

管理路线：适合具备组织协调能力、战略视野与领导力的个体，通过行政事务统筹、团队管理等路径，向管理人才方向发展；

研究路线：适配于逻辑分析能力突出、热衷探索未知的群体，聚焦专业领域深耕，以技术突破或理论创新为目标，成为行业专家；

经营路线：适合擅长资源整合、市场洞察与风险决策的人才，通过商业运营、市场开拓等实践，在产业竞争中积累优势，成长为经营骨干。

若个体缺乏管理禀赋却选择行政管理路线，可能因能力与岗位需求错配，在职业发展中面临多重阻碍，其职业目标的达成也将存在较大不确定性。因此，职业生涯路线的选择需以个人能力特质、职业兴趣为根基，结合岗位要求综合研判，避免因路径偏差导致发展瓶颈。

2. 制订行动方案

制定行动方案的核心在于将职业目标拆解为可操作的具体计划与举措。其中，职业生涯发展路径的规划、职业方向的精准定位，以及配套教育与培训计划的设计，是行动方案的关键组成部分。此处的行动，聚焦于实现目标的具体策略，涵盖教育学习、技能培训、实践历练等维度。以职业素质提升为例，需清晰规划：计划学习哪些专业知识，掌握哪些实操技能，挖掘哪些潜在能力；同时明确实施路径，如通过课程进修、考取证书、参与项目实践等方式达成目标，并设定合理的时间节点。这些计划须具备高度的细节性与可执行性，便于定期复盘与调整。一旦方案敲定，就要围绕各阶段目标，细化执行流程，确保规划从蓝图转化为实际行动。

行动计划涵盖长期与短期两个部分。鉴于长期计划在推进过程中面临较多不确定性，在校大学生须结合自身实际状况，紧密跟随社会发展趋势，持续设定切实可行的短期目标。倘若缺乏实际行动支撑，职业目标终究会成为空想。大学生应围绕职业目标，制定精准、清晰且具有可操作性的行动计划，特别是要着重规划大学期间及毕业后五年内的执行方案。在制定计划时，需合理区分任务优先级，掌握时间管理技巧，妥善应对外界干扰，确保每项计划都有具体的行动举措作为保障。近期行动计划最好细化到每周，让目标推进更具可控性。大学阶段，学生可依据此行动方案科学规划校园生活，为未来正式踏入职场筑牢基础。制定行动计划的关键要点如下：

第一，实施目标的分解与整合。

时间维度分解：把目标分为短期目标（一年内）、中期目标（两至五年）和长期目标（十年及以上），使目标推进节奏清晰且便于把控。

内容维度分解：细分为知识目标（如专业课程学习、资格证书考取）、能力目标（涵盖专业技能提升、通用能力拓展）、素质目标（聚焦综合素质与职业素养培养）、实践目标（包括学生工作参与、实习兼职经历积累）等。

基于各项目标间的内在关联，将分解后的子目标有机组合，以实现整体目标的协同推进。

第二，制定缩小差距的实施方案。

精准识别现状与目标之间的差距，围绕这些差距制定针对性措施，通过循序渐进的努力逐步缩小差距，确保职业发展稳步前行。

（五）评估与调整

受社会环境动态演变及诸多不确定因素影响，初始制定的职业生涯规划与现实情况往往存在差异。影响职业生涯规划的因素复杂多元，部分变化可提前预判，而有些突发情况则难以预见。正因如此，定期审视并调整职业生涯目标与规划显得尤为重要。

对于大学生而言，反馈修正的核心内容涉及：重新评估并调整职业方向；修订各阶段的具体目标；优化实施措施与行动计划。在职业生涯规划的推进过程中，内外部环境的不可控变化，随时可能要求我们对原有规划进行动态调整，以主动适应环境变迁。如何优化职业发展路径，是职业规划全流程中必须深入思考的关键环节。评估与反馈不仅是个人深化自我认知的过程，也是持续洞察社会需求的过程，更是提升职业生涯规划有效性的重要手段。

（范君君）

第二章　职业兴趣、职业价值观与职业人格

学习目标

1. 知识目标

掌握职业兴趣、职业价值观与职业人格的基本构成。

2. 能力目标

了解自身的职业兴趣、职业价值观与职业人格。

3. 情感价值观目标

培养学生对自我认知的兴趣和热情，激发他们主动探索个人职业兴趣、职业价值观与职业人格，结合自身职业倾向，做出符合内心期望的职业选择，以职业目标作为职业发展过程中不断追求和努力的方向。

本章概要

兴趣关系到人们工作满意度、职业稳定性和职业成就感，也是个体对职业进行分类的重要选择依据，因此，兴趣是职业生涯规划中自我探索的一个重要因素。在进行生涯规划和职业选择时，本章强调将兴趣作为重要的考虑因素，了解自己的职业兴趣。

第二节介绍了价值观的含义，职业价值观的含义、分类，以及与职业选择的关系。通过职业价值观的学习，学生应认识到职业价值观的重要性。在职业规划中应重视对个人价值观的认识，探索自身的基本价值观和职业价值观。

通过第三节的学习，学生应明白气质、性格、能力等人格与职业生涯发展的关系，掌握职业人格与职业的匹配。

引子

在职业发展的旅程中，职业兴趣、职业价值观与职业人格是至关重要的坐标。职业兴趣如动力引擎，驱动我们迈向心仪的领域；职业价值观似导航罗盘，指引着选择的方向；职业人格则像独特的地图，决定着我们在职业路径上的行进方式。三者相互交织，共同构建了个体与职业世界互动的底层逻辑。本章将通过解析这三个核心要素，揭示它们在职业选择、适应与成长中的关键作用，助力同学们明晰自我，在职业规划中找准定位，开启更具方向感的职业生涯。

第一节　职业兴趣概述

一、兴趣

（一）兴趣的概念

孔子曰："知之者不如好之者，好之者不如乐之者。"兴趣反映了一个人积极探究某种事物及爱好某种活动的积极心理倾向，也反映了人们对客观事物的选择态度。兴趣是一种需要的表现方式，往往与个体的直接或间接需要有关联。一个人一旦对某种事物感兴趣，就会产生接近这种事物的倾向性，并积极参与相关的活动，表现出极大热情。比如有的学生喜欢天文，一有时间就投入研究，并从中获得乐趣。人们一直很重视兴趣在学习和性格养成中的作用，爱因斯坦曾经说过："兴趣是最好的老师。"

（二）兴趣的分类

根据不同的标准，可以将人类的兴趣分类如下：

1. 直接兴趣和间接兴趣

根据兴趣的倾向性，可以将兴趣分为直接兴趣和间接兴趣。直接兴趣是由活动或事物自身引起的兴趣。如看电视、看小说、探索新奇的事物等。间接兴趣是指对活动的目的和结果产生的兴趣。如学习英语时，人们可能觉得英语比较枯燥，没有兴趣，但是学好英语能阅读英文资料，开拓视野，了解行业最新科技成果，这是人们感觉有需要，能产生兴趣的。不管是直接兴趣，还是间接兴趣，对于学习来说都是非常有必要的。如果没有直接兴趣，学习将变得索然寡味；如果没有间接兴趣，学习不能长久地坚持下去。只有将直接兴趣和间接兴趣有机结合，才能将学习积极主动地坚持下去。

2. 物质兴趣和精神兴趣

根据兴趣的内容，可以将兴趣分为物质兴趣和精神兴趣。物质兴趣表现为对衣服、食物等物质的兴趣。物质兴趣须加以正确引导和适当地控制，否则会形成贪欲，使人最终走上邪路。精神兴趣表现为不满足于已经掌握的知识和已有的成绩，通过主动积极地学习，加强对客观事物的认识，不断开动脑筋钻研，追求创造性地学习。精神兴趣可以代表一个人的精神境界，是个体发展的高水平表现。

二、职业兴趣

（一）职业兴趣的概念

兴趣是最好的老师，有人说："如果能从事自己感兴趣的工作，那么，人生就是天堂。"由此可见兴趣对人们职业体验与生活幸福感的积极赋能。

兴趣是人们愿意自发认识某种事物，从事某种活动的心理倾向。兴趣是一种选择性的态度和情绪，是人们以特定的事物、活动及人作为对象所产生的积极倾向。兴趣可以产生无形的动力，每个人都愿意积极探索感兴趣的事物，对这类事物给予优先注意，并表现出自己的心驰神往。例如，对摄影感兴趣的人，愿意积极发现身边的美好事物并用相机记录；对集邮感兴趣的人，会想尽办法对各类邮票进行收集、珍藏、研究。

职业兴趣是一个人在工作中的融入程度以及对待工作的态度，表现为自身对从事相关工作的兴趣和愿望。工作中拥有职业兴趣将增加自身职业稳定性和职业成就感，提高工作满意度。有研究表明，如果对一份工作感兴趣，个体就会自主产生从事该工作的积极动力，甚至投入到废寝忘食和乐此不疲的程度。个体也会自发自觉地接受相关训练，获得需要的专业知识和技能。工作中遇到挫折和困难时，会有较多的勇气和毅力来面对相应的问题、寻找办法去突破难关。

职业兴趣的形成是家庭、学校与社会共同作用的结果，经历“有趣-乐趣-志趣”三阶段演变。首先是初级阶段——“有趣”，特征是短暂性、盲目性、易变性，这是产生职业接触的原始动力，局限性是易被新兴趣所替代，如小林在科技展接触3D打印后，连续两周沉迷相关视频，但未系统学习技术原理，一个月后兴趣转移至无人机领域。其次是中级阶段——“乐趣”，该阶段的特征是自发性、坚持性，开始探索职业内在联系，能持续投入表面枯燥的工作，如会计专业学生小张主动考取ACCA证书。最后是高级阶段——“志趣”，特征是社会性、自主性、方向性，此时会升华为终生奋斗的志向，具备明确的意志行为倾向，如环保工程师小陈经历10年技术积累后，联合多方成立碳中和研究中心，主导开发3项行业标准，将职业发展与企业社会责任深度绑定。由此可见，职业兴趣的形成与发展，是一个从低级到高级，不断完善的过程。

职业兴趣作为一种心理倾向，可以在专业学习和社会实践中培养。在进行专业学习的过程中，与个人智力、能力特征相匹配，积极地培养和发展自己的职业兴趣，与专业领域、社会需求相协调，努力使其与所学专业及相关职业要求一致，保持与时代发展的同步性。

（二）职业兴趣的作用

职业兴趣对人的职业选择和职业活动具有重要影响，在职业活动中的作用表现为以下几个方面：

1. 影响职业选择

兴趣是在实践活动中形成的，受到社会环境、教育影响和个人素质的交互作用影响。早期兴趣预示未来职业方向，驱动个体主动寻求职业机会，有助于建立稳定的职业行为模式。职业兴趣一旦形成，对人的行为会产生一定的定向性，使人积极去寻求满足自身职业需要的途径和方法。研究显示，早期确定专科兴趣的医学生，职业满意度高出42%。

2. 促进能力开发

职业兴趣可以激发全神贯注的认知状态，促进系统性知识建构，增强创新性问题解决能力，是一种具有浓厚情感色彩的志趣活动。它可以提升专业技能应用水平，促进个体释放潜在能力储备，形成良性循环的成长机制。医学生小陈痴迷神经影像学，开发出基于深度学习的脑卒中早期诊断模型，获全国大学生医学创新大赛金奖，被某三甲医院破格录用。

3. 提高工作效率

兴趣可以强化观察敏锐度，提升思维深度，拓展想象空间。研究表明，一个人如果从事高兴趣的工作，能发挥80%～90%的才能，且能长时间保持高效率而不感到疲倦；如果从事不感兴趣的工作，则只能发挥20%～30%的才能，不但效率衰减，还容易让人感到厌倦和疲劳。住院医师小刘因对儿科领域有着浓厚的专业兴趣和全身心的情感投入，持续优化患儿沟通方案，创下连续5年零投诉纪录，诊疗效率提升40%。

4. 增强职业适应

美国心理学家斯特朗的研究结论显示，职业能力与职业兴趣的关系类似摩托艇的发动机与驾驶员的关系。能力如同摩托艇的发动机，决定发展速度。兴趣则像驾驶员，决定了发展方向。摩托艇前进的距离是成就，成就值＝能力强度×兴趣导向性，取决于发动机与驾驶员的综合作用。

如果一个人的兴趣单一，很难适应环境变化的要求。按照多维兴趣培养策略，应当突破单一兴趣局限，建立复合型兴趣结构，发展终身学习能力。为了增强现代职场适应性，应当增强岗位转换弹性，提升环境适应速度，保障持续职业发展。研究表明，具备复合兴趣的医学生，职业危机发生率降低57%，收入增长弹性提高2.3倍，职业生命周期延长8～10年。

第二节　职业价值观概述

一、价值观

（一）价值观的概念

价值观（values）来源于拉丁语词根“valeo”（坚强起来），代表着驱动个体持久行动的内在力量。它是我们生活和职业中珍视的原则、标准和品质，是行为背后的深层动机，对职业选择和发展的激励作用超越兴趣与个性。

对医学生而言，价值观是理解“为何学医、为谁行医”的核心。它是对生命健康、患者福祉、医学真理及自身职业行为意义与重要性的根本评价，是关于“何为良医”“何为正道”的总看法。正是价值观，推动医学生克服艰难、精进医术，并最终指引其在复杂情境下做出符合医学伦理的决定。它调节着医者对知识的需求、救治的动机、奉献的愿望，是医者动机与行为模式的统帅。

在医学生心中，学习、研究、临床实践、患者沟通、团队协作、社会责任等事务，都依据其关乎生命健康的轻重缓急和价值高低进行排序，构成了独特的医学价值观体系。这个体系是医者一切行为的心理基石，深刻影响着其对世界的认知、自我定位及职业道路的设计。

（二）价值观的理解

价值观内容核心——“医学好坏观”：在医学领域，价值观体现为关于“好坏”的根本判断。何为对患者的仁爱之心？何为对生命负责？何为诊疗严谨？何为诚信行医？它关乎善恶（如医疗公正）、美丑（如医德医风）、利弊得失（如治疗方案选择）、荣辱（如学术诚信）、优劣（如医术精进）、值得与否（如对疑难病例的坚持）等。当医者评判一个诊疗方案、一项研究伦理或一种职业行为时，其头脑中依据的信念、标准（如希波克拉底誓言、医学伦理原则）和期待，即构成了其医学价值观。

价值观形式核心——“医学信念与理想”：医学价值观的核心是深植于心的信念（如生命至上）、信仰（如科学精神）和理想（如救死扶伤、追求卓越）。它不仅是“知道”解剖生理或药理，更是“坚信”仁心仁术的力量，“渴望”解除病痛，“坚持”对真理和医术严谨的追求。在医学知识边界或临床不确定性面前，正是这些信念和理想指引方向。

价值观来源与功能——“医者的评价天平”：医者的价值观源于其临床感悟和对生命本质的深刻体悟。它一旦形成，便成为衡量一切医疗活动、职业行为乃至政策的“天平”和“尺子”。医者用其评判诊疗方案的价值、科研的伦理边界、沟通的人文关怀程度、团队协作的效能，并据此做出符合职业使命的选择。价值观是医学精神文化中最深层、稳定且主导的力量。

（三）价值观的特性

1. 价值观因人而异

每位医者的成长经历、教育背景、临床感悟不同，其形成的价值观体系亦具独特性。这解释了为何面对相同病例，不同医生可能有侧重技术突破还是人文关怀的决策动机。

2. 价值观相对稳定

医学价值观是医学职业的基石，基于深厚的专业知识、伦理熏陶和实践锤炼，一旦形成便具有高度稳定性，成为世界观、人生观和职业认同的核心，赋予医者责任担当的持久定力。

3. 价值观可以改变

医学发展日新月异，社会伦理观念演进，临床经验积累，重大公共卫生事件（如疫情）冲击等，可以成为终身成长的契机，可能促使医者反思并调整价值观，实现终身学习与精神成长。

（四）价值观的类型

奥尔波特（Allport）及其助手对价值观的分类是最早的尝试之一。结合医学领域特点，可以划分为六种价值观类型。

1. 理论型价值观（求真）

理论型价值观以探索医学真理、疾病机理为核心。珍视科研、循证医学、严谨治学，是推动医学进步的基石。

2. 审美型价值观(求谐)

审美型价值观关注诊疗过程与结果的和谐、完美,如精准手术、身心整体观。体现在对医术追求卓越和对患者生活质量、尊严的重视。

3. 政治型价值观(影响力)

政治型价值观关注在医疗体系、公共卫生政策、学科发展中的权力与影响力。用于推动改革、优化资源配置、提升群体健康水平。

4. 社会型价值观(仁爱)

社会型价值观是医学生核心价值观的核心体现。以对患者和群体的仁爱与关怀为中心,视服务、奉献、减轻病痛为最高价值,是医学人文关怀和沟通艺术的驱动力。

5. 经济型价值观(实效)

经济型价值观重视医疗行为的效率、成本效益和资源合理利用。在优化医疗管理、确保可持续性方面具有意义,但需始终以患者利益和诚信为前提。

6. 宗教型价值观(意义)

宗教型价值观寻求对生命、死亡、苦难的深层理解与精神慰藉。支撑临终关怀、医学人文,赋予职业更深层的意义感,与正直和操守常相关联。

二、职业价值观

(一)职业价值观的概念

职业价值观是价值观在职业领域的具体化。医学职业价值观是医者对待医学职业的根本信念、态度和取向。它回答的核心问题是:在纷繁复杂的医疗情境和职业可能性中,优先考虑哪种价值。如患者生命、学术成就、个人发展、经济回报、社会声誉、工作稳定等。

社会上各种职业都有一定的价值,不同的职业体现着不同的价值内容。医学职业承载着无与伦比的价值——守护生命健康。不同专科(如急诊、科研、公卫、基层医疗)体现着价值侧重的差异(如即时救命、长远突破、群体预防、持续关怀)。

社会对医学职业的评价也随时代产生变化,职业价值观显著地呈现以下变化。从重理想向重现实与理想结合:既怀揣救死扶伤的崇高理想,也关注执业环境、个人发展等现实因素。从重义务向重义务与权益平衡:坚守职业责任与义务,同时也重视合理的权益保障与个人价值实现。从重集体向重个体与集体融合:在强调团队协作和集体力量的同时,也重视个人专业成长和独特贡献。不管时代如何变迁,医学职业价值观的核心不变:对生命的敬畏与守护始终是医学职业的灵魂。

当代医学生职业价值观的核心驱动是自我实现与服务社会的统一。现代医学生择业时,高度看重职业能否为发掘自身潜能、精进医术、实现医学理想提供平台。医学职业已远非单纯谋生手段,更是践行使命、服务社会、实现人生价值的崇高途径。伴随"铁饭碗"观念的淡化,医学生对职业风险(如医患关系、职业倦怠)的认知也在提高,这要求更强的心理韧性和责任担当。

（二）职业价值观的分类

舒伯开发出一个包括了三个维度和十五个因素的价值观量表，帮助人们了解工作各项特征的重要性的优先顺序。三个维度分别是内在价值维度、外在价值维度和外在报酬维度，如表2.1所示。

表2.1 价值观量表

维度	价值因素	目的和价值	医学场景诠释
内在价值维度	智力激发	不断进行智力的操作，动脑思考，学习以及探索新事物，解决新问题，能够在工作中充分运用自己的智力，如逻辑推理能力、空间能力等	面对复杂病例时的诊断挑战、追踪前沿医学进展、参与科研创新
	利他性	能够带给他人以成长、发展或福利，直接为大众的幸福和利益尽一份力	以患者福祉为最高目标，甘于奉献（如坚守抗疫一线、支援偏远地区）
	创造性	关注智慧的激发与增长，产生新的想法并努力实现。希望自己的工作能够提供独立思考、不断学习、解决新难题的机会	设计个性化治疗方案、攻克疑难手术、优化医疗流程
	独立性	能够自主地安排工作，能充分发挥自己的独立性和主动性，按自己的方式、步调或想法去做，不受他人的干扰	临床决策的自主权
	美感	不断地追求美的东西，能在工作中体会到和谐与美，使这个世界更美丽。希望通过自己的工作创造优美的作品，增添社会的艺术、文化气息等	手术技艺的精妙、康复效果的圆满
	成就感	不断创新，不断取得成就，不断得到领导与同事的赞扬，或不断做自己想要做的事	成功救治危重患者
	管理	对他人施加影响、领导和激励，获得对他人或某事物的领导支配权，能指挥或调度一定范围内的人或事物	领导医疗团队
外在价值维度	工作环境	关注工作的外部环境，能在舒适、良好的办公环境中办公；希望自己的工作单位为员工提供宜人的工作场所、现代化设备等	医院硬件设施、数字化诊疗平台
	同事关系	能与工作伙伴一起愉快地工作，希望自己在工作中能够形成融洽的同事关系，并与同事建立深厚的友谊等	医护技药协同、跨科室合作
	监督关系	能与上级平等且融洽地相处，获得赏识，希望自己的工作主管善解人意，采取民主领导方式等	上级医师指导、伦理委员会监督
	变动性	希望自己的工作能经常变换任务性质、内容、场所等，喜欢尝试变化，体验多样性	应对急诊突发、疫情响应

续表

维度	价值因素	目的和价值	医学场景诠释
外在报酬维度	声望	关注职业在社会上是否得到尊重，希望自己的工作能够使自己更有社会地位，使他人对自己产生尊重与崇敬等情感，提高个人声誉	“白衣天使”社会声誉
	安全性	不管自己能力怎样，希望在工作中有一个安稳局面，不会因为奖金、涨工资、调动工作或领导训斥等经常提心吊胆、心烦意乱	职业暴露防护
	经济报酬	获得优厚的报酬，如工资、奖金、福利待遇等，使自己有足够的财力去获得自己想要的东西，使生活过得较为富足	符合专业价值的薪酬
	生活方式	关注工作对个人生活的影响，希望通过自己的工作过上自己想过的生活等	值班制度、工作强度与家庭平衡

内在价值维度是指与职业本身性质有关的因素，即工作本身的一些特征，它包括智力激发、利他性、创造性、独立性、美感、成就、管理七个因素；外在价值维度指与工作内容无关的外部因素，即工作的环境，它包括工作环境、同事关系、监督关系、变动性四个因素；外在报酬维度指在职业活动中能获得的因素，它包括声望、安全性、经济报酬、生活方式四个因素。阚雅玲将职业价值观分为以下十二类：收入与财富、兴趣特长、权力或地位、自由独立、自我成长、自我实现、人际关系、身心健康、环境因素、工作稳定、社会需要、追求新意。结合医学职业特点，将其医学化重构，整合成医学生职业价值观，如表2.2所示。

表2.2　医学生职业价值观量表

类　别	医学职业价值观体现	医学场景体现
收入与财富	生命健康守护	将患者康复视为最高回报
兴趣特长	医学志趣驱动	痴迷外科技术、沉醉病理探索
权力或地位	学术影响力	成为学科带头人、制定诊疗指南
自由独立	临床自主权	渴望主导诊疗方案
自我成长	专业精进	重视规培资源、海外进修
自我实现	医学使命实现	在抗击流行病、疑难病攻关、基层医疗中兑现“健康所系、性命相托”誓言
人际关系	医疗团队共生	珍视多学科协作氛围
身心健康	执业可持续性	拒绝以牺牲健康为代价的“英雄主义”
环境因素	无影灯下的坚守	适应手术室、急诊室等特殊环境，而非追求舒适安逸
工作稳定	专业安全感	看重编制、职称晋升通道
社会需要	社会健康责任	响应国家医疗援外
追求新意	医疗前沿探索	投身精准医疗、AI辅助诊断等新兴领域

三、了解你的职业价值观

(一)访谈法

访谈法又称为终极职业理想探寻，是职业咨询中常用的方法，包括以下四种方法：

1. 自由联想

想象你退休时回望职业生涯：你挽救的生命、培养的学生、推动的医疗进步…哪些场景让你热泪盈眶？你听到患者怎样的感谢？你内心最深的满足感源于什么？

2. 80岁生日宴会上总结自己的人生

在从医60周年纪念会上，同行称赞你"刀法精准"，患者感念你"视病如亲"，学生敬仰你"诲人不倦"……你最希望被铭记的是哪一项贡献？这反映了你怎样的职业信仰？

3. 列出最欣赏的5个人

在所有你了解的医学领域著名人物中，你觉得哪些人的人生是你认同或者欣赏的，请你至少列出5个人来。如林巧稚、钟南山、白求恩等人物，分析其特质：仁爱（患者至上）、严谨（科学精神）、担当（疫情逆行），从而提炼自身价值标杆。

4. 马斯洛需求层次应用法

按照心理学家马斯洛的观点，人类的需求具有层次性，各种需求是相互联系、相互依赖的，是一个按层次组织起来的系统。某一时期占优势的需求支配着我们的意识，并且成为组织我们行为的核心力量。对于医学从业人员来说，基础层是执业安全、合理报酬，发展层是专业精进、团队认可，顶层是挽救生命、推动医学。请思考，现在你的哪种需求占主导，思考当前主导需求与医学理想的匹配度。

(二)生涯辅导工具法——价值观市场

1. 价值观选择

参照下方列举的价值观，挑选出其中五种对你来说最重要的价值观，分别写在五张小纸条上。如果你认为重要的价值观在表中没有列出，也可以另写。

竞争，工作环境，工作地点，健康，家庭，朋友，亲情，亲密关系，生命尊严守护，循证医学实践，医患共情，科研诚信，公共卫生使命，人际关系，归属感，团队合作，新鲜感，乐趣，自由有礼，被认可，受尊重，能帮助他人，能发挥自己的才能，物质保障，稳定，安全，创造性，多样性和变化性，成就感，成功，名誉，地位，有学习或发展的机会，有益于社会，挑战性，冒险性……

2. 价值观定义

给每一条对你来说很重要的价值观下定义，并在纸上写下来，即要达到什么样的水平你才能满意？个人对同一种价值观的定义可能并不相同，比如对于"仁爱"的理解，有人认为是每日查房多倾听5分钟，对于"严谨"的理解，有人认为是确保每份病历书写零差错。

3. 价值观放弃

如果你不得不放弃其中的一条价值观，你会放弃哪一条？将写有你准备放弃的价值的纸条与他人交换。

4. 价值观交换

保留刚才别人给你的纸条，放在一边。现在，如果你不得不继续放弃剩下四条中的一条，你会放弃哪一条？再次与另一个人交换。

5. 价值观排序

继续下去，直到最后只剩下一条。这是否是你无论如何也不愿放弃的？对照《希波克拉底誓言》或《中国医师宣言》，这是否是其中的内容，它能否支撑我面对医疗纠纷、科研压力、职业倦怠？

按重要程度排序五条重要价值观。

6. 提问环节

通过这个活动，你对自己的价值观有了什么样的了解和想法？你的价值观会对你的职业选择和人生产生什么样的影响？他人的价值观会对你的生活产生什么样的影响？

7. 活动的目的

职业价值观探索不是选修课，而是医学人的免疫接种——在未来的利益诱惑、压力困境中，唯有明晰"为何从医"，才能做出无愧白袍的选择。定期用医学誓言校准价值观，让仁爱、责任、严谨成为你职业生命的"恒常心律"。

第三节　职业人格概述

一、气质

（一）气质及其分类

1. 气质的概念

气质是指在人的认识、言语、情感、行动中，心理活动发生时力量的强弱、变化的快慢、均衡程度等稳定的动力特征，与日常生活中人们所说的"性格""脾气""性情"等含义相类似。日常生活中，有的人爽快热情，精明强干；有的人沉稳文静，说话办事慢条斯理；有的人粗犷豪放，这些都是气质的不同表现。气质不同于人格，人格的形成除了以气质、体质等先天禀赋为基础，社会环境的影响起到决定性作用，气质是人格中的先天倾向。气质对医学工作者的临床决策、医患沟通、应急响应有重要影响，表现为：情绪反应阈值（如面对病患死亡时的情感冲击强度）、行为调节速度（如门诊节奏把控）、注意力稳定性（如长时间手术的专注力）。

2. 气质的分类

气质的差异广泛存在，古代智者已经注意到这一点，将气质划分成了不同的类型。公元前5世纪时，古希腊著名的医生希波克拉特就提出了4种体液气质学说，认为人体内有四种体液：血液、黏液、黄胆汁和黑胆汁。如果四种体液协调，人就健康，四种体液失调，人就会生病。为了使我们更好了解自身的气质特征，在此，以传统的四分法为例介绍气质的分类方法。

四分法把人区分为胆汁质、多血质、黏液质和抑郁质四种类型。这种分法主要依据个体的感受性、耐受性、反应的敏捷性、可塑性、情绪的兴奋性、外倾性和内倾性。对同样的外部事件我们每个人的感受是不同的，在做事情时所表现出来的耐受性也是不同的，有的人能坚持简单重复性的工作，有的人无法忍受；差异还体现于反应的敏捷性上，不仅表现于动作技能方面，还表现于记忆、理解等心理能力上。人们受外部世界的影响程度也有差异，有的人能很快调整自己来适应变化的外界环境，有的人较难做出改变。在情绪反应方面，有的人容易摆脱一种情绪状态进入新的情绪状态，有的人则容易沉浸在之前的情绪状态难以调整。内倾和外倾者的差异也广泛存在。正是由于这些不同，胆汁质、多血质、黏液质和抑郁质四种气质类型也表现出不同的表现。

（二）气质与职业

一个人的气质并不能决定社会成就和价值，要正确认识气质。寸有所长，尺有所短，不能笼统地判断一种气质类型是好是坏，每一种气质类型都有积极的一面，也有消极的一面，例如，黏液质的人比较沉着稳重，但往往有反应固执和缓慢的特点，多血质的人敏捷灵活，适应力强，可注意力不稳定，兴趣容易发生转移。

研究和实践表明，气质和职业选择确实存在着一定的关系。一方面，某些气质类型的人适合做某些工作；另一方面，某些工作对人的气质类型的确有特殊的要求。气质类型的某些特征往往为人们从事某种工作提供了有利条件。例如，胆汁质和多血质的人对需要迅速、灵活反应的工作较合适，抑郁质和黏液质的人比较适合从事一些持久而细致的工作。因此，我们应当明确认识自己的气质，并根据自己的气质特征选择与之相匹配的职业，做到充分扬长避短，发挥自己的潜能和气质优势，克服气质特征中消极的一面。

1. 胆汁质人适合的职业

胆汁质人的神经特征为：反应迅猛、情绪强度高、行动果断。工作往往带有明显的周期性，可以埋头于事业，也可以克服通向目标的重重困难和障碍，但是当其精力耗尽时，容易失去信心。一般来说，胆汁质人不擅长做细致性的工作。胆汁质人对本职工作持久度不高，喜欢跳槽，经常更换工作单位，渴望成为自由职业者。胆汁质的人反应迅猛，情绪强度高，行动力果断。

适合职业：胆汁质者适应于喧闹、嘈杂的工作环境，可以成为出色的节目主持人、演讲者、导游、推销员、演员、外事接待人员、监督员等，对于需要长期安坐、细心检查的工作难以胜任。在医学职业中的优势体现在可以在急诊抢救中快速决断、耐受高强度手术（如连续多台创伤手术）、主导医患危机沟通。但也存在一些不利因素，易忽略病历细节（如漏记过敏史）、团队协作中显强势（如打断护士提醒），职业倦怠发生率较高。适配科室有：急诊科、创伤外科、公共卫生应急部门。

2. 多血质人适合的职业

多血质人的神经特征为：适应性强、思维敏捷、情感外显。对于简单、细致、琐碎的工作，以及缺乏竞争和刺激、只求细致的工作一般不感兴趣，往往能在那些缺乏适应性就无法立足的领域内大显身手。多血质的人对所有职业都有适应性，而且很快就可以成为团体中独当一面的人物。

适合的职业：多血质者适宜的工作有公关人员、驾驶员、外交工作、管理工作、医生、律师、演员、军人、运动员、新闻记者、警察等，但不适宜做很细致的工作，也难以胜任单调机械的工作。在医学职业中的优势体现在适应性强、思维敏捷、情感外显，可以高效处理门诊多病种接诊，擅长构建深度医患信任关系（如儿科家长沟通），协调多学科会诊（MDT）。职业风险性体现在：科研项目持续性不足，慢性病随访易中断，容易规避复杂疑难病例。适配科室有：全科医学科、儿科、健康管理中心。

3. 黏液质人适合的职业

黏液质人的神经特征为：持久稳定、专注力强、情绪内敛。这些人具有强抑制神经类型，所以行动缓慢沉着，严格遵守固定的生活秩序和工作制度，在生活中是坚持而稳健的辛勤工作者。黏液质的人通常具有从容不迫和严肃认真的品德，以及性格的一贯性和确定性。情感上不易激动，不易发脾气，不易流露情感，态度持重，交际适度，也不喜爱显露自己的才能。这类人可以坚持不懈、有条不紊地从事自己的工作。不足的地方是，有些事情灵活性不足，不善于转移自己的注意力。黏液质人不论职位高低，都能在各自岗位上发挥重要作用。他们中大多数人都能很好地利用社会性、协调性、积极性、感情稳定性表现自己的才能，展现出卓越的能力。

适合职业：适合担任原则性强的工作，例如：管理人员、会计、外科医生、法官、保育员、话务员、人事管理主管、播音员、教师等，需要灵活的工作则会使他们感到压力。在医学职业中的优势体现在：精细操作（如神经显微外科手术）、慢性病长期管理（如糖尿病足随访）、医疗质量管控（如病历规范性审查）。职业风险性体现在：急救响应延迟（如胸痛患者评估超时）、情感反馈不足（如肿瘤患者感知冷漠）、新技术应用保守。适配科室有：病理科、肿瘤内科、医院质量管理办公室。

4. 抑郁质人适合的职业

抑郁质人的神经特征为：高敏感性、深度思考、谨慎细致。典型表现包括：对情感有较强的感受能力，易动感情、情绪体验的方式较少，能观察到别人不易察觉到的细节，对外部环境的变化敏感，内心的体验深刻。抑郁质的人有孤独倾向，遇事不是单凭自己的小聪明去处理，而是把自己掌握的工作内容在头脑中经过组合、计算，确定最后的方针，再在这个范围内一个一个地去做，把问题处理好。抑郁质人喜欢与团体在一起，富有协调精神，无论置身于什么岗位，只要承担了责任，就会努力去做好，且工作谨慎细致，能做好细节性工作，这是抑郁质人的长处。

适合职业：胆汁质人无法胜任的工作抑郁质者倒恰到好处，如排版、雕刻工作、校对、打字、刺绣工作、检察员、保管员、机要秘书、出纳员、艺术工作者、会计、哲学家、科学家等都是理想的工作。在医学职业中的优势体现在：早期识别罕见病征（如皮肤科罕见皮疹）、洞察患者心理需求（如焦虑症躯体化表现）、医疗差错预防（如处方剂量交叉核对）。职业风险性体现在：易受职业创伤影响（如死亡病例反复回忆）、科研决策犹豫（如临床试验方案迟迟不定）、职称晋升主动性不足。适配科室有：精神心理科、医学检验科、临床研究院。

二、性格

（一）性格及其分类

性格的形成受到多方面因素的影响，如：生长地的文化习俗、学习经验、遗传、生理、父母养育方式等，一旦形成，具有稳定性、独特性、一致性特点。现代心理学家对性格做了系统深入的研究。瑞士心理学家荣格（Carl G.Jung）的性格类型说，提出了三种性格维度，心理学家凯瑟琳·布里格斯（Katharine Briggs）和伊莎贝尔·布里格斯·迈尔斯（Isabel Briggs Myers）母女进一步发展了这一理论，将性格维度发展为四种，将性格类型发展为十六种，分析总结出与不同性格类型相对应的职业体系，开发出迈尔斯-布里格斯类型指标（MBTI）测评系统。该系统广泛应用于员工培训、岗位配置，大学生职业生涯规划与指导也常使用该系统。

MBTI有四个子量表，分别是：外倾-内倾、感觉-直觉、思维-情感、判断-知觉。

第一个维度将性格分为外倾型（E）与内倾型（I）两种类型。心理学以人的自身为界，将世界分为外部世界和内部世界。外倾型（E）的人注意力和精力倾向于投向外部世界，常常被外界的人和物吸引，热衷于个体间或群体间的交往，喜欢参加大量的活动；内倾型（I）人注意力和精力集中于内部世界，通常会避免成为关注的焦点，喜欢独处或小范围内部的社交。一般来说，个体在自己偏好的世界里觉得舒适和惬意，在相反的世界会感到不安与疲惫。应用于医学场景和适配方向如表2.3所示。

表2.3　外倾型（E）与内倾型（I）医学适应场景

类　型	医学行为特征	临床优势场景	职业风险	适配方向
外倾型（E）	医患沟通活跃、团队协作发起者、快速建立信任关系	医患纠纷调节、急诊分诊、健康宣教	病例书写简略、科研专注力不足、过度承诺患者	全科医学、儿科、公共卫生管理
内倾型（I）	深度倾听患者、复杂病例独立思考	肿瘤患者心理支持、病理诊断循证研究设计	危急时刻决策延迟、患者误判“冷漠”	影像诊断、检验科、科研中心

第二个维度将性格分为感觉型（S）与直觉型（N）两种类型。在面对同样的情景时，感觉型（S）和直觉型（N）的人关注的中心和依赖的信息通道往往不同。感觉型（S）的人关注的是事实本身且注重细节，信赖五官体验到的有形有据的事实与信息，擅长记忆大量事实与材料，典型的感觉型的人往往能清晰地讲出大量的数据、人名乃至概念、定义。直觉型（N）的人注重的是基于事实的含义、关系和结论，更加注重“第六感”，更擅长解释事实、捕捉零星的信息、分析事情的发展趋向。应用于医学场景和适配方向如表2.4所示。

第三个维度将性格分为思维型（T）与情感型（F）。思维型（T）与情感型（F）这两种类型关系到个人做决定的方式的不同，并无好坏之分。要尽量理解与自己类型不同的人的做法，尽量避免走入极端。思维型（T）的人经常表现出公私分明，有时候太过强调原则，甚至可以做到大义灭亲，让人觉得其不近人情、近乎冷酷。情感型（F）的人一般特别善于共情、可以设身处地体察别人的难处，但一味地同情“弱者”，往往容易失去原则。应用于医学场景对应的场景和适配方向如表2.5所示。

表2.4　感觉型(S)与直觉型(N)医学适应场景

类　　型	医学思维模式	诊疗核心优势	临床认知盲区	适 配 方 向
感觉型(S)	依赖客观指标、严格执行临床、细节观察力强	急症鉴别诊断、手术规范操作、医疗质控管理	罕见病漏诊风险、过度检查倾向、创新疗法排斥	急诊医学、外科手术、院感控制
直觉型(N)	关联碎片信息(如疑难杂症)、预见疾病发展趋势、探索前沿疗法	罕见病诊断、转化医学研究、流行病预测建模	基础操作规范性不足、患者安全风险评估疏漏、科研脱离临床需求	疑难病会诊中心、医学创新实验室、健康政策规划

表2.5　思维型(T)与情感型(F)医学适应场景

类　　型	医疗决策逻辑	伦理实践优势	职业冲突焦点	价 值 定 位
思维型(T)	循证医学优先、资源分配效率化、严守医疗规范	急诊分级处置、DRG成本控制、伦理委员会裁决	患者体验分降低、医患信任危机、团队情感凝聚力弱	重症监护、医院管理、医疗AI伦理
情感型(F)	患者需求导向、人文关怀践行者、医患同盟构建	慢性病管理、医患沟通教学、弱势群体医疗	过度医疗倾向、职业耗竭高发、科研严谨性不足	全科门诊、心理医学科、社区健康服务

根据个人感到最舒适的生活方式，第四个维度将性格分为判断型(J)与知觉型(P)两种类型。判断型(J)的人喜欢有序的生活，喜欢有计划、有条理的世界，做事往往一板一眼，目的性较强，做决定时比较果断，一旦认为有足够的信息，就会对新的信息置之不理。知觉型(P)的人不断关注新的信息，考虑很多可能的变化因素，偏好灵活、随意、开放的生活方式，对新鲜事物往往表现出很强的好奇心和适应性，做决定时往往表现为优柔寡断，总希望获得更多信息后再决断。应用于医学场景对应的场景和适配方向如表2.6所示。

表2.6　判断型(J)与知觉型(P)医学适应场景

类　　型	医疗工作模式	组织贡献价值	系统适配挑战	高 效 场 景
判断型(J)	严格执行排程、预案驱动型救治、医疗流程优化者	手术室管理、大规模疫苗接种、医院等级评审	突发危机应变不足、患者个体差异忽视、团队创新抑制	护理部管理、标准化病房、医疗质控科
知觉型(P)	灵活调整方案、开放探索新证据、创意解决临床难题	复杂病例会诊、临床研究突破、灾难医学救援	病例归档延迟、随访依从性低、医疗差错风险	疑难病中心、创新医疗项目、应急医疗队

（二）性格与职业

1. 性格影响职业适应性

一定的性格适于从事一定的职业。例如，高严谨性性格适合担任手术主刀或者药剂师，高共情力性格适合从事儿科或者心理医学科，高风险偏好者适合急诊或创伤外科。如果性格和职业需要的性格不匹配时，工作时会遇到很大的心理冲突，工作上成功的概率也会很小。例如，一个比较内向的人选择儿科，因沟通简短被投诉“冷漠”。内向的人，往往不擅长沟通，而儿科需要很强的共情能力和沟通能力，所以内向的人在儿科工作，不可避免地会有很多心理冲突，如果能充分认识自己的性格，转型病理科说不定可以取得卓越成就。所以，在就业前要认识自己的性格。

2. 性格促进职业素质

认识自己的性格有利于充分发展自己，使自己更加适应职位，推动自己与周围人的人际关系。尽量选择与性格内核相同率大于百分之六十的医疗岗位。每个人的性格都有积极方面和消极方面，木桶原理是说一个木桶中水面的高低取决于木桶壁上最低一个短板的位置。对人而言，每个人的短处会限制他的发展，所以要做到补短扬长。医疗安全的底线由最弱的性格维度决定。在规范化的医疗行为中，职业性格可以被重塑。对于已进入错配岗位但仍具备发展潜力的医者，可以通过补偿方式提高职业适配度。对于冲动型性格，误诊率会比较高，此时可以通过强制使用“三查七对”电子确认的方式降低用药错误率。对于拖延性性格，可以通过设立“当日事”红区截止制度。对于过度谨慎型性格，面对罕见病容易确诊延迟，强制每月参加疑难病例讨论，提高确诊成功率和时间。

三、能力

（一）能力与职业能力

1. 能力的概念

能力（ability）是指一个人顺利完成某项活动所必需的并能直接影响活动效率的个性心理特征。能力的高低会影响一个人在工作、学习、生活这些活动中的表现和成就。

大多数的活动都需要多种能力共同配合，只有单一的能力往往无法完成相应的任务。例如，飞行员飞行训练时需要良好的直觉辨别能力和注意分配能力，还需要情绪稳定、意志坚强、动作反应灵活协调等心理品质，这些心理品质也都属于能力的不同方面。学生学习知识的过程需要观察力、理解力、记忆力、抽象概括能力等多种能力共同作用。因此，能力是一种与活动要求相适应，并且影响活动效果的个性心理特征的综合表现。

2. 职业能力的概念

职业能力是人们职业活动中必须具备的条件和心理特征的总和。人们要从事某一职业活动，都需要具有相应的职业能力作为基础。例如，如果想当教师，就须具备良好的口头表达能力、应变能力、组织管理能力等。如果想成功创业，必须具有良好的决策能力、应变能力、组织能力、管理能力、预测能力和把握全局的能力。如果想当画家，必须具备很强的观察能力、造型能力、审美能力和创造能力等。所以，无论想干什么职业，要想能胜任，都需要具备相应的能力。一般来说，职业能力越强，成功的可能性就越大，越有希望达到事业的顶点。与前面介绍的兴趣、气质和性格不同，能力是可以主观改进的，能力的大小与受教育程度和个体的主观努力状况有直接的关系，受阅历和知识结构影响，更与所接受的专业和工种教育有关。例如，学生在校期间进行专业学习，构建了专业领域的系统知识结构，在这个基础上，可以发展出今后职业发展相适应的专业技能。

有同学会问："我们在校期间经过几年的系统学习学了很多专业知识，是否就具备职业能力了呢？"专业知识不等同于职业能力。专业知识是人类进行各种职业活动的经验总结和系统概括，一定的时间内表现为静态，相对恒定。职业能力的发展却是动态的，比知识的获取要慢。一般来说，专业知识会随年龄的增长而增长，职业能力却不是这样，到了一定年龄，甚至会出现随着年龄增长，不断衰退的现象。

另外，专业知识的掌握与职业能力的发展是不同步的。专业知识丰富，不一定代表职业能力高，反而言之，职业能力高不一定代表个人专业知识丰富。有的人专业知识丰富，应用能力却很差，也就是常见的"高分低能"现象，某些特定情况下，职业能力和专业知识之间还存在着冲突。再次，专业知识和职业能力在职业活动中的地位也是不同的。专业知识是职业活动的基础，职业能力是完成职业活动的必要条件。不具备职业能力，专业知识就会失去它应有的作用。专业知识和职业能力之间也存在密切的联系。一个人职业能力的高低影响他掌握专业知识的速度和程度，也影响到他对专业知识的应用。专业知识还能促进职业能力的提高，掌握的专业知识越多，职业能力提升得就越快。比如医学生如果在校期间专业课程掌握得牢固，在步入工作岗位实践时，有了扎实理论知识的支撑，上手也会很快。

3. 职业能力的分类

职业能力多种多样，从能力的构造上看，可以将职业能力分为一般能力和特殊能力。

一般能力是完成各种活动所需具备的基本能力，是人们认识世界的基础，包括思维力、观察力、记忆力和想象力，因此，又称为认识能力，这四种认识能力的综合又称之为智力。在求学阶段，学习各门学科知识的目的是发展一般能力，开发智力，为今后职业活动打基础。

特殊能力是指为顺利完成某些特定职业活动必须具备的心理特征和能力，这些能力是了解自己是否能胜任某种职业的依据，直接关系到职业选择。例如，数学能力、音乐能力、绘画能力、动手操作能力等。

从事任何一项专业活动既需要一般能力，也需要特殊能力。二者的发展也是相互促进的。对于医学职业能力来说，一般能力是基础认知能力，涉及跨专科通用认知能力，比如急诊医生记忆力好，可以快速提取患者过敏史。特殊能力是为了胜任专科操作的专属能力，比如放射科医生CT影像分层解读能力。在实际医学场景，往往是多维度能力的协同，比如肿瘤MDT会诊时，会涉及外科的操作能力，病理的诊断能力，心理的共情能力。不同的年龄阶段，可以发展所需能力，25～35岁期间，抓住生理黄金期猛攻特殊能力，如开展微创手术学习，35～45岁提升强化整合能力，如优化诊疗路径，45岁以后升华临床智慧，参与到临床指南的制定，培育新人。

（二）技能及其分类

1. 技能的概念

技能是通过练习能够获得的完成一定任务的动作系统。根据其熟练程度，技能可分为初级技能和技巧性技能。初级技能属于水平较低的技能，形成需要借助于有关的知识和过去的经验。刚开始学习写字的儿童，只有当他清楚地意识到所学的书法知识，并对写字的动作有意识地进行调节和控制时，才能完成书写的动作。初级技能只表示“能够”完成、“会做”某件事，而未达到熟练的程度，只有经过有目的、有组织的反复练习，动作会趋向自动化，达到技巧性技能阶段。当一系列个别的动作联合成为统一的动作系统，意识对动作的调节集中在活动的整体上，多余动作和不必要的紧张消失，动作速度加快，动作变得稳定、连贯而协调，此时形成的是技巧性技能。

在技能形成的过程中，各种技能动作之间会出现相互影响的情形。影响可以是积极的，也可以是消极的。已形成的技能如果促进新技能的形成，叫作技能的正迁移。会骑自行车的人，学会驾驶摩托车就比较容易，这是因为这两种技能有某些共同的因素。已形成的技能如果阻碍了新技能的形成，造成干扰，叫作技能的负迁移。学习汉语拼音的同时，又学习英语，由于汉语拼音的干扰，英语发音和拼音的学习都会受到影响。这是由于学习者还不能完全区分形同音不同的两种语言的字母。因此，在学习两种相互干扰的技能时，需对新旧两种技能进行分析和比较，找出相同或不同的因素，以便避免干扰，促进技能的形成。

技能按照性质和表现的特点，可以分为动作技能和智力技能。动作技能如骑自行车、书写、操作设备等，主要是借助骨骼肌肉和相应的神经-肌肉系统实现的。智力技能如写作、计算等，是借助内部言语在头脑里进行的。动作技能是智力技能形成的基础，智力技能通常是动作技能的调节者。

2. 技能的分类

根据辛迪·梵（Sidney Fine）和理查德·鲍尔斯（Richard Bolles）的研究，技能可以分为知识技能、自我管理技能和可迁移技能（又称通用技能）。

（1）知识技能

知识技能是指所有需要正式教育或者培训才能获得的特别的知识或能力，最显著的特点是：需要有意识、特意地培训，并通过记忆掌握的特殊程序、词汇、学科。比如飞机机械师需要懂得飞机引擎的所有部分，知道它们如何工作，如何使用相应的修理工具等。知识技能通常用名词来表示，在句子中充当宾语，比如（设计）问卷、（教授）心理学、（学习）内外科知识等。

知识技能的获取途径非常广泛，并非只能通过专业教育才能获得，包括：辅导班、学校教育、课外培训、资格认证考试、上岗培训、讲座或研讨会、专业会议、社会实践、社团活动、自学、爱好等。现实中存在的情况是：知识技能的作用往往被过分夸大，导致很多学生在上学期间忙于参加各种培训班，乐此不疲地考取各式各样的“证书”，然后在简历上罗列自己拥有的种种“技能”。事实上，在招聘时，企业更重视一个人的综合素质（即“自我管理技能”和“可迁移技能”），不那么在乎个人是否已经具备相关的专业知识，因为这些专业知识是可以通过后续培训获得的。

（2）自我管理技能

自我管理技能通常用来描述或说明人具有的某些特征，这些特征或自我管理技能能够帮助你更好地适应周围环境，在环境中更好地调整自己，因此经常被看作是个性品质而不是技能。自我管理技能和如何与他人相处、如何管理自己的生活以及如何应对压力和环境等密切相关。事实上，从开始与人交往，你就开始学习并处理这些事情。

自我管理技能一般以形容词或副词的形式出现。如自律的、高效的、专注的、认真的、负责任地、有创造力地等。自我管理技能的获得需要通过练习，是个人完成工作必不可少的品质，也是个人最有价值的资产。企业在招聘时对于自我管理技能的重视往往超过其他所有技能，许多人力资源管理专家认为很多人被解雇，不是因为他们缺少才能，而是缺乏积极正面的自我管理技能。

（3）可迁移技能（又称通用技能）

可迁移技能一般被称为通用技能，是个人最能持续运用和最能够依靠的技能。可迁移技能可以从生活中的方方面面，迁移应用于不同的工作之中。比如：如果一个人具备教学的技能，他可以将它迁移运用到讲座、培训、主持等完全不同的工作领域中去。

医学从业者在工作时基本会涉及这三种技能，相应的情境如表2.7所示。

表2.7　三种技能类型的医学适应场景

技能类型	医学定义	临床案例	培养路径
知识技能	医学专业知识体系	抗生素谱记忆	系统化学习＋循证数据库更新
自我管理技能	职业素养与心理特征	手术失败后情绪调节	反思性实践＋正念训练
可迁移技能	跨场景核心能力	医患沟通技巧迁移到团队协作	模拟训练＋多岗位轮转

3. 三种技能的结合

当知识技能、自我管理技能和可迁移技能融合成一种技能后，一个人就可以非常具体地描述出自己的能力。例如，你拥有一项自我管理技能——“有创造力地”、可迁移技能——“设计”，知识技能——“实验方案”，关于你的技能可以完整描述为——“有创造力地设计实验方案”，这种清晰明确的对于技能的解释，会给招聘方留下深刻的印象。临床方面，当掌握了知识技能（病理学＋药理学），加上自我管理技能（抗压决策）、可迁移技能（跨科室协作），可以胜任设计晚期肿瘤个体化治疗方案。

4. 技能与职业

根据美国国家大学与雇主协会（National Association of Colleges &Employers）的调查，美国雇主们最为看重的技能如表2.8所示。

由表2.8我们可以看到，其中2、3、9、10属于自我管理技能，1、4、6、7、11属于可迁移技能，而知识技能排在第5和第8。从美国雇主重视的技能来看，他们更看重自我管理技能和可迁移技能。而国内有的企业有时非常强调专业知识技能。从李开复先生写给中国学生的几封信中可以对比看出20世纪和21世纪最需要的人才的不同，如表2.9所示。

表2.8　美国雇主们最为看重的技能

排序	技　　能	排序	技　　能
1	沟通能力	7	适应能力
2	积极主动性	8	专业技术
3	团队合作精神	9	诚实正直
4	领导能力	10	职业道德
5	学习成果	11	分析和解决问题的能力
6	人际交往能力		

资料来源:高亮、邹琴主编《大学生职业生涯规划》。

表2.9　20世纪和21世纪最需要的人才

20世纪最需要的人才	21世纪最需要的人才
勤奋好学	融会贯通
专注于创新	创新与实践相结合
专才	跨领域的综合性人才
IQ(智商)	IQ+EQ(情商)+SQ(速商)
个人能力	沟通与合作能力
选择热门的工作	从事热爱的工作
纪律、谨慎	积极、乐观

资料来源:高亮、邹琴主编《大学生职业生涯规划》。

(叶　兰)

第三章　探索工作世界

学习目标

1. 知识目标

理解工作世界的定义、分类及核心特点(多样性、动态性、竞争性、协作性等),掌握宏观与微观工作世界的差异与联系。

2. 能力目标

能够运用多种方法(文献查阅、生涯人物访谈、实习体验)有效收集、筛选和分析职业信息。

3. 情感价值观目标

培养终身学习意识,主动适应职业环境的变化(如医疗数字化转型对技能更新的要求),通过真实案例引导学生形成积极的职业价值观。

本章概要

本章以“认知-探索-实践”为逻辑主线,系统构建医学生探索职业世界的行动框架。首先从理论层面解析工作世界的概念、意义与核心内容,引导学生理解职业生态的复杂性,重点剖析医疗卫生行业的特殊性。再通过“宏观-微观-行业-新兴”四维视角展开探索:宏观层面关注宏观工作世界的分类及其现状对医疗行业的影响;微观层面解析工作的内容、职责以及所要求的知识、技能和素质。最后提供方法论支持,主要讲解探索工作世界的方法和途径,结合医学场景设计“职业生涯规划档案”,强化临床思维、医患沟通、多学科协作等核心能力的培养。

引子

根据舒伯生涯发展理论,生涯是贯穿个体生命全程的动态历程,涵盖职业、家庭、社会等多重角色的综合体验。然而,工作作为实现个人价值与社会价值的核心载体,不仅是维持生计的根基,更是理想抱负的实践场域。多数人正是通过职业发展达成人生目标,因此深入探索工作世界,已然成为生涯规划不可或缺的关键环节。

在探索职业发展道路时,不妨尝试与内心对话:我们是否真正明晰目标职业的核心内容与发展前景?又是否清楚胜任该职业所需的能力素养?只有系统掌握工作世界的多维信息,深度剖析自身个性特质与职业要求的适配性,才能精准锚定职业方向,为未来发展绘制清晰蓝图。

第一节　认识工作世界

当前全球职业种类已超2万种，每个个体都存在多种适配职业选项。研究显示，不同收入水平与行业领域的从业者，都能在工作中找到自身价值与乐趣。但需明确，任何职业都难以完全契合个体的所有期待，各行业均存在固有局限与挑战，这就需要通过工作与生活的多元平衡，实现整体生命的丰盈感。

职场生态与经济环境始终处于动态演变中，部分当下炙手可热的行业，可能在数年内面临市场饱和。这意味着每位学生都有机会找到理想职业，但必须建立理性认知：职业探索是循序渐进的过程，持续时间因人而异；变化与不确定性是职场常态，职业选择并非一劳永逸，往往伴随风险，需要个体保持开放心态，通过持续学习与动态调整，维持职业发展的满意度。面对职场变革，主动适应与积极应对，远比被动回避更具建设性意义。

一、工作世界概述

（一）工作世界的概念

工作世界是指人们从事各类职业活动的场所和领域，涵盖了从传统实体企业到新兴互联网平台等各种组织形式。工作世界是经济社会发展的基础，人们可以通过职业活动创造价值，推动社会进步。工作不仅是谋生手段，也是个人成长和价值实现的重要途径。

工作世界是一个广泛的概念，可从以下几个角度理解其定义：

1. 社会层面

工作世界是由各种不同类型的工作、职业以及与之相关的组织、机构等共同构成的社会领域，是社会经济运行和发展的重要组成部分，涵盖了生产、服务、管理、创新等各个方面，是人们通过劳动获取经济报酬、实现社会价值的场所和环境。

2. 个体层面

工作世界是个体进行职业活动、追求职业发展的空间。个体在这个世界中寻找适合自己的工作岗位，运用自身的知识、技能和能力，通过工作与他人、组织进行互动，获得物质回报和精神满足，实现自我价值和职业目标。

3. 系统层面

工作世界是一个复杂的动态系统，包含了劳动力市场、就业政策、行业发展趋势、企业管理模式等多个要素，这些要素相互作用、相互影响，共同塑造了工作世界的整体形态和运行规律。

（二）工作世界的组成要素

工作世界是一个复杂的系统，它由多个相互关联的要素组成。

1. 职业岗位

职业岗位包括技术、管理、销售、客服等，这些岗位构成了职业发展的基础。职业的选择和发展受到个人兴趣、技能、教育背景以及市场需求的影响。

2. 行业领域

不同的行业领域如IT、金融、教育、医疗等，具有各自的职业特点和要求，是工作世界的重要组成部分。行业的发展趋势、市场需求和技术进步都会对从业者的职业生涯产生重要影响。

3. 组织形式

包括传统实体企业、新兴互联网平台、创业公司等，这些组织形式为人们提供了不同的职业发展机会。

以上要素共同构成了工作世界的复杂网络，它们相互作用，影响着个人的职业生涯和社会的经济发展。了解这些要素及其相互关系对于个人职业规划具有重要意义。

随着科技的进步和职业发展的快速变化，终身学习成为一种必要的职业素养。人们需要不断更新自己的知识和技能以适应职业发展的需求。特别是在医学相关行业，数字化已成为一个必然趋势，在数字化转型过程中也产生了许多新的职业岗位和就业机会，同时也改变了工作的方式和环境。

（三）工作世界的特点

工作世界是指人们从事职业活动所涉及的领域，它具有以下几个显著特点：

1. 多样性

(1) 行业类型多样：工作世界涵盖了从传统的农业、制造业到新兴的人工智能、区块链等众多领域，每个行业都有其独特的工作内容、技术要求和发展趋势。这些领域提供了多样的职业选择和就业机会。新兴行业如互联网、人工智能、生物科技等不断涌现，为人们提供了更多的就业机会。

(2) 工作角色多样：有专注于创意的设计师、负责数据分析的分析师、承担管理职责的管理者，还有从事实际生产的工人等，不同角色对技能和能力的要求大不相同。工作世界为个人提供了多样的职业发展路径，包括职业规划、自我定位、晋升和转行等。

2. 动态性

(1) 技术快速更新：随着科技革命和产业升级，工作世界的形态和内涵不断演变。数字化、智能化、绿色化、个性化等趋势对工作世界产生了深远影响。工作世界对技能的要求也在不断变化。技术技能、分析技能、沟通技能、人际关系技能、数字技能等都是现代工作世界中重要的技能要求。特别是随着大数据和人工智能的发展，数据驱动思维和数字工具的使用变得越来越关键。新的技术不断涌现，如大数据、云计算等，促使各行业不断变革，这就要求从业者持续学习，更新知识技能。

(2) 市场需求变化：消费者的需求和市场趋势不断变化，导致企业的业务方向和工作重点也需要作出相应调整。在快速变化的市场环境中，工作世界要求人们不断更新自己的技能和知识，这为个人提供了不断学习和成长的机会。此外，创新和创业的精神也为有志之士提供了实现自己想法的机会。

3. 竞争性

（1）人才竞争激烈：在就业市场上，对于优质的工作岗位，往往有大量的求职者竞争。在企业内部，员工为了晋升机会、奖金等也存在竞争。

（2）企业间竞争：企业为了生存和发展，需要不断创新、提高效率、降低成本，要求员工不断提升绩效，为企业创造价值。

4. 协作性

（1）团队协作普遍：大多数工作都需要团队成员之间相互配合，如产品研发团队，需要设计师、工程师等共同努力才能推出产品。

（2）跨部门与跨组织协作：企业内部不同部门之间，以及企业与企业、企业与机构等之间也需要协作，共同完成项目或解决问题。

5. 规范性

（1）法律法规约束：工作受到劳动法律法规的约束，保障劳动者的权益，规范企业的用工行为。

（2）行业标准与规范：各行业都有自身的标准和规范，从生产流程到服务质量，都有明确的要求，从业者须严格遵循。

6. 压力与挑战并存

（1）工作压力较大：面临着任务期限、工作强度、业绩考核等多方面的压力，长期加班等情况在一些行业较为常见。

（2）需应对各种挑战：如处理复杂的工作任务、解决突发问题、适应新的工作环境和要求等，对从业者的能力和心理素质都是考验。

综上所述，工作世界是一个动态、多元且充满机遇的领域，它不仅影响着个人的职业生涯，也对整个社会的经济发展和进步起着至关重要的作用。

二、认识工作世界的意义

深入认知工作世界是精准锚定职业方向的前提。从心理学视角来看，职业信息的获取与整合不仅能激发个体探索职业生涯的内在动力，更在系统收集、理性分析与科学判断职业资讯的过程中，帮助个体深化对自我特质与职场生态的双向认知，这种认知迭代往往会带来思维模式与职业态度的革新，推动个体突破认知局限，为职业选择与发展奠定坚实基础。

（一）实现学业与职业规划的有机衔接

大学生需建立专业知识体系与职业目标间的动态联系，方能有效缩短校园与职场的认知鸿沟，从而在职业选择中掌握主动权。当代青年应基于职业市场的人才需求模型，系统开展自我能力诊断：既要明晰目标岗位的核心素质要求与经验标准，更要客观评估自身的核心竞争力与能力短板。这种对职业生涯的深度认知能引导大学生突破短期视野局限，将学习规划纳入职业生涯发展的整体框架，最终形成学术成长与职业目标相协同的发展路径。

（二）构建大学生能力培养的实践体系

当前高校学生普遍面临持续性学习动能不足、社会适应性薄弱、实践创新能力欠缺等成长困境。部分学生存在认知误区，过度依赖职业指导人员提供现成的职场信息库，却忽视了两个重要现实：其一，职业指导存在专业领域与经验维度的天然局限；其二，职业认知本质上是个体通过主动探索建构的实践过程。这种探索行为本身即能力提升的载体——在信息搜集、职场观察、人际沟通等实践环节中，学生不仅能获取职业认知，更能同步锤炼自我管理、批判思维、问题解决等可迁移能力，实现职业认知与素质提升的双重目标。

（三）动态研判职业领域发展趋势

从宏观视角分析，我国高校毕业生就业困境呈现双重性特征：既存在供需总量失衡的规模性矛盾，又面临专业适配性不足的结构性失衡。这就要求高等教育体系实现双向优化：一方面需动态契合当下社会经济发展对人才专业素养的实践要求；另一方面应推进人才培育机制的系统性革新，确保教育产出质量能前瞻性匹配未来职业生态的人才需求图谱。职业信息分析工具虽能为学生提供趋势预判支持，但在应用过程中需理性评估预测的潜在不确定性并建立相应的心理调适机制。

（四）科学构建职业发展决策体系

当前所谓“就业难”现象的本质，往往并非岗位绝对数量不足，而是毕业生对“理想职业”的认知存在偏差。大量求职者表现出显著的认知双重局限：既缺乏清晰的自我定位，又对职场运行规律存在认知盲区，导致职业期待存在一定理想化偏差。通过系统化的职业探索，学生可深度解构就业市场的竞争本质——即使面临激烈的人才竞争，只要深入剖析企业岗位需求及职业发展规律，结合个体特质进行精准匹配，就能在职业版图中确立专属发展坐标。这种基于充分信息研判的决策模式，可有效规避盲目追逐社会定义“优质岗位”导致的择业迷失风险，实现个人价值与社会需求的最优耦合。

三、认识工作世界的内容

（一）行业探索

常言道“职业发展无绝对优劣之分”，任何领域都存在精英人才与基础性岗位的差异，核心在于从业者的发展规划与成长潜力。完成社会宏观环境评估后，须进一步聚焦具体产业生态研究。鉴于行业态势直接影响企业存续空间，继而关系从业者的职业生命周期。系统化行业分析应着重聚焦以下两个维度：

1. 行业现状评估

开展行业现状评估需把握以下核心要素：首先明确目标领域属性——属于传统加工制造或高新科技板块，定位基础能源产业或现代服务领域；其次判定行业发展周期——处于衰退转型期或持续增长阶段；再者识别行业痛点——存在可优化的技术瓶颈或难以规避的结构性矛盾；最后评估核心竞争力——技术壁垒的可持续性及市场主导地位的维持周期。

2. 行业发展趋势评估

（1）前瞻性行业发展预判应构建双重分析框架：其一是内生动力评估，聚焦技术迭代能力、资本集聚效应及人才储备水平；其二是政策导向分析，重点解读国家宏观调控方向，包括产业扶持条例、产能调控方案、环保准入标准等政策工具的应用。政府部门通过制定差异化的产业政策，往往会对重点领域实施税收减免、资金补助，而对高耗能产业采取限制性措施。

（2）系统性行业调研对职业决策具有战略指导价值，既能帮助从业者筛选具有成长潜力的优势赛道，又能为个人职业规划提供科学决策依据，从而有效提升职业发展效能。

（二）企业探索

企业运营生态通常涵盖机构性质、组织文化、成长潜力、生命周期阶段、核心业务体系、人才结构及组织氛围等要素。作为职业发展的载体，企业的战略定位与运营机制直接影响从业者的成长轨迹。全面把握目标企业的经营特质与运行规律，是完成职业适应与价值融合的重要前提。系统性企业研究主要聚焦三大核心模块：

1. 经营竞争力评估

需重点考察企业在行业价值链中的战略定位，包括市场占有率、技术壁垒构建能力、战略规划的可持续性等维度。具体需研判：企业核心竞争力在产业链中的优势程度；战略扩张路径的清晰度与可行性；主营产品的市场渗透率及迭代能力；品牌价值的社会认可度等关键指标。

2. 决策层领导力评估

核心管理者的战略视野与领导效能往往决定着企业航向。需深度剖析决策层的价值导向是否符合可持续发展理念；管理团队是否具备创新突破能力；战略决策机制是否科学民主；人才激励机制是否健全有效。优秀企业家群体通常展现出前瞻性布局能力和人才赋能的组织智慧。

3. 文化基因与制度体系评估

组织文化作为企业发展的精神内核，集中体现了其使命愿景与价值体系。这种精神资本具有双重功能：对内形成价值共识，对外构建适应性机制。职业发展通道的设计逻辑往往可映射出企业文化特质，例如创新型组织更注重成果导向，而传统型企业可能侧重资历积累。

企业的制度保障体系涵盖人才培养机制、晋升通道设计、绩效考核标准、激励反馈系统等模块。科学规范的制度架构既能维护组织秩序，又能为员工发展提供可预期的成长路径。缺乏有效制度支撑的企业，往往难以实现人才与组织的协同进化。

（三）职业探索

1. 薪酬水平

社会职业价值虽无高低之分，但劳动报酬存在显著层级差异。从传统领域的公职岗位、教育医疗行业到新兴领域如电子竞技、风险控制等，各类职业均可实现个人价值，但收入水平受多重因素影响。具体表现为：跨行业同岗薪酬差异、行业内部岗位薪酬梯度、同一岗位职级薪资差等。随着现代人才激励机制的优化,“能力导向”和“绩效优先”的分配原则将更加凸显。

2. 发展前景

基于生命周期理论可将职业划分为八种发展类型:

(1) 曙光职业:处于起步阶段且潜力显著,如心理健康指导师、职业发展顾问。

(2) 朝阳职业:处于高速发展期,如项目监理师、企业内训师。

(3) 如日中天职业:已形成规模但仍有发展空间,如工程设计师、财务专员。

(4) 夕阳职业:市场需求持续萎缩,如传统交通票务员。

(5) 黄昏职业:面临技术或社会变革淘汰风险,如手工纺织从业者。

(6) 恒星职业:与人类社会共生发展,如基础教育工作者、医疗从业者。

(7) 流星职业:因技术迭代快速消失,如通信传呼服务人员。

(8) 昨日星辰职业:已退出当代职业体系,如传统印刷排版员。

在职业选择策略上,建议优先聚焦处于上升期的朝阳职业、发展势头强劲的如日中天职业及长期稳定的恒星职业,谨慎选择流星职业和昨日星辰职业。选择曙光职业须具备开拓精神与风险承受能力。

3. 从业资质要求

现代职场对专业素养提出更高要求,不同岗位对应差异化的能力标准。重点行业普遍实行准入制度,例如医疗、法律、教育等领域需持证执业。对此类目标岗位,建议通过持续学习完善知识体系,参与专业认证考试,注重实践能力培养,以获取行业准入资格。

第二节　工作世界的多元探索

一、宏观工作世界

宏观工作世界是指人们从事职业活动所涉及的领域,包括职业的性质、工作内容、工作方式和工作环境等。

(一) 宏观工作世界的分类

基于工作的核心属性与运作特征,工作世界可归纳为十大类型。需要强调的是,这种分类并非绝对划分,许多职业往往兼具多重属性。以记者职业为例,其文字撰写、内容创作的工作特质属于“文教工作”范畴;而频繁开展的实地采访、外景拍摄等任务,又使其具备“户外工作”特征。具体分类如下:

(1) 实操技术类:依托专业机器、工具及设备开展工作,例如汽车维修技师、机械加工技工、数据录入专员等。

(2) 自然生态类:围绕动植物生命系统进行养护、研究与管理,涵盖园艺师、兽医、农艺研究员等岗位。

(3) 社会服务类:以协助他人解决困难、满足需求为核心职能,包括社会工作者、医护人员、心理咨询师等。

(4) 文化教育类:聚焦文字处理、知识传播与内容创作,如教师、编辑、图书管理员等。

(5) 数据运算类:专注于数字处理、数据分析及复杂运算,典型岗位有会计师、统计分析师、精算师等。

(6) 科学研究类:通过系统性探索揭示事物原理与规律,涉及实验室技术员、化学分析师、药剂研发员等。

(7) 创意艺术类:以个性化表达与创新设计为核心产出,涵盖画家、作家、平面设计师等职业。

(8) 公共服务类:面向社会群体提供标准化服务,如空乘人员、售票员、客服专员等。

(9) 户外作业类:工作场景以户外环境为主,包括交通警察、地质勘探员、野外测绘师等。

(10) 沟通影响类:侧重人际交往与说服引导,常见于销售人员、律师、公关策划师等岗位。

宏观工作世界涵盖了广泛的职业领域和发展方向。特定的工作需要有特定的专业知识和技术,有逻辑思维、批判性思维和问题解决的能力。作为医学相关专业学生,还需要具备良好的人际沟通能力、临床思辨能力。

(二) 宏观工作世界现状

随着技术的变革,行业的发展越来越快,它可以为个人发展提供更多机会。与此同时,我们也需要不断学习、提升自身能力,以应对各种挑战并抓住机遇。一般情况下,劳动力供求关系、结构性失业矛盾凸显、全球化浪潮下的国际人才竞争加剧等都会影响到大众对宏观工作世界的选择和理解。

1. 劳动力供求关系

劳动力供求关系作为劳动力市场运行的核心机制,指的是劳动力供给与需求在数量、质量维度上的动态互动与平衡状态。这种关系通过对比劳动力供给方的数量规模、技能水平与需求方的岗位数量、能力要求,可划分为供大于求、供不应求、供求均衡三种基本类型:

(1) 供大于求:当劳动力市场中供给数量显著超出社会实际需求时,将出现劳动力过剩现象,表现为显性失业或潜在就业不足,导致人力资源配置效率下降与社会资源浪费。

(2) 供不应求:该状态下劳动力供给无法满足市场需求,既可能表现为总量性短缺,也可能呈现结构性失衡——尤其在高端技术、专业服务等领域,具备核心竞争力的人才缺口尤为突出。

(3) 供求均衡:理想状态下,劳动力市场在数量规模、技能结构、地域分布等层面实现全方位适配,不仅能保障充分就业,更有助于推动劳动力在代际更替中实现质量提升与良性循环。

劳动力供求关系的动态变化深刻影响着个体职业发展轨迹:供过于求的市场环境中,求职者面临激烈竞争,往往被迫接受薪资较低、发展空间有限的岗位;而供不应求的市场格局则为专业人才创造机遇,新兴产业的快速扩张不仅催生大量优质岗位,更能为从业者提供广阔的能力成长与职业晋升空间。

2. 结构性失业矛盾凸显

结构性失业源于经济转型、产业升级及生产模式变革引发的劳动力供需错配。当前我国正处于经济结构深度调整期，产业结构的优化升级必然要求劳动力结构同步转型，由此导致“就业机会与人才供给并存短缺”的矛盾局面：一方面存在大量待业群体，另一方面企业却难以招到适配人才，尤其是高级技术专家与管理精英的缺口尤为显著。这种结构性失衡不仅制约产业发展，也倒逼求职者加速技能迭代以适应市场需求。

3. 全球化浪潮下的国际人才竞争加剧

在信息化与全球化深度融合的时代背景下，数字技术打破地理边界，推动全球经济资源重新配置。自20世纪90年代起，跨国企业加速布局中国市场，国内企业也纷纷开启国际化征程，加之中国从“世界工厂”向“中国智造”转型，对具备跨文化沟通能力、国际视野及专业素养的复合型人才需求激增。同时，外籍员工的引入进一步加剧人才竞争——外资企业凭借优厚待遇吸引高端人才，且外籍员工往往在特定领域展现更强竞争力，挤压本土人才发展空间。这要求大学生在职业规划中主动拓宽国际视野，提升跨文化适应能力，以在全球人才市场中抢占先机。

4. 多元化工作形态拓展职业选择空间

现代职场正经历工作模式的深刻变革，除传统全职岗位外，新兴工作形态不断涌现：

灵活就业模式近年来呈爆发式增长，多重职业模式（一人同时承担多个独立工作角色）也逐渐普及，满足个体多元化发展需求。

自由职业兴起：以SOHO（居家办公）为代表的自由职业凭借高度自主性备受青睐。随着信息技术发展，远程协作工具降低了工作场景限制，吸引大量追求灵活与创新的从业者。但此类模式对个人心理抗压能力、自我管理水平及专业竞争力提出更高要求。

创业新路径：自主创业作为高风险高回报的职业选择，适合怀揣创业梦想的群体。建议毕业生前期通过积累行业资源、管理经验及资金储备，待条件成熟后再开启创业征程，以提升成功概率。

5. 各地区各行业的需求分布

（1）城市整体医疗资源分布

北京、上海、广州等大城市，医疗资源集中在市中心，医院规模大、设备先进、医疗水平高。但随着城市人口增长和扩张，周边地区医疗需求增加，建设大型综合医院、完善医疗配套设施成为医疗规划重点方向之一。中小城市医疗资源分布相对均衡，医疗机构规模较小但数量多、覆盖面广，能满足当地居民基本医疗需求。偏远山区和农村地区基层医疗机构建设加强了医疗服务覆盖，保障农村居民健康权益。

（2）各地区医疗需求特点差异

一线城市、新一线城市及东部沿海经济发达区域，医疗资源相对丰富，患者需求多偏向高端医疗服务，如专家会诊、高新技术应用、个性化治疗等。同时，随着科技发展，对互联网医疗、人工智能辅助诊疗等数字化医疗服务需求也在增加。农村和偏远地区医疗服务需求更多集中在基本健康保障和常见病、慢性病的管理上。数字化技术为这些地区医疗服务的可及性和便捷性提供了新解决方案，当地患者对远程医疗、在线健康咨询等服务需求逐渐增大。

（三）新的职业生涯理念

1. 现状

随着人口老龄化加剧、慢性病负担加重以及居民健康意识提升，医疗行业市场需求持续增长。这意味着医疗从业者面临着更多的职业机会和责任，应树立以满足患者需求为导向的职业理念，不断提升自己的专业能力，以适应市场对医疗服务数量和质量的要求。医疗行业已从传统的疾病治疗扩展至预防、保健、康复等多元化服务领域。从业者需要具备更广泛的知识和技能，秉持全面健康管理的理念，为患者提供全方位的健康服务。生物科技、信息技术、人工智能等领域的快速发展，促使医疗行业不断引入新技术。医务人员应树立终身学习的理念，紧跟科技发展步伐，利用新技术提升医疗服务质量和效率。

2. 未来趋势

(1) 数字化与智能化：医疗行业将加速数字化、智能化转型，从业者要积极适应这种变化，学会运用大数据、云计算、人工智能等技术来辅助诊断和治疗，提升工作效率和准确性。

(2) 跨界融合与创新：与信息技术、生物技术、新材料等领域跨界融合，推动医疗服务模式、产品形态等方面的创新。这要求医疗人员具备创新思维和跨学科合作的理念，勇于尝试新的医疗模式和方法。

(3) 国际化与全球化：随着全球经济一体化的深入发展，医疗行业将加速国际化进程。从业者应具备国际视野，加强国际合作与交流，共同应对全球健康挑战。

3. 医疗岗位的职业生涯理念

(1) 医生岗位。医生须具备扎实的医学理论知识、临床实践经验和高超的医疗技术，同时要有强烈的责任心和职业道德。应秉持“以患者为中心”的理念，全心全意为患者服务，对患者的健康负责。医学知识不断更新，疾病种类和治疗方法也在不断变化。医生要树立终身学习的理念，参加学术会议、课程培训等，了解最新的医疗技术和治疗方法，提高自己的医疗水平。

(2) 护士岗位。护士负责病人的生活照顾、病情观察、护理操作等工作，要具备良好的沟通技巧、耐心细致的护理态度和扎实的护理技能。秉持关爱患者的理念，给予患者身心上的关怀和支持，提高患者的就医体验。护士是医疗团队中不可或缺的一员，要具备团队合作精神，与医生、技师等其他医疗人员密切配合，共同为患者提供优质的医疗服务。

(3) 技师岗位。技师包括医学影像技师、医学检验技师等，负责医学影像检查、医学检验等辅助诊断工作。要具备专业的技能和操作经验，确保检查结果的准确性和可靠性，树立精准服务的理念。随着医疗技术的不断发展，技师岗位也需要不断更新知识和技能。应保持学习的热情，适应新技术的发展，提高自己的专业水平。

4. 医疗职业生涯规划与实施理念

(1) 自我评估。从业者要对自己的优势、劣势、兴趣爱好等进行客观的评估。例如，认识到自己在专业知识、沟通能力、动手能力等方面的优势和不足，以便在职业生涯中发挥优势、弥补不足。根据自我评估的结果，结合自己的兴趣和职业理想，明确自己的职业目标。

目标要具体、可行，并具有一定的挑战性，为自己的职业生涯发展指明方向。

（2）环境评估。了解社会对医疗行业的需求和就业形势，以及国家的相关政策法规。例如，当前社会对医疗服务的需求不断增长，但就业竞争也较为激烈，从业者要适应这种环境，努力提升自己的竞争力。分析医疗行业的发展趋势、不同岗位的特点和要求等。例如，随着科技的发展，某些岗位可能需要掌握新的技术和知识，从业者要提前做好准备，适应职业环境的变化。

（3）规划与实施。制定短期、中期和长期的职业生涯规划，每个阶段都要有明确的目标和行动计划。例如，短期可以专注于提高自己的专业技能，中期可以深入某一个特定的医疗领域，长期可以成为专业的医学研究人员或管理者。职业生涯规划不是一成不变的，要根据实际情况进行灵活调整。当外部环境发生变化或个人情况有所改变时，要及时调整规划，确保职业生涯的顺利发展。

传统职业生涯理念与新职业生涯理念之间的比较如表3.1所示。

表3.1　传统职业生涯理念与新职业生涯理念之间的比较

传统职业生涯理念	新职业生涯理念
重视忠诚和工作任期 接受工作稳定的职业生涯模式 忠诚于公司，公司将以延长工作任期作为奖励 经常需要个人为公司利益做出牺牲	**重视承诺和绩效** 接受实现个人理想的职业生涯模式 忠诚于增强信心的理想，人生的价值是作贡献和适应新的要求 认为团队协作和彼此忠诚是重要的
成长 成长就相当于晋升 逐级晋升就等于成功	**成长** 成长与个人发展和人生意义相关，尤其要扩大知识面，提高技能水平 从事个人认为有意义的活动就等于成功
员工发展 组织重视员工发展 个人重视组织所提供的职业生涯道路，通过获得组织认为重要的技能寻求保障 组织对员工的职业发展负责	**个人发展** 组织重视个人发展 最成功的工作环境会鼓励员工不断学习和进步 个人对自己的职业发展负责
绩效 个人保障与受雇时间长短有关 个人应该在同一家单位长久供职	**暂时性** 个人保障与个人能力和适应性挂钩 个人可能不在同一家公司长久供职
组织模式 组织相当于一个小家庭："妈妈和爸爸"（高级管理人员）会照顾我们	**组织模式** 组织相当于一个大家庭：重要的是伙伴关系和关系网络，服务是共享的
组织体制 以职位等级为基础，由具体的工作组成	**组织体制** 以要做的工作为基础，由合同、联盟和网络组成

二、微观工作世界

当前，社会供求关系明显，结构性失业问题突出，随着信息化、全球化时代带来国际化人才竞争，所有人都面临多种工作选择的可能性。在了解宏观工作世界的同时，我们还应该了解工作世界的微观层面。微观工作世界包含以下方面：

（一）所应聘单位的文化和规范

严格执行党和国家的方针政策，要求廉洁从业、遵纪守法，落实中央八项规定精神。强调社会主义核心价值观认同，注重员工凝聚力。

（二）工作的内容和职责

不同岗位差异较大。医疗岗位需处理常见病、参与急危重症抢救、参与临床诊疗并与患者沟通。行政岗位会有日常工作布置、完成，组织企业文化活动，提升员工凝聚力。销售岗位主要是开拓市场渠道、维护客户关系、分析市场动态并完成销售目标。

（三）工作所要求的知识、技能和素质

通常来说，医疗岗位要求从业者持有执业医师资格证，具备扎实的临床经验和熟练的急救技能；行政岗位则需熟悉人力资源管理全流程，并能熟练操作各类办公软件。除此之外，这两类岗位对从业者的通用素质有着共同要求：需具备出色的沟通协调能力、较强的抗压能力与快速学习的能力，同时要富有责任心、诚信正直，且具有良好的团队合作意识。

（四）工作要求的资历

医疗岗需具有执业医师资格，管理岗需有相关工作经验。

（五）工作的时间、地点和环境

如果是医疗岗位，通常是轮班制，工作地点为医院科室，环境涉及急诊、门诊等场景。在行政或销售岗位一般为固定工作时间，办公室或外出商务环境，需适应会议、培训等协作场景。

（六）工作的可发展空间

如医师→主治医师→科室主任，或行政专员→部门主管→管理层。也可以跨部门轮岗（如从HR转向运营）、参与专项培训提升综合能力。

（七）工作的薪酬待遇和福利

通常包括基本工资＋绩效奖金（销售岗侧重提成），部分单位提供职称补贴。五险一金、带薪培训、节假日福利等，医疗岗可能提供的科研支持或进修机会等。

医学生作为接受过专业医学教育的专门人才，其就业行业和岗位相对较为专业和集中。

三、医学生相关行业和岗位

（一）医院临床岗位

医院临床岗位是医学生最主要的就业方向，包括内科、外科、妇产科、儿科等各个临床科室的医生职位。每个科室根据其专业特点，对医生的要求也有所不同。考生需要根据自己的专业背景和兴趣，选择合适的科室进行报名。

（二）公共卫生机构

这些机构包括疾控中心、卫生监督所等，主要负责疾病预防、健康促进、卫生监督等工作。在这些机构工作，医学生可以将专业知识应用于更广泛的公共卫生领域。

（三）基层医疗卫生机构

乡镇卫生院、街道卫生服务中心等，也是医学生考编的重要方向。在这些机构工作，医学生将直接面对社区居民，提供基本医疗和公共卫生服务。这不仅可以增强医学生的实践能力，还能够培养其全面的医疗视角。

（四）医疗研究机构

对于对科研有兴趣的医学生来说，医疗研究机构提供了另一条职业发展路径。在这里，医学生可以将自己的科研能力和创新思维发挥到极致。

（五）教育培训机构

医学教育和培训机构也是医学生考编的岗位之一。这些机构需要医学专业的教师和培训师，从事医学教育和专业技能培训工作。对于有志于教育事业的医学生来说，这是一个既能传授知识又能实现个人价值的职业选择。

（六）科研机构

医学生可以选择在科研机构中从事医学研究、药物研发等方面的工作。医学生可以在中国科学院、医学院、药科院等机构中找到适合自己的职位。

（七）自主创业

在创新创业的时代背景下，自主创业是任意一个专业都可以从事的工作，是一个放之四海而皆准的“标准答案”。临床医学专业毕业生可以选择开药店，自己注册开诊所等，都是不错的职业选择。

综上所述，医学生作为一个受过高等教育的专业群体，他们在医疗行业的前景是广阔的。同时，随着社会的发展和人们对健康的重视程度不断提高，医疗行业也将不断发展和壮大，为医学生提供更多更好的就业机会。

四、新职业

新职业的出现，不仅为人们带来了新的职业机遇和就业选择，也推动了相关产业的快速发展，反映了技术进步和市场需求的新趋势。同时伴随着新一代信息技术的发展和国内产业结构的调整，新职业也给就业领域带来了不一样的新变化。

（一）就业技能结构正在重塑，技能教育体系发生变化

新职业作为数字经济和新技术的迅猛发展的体现与成果，其技能偏向性特征对就业技能结构的重塑带来了巨大影响。可以说，新职业呼唤新技能，推动就业技能结构的重塑，并带动技能教育体系发生新变化。

人工智能、大数据、物联网和区块链等前沿技术的快速发展，对高技能劳动力的需求不断增加。在最新公布的19个新职业中，以生物技术工程人员为代表的岗位，有超过一半与新兴高端生产力密切相关。这些岗位不仅需要具备专业技能的工程师、数据科学家和机器学习专家，还要求具备跨学科知识的复合型人才。为了满足新职业的发展需求，近期，教育部发布了2024年高等职业教育专科专业设置备案和审批的相关结果。2024年拟招生的专业点总数达到66870个，较2023年度新增了6068个专业点，同时撤销了5052个专业点，调整幅度创历史新高。在此次专业调整中，42所在京院校新增备案了57个高等职业教育专业，其中多数以“智能”为特色，技能教育体系正在逐渐适应新职业的发展。

（二）数字平台成为重要就业载体，催生新业态蓬勃发展

数字平台作为新职业的重要支撑，已逐渐成为群众就业的“蓄水池”与重要载体。数字平台是由人工智能、算法、大数据等数字技术体系搭建的一种全新的生产组织模式，通过集成海量数据来连接生产者和消费者，极大地提升了市场供需效率，拓宽了资源配置范围，降低了交易成本，加快了经济循环。在当今的数字经济时代，各类数字平台如电商平台、出行平台、直播平台、游戏平台、短视频平台和外卖平台等迅速发展，带来了巨大的劳动需求和精准的就业匹配，成为吸纳大量就业的重要渠道。以网络主播为例，数字平台通过直播技术和互动功能，使个人可以直接面对海量观众，实现内容创作和商品销售的结合。网络主播这一新职业的兴起，体现了数字平台在当下新时期新业态的重要作用。

（三）低技能就业岗位呈回升趋势，传统职业焕发新活力

低技能就业岗位也呈现出回升的趋势。这一现象主要归因于上述平台经济的兴起和发展。以共享经济和零工经济为代表的平台经济，创造了大量灵活就业的新机遇。这些岗位通常门槛较低且灵活性强，吸引了众多低技能劳动者。例如，网络主播作为新职业在近年来快速增长，网络主播通过互联网平台进行商品推广和销售，不仅需要一定的口才和营销技巧，还需要对商品有深入的了解，尽管技术含量不高，但却是一个非常有潜力的就业方向，成为吸纳低技能劳动者的重要渠道。

部分传统职业正在与新职业相互扶持，以新的形式重新出发再次焕发新生。例如，果农

卖水果现在以一种新的方式在互联网上进行售卖——通过网络主播在果园现场直播，增加产品曝光、提高产品销量、增加果农收入，更好地解决了水果销售问题。可以说，新职业的兴起提高了果农等传统职业的收入，改善了个人生活条件，实现了职业发展和经济收益的双赢。

（四）未来职业对人才的要求

1. 从就业型向创业型转变

在市场经济条件下，人们开始学会审视市场新领域、新机遇，积极创造新的事业。具有创业意识和潜能的人才在就业中具有优越性。

2. 由单一型向复合型转变

随着现代工业生产的大型化、智能化和系统化，它对人才的要求不再局限于一人一岗、一人一技的工作形式。一人多岗、一人多技的专而全的复合型人才逐渐成为人才市场的“新宠”。比如，对于管理人员，要求既懂管理知识，还要懂得产品的工艺流程。

3. 从阶段性学习向终身学习转变

过去的社会生产结构简单，产品升级换代周期长，生产工艺流程新陈代谢极慢，所学知识不需要更新。现代科技日新月异，产品和生产工艺流程更新换代加速，新兴的生产工艺、技术要求从业者必须不断学习才能及时跟上。

第三节　探索工作世界的方法和途径

一、探索工作世界的方法

探索工作世界的方法多种多样，通过这些方法，求职者可以更好地了解自己的兴趣和优势，找到适合自己的职业方向，并在实践中不断提升自己的职业技能和求职能力。在选择方法时，求职者需要根据自己的实际情况和需求进行选择，以便更好地实现职业目标。探索工作世界的方法有以下方面：

（一）自我探索法

自我探索法包括以下步骤：

1. 价值观澄清

思考自己最看重的工作价值，如成就感、工作生活平衡、薪资待遇等，明确自己对工作世界的期望，缩小探索范围。

2. 兴趣挖掘

借助霍兰德职业兴趣测试等工具，了解自己的兴趣类型，寻找与之匹配的职业领域，如喜欢与人交往可能适合销售、教育等职业。

3. 技能盘点

进行全面的技能梳理，涵盖专业技术能力（如编程、数据分析）与通用核心技能（沟通协调、团队协作），通过SWOT分析明确个人能力优势，精准匹配契合岗位需求。建议采取“理论分析＋实践验证”的双轨模式：即使暂不急于求职，也可主动参与目标行业的招聘活动，通过与招聘负责人面对面交流，深度了解岗位核心素质要求，同时展示个人现有能力优势，从而清晰定位自身能力与岗位需求间的差距。专业招聘人员凭借丰富的选人经验，往往能敏锐洞察求职者的潜在能力与发展短板，其反馈意见不仅具备极强的针对性，更能为后续能力提升提供可落地的行动方案，助力求职者实现职业竞争力的精准提升。

（二）信息收集法

信息收集法包括以下分类：

1. 文献研究

查阅职业指导书籍、行业杂志、学术期刊等，了解不同职业的工作内容、发展前景、技能要求等。许多报刊书籍都大量涉及职业，这些内容可以作为增加对职业认识的一个渠道。电影、电视、录像等资料也是获得职业知识的重要途径。

2. 数字化信息检索

在数字时代，互联网已成为职业探索的核心阵地。求职者可综合运用搜索引擎、行业数据库及专业平台，系统性收集目标行业与职业的深度信息，重点关注市场趋势、企业战略布局及技术革新动态。如访问中国人力资源和社会保障部官网，了解国内就业政策、行业报告及岗位需求分析。

此外，针对特定职业的深度研究，建议以行业标杆人物为切入点，通过研读从业者传记、访谈实录等一手资料，沉浸式了解该职业的真实工作场景、成长路径及能力要求。相较于文学创作，纪实性传记更注重职业发展细节与行业生态的真实还原，能为职业规划提供更具参考价值的实践经验与成长启示。

（三）体验尝试法

体验尝试法包括以下分类：

1. 工作影子

工作影子是指跟随一位在职人员，观察其一天或一段时间的工作过程，亲身体验工作场景和内容。

2. 沉浸式实践体验

参与与目标职业高度相关的志愿活动、实习或兼职，是构建职业认知的核心路径。相较于理论学习，亲身实践能够让个体沉浸式体验职业场景，快速积累实战经验。对于在校大学生而言，社会实践不仅是接触职场的重要窗口，更是探索职业适配性的绝佳机会。

在选择实践项目时，建议以职业兴趣为导向进行精准匹配。例如，对教育行业感兴趣的学生可申请支教或培训机构助教岗位，意向互联网领域的学生可争取产品运营或技术开发实习机会。这种针对性实践能帮助个体深度理解职业任务、能力要求及行业生态，在真实工作场景中检验自身知识储备与岗位需求的匹配度，从而更科学地评估职业发展潜力，为未来职业规划提供坚实的实践依据。

3. 创业尝试

有想法的话可以进行一些小规模的创业尝试，在这个过程中了解市场需求、运营管理等多方面的知识，探索工作世界的不同可能性。

（四）交流沟通法

交流沟通法包括以下分类：

1. 校友资源联动

主动联系校友，尤其是深耕于目标职业领域的学长学姐，借助校友论坛、线上社群等多元渠道建立联系。这种基于同校情谊的沟通模式具备独特优势：校友作为亲历者，既能分享行业真实动态、岗位核心要求等一手信息，也能通过自身职业成长路径，为规划者提供可借鉴的实战经验，有效缩短职业探索周期。面对面的深度交流不仅有助于验证其他渠道获取的职业信息，更能通过倾听从业者的真实感悟与职场故事，沉浸式感知职业生态，为职业决策提供立体且真实的参考维度。

2. 专业智囊护航

寻求职业规划师、行业资深专家等专业人士的指导，是突破职业认知盲区的关键路径。这些专家凭借深厚的行业洞察与丰富的咨询经验，能够结合个人能力特质、市场发展趋势及行业前沿动态，提供精准化、系统化的职业建议。

二、探索工作世界的途径

（一）建立预期职业库

职业探索是一个系统的自我认知与外界匹配过程，通过科学的方法梳理个人特质与职业期待，能有效构建精准的职业发展方向。具体可通过以下步骤实现：

(1) 霍兰德兴趣探索：借助霍兰德职业兴趣测试（SDS），明确自身的兴趣代码（如现实型（R）、研究型（I）等）。参考职业兴趣类型对照表，列出与测评结果高度匹配的典型职业。例如，艺术型（A）人群可关注平面设计师、广告策划等创意类岗位。

(2) MBTI性格匹配：完成MBTI性格测试后，根据性格类型（如INTJ、ESFP等）挖掘适配职业。以INFJ为例，心理咨询师、战略规划师等需要深度思考与共情能力的岗位可能更具吸引力。可结合职业性格分析报告，扩展职业选择清单。

(3) 综合筛选定位：将兴趣类型与性格特质的职业清单交叉比对，结合个人价值观（如成就感、工作生活平衡等）和现有技能（如编程、沟通能力），剔除不匹配选项，初步锁定3～5个核心职业方向。

(4) 自由畅想拓展：通过头脑风暴的方式，记录所有曾向往的职业，包括童年梦想、偶然心动的岗位等，构建充满想象力的职业灵感库，为后续探索提供多元视角。

(5) 实践验证迭代：参与行业沙龙、企业开放日等活动，通过人物访谈、岗位体验等方式收集一手信息，修正对职业的认知偏差。建议最终保留4～6个经过验证的目标职业，形成动态更新的职业库。

在探索过程中，需保持开放心态，避免受限于固有观念，同时把握信息筛选的适度原则——既不过度沉溺于海量信息导致决策疲劳，也不因信息不足而盲目选择，确保职业库兼具科学性与可行性。

（二）精准采集职业信息

职业信息涵盖职业资源、政策动态、行业新闻及测评数据等多维度内容，是连接个人职业发展与社会职场需求的重要纽带。系统收集和科学管理职业信息，不仅有助于个体明晰行业规范与岗位要求，培育职业角色认知，还能辅助建立理性职业观，为精准职业决策提供有力支撑。具体可通过以下策略开展信息采集：

1. 职业信息收集的方法

采用由近及远的探索路径，可实现信息收集的效率与深度平衡。“近”指易于获取的基础信息，如网络资料、熟人经验；“远”则指向需要主动互动才能挖掘的深层洞察，如实地调研、行业访谈。这种渐进式探索能逐步聚焦目标，深化职业认知，具体可通过以下方法实施：

（1）文献数据挖掘

依托书籍、专业期刊、行业报告及网络平台（如招聘网站、行业论坛），系统性检索目标职业的基础信息。该方式具有信息量大、获取便捷、成本低廉的优势，能快速建立职业认知框架。但需注意，信息可能存在时效性不足或与实际场景脱节的问题，使用时需结合多方验证。

（2）职场沉浸体验

通过企业开放日、岗位见习、工作坊等形式，实地观察工作环境、业务流程与团队氛围。这种直观体验能帮助探索者获取真实工作场景下的第一手感受，尤其适用于验证通过文献获取的抽象认知，填补信息空白。

（3）生涯人物访谈

与目标职业从业者进行深度对话，重点了解岗位技能要求、职业发展路径、行业趋势及个人成长经验。建议选择3～5名不同资历的从业者（如新手、资深人士、管理者），通过结构化访谈提纲收集多元视角。此方法既能获取个性化经验，又能规避单一观点的局限性，是构建职业认知的关键环节。

2. 职业信息的管理

收集职业信息后，将其整理成结构化文档进行分类管理，能显著提升职业探索的系统性与实用性。一份完整的职业描述需涵盖以下核心维度：

（1）职业名称：采用社会普遍认可的规范称谓，确保职业定位的清晰性。

（2）职业定义：用简明的语言阐述该职业的核心工作内容，如使用的主要工具、执行的关键人物和服务对象等。

（3）职业资格等级：明确国家职业资格认证、行业准入证书等，直观呈现职业发展的阶梯标准。

（4）职业能力特征：从业者需要具备的核心能力要素。

（5）职业人格特征：从业者需要具备的性格特质。

(6) 受教育程度:学历门槛及对口专业要求。

(7) 技术技能:从业者所必备的知识体系和实践操作技能。

(8) 职业环境:实际工作的场景,包括工作场所、工作强度及安全防护要求等。

(9) 职业报酬:薪资结构、行业平均水平、薪资增长机制等。

全面掌握这些职业描述要素,能帮助求职者精准锚定职业目标,制定有针对性的求职策略。无论是规划职业发展路径、选择技能培训方向,还是评估岗位匹配度、结构化的职业信息都将成为职业决策的重要参考依据。

(三) 将探索得到的职业信息,有序整合并记录到自己的职业生涯规划档案

探索工作世界,方法只是工具,真正的关键在于保持敏锐的职业洞察力。生活中的每个细节都可能成为宝贵的职业信息:与朋友的一次行业话题讨论、街边的一则招聘广告、社交媒体上的职场动态分享……这些看似零散的线索,都能逐渐拼凑出对职业世界的立体认知。职业探索没有"为时过早"的顾虑,无论处于学业阶段还是职业转型期,持续观察与积累都能带来新的启发;同样,也不应以"为时过晚"自我设限,只要保持主动探索的心态,任何时候都能开启职业认知的新篇章。

三、职业对人才的素质要求

(一) 科研型职业应具备的素质

科研活动的核心属性是创造性探索,这决定了科研人员的知识体系需具备独特架构。创造力不仅是驱动科研突破的关键引擎,更是贯穿知识应用与创新实践的核心要素。在知识储备维度,科研人员需构建起稳固深厚的基础知识体系,同时掌握流利的外语交流能力。他们不仅要在某一专业领域拥有深入的研究专长,还应广泛涉猎,形成较为渊博的知识广度,实现专业深度与知识广度的高效融合。

心理素质对于科研人员也至关重要。他们要具备独立思考的能力,不盲目跟从既有观点;还要勤于投身实践,在实践中检验和完善理论;并且拥有坚韧不屈的精神,无畏挫折考验,在逆境中始终保持热忱,奋勇向前。

(二) 管理型职业应具备的素质

从事管理型职业的人员须具备多方面的关键素质,这些素质是其有效开展工作、推动组织发展的重要保障。

1. 政策与社会责任方面

管理型人员必须精准领会国家方针政策,并在实际工作中灵活运用,同时树立高度的公众意识。这要求他们在决策和执行过程中,充分考量政策导向与公众利益,确保组织行为既符合宏观政策要求,又能赢得社会认可。

2. 知识储备方面

管理型人员需拥有扎实的管理专业理论知识,这为管理决策提供坚实依据。同时,丰富

的实际管理知识同样不可或缺，它能高效推动理论与实践的深度融合。此外，始终保持学习热情，系统积累自然科学和人文社科领域的多元知识，构建广博的知识体系，能使他们在面对复杂管理情境时，从多维度思考问题，做出更科学合理的决策。

3. 能力素养方面

管理型人员要有出色的领导才能，能够明确组织发展方向，激励团队成员积极进取。组织协调能力也极为重要，要能合理调配各类资源，保障工作高效有序推进。良好的社会活动能力有助于拓展组织的社会关系网络，为组织发展创造更多机遇。而优秀的中外语言文字表达能力，无论是在组织内部沟通，还是对外交流合作中，都能显著提升信息传递的准确性与效率。

4. 身体素养方面

身体素质同样不容忽视，鉴于管理工作任务繁重、变化多端，管理型人员需拥有健康的体魄和充沛的精力，才能从容应对工作中的各种挑战，持续保持高效的工作状态，为组织发展提供有力支撑。

（三）事务型职业应具备的素质

事务型职业主要围绕组织内部制度化、规范化的事务处理展开，涉及信息管理、行政协调、流程执行等工作内容，如档案管理员、行政秘书、图书管理员、法院书记员等。

1. 知识储备要求

从业者需建立“基础能力＋专业技能＋拓展知识”的复合型知识体系。一方面，须具备扎实的语文写作、数据分析等基本素养，另一方面，需深度掌握岗位专属技能。此外，对于一些涉外单位的事务型岗位，需具备熟练的外语应用能力，以便更好地对外沟通和进行跨国文件处理。

2. 纪律与职业规范

严守纪律是事务型职业岗位的基本要求。对工作中的信息严格保密，避免出现信息泄露等问题，维护组织的信息安全与运营秩序。部分单位还对员工在礼仪方面有着特殊规定，从业者需遵循这些要求，展现良好的职业形象与素养。

3. 核心能力素养

从业者的综合能力决定了事务性工作的质量与效率。应具备出色的跨部门沟通协调能力、较强的细节把控力和信息整合能力。强大的语言表达能力也至关重要，无论是书面表达还是口头交流，都要做到清晰、准确，以保证信息的精准传递。同时，干练的办事能力不可或缺，能够迅速、妥善地处理各类日常事务，应对工作中的突发状况，确保组织内部各项事务有条不紊地推进。

（四）工程型职业应具备的素质

工程型职业主要涵盖工业制造、建筑工程等领域的技术岗位。应具备的素质要求：具备吃苦耐劳的坚韧品格和严谨细致的工作态度；始终保持谦逊务实的作风，深入一线，善于跨部门团队协作；扎实掌握本专业核心知识，还需拓展相关领域知识，具备外语沟通、计算机应用、语言表达及理论实践转化的能力。

（五）文化型职业应具备的素质

文化型职业聚焦创意表达与艺术创作，涉及文学、设计、表演等领域。文化型职业在知识和能力上对从业者素质的要求：能广泛汲取多元文化养分，构建跨领域知识储备，培养敏锐的观察力与天马行空的想象力；既需要独特的艺术天赋与审美感知力，也离不开长期训练形成的专业技法；同时需具备坚韧不拔的毅力，在创作瓶颈期保持突破创新的勇气。

（六）社会型职业应具备的素质

社会型职业以公共服务与社会协调为核心，涵盖教育、医疗、法律、传媒等领域。从业者需具备以下综合素质：

1. 知识体系

在夯实基础科学文化素养的同时，深度钻研专业领域知识（如医学诊疗规范、法律条文应用），并保持知识更新能力以适应社会发展需求。

2. 核心能力

(1) 社会适应力：具备精准的社会情境洞察力与人际关系理解力，高效协调多方利益。

(2) 实践行动力：拥有出色的活动策划与组织能力，推动公共服务项目落地。

(3) 沟通表达力：通过优秀的文字撰写与口语表达能力传递专业信息，同时注重职业形象管理。

3. 新时代技能

在全球化背景下，熟练的双语交流能力与数字化办公技能（如数据分析、多媒体制作）已成为行业基本准入要求。

（张晋艳）

第四章　医学职业修养

学习目标

1. 知识目标

理解医学职业修养的定义、内涵，熟悉医学职业修养的特点、历史演进，掌握新医改背景下医学职业修养新要求。了解“新医科”医学的新变化，明确“新医科”医学教育的政策导向、教学模式变革及学业挑战的应对路径。

2. 能力目标

提升知识整合能力，培养复杂问题解决能力，具备学习范式转化能力，增强跨界拓展能力，适应多元学业评价体系，注重学习过程，从评价中提升自我。

3. 情感态度价值观目标

树立“医者仁心”的职业道德观念，培养对医学事业的热爱与责任感，增强公益意识，培养终身学习意识。

本章概要

本章围绕医学职业修养展开深入探讨。首先阐述了医学职业修养的定义、内涵，它涵盖职业道德、专业技能和人文关怀修养等多个维度，具有独特性和重要性，且在历史发展中不断演进。

新医改背景下，医学职业修养被赋予新内涵。职业道德方面，需重塑价值取向，深化廉洁行医，延伸公益意识；专业能力上，要提升分层诊疗、技术融合和循证实践能力；人文关怀备受强调，沟通能力、隐私与尊严保护、心理支持不可或缺；同时要坚守法律伦理底线，具备政策合规意识，明确技术伦理边界，规避利益冲突，还需终身学习，顺应医改政策迭代。

“新医科”医学教育变革显著，强调学科交叉融合，包括医工、医理、医文交叉，以及全生命周期健康服务，涵盖母婴、儿童、中年、老年各阶段。“新医科”医学教育在政策导向、教学模式上发生变革，给医学生带来学业挑战，为此医学生需提升知识整合、复杂问题解决、学习范式转化、跨界拓展能力，适应多元学业评价体系，努力成长为守护人类健康的专业人才。

引子

温暖医途：小举动，大力量

在某医院的肿瘤内科病房，住着一位年轻的患者小李。他被确诊为胃癌后，内心充满了恐惧和绝望。每次医生来查房，他总是沉默寡言，眼神中透露出对未来的迷茫。

张医生是小李的主治医师，他察觉到了小李的情绪变化。在一次查房结束后，张医生没有像往常一样匆忙离开，而是拉过一把椅子，坐在小李床边，轻声询问他的感受。张医生耐心倾听着小李对病情的担忧、对未来生活的恐惧，没有打断他，只是时不时地点头表示理解。等小李倾诉完，张医生用通俗易懂的语言，详细地为他讲解胃癌的治疗方案，包括每种治疗方式的原理、可能出现的副作用以及预期效果。

不仅如此，张医生还关注到小李在住院期间感到无聊和孤独。他联系了医院的志愿者团队，为小李安排了定期的读书分享活动，让小李能和其他患者一起交流读书心得。在治疗过程中，张医生始终将小李的利益放在首位，根据他的身体状况及时调整治疗方案，确保治疗效果的同时，尽量减轻他的痛苦。

在张医生的精心治疗和关怀下，小李逐渐走出了心理阴影，积极配合治疗。他的病情得到了有效控制，生活质量也有了明显提高。小李常常感慨，是张医生的专业和关怀，让他重新燃起了对生活的希望。

这个事例生动地展现了一位具备良好职业修养的医务工作者形象。张医生不仅拥有扎实的专业技能，能够为患者制定科学合理的治疗方案，还展现出了极高的人文关怀修养。他耐心倾听患者的心声，关注患者的心理需求，用温暖的行动给予患者安慰和支持。这正是医学职业修养在实际医疗工作中的体现，也引出了本章对于医学生职业修养全面而深入的探讨，即如何在医学职业活动中，将职业道德、专业技能和人文关怀完美融合，为患者提供优质的医疗服务。

第一节　医学职业修养概述

“To Cure Sometimes, To Relieve Often, To Comfort Always”（有时是治愈，常常是帮助，总是去安慰），特鲁多医生的墓志铭是他作为医务工作者一生职业生涯的概括与总结。时至今日，这段名言仍是医者遵从的行医准则，后两句甚至成为医学人文的重要愿景。

阅读材料

医务工作者要守住三条戒律

医学的本质是研究生命，医疗的功能是帮助他人解除病痛。

医学的目的是行善，它因至善而崇高和伟大。行医就是行善。这种追求，是从医学、医院产生之初就已存在的。古希腊时代流传下来的希波克拉底誓言提到，医务工作者应仁心仁术，敬天爱人；《后汉书》所载“悬壶”传说中衍生出的“悬壶济世”一词，至今仍是患者对医者仁心的赞颂；而第一批为民众设立的医疗机构，也得益于基督教兴起后，同情、关怀等德行的传播。

人的生命起源于万般不可能的偶然巧合，它对每个人来说只有一次，需要倍加珍惜。求医者以性命相托的前提是医务工作者能如病人自己一般看待他的生命，这是一种道德关怀，更是其珍贵所在。所以从医者不可偏离了医务工作者的本真，即用技术去帮助人。

在我看来，医学应该是由科学和人文共同构成的系统医学，应该是有温度的。它既需要遵循科学定律，更离不开人文法则。**缺乏科学的医疗是愚昧的，缺乏人文的医疗则是冰冷的。**

第一条戒律：医务工作者不能因治疗导致患者死亡，或因干预增加患者死亡的概率。原则上，任何对患者有可能造成潜在危害的治疗都是过度的；医务工作者必须在维持生命稳态的基础上尽可能避免过度干预。

第二条戒律：医务工作者必须学习和掌握有关疾病的各方面知识，尽可能用被认为是普遍有效的一切药物和手段治疗患者。除非它和第一条矛盾，存在过度干预可能。换句话说，医务工作者不能只研究一个领域，而应对其他相关知识都有所了解，特别要对某一种治疗方式可能造成的伤害有所熟知。如果只了解自己领域的知识，就可能造成一叶障目，导致严重后果。

第三条戒律：医务工作者必须尽一切可能了解作为单独个体的患者，认识和了解医疗干预可导致的一切稳态变化，而不是用一个"标准人"来衡量。医务工作者在面对患者时，所使用的治疗手段既应当包括医疗措施本身，还应该包括人文关怀，使治疗成为一门针对患者个人的艺术。

医务工作者的天职是帮助病人，这是医务工作者职业受人尊重的根本，不可本末倒置。去年，医师规培方案出炉，其由于延长了医师培训时间，招来很多不满。这不得不让人有所反思。医务工作者应该考虑的是无止境学习，而不是纠结于增加了几年培训期。只有不断充实自己，学到更多知识，才能更好地医治病人。医务工作者不是一种营生，而是一项受人尊重的事业。在行医和谋生两个概念间，必须分清因果、顺序和主次。若一味将赚钱、升职放在首位，只会丢掉医务工作者最珍贵的财富。

资料来源：《生命时报》首都医科大学宣武医院神经外科主任医师凌锋，有删减。

一、医学职业修养的定义与内涵

（一）医学职业修养的定义

职业修养是指一个人在职业活动中所须具备的基本素质和能力，包括职业道德、专业知识、职业技能、沟通能力、适应能力等多个方面。它不仅是专业能力的体现，更是个人综合素质的集中表现。医学职业修养是在医学职业活动的特殊情境中，逐渐形成并不断发展的综合概念。医学职业修养是指医务工作者及医学生在长期的医学教育、临床实践以及职业发展过程中，通过系统学习、自我反思、实践锻炼等方式，逐步塑造和提升以职业道德、专业技能和人文关怀为主要内容的多个维度综合性品质。

1. 职业道德修养

“德不近佛者不可为医”。在医学领域,职业道德是职业修养的核心,它要求医者遵循医学伦理规范,秉持“医者仁心”,将患者的利益和福祉置于一切工作的首位。这种道德准则体现在医疗实践的方方面面,小到一次普通的感冒问诊,大到复杂的器官移植手术决策,都需要医务工作者以患者的健康为出发点,不掺杂任何个人私利。在医疗实践中,道德修养意味着始终将患者利益置于首位。面对患者,医学生要秉持诚实与公正的原则,如实告知病情,不夸大不隐瞒,让患者在充分知情的情况下参与医疗决策。

在医疗资源分配方面,医务工作者的道德修养尤为重要。无论是面对稀缺的药品、先进的医疗设备,还是有限的床位,都应摒弃私心,以患者的病情严重程度和实际需求为唯一标准进行分配。同时,不参与任何违背伦理道德的行为,如收受红包、虚假诊断等,也是医学生道德修养的重要体现。只有保持道德的纯洁性,才能赢得患者的信任与尊重,维护医学职业的神圣与尊严。

2. 专业技能修养

“才不近仙者不可以为医”。医学是一门严谨且不断发展的学科,专业知识与技能是医学生履行职责的核心工具。医学的学业从能够准确认知人体解剖学的结构开始,直到疾病诊疗方案的科学制定和精准实施,每一个环节都对医务工作者的专业技能提出了极高的要求。从解剖学、生理学等基础课程,到内科学、外科学等临床学科,每一门知识都需要医学生深入钻研,构建起系统全面的医学知识体系。在学习过程中,要注重理论与实践相结合,通过实验、见习、实习等环节,不断提升临床操作技能。

在手术室里,主刀医生、护士、麻醉师相互协作配合完成手术操作;在门诊和病房中,医者要学会准确采集病史、熟练进行体格检查,通过症状和检查结果的进行性变化实施诊疗。随着医学技术的飞速发展,如人工智能辅助诊断、微创手术技术等不断涌现,医务工作者更要保持终身学习的态度,关注医学前沿动态,积极参加学术交流与培训,不断更新知识储备,提升专业能力。只有具备扎实的专业功底,才能在面对复杂多变的病情时,为患者的健康保驾护航。

3. 人文关怀修养

医学不仅是自然科学,更是一门人文科学。患者在遭受病痛折磨时,身体和心理都处于不稳定状态,他们不仅需要药物和手术的治疗,更渴望得到理解与关怀。人文关怀修养赋予医学职业独特的温度。医务工作者要学会换位思考,设身处地感受患者的痛苦与焦虑,用温暖的语言、耐心的倾听和真诚的态度,给予患者心理上的慰藉。在与患者沟通时,要注意语言的艺术,避免使用过于专业晦涩的术语,用通俗易懂的语言向患者解释病情和治疗方案,确保患者能够理解并接受。同时,尊重患者的文化背景、宗教信仰和个人意愿,不歧视、不偏见。例如,对于不同民族的患者,要了解其特殊的饮食禁忌和医疗习俗;对于临终患者,要给予充分的尊重和关怀,帮助他们在生命的最后阶段感受到温暖与尊严。通过人文关怀,能够有效缓解患者的紧张情绪,增强医患之间的信任,提高治疗效果。

(二)医学职业修养的特点

《裴子言医·序》有言:“学不贯今古,识不通天人,才不近仙,心不近佛者,宁耕田织布取衣食耳，断不可作医以误世！医，故神圣之业，非后世读书未成，生计未就，择术而居之具也。是必慧有夙因，念有专习，穷致天人之理，精思竭虑于古今之书，而后可言医。”

1. 医学职业修养的独特性

在众多职业中，医学相关职业的职业修养具有鲜明的独特性，这源于医学行业的特殊性。医学相关职业的服务直接关乎人的生命健康，每一个医疗决策，每一项医疗操作，每一次药物选择都可能对患者的疾病甚至生命的转归产生重大影响，这就决定了医务工作者必须具备高度的责任感和严谨的工作态度。与其他职业不同，医务工作者面对的是个体差异极大的患者和复杂多变的症状，需要在有限的时间内做出准确的判断和决策，这种工作性质对从业者的专业能力和心理素质都提出了极高的要求。

从职业活动的对象来看，医务工作者的服务对象是正在遭受病痛折磨的患者，他们在身体和心理上都处于脆弱状态，渴望得到专业的治疗和温暖的关怀。因此，医务工作者不仅要具备精湛的医术，还需要有良好的沟通能力和人文关怀精神，能够理解患者的痛苦，尊重患者的权利，与患者建立起信任和谐的关系。在处理医患关系时，医务工作者需要运用职业修养中的道德和人文素养，妥善解决矛盾，维护患者的合法权益。

2. 医学职业修养的重要性

对于患者而言，他们期望具备良好职业修养的医务工作者为自己提供优质、安全的医疗服务。医务工作者须凭借扎实的专业技能准确诊断疾病，制定科学合理的治疗方案；以高尚的职业道德和人文关怀，给予患者心理上的支持和安慰，增强患者战胜疾病的信心，提高治疗效果。例如，在肿瘤治疗过程中，医务工作者不仅要为患者选择合适的治疗手段，还要关注患者在治疗过程中的心理变化，及时进行心理疏导，帮助患者缓解焦虑和恐惧情绪。

医学职业修养是医疗公信力的基石。一个具有良好职业修养的医者或团队，能够赢得患者的信任和社会的认可，提升整个行业的形象和声誉。相反，如果医务工作者缺乏职业修养，出现医德败坏、技术不精等问题，不仅会损害患者的利益，还会引发医患矛盾，破坏医疗行业的公信力。此外，良好的职业修养有助于促进医疗团队内部的协作与交流，提高医疗工作的效率和质量，推动医学事业的发展。

此外，医学职业修养对于保障公众健康福祉、促进社会公平正义具有重要意义。医疗资源的合理分配、公共卫生政策的有效实施，都离不开医务工作者的职业修养。医务工作者在面对医疗资源短缺时，能够秉持公平公正的原则，根据患者的实际需求进行合理分配；在参与公共卫生事件防控时，能够勇于担当，履行自己的职业责任，为维护社会稳定和公众健康贡献力量。

（三）医学职业修养的历史演进

1. 古代医学职业修养

古代中国，“悬壶济世”“大医精诚”的理念深深植根于医者的心中，成为他们职业修养的重要标准。东汉时期张仲景生活的年代因战乱频繁致疫病横行，他立志以医术救治苍生，潜心研究医学，广泛收集民间药方，结合自己的临床经验，撰写了医学巨著《伤寒杂病论》，被后人尊称为“医圣”。在临床实践中，张仲景始终秉持着高尚的医德，对待患者不分贫富、贵贱，一视同仁。他强调医务工作者要“精究方术，爱人知人”，既要具备精湛的医术，又要有仁爱之心。张仲景的医学成就和高尚医德，为后世医者树立了光辉的榜样，对中国古代医学职业修养的发展产生了深远的影响。北宋康慎面对患者则“不以贵贱，有所召必往”，强调对患者要做到一视同仁、尽心竭力；而李时珍则在《本草纲目·序》中提到“夫医之为道，君子用之以卫生，而推之以济世，故称仁术”，教导医者要把医术用于造福社会，发挥济世之功劳。这些理论都为我国医学职业修养的发展奠定了扎实的历史基础。

古希腊希波克拉底被誉为“西方医学之父”，他提出的医学伦理思想，构成了西方医学职业修养的基础。希波克拉底誓言中明确规定了医务工作者的职责和义务，如“我愿尽余之能力与判断力所及，遵守为病家谋利益之信条”“我之唯一目的，为病家谋幸福”等，强调了医务工作者对患者的忠诚和责任。此外，希波克拉底还提出了“不伤害原则”“保密原则”等重要的医学伦理准则，这些准则至今仍被广泛遵循。希波克拉底的医学伦理思想，不仅为古希腊的医学实践提供了指导，也对后世西方医学职业修养的发展产生了深远的影响，成为医学职业修养的重要理论源泉。

古代印度的阿育吠陀医学是印度传统医学的重要代表，它强调医学不仅要治疗疾病，还要关注人的整体健康和平衡。在阿育吠陀医学中，医务工作者被视为神圣的职业，他们需要具备渊博的医学知识、精湛的医术和高尚的品德。医务工作者在治疗患者时，不仅要使用药物和手术等治疗方法，还要注重饮食、生活方式等方面的指导，帮助患者恢复健康。同时，医务工作者还需要尊重患者的宗教信仰和文化习俗，为患者提供个性化的医疗服务。古代印度的医学职业修养思想，体现了对生命的尊重和对患者全面关怀的理念，对现代医学职业修养的发展具有一定的借鉴意义。

2. 近现代医学职业修养

随着医学在近现代的发展和社会观念的不断转变，医学职业修养也发生了重大的变革与进步。南丁格尔是这一时期医学职业修养发展的重要代表人物，她以其无私奉献的精神和卓越的护理实践，推动了护理职业修养的发展。在克里米亚战争期间，南丁格尔率领护理团队奔赴战场，为受伤的士兵提供护理服务。她克服了恶劣的环境和物资短缺的困难，通过改善医院卫生条件、加强护理管理等措施，大大降低了士兵的死亡率。南丁格尔所倡导的“爱心、耐心、细心、责任心”，成为护理工作者职业修养的核心内容，她的事迹和精神激励着无数护理人员投身于护理事业，为患者提供优质的护理服务。

19世纪末20世纪初，医学科学取得了细菌学的发展、麻醉技术的应用和外科手术的进步等一系列重大突破，这些突破不仅提高了医学治疗水平，也对医学职业修养提出了新的要求。同时，医学教育也进一步规范化和专业化，医学院校开始更加注重培养学生的职业道德和人文素养，将医学伦理、医学心理学等课程纳入教学体系，使医学生在学习专业知识的同时，接受系统化职业修养的教育和熏陶。

20世纪以来，国际上陆续出台了一系列医学伦理准则和法律法规，对医务工作者的职业行为进行规范。1948年，世界医学会制定了《日内瓦宣言》，该宣言以希波克拉底誓言为蓝本，结合现代医学的特点和需求，对医务工作者的职业责任和道德义务进行了重新阐述和明确规定。《日内瓦宣言》强调医务工作者要“尊重人类的尊严和权利”“维护患者的利益和隐私”“不参与任何违反人道的行为”等，成为全球医务工作者共同遵守的职业行为准则。此外，各国也纷纷制定了相关的医学法律法规，如医务工作者执业资格考试制度、医疗事故处理条例等，通过法律手段保障患者的合法权益，规范医务工作者的职业行为，促进医学职业修养的发展和完善。

3. 当代医学职业修养的挑战与机遇

随着医疗技术的飞速发展，基因编辑、人工智能辅助诊断、器官移植等在医学领域广泛应用的新兴技术，带来了一系列伦理难题，医学职业修养也面临诸多新的挑战。例如，基因编辑技术可以对人类的基因进行修改，从而预防和治疗某些疾病，但同时也引发了关于人类基因安全、伦理道德和社会公平等方面的争议。医务工作者在使用这些新技术时，需要在保障患者利益的前提下，权衡各种伦理和社会因素，做出正确的决策，这对医务工作者的职业修养提出了更高的要求。

医疗商业化趋势也给医学职业修养带来了持续挑战。在市场经济的影响下，部分医疗机构和医务工作者过于追求经济利益，出现了过度医疗、乱收费、收受红包等不良现象。这些行为不仅损害了患者的利益，也破坏了医疗行业的形象和公信力。此外，患者对医疗服务需求的多元化和个性化，以及对医疗质量和安全的关注度不断提高，也要求医务工作者具备更高的职业素养和服务意识，能够满足患者日益增长的医疗需求。

挑战与机遇并存。互联网技术的发展为医学教育和职业修养培养提供了新的途径和方法。通过在线课程、虚拟仿真教学、远程医疗等技术手段，医学生和医务工作者可以更加便捷地获取医学知识和技能培训，拓宽学习视野，提高学习效率。同时，互联网技术也促进了医学知识的传播和交流，医务工作者可以通过网络平台与同行分享经验、探讨病例，共同提高专业水平。此外，全球医学交流合作的不断加深，促进了不同文化背景下医学职业修养理念的融合与创新。各国医务工作者可以相互学习、借鉴，共同推动医学职业修养的发展，为患者提供更加优质、高效的医疗服务。

在社会舆论和公众监督日益加强的时代背景下，全社会对医学职业修养的重视程度不断提高。政府、医疗机构和社会各界纷纷采取措施，加强医学职业修养教育和培训，完善相关的法律法规和制度建设，营造良好的医疗环境。同时，患者的维权意识不断增强，对医务工作者的职业行为提出了更高的要求，这也促使医务工作者更加注重自身职业修养的提升，以更好地满足患者的需求和社会的期望。

第二节　新医改背景下医学职业修养

新医改是我国医疗卫生领域的重大变革，持续推动着医疗卫生事业的可持续发展。医务人员职业道德修养直接保障医疗活动的正常开展，进而作用于新医改的进一步推进，全方位助力医疗服务质量的全面提升。因此，深入理解新医改，提升时代背景下的医学职业修养，对于每一位医学生及相关专业的工作者都至关重要。

一、职业道德重塑

（一）价值取向转型

在传统的医疗模式下，部分医务人员存在过度关注经济效益的倾向，导致医疗服务的价值取向发生偏差。而新医改强调以公益性为核心，要求医务人员实现价值取向从“经济利益优先”向“患者健康与社会公益优先”的转变。以某基层医院为例，过去为追求经济效益，开展不必要的检查和治疗项目，患者负担加重，医患关系紧张。新医改实施后，医院积极调整发展战略，将工作重心转移到为患者提供优质、适宜的医疗服务上。医务人员也深刻认识到，只有以患者健康为中心，才能真正实现自身的职业价值。这种价值取向的转型，需要医务人员从思想根源上进行反思和转变，树立正确的职业价值观。

（二）深化廉洁行医

廉洁行医是职业道德的基本要求之一，在新医改背景下，其重要性更加凸显。随着医疗资源分配方式的调整和医疗市场竞争的加剧，医务人员面临的利益诱惑增多。回扣、红包等不正当利益行为不仅损害患者利益，也严重破坏医疗行业的公信力。为深化廉洁行医，各级医疗机构逐步建立健全监督机制，加强对医务人员的廉洁教育。例如，某三甲医院定期组织廉洁行医专题培训，邀请纪检部门人员进行案例分析和法规讲解，让医务人员深刻认识到廉洁行医的重要性和违规行为的严重后果。同时，医院还设立了举报信箱和举报热线，鼓励患者和社会公众对违规行为进行监督举报。医务人员自身也要时刻保持清醒的头脑，坚守职业道德底线，自觉抵制各种利益诱惑。

（三）公益意识延伸

新医改强调医疗卫生事业的公益性，要求医务人员将公益意识延伸到医疗服务的各个环节。除了在临床诊疗中为患者提供优质服务外，医务人员还应积极参与公共卫生服务、健康宣教等工作。比如，社区医务人员定期走进学校、企业、社区，开展健康讲座和疾病预防知识宣传活动，提高群众的健康意识和自我保健能力。在突发公共卫生事件中，医务人员更是以“逆行者”的豪迈冲锋在前，不计个人得失，为保障公众健康贡献力量。这种公益意识的延伸，有助于提高全民健康水平，推动医疗卫生事业的全面发展。

二、专业能力升级

（一）分层诊疗能力

分层诊疗是新医改的重要举措之一，旨在实现医疗资源的合理配置和高效利用。这就要求医务人员具备分层诊疗能力，能够准确判断患者病情，将患者合理分流到不同层级的医疗机构。在基层医疗机构，医务人员需要掌握常见疾病的诊断和治疗方法，能够对病情稳定的慢性病患者进行长期管理和随访。而在上级医院，医务人员则要具备处理疑难复杂病症的能力，同时还要做好与基层医疗机构的沟通和协作，为患者提供连续、优质的医疗服务。例如，某地区建立了医联体，上级医院的专家定期到基层医院坐诊、查房，指导基层医务人员提高诊疗水平，实现了患者的有序转诊和双向流动。

（二）技术融合能力

新医改背景下，医务人员需要具备技术融合能力，能够将不同的医疗技术和手段有机结合，为患者提供更加精准、有效的治疗方案。以肿瘤治疗为例，传统的治疗方法主要包括手术、放疗和化疗。如今，随着靶向治疗、免疫治疗等新技术的出现，医务人员需要根据患者的病情和身体状况，综合运用多种治疗手段，制定个性化的治疗方案。同时，信息技术的发展也为医疗服务带来了变革，医务人员要能够熟练运用电子病历系统、远程医疗平台等，提高医疗服务的效率和质量。

（三）循证实践能力

循证医学强调将临床证据、医务工作者的专业知识和患者的价值观相结合，为患者提供最佳的医疗决策。在新医改背景下，循证医学实践对于提高医疗质量、降低医疗成本具有重要意义。医务人员在临床工作中，应积极查阅相关的医学文献，获取最新的临床证据。同时，要结合自身的临床经验和患者的具体情况，制定合理的治疗方案。例如，在治疗高血压时，医务人员会根据大量的临床研究证据，选择最适合患者的降压药物和治疗方案，并根据患者的血压控制情况和不良反应及时进行调整。

三、强调人文关怀

（一）沟通能力

前已述及，良好的沟通是建立和谐医患关系的基础。在新医改背景下，患者对医疗服务的需求日益多样化，对医务人员的沟通能力也提出了更高的要求。 医务人员在与患者沟通时，要注意语言表达的准确性和亲和力，耐心倾听患者的诉求，尊重患者的意见和选择。

（二）隐私与尊严保护

保护患者的隐私和尊严是医务人员的重要职责。在医疗服务过程中，患者的个人信息、病情等都属于隐私范畴，医务人员应采取必要的措施加以保护。医疗机构应建立健全患者隐私保护制度，规范医疗信息的采集、存储和使用。医务人员在诊疗过程中，要注意保护患者的隐私，避免在公开场合讨论患者的病情。同时，要尊重患者的人格尊严，关注患者的心理感受，为患者提供人性化的医疗服务。例如，在为女性患者进行检查时，要注意保护患者的隐私，确保检查环境的私密性。

（三）心理支持

在新医改背景下，医务人员应具备心身医学思维和心理支持能力，能够及时发现患者的心理问题，并给予相应的心理疏导和支持。医务人员要主动与患者沟通，了解患者的心理状态，给予关心和安慰。同时，可以通过开展心理健康讲座、组织患者交流活动等方式，帮助患者树立战胜疾病的信心。例如，某医院成立了肿瘤患者心理支持小组，定期组织心理专家为患者进行心理辅导，取得了良好的效果。

四、坚守法律伦理底线

（一）政策合规意识

新医改涉及众多的政策法规，医务人员必须具备较强的政策合规意识，严格遵守相关规定。政策合规意识不仅体现在医疗服务的规范操作上，还包括对医疗资源分配、医保政策执行等方面的合规性。例如，在医保报销过程中，医务人员要准确把握医保政策，严格按照规定进行诊疗项目的申报和报销，杜绝违规操作。同时，要及时了解政策的变化，根据新政策调整医疗服务行为，确保医疗服务的合法性和规范性。

（二）技术伦理边界

随着医学技术的不断发展，一些新技术的应用也带来了一系列伦理问题。医务人员在使用新技术时，必须明确技术伦理边界，确保技术的应用符合伦理道德规范。医务人员在参与相关研究和应用时，要充分考虑技术的安全性、有效性和伦理可行性，避免因技术滥用而对患者和社会造成伤害。

（三）利益冲突规避

在日常工作中，医疗及相关行业从业者可能会面临各种利益冲突，如经济利益与患者利益的冲突、个人学术利益与患者健康利益的冲突等。医务人员应学会规避利益冲突，始终将患者利益放在首位。在科研工作中，也不能为了追求学术成果而忽视患者的安全和利益。当出现利益冲突时，应及时向相关部门报告，并采取合理的措施加以解决。

五、终身学习与职业韧性

（一）顺应医改政策迭代

新医改是一个持续推进的过程，医改相关政策不断完善。医务人员要及时了解政策的变化，掌握新政策的要求和精神实质，以便更好地适应医改的需要，服务社会。医疗机构常通过组织专题培训、开展政策解读活动等方式，帮助医务人员学习新政策。医务人员自身也要主动关注政策动态，加强对政策的学习和研究。

（二）主动践行政策跟踪

除了学习新政策，医务人员还应具备政策跟踪能力，能够及时了解政策的实施效果和存在的问题，并提出相应的改进建议。在政策实施过程中，医务人员可以通过收集患者反馈、分析医疗数据等方式，对政策的实施效果进行评估。例如，在分级诊疗政策实施后，医务人员可以通过统计患者的转诊情况、满意度等指标，了解政策的落实情况，发现存在的问题，为政策的调整和完善提供依据。

（三）储备跨领域知识

医学是一门综合性的学科，与其他领域的知识密切相关。在新医改背景下，医务人员需要具备跨领域知识储备，以更好地应对复杂的医疗问题和社会需求。例如，了解经济学知识可以帮助医务人员更好地理解医疗资源的合理配置和成本控制；掌握社会学知识有助于医务人员更好地理解患者的社会背景和心理需求，提供更加全面的医疗服务。因此，医务人员应不断拓宽自己的知识面，学习相关领域的知识，提高自身的综合素质。

（四）积极应对心理压力

医疗工作本就压力大、风险高，新医改的推进也给医务人员带来了新的挑战和压力。医疗机构通过开展心理健康培训、组织文体活动等方式，帮助医务人员缓解工作压力。医务人员自身也要学会自我调节，掌握一些心理调适的方法和技巧，增强职业韧性。例如，通过运动、冥想、与家人朋友交流等方式，释放压力，保持心理健康。

展望未来，随着新医改的不断深入，医学职业修养的内涵和要求也将不断丰富和发展。医学生应持续关注行业动态，不断学习和提升自己，以更加饱满的热情和专业的素养，投身于医疗卫生事业，为实现健康中国的目标贡献自己的力量。

第三节　“新医科”医学教育与学业挑战

医学高等院校作为医学人才培养的摇篮，正经历着一场前所未有的变革。“新医科”作为新时代医学教育领域的热词，频频出现在高教改革政策、各类新闻媒体、高校和科研院所的发展规划中。新时代医学生的成长过程伴随着医学课程设置的变化、医学教学方法的革新、医学学业评价体系的重塑等重大变化。这些变化在为医学生职业修养提升提供了更为广阔的学习空间和成长舞台的同时，也对医学生在校期间的学业提出更高的要求，更为其未来发展奠定了坚实的基础。

作为一名“新医科”建设背景下接受医学高等教育的大学生而言，理解“新医科”医学的新变化，直面“新医科”医学学业挑战是逐步具备医学职业修养的必经过程。

一、“新医科”医学的新变化

（一）强调打破学科边界的交叉融合

打破学科边界的交叉融合正成为推动“新医科”医疗进步的关键力量之一。其中，医工交叉、医理交叉、医文交叉各具特色。

1. 医工交叉

医工交叉，即医学与工程技术的交叉融合，旨在运用工程技术手段解决医学领域的实际问题，提升医疗的精准性与效率。我们熟知的达芬奇手术机器人就是医工交叉在手术机器人领域的典型代表。它融合了外科学、机器人工程和计算机视觉技术，其机械臂能够模拟人类手腕的灵活动作，实现超越人手极限的360度旋转，同时其配备的高清内窥镜能够提供高清立体视野，极大地提升了手术的精准度。在前列腺切除、心脏搭桥等手术中，达芬奇手术机器人在缩小手术切口，减少出血量，缩短术后恢复时间等方面表现突出；可穿戴式连续血糖监测仪也是医工交叉的重要产物，它结合内分泌学、生物传感器技术和微电子工程，通过皮下微传感器实时监测组织液葡萄糖浓度，并无线传输数据至手机终端，解决了传统指尖采血的痛苦与滞后性问题，为糖尿病患者实现动态血糖管理提供了有力支持。

目前，医工交叉正朝着智能化、微创化方向发展。人工智能与机器人技术的深度融合，使得手术机器人能够实现自主路径规划与智能决策；纳米技术、微机电系统的应用，推动医疗器械向微型化、可植入方向迈进。例如，脑机接口技术的突破，为瘫痪患者恢复运动功能带来了希望；微型智能药丸的研发，可实现消化道疾病的无创诊断与治疗。

2. 医理交叉

医理交叉聚焦医学基础创新，运用数学、物理、化学、生物等基础学科的基本原理解读医学学科的具体问题，以深入揭示疾病机制，开发新型诊疗技术。我们已经非常熟悉的CT和MRI成像技术就是医理交叉的经典代表，它们融合放射医学、量子物理学和计算机断层扫描算法，CT扫描利用X射线束对人体进行多角度旋转扫描，探测器接收透过人体的衰减射线，计算机通过重建算法将数据转换为断层图像；MRI是一种利用强磁场和射频脉冲生成人体内部结构高清影像的无创检查技术，其核心组件包括主磁体、梯度线圈、射频系统、计算机控制系统，适用于神经系统、软组织、肿瘤等疾病的精准诊断。生物统计学在精准医疗中的应用也充分体现了医理交叉的价值，通过概率论与数理统计方法分析电子病历，建立疾病预测模型，为临床决策和药物研发提供数据支持。

在生命科学领域，医理交叉不断催生新的研究方向。冷冻电镜技术的发展，使蛋白质结构解析达到原子分辨率，为药物设计提供精准靶点；单分子测序技术的突破，实现了基因组的高精度检测，推动个性化医疗发展。此外，量子生物学的兴起，探索生物系统中的量子效应，为理解生命本质提供了全新视角。

3. 医文交叉

医学的本质是防病治病，维护或恢复人的生理、心理和社会功能，天然具备人文属性。医文交叉关注医疗过程中的“人”与“社会”因素，解决技术无法单独应对的伦理、心理、政策等问题。叙事医学是医文交叉的重要实践，2023年，中国叙事医学专家共识发布会在北京大学医学部举办，北京大学医学人文学院院长郭莉萍认为，作为医学人文落地的工具之一，叙事医学借鉴了文学、语言学、人类学、社会学、心理学、传播学等学科的研究方法与理论框架，研究和指导临床医患互动的过程、内容和方法，并强调医患沟通的重要性——医务工作者通过了解患者的独特故事，有利于把握患者的情绪变化、日常经历和对未来的看法，以提供更好的、更精准的医疗照护，从而提高治疗的成功率。在医疗相关政策制定方面，医文交叉也发挥着关键作用。运用卫生经济学和社会流行病学方法，评估医保政策的成本-效果，分析健康公平性问题，为分级诊疗制度、疫苗接种政策等提供决策依据。同时，人文社科视角下的医疗服务研究，推动医疗模式从"以疾病为中心"向"以患者为中心"转变，实现从"治病"到"治人"的跨越，让医学更加有温度。

未来，打破学科边界的交叉融合将成为医学发展的必然趋势。多学科协同创新将加速医疗技术的突破与转化，人工智能、大数据、区块链等新兴技术与医学的深度融合，将催生更多颠覆性创新。同时，交叉学科人才培养体系的完善，将为医学创新提供源源不断的动力。

（二）强调全生命周期健康服务

"新医科"着眼于人类生命全周期，将健康服务覆盖生命孕育、出生、成长、衰老、临终关怀的完整链条，通过跨学科融合与技术创新，实现对每个阶段健康需求的精准干预，构建起覆盖生命全周期的健康服务新体系。

1. 母婴健康呵护

在母婴保健领域，妇产科医务工作者与临床营养师、围产期心理咨询师、康复治疗师携手，为育龄女性提供孕期和产后的全方位医学支撑。临床营养师运用AI膳食分析系统，结合孕妇个体代谢数据，定制精准到克的营养素配比方案，使妊娠期高血压、糖尿病的发病风险降低；远程胎心监护系统与区块链健康档案的结合，让胎儿的每一次律动都能实时同步至医疗团队终端，实现24小时动态风险预警；产后康复中心引入生物力学评估设备，康复师依据产妇盆底肌电检测数据，制定包含凯格尔运动指导、中医理疗的个性化恢复计划，帮助产妇在尽可能短的时间内恢复核心肌群功能。更值得关注的是，围产期心理咨询师通过正念认知疗法结合虚拟现实放松训练，将产后抑郁的筛查干预周期前移，为新手妈妈筑牢心理防护墙。

2. 儿童身心保障

在儿童成长阶段，儿科医务工作者联合教育专家、心理专家关注儿童身体发育与心理成长，在儿科门诊，电子屏幕实时同步儿童身高体重曲线、骨龄检测数据与视力筛查结果，医务工作者与教育心理学家、运动康复师共同解读这些数据背后的成长密码。针对日益严峻的儿童近视问题，视觉筛查仪可在30秒内完成眼球屈光度检测，结合户外运动智能监测手环，为每个孩子生成包含角膜塑形镜适配方案、读写姿势矫正训练的个性化防控计划；面对儿童肥胖率攀升的挑战，医疗团队引入肠道菌群基因检测技术，依据肠道微生态平衡状态制定包含低GI饮食方案、体感游戏运动处方的干预措施，临床数据实时显示超重儿童的体脂率的曲线变化；对于学习困难儿童，通过注意力脑电信号分析，制定包含认知训练游戏、感觉统合治疗的个性化提升计划，帮助干预对象显著改善学习效率。

3. 中年健康防御

人到中年，事业、家庭、婚姻和子女培养都需要健康的身体、良好的心态支撑。医务工作者不再依赖单一的体检报告，而是运用大数据健康风险评估模型，整合基因检测结果、连续三年的体检数据、24小时动态心率监测记录以及职业压力指数，为每位中年人绘制专属健康画像；针对高发的颈椎劳损问题，结合红外热成像检测与动作捕捉分析技术，定制包含微运动指导、颈椎牵引治疗的精准方案，使程序员、教师等久坐人群的颈椎曲度异常发生率下降；在心血管健康管理领域，通过血液流变学检测与动脉硬化大数据预测模型，提醒心脑血管疾病风险；针对职场人士的“压力综合征”，引入心率变异性监测与正念减压训练系统，实时调节自主神经平衡，有效改善睡眠质量与情绪管理能力。

4. 银发整合照护

老年时期，慢性病管理成为重点。可穿戴毫米波雷达自动识别跌倒风险，智能药盒精准提醒用药时间，步态分析鞋垫实时评估平衡能力。针对慢性病管理，可穿戴设备构建起24小时生命体征监测网络，血糖连续监测手环定时采集数据，AI算法自动调整胰岛素注射方案；血压手表与云端医疗系统联动，当收缩压连续三次超过160 mmHg时，立即触发远程医疗干预机制；康复治疗领域的创新更是令人瞩目：外骨骼助力机器人帮助截瘫老人重新站立，虚拟现实平衡训练系统将老年人的跌倒风险大幅降低，再生医学技术在软骨修复、创面愈合等领域的应用，显著提升了老年患者的自理能力；在心理照护层面，怀旧疗法结合虚拟现实技术，帮助阿尔茨海默病患者重建记忆连接；社工定期上门开展的“生命故事工作坊”，让每位老人都能在尊严与温暖中续写人生篇章。

在上述充满医学光辉和人性温暖的全生命周期健康维护图景的背后，是新医科教育体系培育的复合型人才在默默耕耘。未来人类健康守护者不仅精通临床诊疗技术，更具备预防医学、数据科学、人文关怀的多元素养。他们能熟练运用电子健康档案的全数据建模，精准预测不同生命阶段的健康风险；能协调多学科团队为早产儿制定包含NICU护理、早期神经发育干预、家庭照护指导的全程方案；能为临终患者设计融合缓和医疗、疼痛管理、心理疏导的尊严照护计划。当他们出现在社区健康管理中心、妇幼保健院、老年病专科医院等各个场景，便如同健康防线的枢纽节点，将预防、治疗、康复、照护的各个环节有机串联，让每个生命阶段都能获得恰如其分的关怀。

二、“新医科”医学学业挑战

（一）“新医科”医学教育的政策导向

医学教育是卫生健康事业发展的重要基石，党和国家高度重视医学人才培养，以“新医科”统领医学教育创新发展，把医学教育和人才培养摆在卫生与健康事业优先发展的战略地位，高度契合健康中国战略、创新型国家发展战略及教育强国战略要求。医学教育处于“大国计、大民生、大学科、大专业”的战略新定位，学科交叉汇聚和跨领域创新逐渐成为医学发展的重大趋势，复合型人才的重要战略意义越发凸显。

2018年8月，中共中央、国务院印发关于新时代教育改革发展的重要文件，“新医科”的概念首次正式提出。同年10月，教育部、国家卫生健康委、国家中医药管理局启动“卓越医务工作者教育培养计划2.0”，对“新医科”建设进行全面部署，指出新医科建设要围绕健康中国战略实施，深化医教协同，发展具有中国特色的一流医学专业，培养具有世界水平的一流医学人才。

2020年9月，国务院办公厅印发的《关于加快医学教育创新发展的指导意见》明确提出：以新理念谋划医学发展，以新定位推进医学教育发展，以新内涵强化医学生培养，以新医科统领医学教育创新。

2022年8月，国家卫生健康委印发《“十四五”卫生健康人才发展规划》，强调要建设生命健康人才高地，实施医学高层次人才计划，探索医工、医信、医理相结合的产学研医复合型创新人才培养的新路。

（二）“新医科”医学教育模式的变革

新医科教学模式以学生为中心，注重培养医学生的创新思维和实践能力。与传统的医学教学相比，新医科教学模式更加注重学生的参与和主动学习。在新医科教学模式下，学生将更多地参与到实际的临床案例中，通过问题导向的学习，培养他们的批判性思维和分析能力。此外，新医科教学模式还倡导跨学科的学习，将医学与其他学科进行结合，拓宽学生的知识面。

1.培养体系革新

我国已经基本建成院校教育、毕业后教育、继续教育三阶段有机衔接的具有中国特色的标准化、规范化“5+3+X”临床医学人才培养体系，其中，“X”为专科医师规范化培训（简称专培）或临床医学博士专业学位研究生教育所需年限。

医学院校教育（本科生）以医学院为主要培养基地，定位在临床医学一级学科。毕业后医学教育（临床医学专业学位研究生）以医学院校附属/教学医院为主要培养基地，包括住培和专培两个阶段。毕业后医学教育阶段是实现“医学生”向“合格医务工作者”转变的关键环节。医学院校毕业生在住培阶段接受最基本的临床技能和各种专科临床技能训练，定位在临床医学二级学科；专培定位在临床医学专科/亚专科。继续医学教育是临床医师发展阶段，以学习新知识、新理论、新技术、新方法为重点。

2. 课程体系革新

新医科对医学课程体系进行了全面革新，其中器官系统整合课程有效支撑了知识整合和临床思维的培养。以人体重要的心血管系统为例，以往医学生接受的是各自独立的《解剖学》《生理学》《病理学》《内科学》《外科学》等较为独立层面的知识点，如今逐步迭代为围绕心脏、血管相关疾病进行的有机串联。比如，在学习冠状动脉解剖时，会同步介绍冠状动脉粥样硬化如何导致心肌缺血，进而引发心绞痛、心肌梗死等临床疾病。在生理学阐述心脏泵血机制的同时，会分析心功能不全时血压、心率等生理指标的变化，以及这些变化在临床上的表现和意义。病理学则深入剖析心脏和血管组织在疾病状态下的细胞、分子层面的改变，这些改变如何成为临床诊断的重要依据。内科学和外科学课程更是紧密结合前面的基础学科知识，讲解针对不同心血管疾病的治疗策略，从药物治疗的作用机制到手术治疗的适应证和操作要点，都与基础病变紧密相连。通过这种整合式的知识传授过程，可以帮助医学生更加系统清晰地理解基础病变是如何一步步引发临床症状的，也能明白每一个治疗决策背后的科学依据，真正实现了基础与临床知识的融会贯通，帮助医学生在学习过程中建立起完整的医学知识体系和临床思维模式。

3. 教学方法革新

随着医学知识的不断增长和技术更新速度的加快，以传授知识为主的传统医学教育模式面临的有限教学时间与无限教学内容之间的矛盾日益加剧。教材内容的更新速度总难以追上专业学科快速发展的步伐，而需要医学生掌握的知识却越来越多，学生不可能在学校有限的教学时间内掌握所有医学知识。针对上述问题，各个高等医学院校聚焦教学方法改革，帮助医学生的自主学习能力不断提高，让学生成为学习的主体，为今后终身学习医学知识和技能奠定坚实的基础。

(1) 讲授法

讲授法是用教师“讲”、学生“听”来传递信息的基本教学模式。其基本形式为课前教师根据人才培养方案和教学大纲拟定好教学方案，课堂中将要让学生掌握的知识概念、原理结论等有计划、有步骤地通过“讲”传递给学生，学生则通过“听”的形式把教师讲授的知识加以理解，并赋予其新的意义加以记忆，从而达到教学要求。讲授法最明显的优势是时效快、通用性强、传递信息量大，特别适合于理论性强、概念多、抽象程度高的医学基础学科教学。它能在短时间内让多名学生获得大量知识信息，也有利于教师及时更新教学内容来弥补教材的缺陷，提高教学效率，为学生打下坚实的医学基础起到重要作用。但该教学法主要是由教师向学生进行单向的知识传输，过于强调教师的作用，忽视了学生的作用，过于强调系统知识传授，忽略了学生学习能力的培养与发展，这种方法让学生按固定程序接受已有的医学结论性知识而不能体验知识的学习过程，缺乏有效思维参与。

(2) 任务驱动教学法

任务驱动教学法是基于建构主义理论的一种教学模式。该理论认为学习不是由教师把知识简单地传递给学生，而是由学生自己主动建构知识体系的过程。其教学核心以“任务”为主线，学生为主体，教师为主导。教学中教师将教学内容巧妙地设计成一个或多个“任务”情景，学生在教师指导下对“任务”进行细致分析，明确完成“任务”需要涉及哪些知识，并找出这些知识中哪些是已学知识，哪些还未学习，经学生自己思考和教师点拨帮助，让学生通过完成一个或多个“任务”实现对所学知识的意义建构。任务驱动教学法的优点是在学习过程中，学生是学习主体，拥有学习主动权，在教师点拨和指导下边学边做，在完成“任务”的过程中学到知识，并将新旧知识进行有机整合，培养了分析问题、解决问题的能力，在学习过程中获得成就感进而增强学习积极性。

(3) 参与式教学法

参与式教学法是一种旨在促进学生学习方式变革的新型教学方式。它以学生为中心，应用多种教学手段鼓励学生积极参与教学过程，学生由传统课堂上的“接受者、旁观者”转变为“学习者、讲授者”，教师是整个学习过程中的管理者和引导者。相对于传统教学，参与式教学让学生在备课、授课中有自由思考的时间和运用自己智慧的机会，锻炼了交流、协作和应变能力，在参与中不仅要知道“讲什么”“怎么讲”，还要知道“为什么这么讲”，能充分将新知识与自己已有的知识经验进行比较、整合和应用，由消极被动的倾听者变为积极主动的探索者，使自己的主动性和创造性在不断地参与中进入了更高的境界，有效地激发了学习兴趣，提高了学习效果，较好地培养和提高了专业、文化和心理素质。

（4）案例教学法

在医学教学中，案例教学法是由教师根据教学大纲和内容要求，以典型病例为教材，将学生直接引入具体的医学实践案例中，通过师生间多方位互动研讨，引导学生积极思考，最后共同解决相关学习问题的一种教学方法。与传统教学相比，案例教学更能启发学生分析研究实际问题，能有效解决课堂理论与临床实际脱节的问题，克服传统教学模式下学生理论知识扎实而动手能力不足的缺陷，帮助学生在有限学习时间内了解和建立科学的临床思维模式，学会选择和摒弃信息，学会研究和独立思考并做出判断，从而提高面对复杂多变的临床情境时的决策能力和行动能力。

（5）角色扮演法

角色扮演法要求学生将自己暂置于他人的社会位置，并按这一位置的方式和态度行事，以增进对他人及自身角色的理解，学会更有效地履行自己的角色教学。步骤为课前教师根据教学拟定医、护、患三个角色，让学生参与某一角色，在角色扮演为学生提供一种综合学习训练，变被动学习为主动学习，并在学习过程中培养学生的创造性、自觉性和应变能力。该教学法有利于医学生体验患者在接受检查、治疗和护理时的感受，不仅有助于学生掌握相关医学知识，更从心理角度让学生体验患者的心理需要，有效克服"见病不见人"的医学学习弊端，移情于患者，对医护角色产生必要的认同和内化，缩短课堂教学与临床间的差距，为将来的临床工作做好准备。

（6）问题驱动教学法

问题驱动教学法（problem-based learning，PBL）打破学科界限，采用学生自学、导师指导小组学习，让学生独立自主地发现、分析和解决问题，变被动学习为主动学习，对培养学生终身学习、人际沟通、团队协作和批判思维能力有独特作用。该模式不是给予学生知识而是重点培养学生学习能力，通过"问题"的练习，让学生以临床讨论的形式记忆和储存新知，强调医学知识密切结合临床实际，使学生在有限的学习时间里学到一名医护人员必备的基础医学知识和技能，并形成自我终身学习的能力和理念。该教学方法较好地反映了当今医学教育的发展需要，WHO曾指出PBL是一种适于卫生保健领域的教学方法，因为PBL更能反映卫生工作者未来的工作环境，更能反映卫生服务的需要，可使学生获得和常见健康问题相关的完整知识结构，培养和锻炼解决问题的能力，学习临床推理技能，养成反思的习惯，这对培养从事社区工作的卫生保健人员极其重要。

（7）标准化病人教学法

标准化病人教学法（standardized patient，SP），是指经过专门训练的志愿者，他们在教学过程中模拟真实病人，为医学生和医务人员提供标准化、可控的临床病例。标准化病人法广泛应用于临床医学教育、护理教育、康复治疗等专业。通过模拟各种临床情境，如门诊就诊、急诊救治、病情评估等，让学生在真实环境下锻炼临床技能和沟通技巧。在国外，SP不仅用于各类医学专业学生临床技能训练和考核中，也用于医师执照考试。国内主要用于教学和考核医学生体格检查及采集病史等临床技能。

（三）“新医科”学业挑战的应对路径

“新医科”建设呼唤复合型拔尖创新医学人才，这迫切需要接受医学教育的大学生主动利用学校教学资源，适应教学模式改革带来的学业挑战，通过着重提升知识整合、复杂问题解决、学习范式转化、跨界拓展及多元学业评价体系适应等核心能力，塑造自身适配新医科需求的职业素养，直面挑战，孜孜以求，将自己锻造成为筑牢健康中国人才根基中的一分子。

1. 知识整合能力

医学涉及众多学科，知识体系庞大，知识整合能力是医学生将分散知识系统化、关联化的关键。如在基础医学课程中，解剖学、生理学、病理学等学科知识相互关联，需要我们建立起从微观细胞结构到宏观器官功能的知识链条。例如，学习心血管系统时，需将心脏的解剖结构、心肌细胞的生理功能、心血管疾病的病理变化紧密结合。在临床医学课程学习中，更要将基础医学知识与内科学、外科学等临床知识有机融合。随着医学研究的不断进展，新知识、新理论不断涌现，我们须具备持续学习和更新知识的能力，及时将前沿研究成果整合到已有知识体系中。

为提升知识整合能力，医学生可采用多种学习方法。绘制知识图谱是一种有效的方式，通过梳理各学科知识间的逻辑关系，将零散的知识点串联起来，形成可视化的知识网络。案例学习也是重要途径，通过分析实际临床案例，从病例的症状表现、诊断过程、治疗方案等环节入手，综合运用多学科知识进行分析和解决，加深对知识的理解和整合。参与小组讨论，与同学分享观点和见解，从不同角度思考问题，也有助于拓宽知识视野，促进知识的整合与应用。

2. 复杂问题解决能力

医学实践中面对的问题往往具有复杂性和不确定性，涉及多个系统和学科，要求医学生具备复杂问题解决能力，能够综合运用所学知识，通过系统分析和推理，制定合理的解决方案。

在培养复杂问题解决能力方面，临床见习和实习是重要的环节。医学生在临床环境中接触真实病例，从收集病史、体格检查、辅助检查到诊断和治疗，全程参与患者的诊疗过程，积累临床经验。在这个过程中，学会如何分析病情，识别关键信息，排除干扰因素，逐步培养临床思维能力。此外，模拟训练也能有效提升学生的问题解决能力。利用模拟人、虚拟仿真诊疗系统等工具，在模拟环境中进行诊断和治疗决策，锻炼应对复杂问题的能力。同时，我们还应注重培养批判性思维和创新能力，敢于质疑传统观点，探索新的诊断和治疗方法，以更好地解决复杂的临床问题。

3. 学习范式转化能力

随着医学教育理念的更新，学习范式从传统的以教师讲授为主，逐渐向以学生为中心的自主学习、问题导向学习（PBL）等模式转变。这种转变要求医学生主动适应新的学习方式，从被动接受知识转变为主动探索知识。

在PBL学习模式中，我们围绕特定的临床问题，自主查阅文献、分析问题、提出假设并进行验证，最终找到解决方案。这种学习方式可以培养自身的自主学习能力、信息检索能力和团队协作能力。同时为适应学习范式的转化，我们需要掌握有效的学习策略，如制定适合自己的学习计划，明确学习目标和任务，合理安排学习时间；学会利用各种学习资源，如图书馆、网络数据库、学术期刊等，获取丰富的学习资料；积极参与小组讨论和课堂互动，与同学和教师交流学习心得，分享学习经验。通过不断实践和反思，逐步提高自主学习和独立思考的能力，更好地适应新的学习范式。

4. 跨界拓展能力

医学与其他学科的交叉融合日益深入，形成了医学工程、生物信息学、医学伦理学等众多交叉学科领域。医学生具备跨界拓展能力，对于把握医学发展趋势、推动医学创新具有重要意义。

在医学工程领域，医学生需要了解医疗器械的原理、设计和应用，参与开发新型医疗设备，为临床治疗提供更先进的技术支持。在生物信息学方面，要掌握数据分析和生物信息学工具的使用，能够对基因序列、蛋白质结构等生物数据进行分析和解读，为疾病的诊断、治疗和预防提供依据。此外，医学伦理学的知识也不可或缺，医学生需要了解医学伦理原则和规范，在临床实践中正确处理医患关系、伦理困境等问题。

为提升跨界拓展能力，我们可以选修相关的交叉学科课程，系统学习其他学科的基础知识和理论。通过参加学术讲座、研讨会和科研项目，与不同学科的专家和学者交流合作，拓宽学术视野，了解学科前沿动态。积极参与社会实践活动，如医疗志愿者服务、社区健康宣传等，将医学知识与实际应用相结合，提高跨界解决问题的能力。

5. 适应多元学业评价体系

现代医学教育采用多元学业评价体系，不再单纯以考试成绩作为评价学生的唯一标准，而是将形成性评价和终结性评价相结合。形成性评价包括课堂表现、平时作业、小组讨论、实验操作等，注重学生的学习过程和能力发展；终结性评价则以期末考试、临床技能考核等为主，考查学生对知识和技能的掌握程度。

要适应多元学业评价体系，我们需要注重学习过程中的每一个环节。在课堂上积极参与讨论，主动回答问题，展示自己的学习成果和思维过程；认真完成平时作业，通过作业巩固所学知识，提高分析和解决问题的能力；在实验和临床技能操作中，严格遵守操作规程，注重细节，提高操作技能的规范性和准确性。同时，要正确对待评价结果，从评价中发现自己的优势和不足，有针对性地进行改进和提高，实现全面发展。

充满自信地迎接“新医科”学业挑战过程固然艰辛，但每一次对挑战的主动拥抱，都是医学生在为守护人类健康的职业理想筑牢根基。当我们在解剖学的人类精密构造中领悟生命的敬畏，在临床实践的复杂情境中锤炼决策能力，在科研探索的未知领域中培育创新精神，我们也正逐步实现从“学业挑战者”到“健康守护者”的蜕变。在未来的医学职业生涯中，无论是身处繁华都市的大型综合性医院，还是坚守在偏远乡村的基层医疗站点，我们必将以扎实的专业知识、卓越的临床技能和强烈的责任感，成为“新医科”的中流砥柱，用自己的实际行动诠释医学的价值，践行救死扶伤的使命，为人类的健康福祉不懈努力。

（余　亮　范君君）

第二篇
医学创新能力培养

第五章　医学创新概述

学习目标

1. 知识目标

掌握医学创新的组成、特征、类型及实质，理解医学创新的基本概念与内涵。

2. 能力目标

培养积极参与创新的心理状态，提升运用创新思维解决医学问题的意识，增强将理论转化为实践的创新实践能力。

3. 情感态度价值观目标

树立医学创新意识，深刻认识医学生在健康中国建设中的时代使命感，激发对医学创新的浓厚兴趣与持久热情，秉持严谨科学的态度和社会责任感。

本章概要

在健康中国战略与全球医疗变革背景下，医学创新成为提升医疗服务水平、实现“健康中国2030”目标的核心驱动力。国家通过《“健康中国2030”规划纲要》《国家医学中心和国家区域医疗中心建设规划》等政策明确了医学创新的战略地位。

医学创新的核心组成包括创新需要、创新思维、创新教育、创新对象和创新环境。其中，创新需要是驱动创新的心理动机，源于对现状的不满与实现价值的追求；创新思维是根本，通过跨学科融合与科学方法突破传统认知；创新教育旨在培养创新人才，变革教育模式以提升创新能力；创新对象具有生物、社会、心理多维度复杂性；创新环境包括“硬环境”与“软环境”，须辩证看待并发挥主观能动性。

医学创新的独特性在于对象的特殊性，表现为人的生物性、社会性与个体差异性，难以标准化；方法困难性指因伦理限制、依赖动物实验等间接手段，结果参考性有限；内容复杂性体现在研究范围广泛，融合生物、心理、社会多因素，医学模式向综合化演进。

医学创新复杂且系统，经过观念传播、讨论争鸣、实践检验三环节整合多元要素，突破伦理与方法瓶颈，以多学科交叉为路径，服务于人类健康需求，为健康中国战略提供关键支撑。

引子

在当前全球医疗健康领域，医学创新正以前所未有的速度和深度改变着疾病预防、诊断和治疗的模式。《"健康中国2030"规划纲要》中明确提出，要加快推进医学科技创新，以提升健康服务水平和质量。这一战略目标不仅体现了国家对医学创新的高度重视，也为我们提供了明确的行动方向和发展框架。

2022年12月21日，国家卫生健康委员会发布的《国家医学中心和国家区域医疗中心建设规划》进一步强调了医学创新在提升医疗服务体系质量中的关键作用。文件指出，要加强基础医学和临床医学的研究与应用，推动医疗技术的转化和应用，提升我国医疗水平和国际竞争力。通过鼓励医疗机构、科研单位和企业的协同创新，国家希望实现从"跟跑"到"领跑"的战略转变。与此同时，《"十四五"国家科技创新规划》也明确了医学领域的创新重点，强调要以重大疾病防治和个性化医疗为突破口，推动前沿技术的突破和应用。这些政策和规划为医学领域的科研工作者和医学生提供了宝贵的创新机遇，也提出了更高的要求。

第一节　医学创新的组成和特征

一、医学创新的组成

（一）创新需要

在医学生的培养过程中，创新意识的持续强化至关重要。当他们对目前已知的医学知识或医学技术、医学体系出现不满足感，由不满足感产生改进或突破的强烈内生需求时，我们一般称这种需求为创新需要或成就需要，根据马斯洛夫需求理论，这种需求被划归为人类最高层次的需求，即自我价值实现的需要，它在一定具象化层面展现了人类个体实现自我价值或自我目标的高层次需求，充分发挥人类作为高级生物发挥潜能、实现理想抱负的追求，就医学创新领域而言，这也是个体开展创新性行为的核心心理动力。因而，在创新过程中，需要不断强化这种内心需求，并结合创新技法的学习、实际创新的环境等，催生个体或群体创新意识。在实际操作过程中，我们将其凸显为医学创新的根本内生动力，作为创新的源泉加以巩固。在整个医学生学习和实践生涯中，我们也应当提升知识能力水平，帮助更多的人保持健康生理和心理状态，提高其生活质量，随着社会、经济的发展，人民生活水平的提高，医学生所面临的问题较之以往也将有着较大的区别，因此，广大的医学生们有必要将医学创新的理念牢固树立，以满足更高层次、更高要求的医学创新需要。

（二）创新思维

在医学领域，快速、高效地掌握现有的医学知识及技能，并能结合实际问题灵活、有效地突破现有边界，满足广大群众和社会对于健康生活的迫切需求，应当成为每一位医学生责无旁贷的时代责任。在医学创新的过程中，已经产生了许多高精尖的仪器和设备，但不得不认清的是，其核心要素依旧是医学从业者的创新思维，所有的创新活动本质上依旧是创新思维所推动的，因此如何更有效地发挥主体创新动能是所有医学教育体系的关键问题，培养什么样的医学人才、如何培养符合社会需要的医学人才，是所有医学教育工作者共同面对的本质问题，就当下的发展重点而言，整合现有的医学知识体系，对其进行深层面的综合集成，找出医文、医理、医工等不同学科专业的交叉点，找到新的学科立足点和增长点无疑是根本所在。

思维是串联理论知识与实践活动的纽带，它基于理论和规律的总结，概括现有的知识与现状，通过大胆假设和小心求证的步骤，找到新的、有探索价值的医学发展目标。在总结过往医学创新实践的过程中，发现医学创新思维具有高度的自主性和个体性，它因人、因事、因地而异，但我们也需要认识到，在普遍的个体性上，它依旧蕴含着更深层次的共同性，深刻把握个体性与共同性的统一，把握个人需求与群体需求的统一，将会成为发挥创新思维的底层土壤，同时掌握、运用合适的医学创新思维方式，将能够显著提升创新能力与创新成效，将促使创新目标更为高效地达成。

（三）创新教育

所谓“知易行难”，取得更为瞩目的成就，是每一个个体都期望达成的理想，但不得不指出的是，所有的创新意识以及创新能力并不是与生俱来的，它取决于受教育者所接受到的教育、启迪以及所处的环境影响，并逐步挖掘、悉心培养、坚持不懈并最终形成。这一系列过程的发展更为看重的是“春风化雨”，而不是“拔苗助长”，否则极易陷入“欲速则不达”的困境。

针对医学生所开展的创新教育，应当具有其普遍性与特殊性，普遍性在于需要准确把握创新教育的客观发展规律、学生的成长规律以及创造学原理、思维学原理等等教育原则，其客观性在于医学创新的主体的特殊性以及医学创新过程的特异性，综合考虑普遍性与特异性，开展综合性的培养与训练，全面提升医学生的创新意识、创新能力和创新思维。随着医学教育体制的不断推进，创新性教育所占比重也不断上升，它要求对传统的医学教育理论与模式进行创造性变革，构建适应新时代发展需求的医学人才培养体系，推动医学教育在各个层面的综合性提升。对于学科体系、教学体系、教材体系和师资体系提出了全新、更高的要求，引导广大医学生在传统的课堂教学之外，将创新思维的养成融入日常学习生活中，引导学生自主学习、自主思考，在学习与思考中熟练运用科学创新技法，鼓励医学生追求有别于已有知识的医学发现，在传承医学传统的基础上，加速实现知识见识的积累、传播与应用，为人类医学文明的持续进步提供新的发展动力。

（四）创新对象

医学创新的对象是创新主体直接面对的事实和结果，对创新主体而言是其能够开展实践的客体范畴，这些事实和结果不仅仅是物理层面，也可以是精神层面，而且有着多层次、多变化、多方面的特征。由于个体生命现象受到社会、自然、心理等多种因素的综合影响，尚未探明或难以探明的领域仍占有相当大的比例，如同一种药品可用于治疗外在表现不同的疾病，而外在表现不同的疾病却可以使用同一种药品用于治疗；同一种疾病在不同个体上，可能由于某种单一因素引发，也可能是由于多种因素相互作用引发；在相同或相似的自然或社会环境中，由于个体生理或心理的差异性，受到相同影响因素也会产生不同的影响结果。因而，在医学创新的过程中，医学生将同一创新行为应用于相同或不相同的创新对象上时，所得到的创新结果往往存在一定的差异，这是由创新对象的个体差异性所直接决定的，但为了验证创新行为的有效性，医学生需要对医学创新过程进行反复的检验与验证，最终得到可复现的医学创新结果。医学的发展最终是以成果为导向，没有成果的创新不能将其称之为创新。

（五）创新环境

医学创新的环境指的是直接或间接影响、作用于医学创新主体与医学创新对象的外部条件与环境，通常而言，我们可以将医学创新环境分为“硬环境”与“软环境”两种。制约医学创新的“硬环境”指的是由于致病因素发生改变、医药卫生领域投入不足、资源分配不合理、政府在医学领域重视程度欠缺与广大人民群众对更为健康生活的追求之间的客观缺口所导致的突出矛盾，与之相关的是医学创新的“软环境”也会受到影响，如医患关系紧张导致医学人才缺口加剧、医学队伍稳定性降低、具有较高国际影响力的医学教育、科研中心数量不足、难以独立在医学前沿开展长周期、大规模、综合性的前瞻性研究项目，与国际先进医学国家相比，我们仍存在较大的实际差距。

然而，马克思主义科学理论告诉我们必须辩证地分析与对待创新环境。良好的环境固然有利于创新，但身处良好环境中的人并非都能实现创新。相反，许多人在逆境中取得了成功。例如，徐成丽教授团队在西藏高原连续开展冰盖高原考察预选队员的生理心理动态检测，成功筛查出低氧易感的预选队员，并建立了一整套低氧易感人群医学筛查系统。这一成果为选拔合格的冰盖考察队员提供了重要的科学支撑，并系统性地探索了我国考察队员在极端环境下神经体液-内分泌-免疫网络调节、心血管功能、肺功能、昼夜节律和睡眠、情绪的变化规律及发生机制。这充分表明，医学创新的核心关键在于医学创新主体充分发挥主观能动性，以高度的紧迫感和责任心，利用有限的投入，尽可能多地产出成果，与全社会共同建立起一种高投入、长周期，但最终能获得高回报的诚信关系，从而形成良性循环。毕竟，经过40多年的改革开放和现代化建设，我国人民群众对健康的重视程度已达到新的高度，党和政府已将医药卫生事业发展作为中国特色社会主义现代化强国建设的重要组成部分。在医学卫生领域，一种全新的“基础研究-应用开发-高技术产业-基础研究”闭环发展模式正在形成，成为国家医学创新体系建立和发展的重要内涵。

任何学科领域的创新都具有其特定的共性与个性。共性体现在探索性、创新性、继承性和连续性；个性则在于不同学科领域的对象不同，尽管方法和内容可以相互借鉴，但绝不会完全相同。医学创新是人类获取生命活动新知识的基本路径，它既具有创新性，又兼具艺术性，同时还蕴含着生命科学的严肃性。

二、医学创新的特征

医学领域的创新相较于其他学科领域具有对象特殊、方法困难和内容复杂等特征。对象特殊性体现在医学研究对象的生物性、社会性和心理性；方法困难性源于伦理道德限制；内容复杂性则因研究内容广泛且深度与广度交织。

（一）对象特殊

医学创新所面对的客体是以个体或群体形式存在的人类，而这一客体所展现的复杂性在世界上无出其右，这是因为人类不仅具有普遍的生物属性，更兼具社会学属性；不仅存在外在的生理性活动，还有其个体倾向明显的心理性活动。因而，人类的医学创新研究无法通过单一的物理化学规律或生物学规律来解释，还需综合考虑个体心理因素、所处自然环境因素以及社会环境因素，这些远超其他对象的复杂性决定了医学创新客体的特性。

无论医学发展到何种高度，人类这一生命体都无法被简化为高度抽象化和理想化的研究对象。即使从目前已知最小的生命单位——细胞着手，也无法通过简单的数学推导构建出一个健康、可实现自我循环的生命系统。生命个体本质上是一种非平衡态的耗散结构体系，通过其内部的自催化和超循环机制，与外界进行不间断的能量、物质、信息输入和输出。在外界环境和个体遗传因素的双重作用下，单个个体生命内均存在涨落的随机性，从而导致个体强烈的差异性，这种强烈的差异性在许多方面均有所体现，如由于个体基因层面的差异，可以利用基因探针制作“基因指纹”，为个体身份提供目前最为权威的证明，有研究表明，相同“基因指纹”存在的概率为三百万亿分之一，远低于目前已知的其他身份识别方法，同时我们也必须认识到，正是因为强烈差异性的存在，使得医学研究不可能将研究客体归纳于标准化的理论模型，而医学生只有充分认识到个体差异性的存在，更好地理解医学研究以及医学创新的基本概念，才不至于在学习、工作中“走弯路、绕远路”。

因而，医学领域虽然也存在着一般性的规律和原理，但并不存在固定性公式，面对单独个体时，都需要根据其特性展开进一步的识别和思考，才能真正把握医学领域研究的精髓。

（二）方法困难

任何研究最终都是以研究成果为导向，医学领域的研究也不外乎如此。医学创新的成果主要用于临床医疗和保健，从而实现解除病痛、维持健康的目的，但由于上文所述医学研究的客体是人，因此对其研究方式的限制就更为严格，这种严格不仅仅体现在干预手段上，更体现在伦理道德上，这也是构成医学研究严肃性的重要部分。但不得不承认的是，这种严肃性也为医学创新研究带来了巨大的挑战，对于其他学科而言，这是难以想象的。

在很多学科研究中，研究主体往往可以直接对研究客体进行操作和处理，直接实施如拆解、粉碎、重构等各种手段，以获得研究者希望获得的各类信息，但对医学研究主体而言，这种研究方式显然是不可行的。所有的医学操作均需要建立在不损害人体健康、保障人身安全的前提下才有机会被允许开展，因而在医学创新初期，研究主体们往往只能采用间接手段，通过动物实验等获取有限信息，但考虑到动物本身不具备显著的社会性、心理性特征，其实验结果对于人体验证而言只能作为参考，不能直接等同于人体反应，这也是导致医学创新周期远长于其他领域创新的重要因素。

（三）内容复杂

所有医学实践的核心目标均是保持健康、远离疾病，同时推动疾病向健康的转变，在此基础上深度探索生命现象的内在成因以及健康、疾病相互变化的规律。所有这些研究均以人体为中心而开展，人类个体生命不仅具有单个器官系统的相对独立性，也有多系统之间的整体统一性；不仅有内在复杂的心理活动，也有面对外界环境的差异化表达。因而，医学创新研究看似较为简单，仅围绕人体展开，但其核心内涵却极为宽广，从时间宽度上，包含从呱呱坠地到生命活动停止的所有阶段；从内容广度上，包含自然环境、社会环境以及心理活动中所有可能对健康产生影响的多种因素。宽度和广度的深度交织，导致医学创新的内容变得极为庞杂，其他学科难以与其相提并论，这也导致当前许多学科知识涌入医学领域，医学领域也从较为单一的生物医学模式变为“生物-心理-社会-医学”的综合模式，甚至在向更为先进的生态医学模式发展。这种既分化又综合，以综合为主的发展路径，充分证明了这一观点。

医学创新的基本特征是对象特殊、方法困难、内容复杂，因而，医学创新的智慧在于：研究者需从自身研究的对象、方法和内容入手，深入了解研究对象，掌握科学的研究方法，并尽可能拓展研究领域。医学研究对象、方法和内容的特殊复杂性，使得医学发展的智慧挖掘过程艰难曲折。这也是医学教育学制相较于文、理、工、农学科更长，课程设置更繁杂，医学生成才年龄更大的原因。寻找一种更科学、更合理、能减少痛苦、提高生命质量的疾病治疗方法并非易事，“医道艰深”一说恰如其分。成熟的医学创新型人才不仅要具备扎实的医学理论和专业技术，积累丰富经验，还需掌握科学认识论、医学知识创新的认识方法和思维方式。否则，即使知识经验丰富，也难以有效利用，从而影响创新成功率。

第二节　医学创新的类型与实质

一、医学创新的类型

医学创新的类型有许多种，根据不同的分类的方法也会得到不同的分类结果，在此根据典型的划分方式对医学创新进行分类，方便同学们快速理解。

（一）按学科领域划分

医学创新可根据教育部公布的一级学科目录将医学划分为基础医学研究、临床医学研究、口腔医学研究、公共卫生与预防医学研究、中医学研究、中西医结合研究、特种医学研究、药学研究、中药学研究、护理学研究十大一级学科类型。每个一级学科类型又可细分为若干二级学科类型，而每个二级学科类型还可进一步划分为多个三级学科类型，每一具体学科的研究均有其独特要求。

在基础医学领域，可细分为细胞与分子生物学、遗传学、生理学等子领域。例如，研究某些细胞因子在肿瘤微环境中的作用机制，为开发新型肿瘤治疗药物提供理论支持；深入解读人类基因组，发现更多与疾病相关的基因突变和易感基因，为个性化医疗和精准医学发展奠定基础；探索新的神经递质或受体在神经调节中的作用，助力开发治疗神经退行性疾病的新方法。

在临床医学领域，可细分为诊断技术、治疗技术、手术技术等子领域。例如，正电子发射断层扫描(PET)、磁共振成像(MRI)等技术的不断改进；液体活检技术的发展，通过检测血液中的循环肿瘤细胞、循环肿瘤DNA等，实现肿瘤等疾病的早期筛查和监测；肿瘤细胞治疗技术的研发，如CAR-T细胞疗法等新技术；脑-机接口技术的研发，为神经康复和脑疾病治疗提供新手段；复杂手术技术的突破，如心脏移植、肝移植等高难度手术的成功开展和优化，提高手术成功率和患者生存率。

医学各领域的创新成果层出不穷，而医学与其他学科交叉领域的创新同样成果斐然。在生物医学工程领域，组织工程和再生医学技术的发展，通过细胞、支架材料和生长因子的有机结合，实现组织器官的再生和修复；医疗机器人技术的进步，包括手术机器人、康复机器人等，提高医疗操作的精准度和效率；新型生物材料的研发和应用，开发具有生物相容性、可降解性等特点的材料，用于医疗器械和组织工程。

在人工智能与智慧医疗领域，规范化、标准化、大规模疾病数据集的构建，为人工智能技术的应用提供数据基础；人工智能在医学影像、病理、分子特征一体化识别方面的研发及应用，提高疾病的诊断准确性和效率；人工智能技术在医疗保健与大型队列融合中的大数据风险评估，实现疾病的早期预警和个性化治疗方案的制定；基于人工智能的虚拟健康助理和智能导诊系统，提高医疗服务的便捷性和可及性。

(二) 按研究阶段划分

联合国教科文组织将医学领域的科技创新划分为三大类型：基础性探索、应用性研发及试验性开发，这一分类体系揭示了医学知识从理论发现到实践应用的完整创新链条。随着科研资源配置的日益复杂化，包括人力资源、设备投入和资金规模等方面的显著增长，精确界定不同研究阶段的具体规范显得尤为关键。这种精细化分工不仅能够明晰科研主体责任、有效规避协作冲突，更能通过优化组织管理模式显著提升科研产出效率，最终推动医学科技进步并造福人类社会。

医学创新体系中的基础研究聚焦于生命现象内在规律的系统性探索，其本质在于通过原创性科学发现拓展人类认知边界。这类研究以构建普适性理论框架为目标，如细胞生物学机制探索、核酸分子特性解析以及血流动力学原理研究等，其显著特征在于研究对象的未知性和创新成果的突破性。值得注意的是，基础研究课题往往源于临床实践的长期积累，如心血管疾病防治需求催生的血流动力学研究。作为医学科技进步的基石，基础研究不仅为技术创新提供理论支撑，更在高端医学人才培养和现代医疗卫生体系建设中发挥不可替代的作用。这类研究具有探索周期长、技术门槛高、成功率低但影响深远等特点，因此在科研管理上通常赋予研究者较大的自主空间。我国自改革开放以来，通过构建国家自然科学基金体系、实施“973计划”等重大科研项目、建设国家重点实验室网络等一系列战略举措，已逐步形成完善的学科布局和高水平研究队伍，为原创性突破奠定了坚实基础。

应用研究体现为理论向实践的转化过程，其核心特征在于明确的实用导向。这类研究通过技术创新或机制阐释来解决具体医学问题，典型案例如血吸虫病快速诊断技术研发、心肌炎精准诊疗方案优化等。相较于基础研究，应用研究具有周期相对较短、成果转化率较高的优势。二者的本质区别在于:基础研究产出理论认知,而应用研究则形成实用技术。目前,在我国医学研究体系中,应用研究占据主体地位,通过组织国家级科技攻关项目如“863计划”等,在重大疾病防治、诊疗技术创新等领域取得显著成效,有力提升了全民健康保障水平。需要特别指出的是,医学应用研究成果多以社会效益形式呈现,我国专利制度对此类诊疗方法设有特殊规定。

试验发展研究是医学创新的终端环节,致力于将科研成果转化为实际医疗产品。该领域涵盖新药创制、医用材料开发、诊断设备升级等多个维度,其突出特点是具有明确的质量标准和可量化的效益指标。通过中间试验和工业化试产等关键步骤,有效弥合了实验室成果与临床应用之间的鸿沟。在市场经济环境下,我国通过完善科技成果转化机制,激励科研人员将创新成果推向市场,实现了科研价值与社会效益的良性互动。

三类研究构成动态循环的创新链条:基础研究发现规律、应用研究转化技术、试验发展实现产品化,而实践反馈又能催生新的基础研究课题。例如药物新适应证的发现往往引发作用机制的深入研究,寄生虫基础生物学研究可能导向防治技术开发。需要说明的是,这种分类体系主要服务于科研管理需要,在实际研究中往往存在交叉融合。准确把握研究类型定位,对于科研项目申报和资源获取具有重要战略意义。

(三)按研究方式和场所划分

医学研究根据其方法论和实施场景的差异,可系统划分为临床研究、实验研究以及调查研究三大类别,各类别在研究客体、实施环境、方法论特征及操作规范等方面均呈现出显著差异性。

临床研究以病患群体为核心研究对象,主要在医疗实践场所(包括住院病房和门诊诊疗区域)展开,聚焦于疾病诊治方案的优化与创新。此类研究致力于提高对疾病发病机制、诊断标准、治疗效能及预后转归的认知水平。其首要伦理准则在于确保所有医疗干预措施均以保障患者权益为前提,避免对受试者造成身心损害。鉴于人体生理特征的高度异质性及临床环境变量的复杂性,此类研究的数据精确性往往受到一定限制。若在研究设计中未能贯彻随机分组原则或缺乏合理的对照设置,研究结论的科学性将面临挑战。基于医疗安全与伦理考量,临床研究多采用回顾性队列分析、病例对照研究等观察性方法,这些研究设计通过逆向推导因果关系,虽然具有研究周期短、成本效益高的优势,但证据等级相对有限。当新型诊疗技术(包括创新药物、医疗器械及外科术式)进入人体应用阶段时,相应的研究即转化为临床试验。这类研究作为实验室基础研究向临床应用转化的关键环节,必须在完成临床前安全性验证后,方可在目标人群中实施。根据研究目标差异,受试对象既可以是患者群体(治疗性研究),也可以是健康人群(预防性研究)。某些综合性医学课题往往需要整合实验室研究与临床试验的双重优势。

实验研究的特征在于通过精确控制实验条件,对研究对象进行系统性观测与分析。其实施场所主要为标准化实验室,核心方法要求通过技术手段消除混杂变量的干扰,从而确保研究数据的可靠性与可重复性。该研究类型的突出优势体现在:可充分利用专业仪器、实验动物、生化试剂等科研资源;可预先进行精细化设计的研究方案;可实现精准调控的实验参数;允许进行多轮重复验证与对比分析;研究过程具有较高的操作自由度。典型代表包括创新药物合成与临床前评价、疾病动物模型构建、体外细胞实验等基础医学研究领域。

调查研究(亦称横断面研究或现况研究)采用描述性流行病学方法,旨在特定时间截面上揭示目标人群中疾病分布特征或卫生服务现状及其相关影响因素。研究场域通常设定为具有代表性的社区或特定地理区域。其方法特色在于完全遵循自然观察原则,通过系统性数据采集而非人为干预来获取研究资料。研究对象不仅涵盖人群健康指标,还包括环境因素、食品卫生状况以及病媒生物等多元要素。此类研究具有明确的计划性与主动性特征,可通过标准化调查工具与规范化实施流程获取研究数据。典型案例包括:区域性特定疾病患病率调查、疾病谱时空演变趋势分析、人群生理生化指标相关性研究、疾病危险因素筛查以及医疗卫生资源配置评估等。调查研究的终极目标在于全面把握研究对象的本质特征及其内在规律,进而为制定科学的公共卫生政策提供依据,如"安徽省糖尿病流行病学特征分析""住院患者跌倒风险因素研究"等均属此类研究的典型范式。

(四)按活动时序划分

根据研究设计的时间维度,医学创新可分为回顾性与前瞻性两大研究范式。前者以现存现象为切入点,采用逆向推理的方式探究其发展历程,本质上是一种"由果溯因"的分析方法。在此类研究中,样本筛选依据的是研究对象在历史特定时点的特征或暴露状态,随后通过系统梳理档案资料,完整还原从该时点到研究终点期间各样本的演变轨迹。以"2014—2024年感染性角膜炎角膜移植手术适应证演变及术式革新研究"为例,虽然其研究设计类似于以某个时点为起点进行的前瞻性追踪,但实际执行过程是对既往医疗记录的横断面分析。这类研究的特点是所有暴露因素和结局事件均已确定,核心任务在于揭示其内在关联机制。

相较而言,前瞻性研究采用动态追踪策略,着重捕捉研究过程中新出现的各类影响因素。其研究流程包括:首先确定研究队列和方案设计,系统收录所有潜在变量;继而实施纵向监测与定期评估;最终在预设时间节点分析各因素对结局指标的贡献度。此类研究特别强调纳入所有符合入选标准的样本数据,而非选择性记录有利结果。通过多因素回归分析等统计方法,可筛选出具有显著预测价值的核心变量作为深入研究靶点。前瞻性研究的优势在于能够动态把握研究对象的发展规律,深入挖掘其潜在特征。在科技快速迭代的当代,前瞻性识别具有研究价值的对象尤为重要。科研人员通过持续监测研究对象的变化趋势,不仅能构建新的理论框架,更能推动临床实践革新。诸如"发泡疗法调节膝骨关节炎患者血清P物质水平的机制研究""侧脑室引流术对蛛网膜下腔出血介入治疗后并发症的预防价值评估"等典型范例,不仅拓展了临床诊疗思路,更为相关领域的深入研究提供了重要参考依据。

(五)按研究范畴的外延划分

从研究范畴的维度来看,医学创新可划分为分析型与综合型两大研究范式。分析型研究以假设验证为核心特征,其典型代表包括病例对照研究和队列研究两大方法学体系。值得注意的是,队列研究根据时间维度的差异又可细分为前瞻性追踪和回顾性分析两种模式。这类研究不仅能有效验证科学假说,更可能催生新的研究假设,形成知识发现的良性循环。在方法学层面,分析型研究着重考察变量间的依存关系,如特定暴露因素与疾病发生之间的统计学关联，但这种关联需要进一步论证其因果性。

以吸烟与肺癌的病例对照研究为例，研究者通过系统比较肺癌患者群体（病例组）与健康对照人群在吸烟行为特征（如吸烟史、起始年龄、持续时间和日均吸烟量等）上的差异，从而评估两者间可能存在的因果关系。而队列研究作为流行病学的重要工具，其研究对象选取标准为研究起始时未患目标疾病的人群。研究者依据暴露水平将人群分层，通过长期追踪观察各组别的疾病发生率差异，当暴露组表现出显著升高的发病率时，可初步建立暴露因素与疾病的关联假设。

综合型研究则代表了更高级的研究形态，它整合多维度数据、采用混合研究方法，对复杂医学问题进行全面解析。在新药疗效评估中，研究者不仅运用传统的对照试验和队列分析，还整合实验室检测数据形成证据链。同理，在护理质量研究中，既采用定量问卷调查和行为观察，又结合质性访谈和历史数据分析，为人力资源管理决策提供多维证据支持。

从认识论视角，医学研究可分为现象描述型和机制阐释型；按方法论可分为经验实证型和理论推演型；按创新维度则包含探索型和发展型。随着学科交叉融合的深入，还涌现出交叉学科研究、边界学科研究等新型范式。需要强调的是，各类医学研究的终极目标殊途同归：或是通过现象观察积累经验认知，或是透过本质探究构建理论体系。

二、医学创新的实质

医学创新的核心在于从现象描述中提炼经验性认知，并通过本质探索构建系统性理论。这一创新过程要求研究者具备三方面能力：充分的事实积累、扎实的理论功底以及严谨的逻辑分析能力，最终实现从感性认识到理性认识的升华。医学实践领域呈现出三位一体的专业架构——教育实践、临床服务和科学研究分别对应着知识传播、知识转化和知识生产的核心职能。值得注意的是，这种专业分工并非绝对割裂：科研人员在进行知识创造的同时，也通过指导学生、发表论著等方式参与知识传播；教育工作者为保持教学内容的前沿性，必须持续开展科研探索；临床医师在应用医学知识的过程中，通过持续实践不断催生新的诊疗技术和方法创新。

临床实践在医学创新链条中具有特殊价值。大量具有突破性的医学发现最初都源于临床观察，例如新型病症的识别、意外疗效的发现等。这些来自一线的实践经验经过系统研究后，往往能发展成为重要的诊疗技术。临床医师之所以能成为医学创新的重要源泉，缘于其独特的职业优势：持续的病例接触提供了丰富的观察样本，实时的诊疗过程创造了宝贵的验证机会。正如生理学家巴甫洛夫强调的，详实的实证资料是科研工作的基石——“事实如同科学家的氧气，缺乏事实支撑的理论构想难以展翅高飞”。医学创新的质量直接取决于研究者占有临床资料的广度和分析的深度，这要求创新主体既要具备扎实的临床功底，又要掌握科学的研究方法。

（一）描述现象的经验知识

医学知识作为人类长期医疗实践的智慧结晶，其内涵既涵盖直观的经验性认知，又包含系统的理论性知识。这两种知识形态分别通过临床实践和科学研究的途径获得，在认识论层面具有显著差异，却始终保持着辩证统一的关系，共同构建起完整的医学认知体系。医学科研作为一种特殊的认知活动，其本质在于将临床观察获得的感性材料通过理性思维的加工处理，实现从现象认识到本质把握的认知飞跃。

医学科学具有鲜明的实证特征，任何类型的研究都必须建立在可观察、可验证的临床事实基础之上。在特定研究情境下，临床经验所赋予的直觉判断往往比形式逻辑的推演更具价值。通过对诊疗实践和实验数据的系统性记录与整理，研究者得以形成具有实证支撑的经验性知识。值得注意的是，现代医学科研中的经验描述已经实现了质的飞跃，从最初简单的定性分析逐步发展为精确的量化表征，这一演变过程充分体现了医学研究方法的进步与完善。

1. 定性描述

定性描述(qualitative)指对研究对象特征的界定与分析，包括其具备或不具备的特定属性。以生命识别现象为例，在生物大分子层面，生命的基本特征包括自我复制能力、自我与非自我的区分机制、主动选择代谢所需物质与能量的能力，以及对环境信息的判别功能。这些过程均依赖于高度精确的分子识别机制。生命识别可分为四个层次：生物大分子、细胞、器官及整体，各层次均具备独特的识别特征。其中，生物大分子识别是最基础的层级，为其他层次的识别活动奠定基础。

作为生命功能的主要载体，核酸与蛋白质具有特定的空间构象及信息传递机制。核酸通过碱基互补配对实现自我复制与遗传信息传递，例如tRNA通过反密码子识别mRNA密码子，确保氨基酸的精确定位；逆转录病毒则依赖逆转录酶将RNA信息逆向整合至宿主DNA。蛋白质则通过构象特异性实现分子识别，如酶与底物、受体与配体、抗体与抗原间的相互作用，其识别精度可达分子级别，这种高度专一的结合模式常被类比为“锁钥关系”。需强调的是，此类识别行为需在生命系统的整体框架下发挥作用，而非孤立存在。

传统医学科研长期依赖定性描述积累经验知识。20世纪后期，科学仪器的革新推动了生命认知的深度与广度拓展，从宏观生态到微观结构，多层次揭示了生命与疾病的复杂机制。例如，通过空间尺度的缩放(如天文摄影压缩宇宙影像、显微镜放大微生物结构)，或时间维度的凝缩与延展(如高速摄影捕捉瞬态现象、化石分析追溯亿年进化)，研究者突破了人类感官的生理局限，使不可观测对象转化为可量化分析的数据。这一技术进步促使医学研究从仅通过输入输出推演内部机制的“黑箱”模式，逐步发展为可部分直接观测的“灰箱”模式，甚至趋向完全透明的“白箱”分析。

生命与疾病本质上是质与量的统一体。正常人体的形态结构、生化代谢、生理功能等参数均存在明确的定量范围，而疾病往往表现为这些阈值的异常突破。现代医学的定量化趋势深化了对此类规律的认识，例如病理改变的量变可反映疾病的质变特征。随着数学方法的引入，医学描述从纯定性逐步转向定性与定量结合，显著提升了经验知识的精确性，为揭示生命本质提供了科学依据。可以说，定量化是医学迈向精密科学的必经之路，缺乏这一维度，医学将难以实现真正的科学化发展。

2. 定量描述

定量描述(quantitative)指运用数学原理、技术手段及运算规则，对生命现象的数量特征和结构规律进行系统解析，旨在构建能够揭示生命本质特征的数学模型体系。在研究生命系统的组织架构和动态过程时，尽管未必涉及高深数学理论，但数学建模始终是解析生物结构、阐释生命现象的基础性工作，对医学生命科学的认知发展具有奠基性作用。各类生物模型的构建路径虽有差异，但数学方法始终是其核心支撑。数学模拟作为模型构建的关键技术，其本质在于发现研究对象与模型之间的数学同构性。现代计算机技术的迅猛发展，为数学模拟提供了前所未有的实现平台。相较于物理模拟，数学模拟具有显著优势：突破实体材料的局限，克服时空约束，支持多参数动态调整，充分体现研究者的主观能动性。典型案例显示，通过计算机对血压调控系统进行大规模仿真，其输出参数与动物实验数据高度吻合，验证了该方法的可靠性。生物系统的数学模拟主要分为线性系统与非线性系统两大方法论体系，前者技术较为完善，后者则更能反映生命系统的本质特征。绝大多数生物系统属于复杂的非线性体系，其特征表现为：多级调控网络、多重反馈回路、多元变量协同，具有成对感知机制、双因子互控特性，以及通过多通路中介实现的适应性调节功能。基于数学方法的生物控制论已成功应用于各层次生命系统的机制研究：在分子层面，细胞内生物合成反馈调控的模拟取得突破；在器官层面，视觉形成机制与神经信号传导的建模展现出强大解释力。针对生命自组织现象的研究，除传统感知机模型外，联想机、学习矩阵等新型自组织系统为模拟认知功能（如记忆存储、联想学习、模式识别等）开辟了新途径。虽然神经系统尤其是大脑的数学建模面临巨大挑战，但已有成果令人鼓舞——视觉神经环路数学模型的成功建立，为揭示大脑奥秘提供了重要突破口。

数学工具在抽象模型构建中不可或缺，在形象模型建立过程中同样发挥关键作用。以DNA双螺旋模型为例，其构建需要精确测算多项参数：原子空间坐标、化学键空间取向、主链三维构象、磷酸糖骨架拓扑结构、双链间距、螺旋周期参数、碱基平面夹角等。该模型的创立者曾委托数学家进行碱基亲和力计算，证实A-T、G-C的特异性结合规律，这一数学预测与实验数据共同奠定了碱基互补原则的理论基础。优秀模型本质上是抽象思维与具象思维的辩证统一，其中定量分析是模型构建的首要环节。即便是相对定性的细胞膜流动镶嵌模型，仍需大量结构参数支撑：膜厚度估值、磷脂分子排列密度、膜蛋白分布概率、极性键水合能等。模型通过符号系统和空间构型揭示本质规律，这些表达要素的关联构建必须依赖数学方法。形象模型的直观性和解释力正源于其严密的数学基础，唯有如此，模型才能具备科学预测和理论验证功能，真正推动医学理论创新。生命现象的研究从定性认识到定量分析的演进，本质上是经验认知与理论思维深度融合的过程。经验数据为理论构建提供素材，理论体系则使经验知识系统化、规范化，二者形成良性循环：经验积累促进理论深化，理论完善又指导经验观察，有效避免研究中的机械论和片面性错误，显著提高科研成功率。

医学创新实践始终贯穿着经验认知与理论思维的交互作用。不同学术背景的研究者对同一现象往往产生差异化认知：初学者的观察可能仅停留在形态学层面（如医学生仅能识别X线片中的基础解剖结构），而资深专家则能解读深层病理信息（如放射科医师可鉴别肿瘤特征、判断感染分期等）。需要强调的是，这种“观察”绝非简单的视觉接收，而是知识体系指导下的认知重构：专业素养越深厚，信息提取能力越强。然而，认知的主观性绝不意味着观察的随意性，若认为生命现象可以任意解读，则陷入了认识论的误区。所有经验认知都必须以客观生命体征为依据，例如肺结核的影像学诊断：专业差异可能导致对继发病变的识别深度不同，但绝不可能在健康影像中虚构病理特征。这种认知的客观基础保障了医学描述的可靠性。

生命现象的经验描述必然依托专业术语体系。脱离学科术语的观察记录将失去科学价值，而每个术语的内涵都由其所属的理论框架所界定。临床实践中，西医诊断采用病理生理学术语，中医辨证则运用藏象学说术语，这种术语选择本质上反映了不同理论范式对同一现象的解释体系。因此，经验描述的深度和广度始终受研究者理论储备的制约，这正是医学认知活动的基本规律。

（二）阐明本质的理论知识

对生命现象的经验性描述存在明显的认知局限：这类方法虽然能够记录生命活动的表面特征，但其认知深度仅限于现象层面的观察，既难以把握生命的本质规律，也无法阐明不同生命过程之间的内在因果机制。换句话说，这种认知方式仅实现了“现象描述”的初级目标，而未能达成“机理阐释”的深层理解。在科学探索中，研究者往往不会止步于对经验事实的简单记录，而是致力于构建理论框架来解释这些现象背后的成因，并预测其演化规律。

理论认知作为揭示生命本质的核心途径，其形成依赖于对生命现象的抽象提炼与系统整合，是通过理性思维和逻辑推理获得的高级知识形态。这种认知活动代表着对生命现象深层次的理论反思，属于人类认识活动的高级阶段。值得注意的是，理论认知与经验描述往往相互促进、彼此融合，最终推动经验观察上升为系统理论。在医学创新领域，理论构建的首要依据是医学基础理论体系，而这一体系的理论根基则在于基本概念。

医学概念构成了创新思维的基本要素，既是科研活动中逻辑判断的前提，也是理论推演的起点。因此，医学概念的演进不仅直接塑造研究者的思维方式，更成为衡量学科成熟度的重要指标。一个富有生命力的核心概念的确立，常常能为学科发展注入强大动力，甚至可能孕育出全新的学科分支。判断一个新概念的科学性与有效性，主要取决于其是否具备以下关键特征。

1. 对于经验知识的先行性

科学概念的起源虽然植根于经验知识，但其发展过程往往表现出显著的先验性和引导性特征。这种先导作用主要体现在科学认知的两种典型模式上。

科学概念的形成往往呈现“概念先行-实验验证-理论完善”的演进路径。当一个基础性科学概念被首次提出时，其理论内涵通常处于相对模糊的状态。然而正是这种未充分定义的概念框架，为后续的实证研究提供了明确的探索方向。以细胞膜研究为例，“细胞膜”这一概念早在19世纪就已确立，但其微观结构的认知经历了漫长的演进过程：1925年，研究者首次证实其由双层脂类分子构成；1935年提出“蛋白质-脂质-蛋白质”的三明治结构假说；到20世纪50年代电子显微镜观测催生了“单位膜”理论；直至1972年才建立目前公认的“流动镶嵌模型”，该模型揭示了膜蛋白在脂质双分子层中的动态分布特征。这一典型案例充分说明，科学概念的提出仅仅是认知过程的起点，其理论价值在于指引实验方向，并通过持续的实验发现不断丰富自身内涵。

科学概念的先导性还体现在其可以通过逻辑演绎先于经验事实而存在。在这种认知模式下，研究者基于现有理论体系的完整性需求，通过合理的逻辑推演预先构建理论概念，再通过实验手段寻找对应的经验证据。这种“理论预设-实验验证”的认知路径构成了科学概念形成的重要机制。生命科学领域的诸多基础概念，如“受体”“溶酶体”“核孔复合体”“微循环的动静脉短路”“语言中枢的神经机制”“内啡肽”以及“信使RNA”等，都是通过这种方式确立的。以“造血干细胞”概念为例，当研究者发现红细胞存在持续更新现象，并确认其来源于成红细胞后，自然推导出成红细胞必定存在更原始的祖细胞。尽管初期缺乏直接的形态学证据，但基于理论自洽性的要求，科学家仍假设了“造血干细胞”的存在，最终通过系统的实验研究证实了这一理论预见。

2. 具有广阔的覆盖率

一个真正具有持久生命力的科学概念，其核心特征在于拥有广阔的包容性和适应性。这类概念往往属于高层次的理论范畴，不仅能够对已知的同类现象进行系统归纳，更重要的是具备解释例外情况的弹性机制。这种包容性不仅表现在对现有现象的统合能力上，更深层的价值在于其本质属性具有强大的理论延展性，能够随着科学发现的推进而不断调整和扩充，将新出现的实证观察纳入其理论框架之中。

以“激素”这一生物学概念的发展历程为例，在概念形成的最初阶段，研究者对激素的分子结构和作用机制认识十分有限，仅能确认少数几种典型激素的存在。然而，正是基于这些早期发现归纳出的基本特征，为后续发现的各类激素提供了统一的判断标准。随着分子生物学技术的突破性进展，科学家们逐渐认识到，不仅传统的内分泌腺体能够分泌激素，许多原本不被认为具有内分泌功能的器官同样可以产生激素样物质——比如心脏分泌的心钠素就是这一扩展过程的典型例证。这一演变过程生动展示了科学概念的动态发展特征：其外延边界会随着研究深入而持续拓展。

细胞核及相关细胞器的概念演变同样印证了这一规律。虽然从静态观察的角度看，确实存在缺乏细胞核或某些细胞器的特殊细胞类型（如哺乳动物的成熟红细胞），但从细胞进化的历史维度分析，这些无核细胞实际上是由具有完整细胞结构的祖细胞演化而来的特化形态。这类细胞通常丧失了自主增殖能力，其更新补充必须依赖其他有核细胞的分裂和分化。细胞核的缺失实际上是细胞功能高度专一化过程中的适应性改变。这一案例深刻说明，一个基础科学概念能否保持长久的解释力，关键在于其是否具备足够的理论包容度。那些仅能解释特定现象的狭义概念往往难以持续发展；相反，只有那些能够揭示不同现象背后共同本质的广义概念，才能真正经得起科学实践的长期检验，展现出持久的学术生命力。

3. 成为新的增长点

一个真正具有生命力的核心科学概念应当具备双重特征：既要能够广泛涵盖该领域的关键现象，又要成为推动学科发展的新生长点。这种生长点不仅代表着学科演进的前沿方向，更能通过其内在的理论张力持续引导研究路径的拓展，从而奠定其作为领域理论基石的学术地位。唯有如此，这样的概念才能持续催生关键科学问题，明确研究路径，提供方法论支撑，最终发挥类似“科学研究纲领”的指导作用。

以分子生物学史上的里程碑——DNA双螺旋结构模型的建立为例，这一突破性理论框架迅速成为遗传学研究的核心生长点。在该模型的启发下，科学家们系统性地提出了一系列奠基性问题：遗传物质的精确复制机制、三联体密码的化学本质、遗传信息到蛋白质产物的翻译过程、基因突变的分子基础、基因表达的调控网络，以及基因操作的技术可行性等。这一模型不仅为这些问题提供了理论框架，更通过其结构特征暗示了可能的解决路径（如半保留复制的可能机制)，并随着研究的深入不断衍生出新的科学问题(如表观遗传修饰)。这种具有纲领性特质的核心概念，其强大生命力在于精准把握了研究对象的本质属性，将分散的研究焦点凝聚到关键科学问题上，使科研探索从"盲目搜寻"转变为"定向挖掘"。

免疫学领域的"抗体"概念同样展现了这种理论生命力。保罗·埃尔利希在免疫学萌芽期提出的这一概念，最初仅描述血清中具有特异结合能力的物质。随着电泳技术的发展，蒂塞利乌斯和卡巴特在1939年证实抗体主要存在于γ球蛋白组分，实现了从现象描述到物质实体的跨越。1959年波特通过开创性的酶解法揭示IgG分子的四链结构，20世纪60年代埃德尔曼团队则借助新兴的蛋白质测序技术解析了免疫球蛋白的完整立体结构——这些突破既得益于技术进步，又反过来推动着抗体研究从宏观效应深入到分子机制层面，最终形成"抗原-抗体精确互补"的理论范式。

作为学科生长点的核心概念还必须具备动态演进能力，与科学技术发展形成协同进化关系。这种互促效应表现为：技术突破为概念内涵注入新内容，而概念更新又为技术创新提供理论指引。mRNA概念的演变完美诠释了这一规律：早期将其简单定义为"携带遗传信息的线性模板"，随着剪接机制的发现，人们认识到其包含外显子/内含子的复杂结构；当发现5′端帽结构和3′端多聚腺苷酸尾的修饰现象后，又深化了对mRNA稳定性调控的理解。这些认知飞跃催生了一系列新问题：内含子在进化中的保守性意义、非编码区段的调控功能等，进而推动核酸酶保护实验、深度测序等新技术的发展，形成"概念革新→技术突破→再认知"的良性循环，共同构成推动生命科学发展的双引擎。

4. 可观察可检验

在科学研究的语境下，一个具有学术价值的基础概念必须满足两个核心特征：可观测性与可验证性。这种双重属性构成了科学概念的本质特征。具体而言，科学概念必须能够被转化为可供实证研究的命题形式，否则其学术价值将大打折扣。当某个概念无法转化为可观测的命题时，它就丧失了科学研究的可能性；同样，若命题缺乏可验证性，则只能停留在理论假设层面，难以进入实证科学的研究范畴。正是基于此，医学生命科学领域面临着一个关键性课题：如何确保基础概念在演进过程中持续具备可观测和可验证的特质。

要实现这一目标，研究者必须系统性地获取原始数据，并进行严谨的分析处理。这往往需要设计并执行规模庞大或周期较长的研究方案，包括但不限于：流行病学调查、重复性实验、大样本随机对照试验(RCT)、交叉对照研究等。以临床新疗法评估为例，大样本随机对照试验被公认为金标准。20世纪关于冠状动脉搭桥术疗效的著名研究就印证了这一点：某国际心脏病研究中心对780例中度冠心病患者(含稳定型心绞痛和心肌梗死后无症状患者)进行随机分组，经过为期5年的追踪观察发现，手术组与药物组的死亡率(5% vs 8%)和Q波心肌梗死发生率(11% vs 14%)均无统计学差异($P>0.05$)。这项发表于1984年《新英格兰医学杂志》的里程碑式研究，为临床决策提供了重要依据，使医学界对该手术的认知趋于理性。

科学概念的演进往往呈现动态发展的特征。随着研究数据的积累和验证方法的完善，概念内涵会不断深化和拓展。以"原子"概念为例，其定义就经历了从德谟克利特到量子力学的革命性变迁。同样，世界卫生组织基于大量实证研究，将"健康"的定义从简单的"无病状态"拓展为包含10个维度的综合评价体系，涉及生理机能、心理状态、社会适应等多个层面。这种概念的演进不仅反映了认知的深化，更体现了科学研究的进步。

从概念到命题的转化过程，本质上是一个科学验证的循环：提出假设→实证检验→修正理论。在现代医学日益跨学科化的背景下，这一过程融合了自然科学、社会科学乃至认知科学的多元方法论。特别是辩证思维和科学研究方法，已成为医学理论体系的重要组成部分。传统研究方法如分析综合法、归纳演绎法，与现代的循证医学、系统生物学等方法相互补充，共同推动着医学知识的创新与发展。这种多学科方法论的交叉融合，不仅丰富了医学研究的工具箱，更从根本上拓展了医学理论的深度和广度。

第三节　医学创新的基础

唯物辩证法作为现代医学创新的重要理论支撑，其方法论体系包含三个关键维度：普遍联系的系统性思维、变化发展的动态认知以及矛盾分析的核心方法。这些辩证思维工具不仅构建了医学研究的科学认知框架，更从本质上揭示了医学创新的内在机理。具体而言，普遍联系的观点帮助研究者建立多学科交叉的研究范式，变化发展的视角指导创新过程的动态调整，而矛盾分析方法则能精准识别并解决医学发展中的关键瓶颈问题。这种系统化的方法论不仅深化了我们对医学创新规律的理解，更为突破性医学发现提供了科学的思维路径。

一、普遍联系：医学创新的钥匙

普遍联系的观点揭示了医学与其他学科间存在深刻的交叉渗透关系，这种跨学科特性构成了创新思维培育的沃土。唯物辩证法从哲学高度阐释了世界的普遍联系性，指出客观世界是由无数相互关联的要素构成的动态统一体，其中既包含表现形式的无限多样性，又蕴含着内在规律的高度统一性。这一哲学原理在生命科学领域获得生动印证：从宏观上看，地球生态系统中存在着超过870万种已鉴定的生物物种，其形态结构和生存策略千差万别；但从微观层面分析，所有生命体都遵循着相同的分子生物学规律。最具代表性的是遗传密码的普适性——除极少数古细菌存在密码子使用偏好外，从最简单的原核生物到最高等的人类，都共享着同一套由64个密码子构成的遗传信息系统。这种分子层面的高度保守性不仅解释了生命起源的统一性，更直接催生了现代基因工程技术，使得人类能够实现跨物种的基因操作，进而推动生物制药产业的革命性发展。再以能量代谢为例，尽管动植物采用截然不同的能量获取方式（前者依赖线粒体的氧化磷酸化，后者依靠叶绿体的光合作用），但二者最终都通过高度相似的电子传递链和ATP合酶机制完成能量转换，这种趋同进化现象充分体现了生命本质的统一性。正是基于对生命现象多样性与本质统一性的辩证认识，现代医学科研人员需要建立双重研究视角：既要关注特定生命现象的特殊表现，又要探索其背后的共性规律。这种研究范式的转变直接促成了分子生物学的蓬勃发展，进而彻底重构了生命科学的研究版图，其影响已渗透到疾病诊疗、农业生产和生态保护等众多领域。

当代医学创新对从业者提出了更严苛的复合型能力要求:一方面需要构建横跨自然科学与人文科学的广谱知识体系,另一方面要培养多学科知识融会贯通的创新能力。唯物辩证法的普遍联系原理在此发挥着方法论枢纽的作用,为学科交叉创新提供了哲学依据。具体到医学实践,这种联系性体现为"生物-心理-社会"医学模式的建立,要求研究者既要解析疾病的分子机制,又要考察心理因素和社会环境对健康的影响传导路径。因此,现代医学教育必须培养既精通分子病理学,又掌握基础心理学、医疗社会学等交叉知识的复合型人才。

当前医学学科发展呈现出鲜明的"双向分化-整合"特征:纵向分化表现为研究尺度向纳米级深入,催生了分子病理学、表观遗传学等微观学科;横向整合则推动医学与其他学科产生深度交融。在自然科学领域,生物物理学、化学生物学等交叉学科破解了许多疾病的发生机制;在人文社科领域,医学人类学、健康传播学等新兴学科正在重塑医疗实践的人文维度。这种学科交融在面对复杂疾病(如多基因遗传病、心身疾病)时显得尤为重要,因为这些疾病的发生发展往往涉及多系统、多层次的网络化调控机制。统计显示,现代医学院校的课程数量较二十年前增加了近三倍,这种课程体系的扩容正是应对医学复杂性本质的必然选择。

从辩证唯物主义视角看,普遍联系不仅存在于生物分子层面,更贯穿于医疗实践的各个环节。以临床诊断为例,优秀的诊疗思维必须建立在对器官系统关联网络的深刻理解之上:心血管功能异常可能源于肾脏病变,神经系统症状或许由代谢紊乱引发。这种整体观在医患互动中同样关键——来自不同文化背景的患者对疾病的认知存在显著差异。研究显示,在相同治疗方案下,医患文化认同度高的群体疗效提升达30%,这凸显了医学人文素养的临床价值。因此,现代医生既要精通循证医学,又要掌握医疗人类学、跨文化沟通等软技能。

唯物辩证法在强调专业分工的同时,更注重学科协同产生的系统涌现效应。医学理论创新本质上是一种复杂性创造活动,其边界具有模糊性和开放性特征。以人类基因组计划为例,这项世纪工程不仅整合了基因组学、生物信息学等数十个学科,更催生了伦理基因组学、基因法学等新兴交叉领域。值得注意的是,该计划产生的数据量每年增长40EB,这种大数据特征使得云计算和人工智能成为不可或缺的研究工具。历史表明,那些取得突破性成果的医学大家,往往兼具深厚的专业造诣和广博的跨界视野。他们通常具备三大特征:敏锐的学科交叉洞察力、高效的团队协作能力,以及将基础发现转化为临床应用的创新能力。这种复合型人才正是推动医学范式变革的核心力量。

二、变化发展:提高创造能力的杠杆

唯物辩证法深刻揭示,自然界、人类社会及思维活动均遵循动态发展的客观规律。医学科学作为人类认识生命现象的重要领域,其发展轨迹同样呈现螺旋式上升的特征。任何医学理论都不应被视为终极真理,而应理解为特定历史条件下的阶段性认知成果。以激素研究为例,传统观点认为激素是高等生物特有的调节物质,但现代分子生物学证实,单细胞酵母亦存在类激素信号系统;胰岛素的研究更颠覆了传统认知——这种曾被认定为哺乳动物胰腺专属的代谢调节因子,现已被证实广泛存在于低等生物体内,且具有促进细胞增殖等多重生物学功能。这些突破性发现暗示,胰岛素调控系统的进化起源可能追溯至生命演化的早期阶段。

医学知识体系的创新必须建立在历史分析、现状把握与未来预测的三维框架之上。这种动态认知观要求科研人员不仅准确描述研究对象的历史演变规律和当前特征,更要基于严谨的科学依据预测其发展趋势。例如,在外科技术革新过程中,生物黏合剂的临床应用确实部分替代了传统缝合技术,但在创伤修复领域,缝合术仍保持不可替代的地位——尤其在处理大面积创面或医疗资源匮乏地区时。这启示我们,医学技术进步并非简单的替代关系,而是呈现技术共存的多元化发展态势。当代医学科研工作者既需精通经典技术,更要致力于技术创新,以应对复杂多变的临床需求。

医学发展的永续性特征对从业者提出了终身学习的内在要求。以疫苗研发为例,虽然血源型乙肝疫苗的成功研制曾是传染病防控的重要里程碑,但科研人员并未止步于此,而是持续攻关基因工程疫苗,以彻底规避血源制品潜在的安全风险。同样值得关注的是,我国正在推进的血吸虫病疫苗研究即便取得突破,仍需后续的迭代优化。这些案例生动诠释了医学工作者必须具备的两种核心品质:在学术成就面前的谦逊态度和在科研探索中的进取精神。面对浩瀚未知的医学领域,新一代研究者更需要保持“知不足而后进”的治学态度。

当代医学创新呈现出鲜明的辩证特征:既要突破理论局限,又要尊重知识传承。这种双重属性源于医学理论固有的滞后性——从实验室发现到教材体系更新往往存在数年时差,导致理论指导与实践需求产生时空错位。但需要强调的是,突破理论束缚绝不等于否定历史经验。以医学模式的演进为例,现代生物-心理-社会-生态医学模式并非对传统生物医学模式的简单否定,而是在扬弃基础上的创新发展。这种继承与创新的辩证关系提示我们:真正的医学突破往往发生在“站在巨人肩膀上”与“打破思维枷锁”的辩证统一之中。优秀的医学工作者既要有扎实的理论根基,更要培养从临床实践中提炼科学问题的能力,这种“理论-实践-再理论”的循环上升过程,正是医学知识创新的本质规律。

三、矛盾分析:解决问题的根本方法

矛盾分析法作为辩证思维的核心工具,在推动医学理论与医疗实践深度融合方面发挥着不可替代的作用。当代医学创新不仅需要揭示生命现象的本质规律,更要把握其与社会发展之间的动态平衡关系。这就要求医学工作者必须立足社会现实,深刻理解社会发展规律,从而精准预判和主动适应社会健康需求。在这一过程中,矛盾分析法为我们提供了系统性的方法论指导,通过对各类社会矛盾的全面剖析和动态把握,能够准确识别关键问题,科学制定解决方案。

医学研究者往往聚焦于生命科学的前沿阵地。所谓前沿,本质上就是人类认知边界上已知与未知的交锋地带,是那些最能满足社会健康需求的战略性领域。这些领域理应获得优先的科研资源配置。然而,现实情况是有限的科研资源与无限的健康需求之间始终存在张力。要破解这一难题,医学研究者需要运用矛盾分析法,系统考察重大疾病防治、生命质量提升等领域的核心矛盾,深入分析资源分配的内在规律。同时要准确把握国家科技发展战略和政策导向,在“重点突破”与“整体推进”的辩证统一中找准定位。具体而言,就是要结合医学发展现状,抓住主要矛盾,在那些既能服务国家战略需求,又能发挥自身优势的关键技术领域实现突破。

以恶性肿瘤防治为例，这类疾病具有病因复杂、病程漫长的特点，对人民健康构成严重威胁。目前全球范围内都将肿瘤防治列为重点攻关方向。从矛盾分析的角度来看，肿瘤防治需要解决三大核心问题：一级预防以降低发病率、临床诊疗以降低死亡率、基础研究以揭示发病机制。每个方面都包含多个子课题，不同肿瘤类型又各具特点。这就要求科研人员运用矛盾分析法，在全面评估的基础上，选择最适合的切入点，整合优势资源进行联合攻关。

真正的创新往往始于对既有认知的质疑和反思。通过深入剖析现有理论体系中的矛盾点，才能推动认识的飞跃。而新矛盾的不断涌现又促使我们持续探索。以老龄化社会为例，这一全新的社会形态带来了前所未有的医疗挑战。运用矛盾分析法，医疗工作者可以准确把握"健康服务需求增长"与"医疗资源有限"这对主要矛盾，在尊重老年人尊严的前提下，创新服务模式，优化资源配置。特别是对那些为国家建设作出贡献的老年群体，更应给予特殊的医疗关怀，这不仅是医者仁心的体现，更是维护社会和谐的重要举措。

矛盾分析法的价值在解决社会发展难题时尤为凸显。以"山区开发与生态保护"的经典命题为例，简单的二元对立思维难以给出满意答案。而运用矛盾分析法，就能根据具体情境做出科学决策：在开发价值显著且技术可行的地区，可以实施生态移民；在生态敏感区域，则应优先考虑隧道、盘山公路等替代方案；对于开发潜力有限的地区，则要尊重原住民的居住选择。这种具体问题具体分析的思维方法，同样适用于处理医学与社会、医者与患者等复杂关系。

在医学人才培养方面，矛盾分析法启示我们：优秀的医者需要在专业技能与人文素养之间寻求平衡。高超的医术若缺乏仁心，难以赢得患者信任；而空有仁心却医术不精，同样无法履行救死扶伤的使命。因此，现代医学教育应当注重培养"医德与医术并重"的复合型人才，通过持续的专业精进和人文修炼，实现技术理性与价值理性的有机统一。

矛盾分析法对现代医学创新具有特殊的方法论意义。它既能避免片面性思维，又能拓展研究视野，帮助医学人才科学规划职业发展。这种方法深刻体现了唯物辩证法批判现实、超越现状、引领未来的三重功能，虽然不能带来立竿见影的功利效果，却能为医学创新提供持久的思想动力。

展望未来，医学创新将继续保持多元化发展趋势。随着学科交叉融合的深入，个性化医疗、精准医学等新兴领域将迎来重大突破。在此过程中，矛盾分析法仍将是指导医学创新的重要思维工具，为推动健康中国建设提供方法论支撑。医学工作者应当主动掌握这一科学方法，在破解健康难题、服务国家战略中实现更大作为。

（徐　维）

第六章　创新思维与创新方法

学习目标

1. 知识目标

全面了解和掌握创新思维的概念、特征、主要形式等相关知识，熟练掌握和运用常见的创新方法，主动破除思维障碍的枷锁，增强自身创新创业的意识和能力。

2. 能力目标

培养创造性思维、开拓性思考的能力，激励学生勤于思考、善于发现、勇于实践，提升应用理论知识分析和解决问题的能力。

3. 情感价值观目标

厚植家国情怀，自觉将“小我”主动融入“大我”，主动创新、勇于实践，为实现第二个百年奋斗目标贡献青春智慧和力量。

本章概要

本章围绕创新思维与创新方法，首先阐释创新思维的概念、特征及常见创新思维障碍，并介绍了逆向、发散、聚合、灵感、联想、组合和横向思维七种创新思维形式。其次详细讲解六种创新方法（头脑风暴法、组合创新法、列举分析法、设问检查法、移植法和六顶思考帽法）的定义、实施步骤及应用案例。最后强调大学生培养创新能力的路径，包括培养创新精神、掌握丰富知识、塑造优秀品质、注重思维训练、学会批判性思考及投身创新实践，助力学生成为创新型人才。

引子

创新是一个民族进步的灵魂，是一个国家兴旺发达的不竭动力，更是中华民族最深沉的民族禀赋。党的二十大报告明确指出，到二〇三五年，我国实现高水平科技自立自强，进入创新型国家前列。创新的事业呼唤创新的人才，时代的发展呼唤创新人才脱颖而出。因此，培养具备探索性精神和创新性思维，并充分运用科学方法投身创新实践的人才，既是推进我国建设创新型国家的应有之义，更是实现中华民族伟大复兴的必然要求。

第一节　创新思维

一、创新思维概述

（一）思维与创新思维的概念

1. 思维的概念

在自然界适者生存、优胜劣汰的激烈竞争中，人类之所以能够从众多物种中脱颖而出，成为生灵世界的主宰者，关键在于我们人类拥有其他任何动物都无法比拟的思维能力。正是这种独特的思维能力，使得人类能够系统性地认识世界、改造自然，最终胜过其他动物而统治着整个世界。可以说，人类与其他动物最本质的区别就在于是否具有思维。

对于我们每个人而言，思维可以说是既熟悉又陌生的，每天我们都在进行大量的思维活动。而在日常生活中，人们也经常会用“想一想”“深思熟虑”“眉头一皱，计上心头”等词句来描述思维活动。那到底什么是思维呢？我们可以将“思维”两个字分开来看，“思”字可理解为“想”或者是“思考”，“维”字可以理解为“序”或者“方向”。因此，如果单纯从字面上来理解，所谓“思维”就是按照一定的顺序去想，或者是沿着一定的方向去思考。

关于“思维”一词的概念，学术界并没有完全一致的定义，不同领域的专家学者有着不同的理解和观点。比如，心理学界的学者认为，所谓思维是人的大脑对客观事物的一种间接和概括的反映，它既可以能动地反映客观世界，又可以能动地反作用于客观世界；生理学界的学者认为，思维是一种区别于其他动物的高级的生理现象，是脑内一种生化反应的过程。但不管哪种观点，不可否认的是思维对于我们每个人来讲都有着非常重要的作用，巴尔扎克曾说：“思维，是打开一切宝库的钥匙。”美国哈佛大学前校长陆登庭也曾指出：“一个成功者和一个失败者之间的差别，并不在于知识和经验，而在于思维方式。”因此，作为大学生的我们必须深刻认识到思维对于每个人的重要性，并学会合理地掌握和运用思维。

2. 创新思维的概念

创新思维，也称为创造性思维、变革性思维，它是与常规思维相对而言，是人类思维的高级形态，是通过采用新颖的、独创的方法来解决问题的思维。一般来讲，创新思维与常规思维的区别主要表现在两个方面：一是思维过程有无依循，即是否有现成的规律或方法可以遵循。在现实生活中，创新思维没有现成的规律或方法可依循，而常规思维则遵循已知的规律或路径。二是思维结果是否首创，即思维产生的结果是不是前所未有的。创新思维的成果一般都是前所未有的，反之则属于常规思维范畴。

关于“创新思维”的内涵，目前各个领域的专家学者也从不同角度进行定义和阐释，比如从生理学的角度，认为创新思维其实就是人脑中一种复杂的生理现象；从哲学的角度，认为创新思维是反映事物本质属性和内外在有机联系，并具有新颖的广义模式的一种可以物化的高级思想或心理活动；从思维本质特征的角度，认为创新思维是以新获得的信息和已掌握的知识为基础，综合地运用各种思维形态或思维方式，通过对各种信息知识的匹配、筛选、组合，同时借助于直觉、灵感、类比等来创造新方法、新概念、新观点，进而使知识或实践取得突破性进展的一种思维活动。

创新思维是以新颖独特的方法思考和解决问题的思维过程，虽然学术界关于创新思维并没有统一的定义，但我们可以从三个层面来理解创新思维的含义：第一，创新思维的基础是知识和经验。创新思维并非凭空而生，它深深植根于个体已掌握的知识体系与实践经验之中，人们需要利用或借助已掌握的知识与经验来开展思维活动。第二，创新思维的结果是创新的。不管创造者是以与众不同的方式来探索未知领域，还是对现有的认知与实践进行完善升华，其最终都是为了产生新颖独特、富有价值的成果。第三，创新思维是一种高级的、综合的、复杂的思维活动。作为人类创造力的核心和思维的高级形式，创新思维是人类所有思维活动中最具活力、最为积极且成果最丰硕的思维形式，在揭示事物本质、驱动创新成果涌现、促进个人成长与社会进步方面发挥着不可或缺的关键作用。

（二）创新思维的特征

创新思维相比于常规思维，具有求异性、灵活性、突发性和综合性等显著特征。

1. 求异性

创新思维的本质就是求异、求新，求异性是创新思维的基本特征。创新思维对人们约定俗成、司空见惯的事物或观点持怀疑和批判的态度，敢于打破传统束缚，勇于否定旧有模式，并尝试从新的角度去思考问题，用新的途径和方法来解决问题。若无法摆脱传统思维的禁锢，墨守成规、因循守旧，则创新无从谈起。

2. 灵活性

所谓灵活性，是指思维的灵活多变，善于从多维度、全方位、立体化的角度进行思考。一般来讲，创新思维的灵活性主要表现在两个方面：一是灵活变通，即能适应不断变化的现实情况，变通的类型与思维的维度、角度和系统性有关；二是突破惯性，即反对一成不变的教条，能主动摆脱僵化思维模式和教条的束缚，善于变换视角看待同一问题，重新解构信息，做到具体问题具体分析。

3. 突发性

突发性，又称偶然性、非逻辑性。在创新思维活动中，新观念的提出、问题的突破，往往会出现从“逻辑的中断”到“思想的飞跃”。比如，人们的思考在达到极限、出现瓶颈时，有时会在猛然之间突发奇想、豁然开朗，让久思不得其解的问题在瞬间就能找到解决的答案。这种突发性和偶然性，或许是创新者在长期地观察、思考、研究后自然爆发的结果，也可能是受某一偶然因素的启发而产生的。同时，创新思维通常都伴随着直觉、顿悟和灵感产生，它的出现没有固定的时间、地点，带有极大的随意性。

4. 综合性

创新思维是由多种因素、多种思维形式参与结合在一起的综合性思维活动。首先，创新思维是对已有成果的综合。在现实生活中，任何的创新思维都是以前人已有的认识和实践成果为基础或者前提的，完全脱离既有基础的“纯粹创新”是不存在的。其次，创新思维是多种思维方式和思维方法的有机整合。它综合运用发散、收敛、纵向、横向、正向、逆向等思维方式，以及演绎与归纳、分析与综合、抽象与概括等思维方法，在辩证统一中发现事物之间的内在联系，总结出客观规律。

二、创新思维障碍

（一）思维定势

人类的大脑思维有一个特点，就是一旦沿着一定方向、按照一定次序去思考，久而久之就容易形成惯性，即思维惯性。我们在思考问题时，或多或少地存在着一些思维惯性，但若长期以此惯性思维来认识客观事物、解决现实问题，就会容易形成比较固定的、僵化的思维模式，这就是思维定势。

所谓思维定势，就是按照已有的思考和解决问题的思维规律，以及不断积累的思维活动经验教训，在长期不断反复使用过程中形成的相对比较稳定、定型化的思维方式、模式和程序。思维惯性和思维定势都属于思维障碍。

思维定势如同一把双刃剑，在解决问题上利弊共存，需要我们辩证地进行看待。一方面，在处理重复性、模式化的任务时，如生活中的常规事务或熟悉问题，思维定势可以让人们利用已经掌握的经验和方法快速去解决，缩短了思考和探索的时间，提高了工作效率；但另一方面，当遇到新问题，尤其是新问题与以往的问题形似质异时，如果还是按照既有的思维模式去分析、解决问题，则很容易步入误区。一旦思维为其所囿，受制于固有框架，人们在思考问题时就很难有新的突破。

（二）创新思维障碍的类型

思维障碍是阻碍创新的一个重要因素，它容易让人们产生思想上的惰性，养成一种呆板、机械、千篇一律地解决问题的习惯，从而形成了思维上的枷锁，不利于创新想法的产生和创新活动的开展。常见的创新思维障碍类型主要有以下五种：

1. 从众型思维障碍

作为高度社会化的“动物”群体，人们在进行思维活动时很容易受到他人观点和行为的影响，从而主动或被动地使自己的言论、行为趋向于与群体保持一致，这就是从众行为。从众是一种常见的社会心理现象，很多人在认识、判断、解决问题时，往往会选择人云亦云、随波逐流，盲目附和多数人的意见，而缺乏自己的独立思考和主见。虽然选择从众能够让人有一种“集体归属感”，但过度依赖从众会严重削弱个人的创造力，不利于创新活动的开展。

2. 权威型思维障碍

权威，既可以是指在某种范围内最有地位、有分量的人或事物，也可以指这些人在自己的行业、领域等范围内的言论和观点，比如信仰权威、教育权威、专业权威等。在生活中，人们习惯性地将权威观点奉为圭臬，甚至作为判断事物是非对错的唯一标准。当个人观点与权威相左时，便下意识地认为是自己的错误，而不敢去质疑权威的观点，这就是权威型思维障碍。比如在教育领域，如果学生陷入“教育权威”的泥沼里，对于老师所教授的内容盲信盲从、全盘接受，缺乏主动思考和质疑精神，那么其独立思考、创新思考的能力也必然受到严重削弱。

3. 经验型思维障碍

所谓经验，就是人们通过实践获得的知识、掌握的规律和技能等的总称。经验对人的行为具有指导作用，但是如果过于依赖甚至迷信经验的作用，就很容易陷入因循守旧中，限制头脑发挥想象力，阻碍人们以新的方式和手段来解决问题。同时，经验只是一种感性的、初步的认识，相较于客观规律还缺乏一定的可靠性与普适性，一旦环境和条件发生变化，原有的经验可能就会失灵，如“刻舟求剑”就是盲目运用经验的典型案例。对于当代大学生来讲，我们既要学会借鉴前人总结的好经验，又不能完全依赖和盲信经验，而是应善于根据实际情况，创造性地总结新经验。

4. 书本型思维障碍

书本是前人智慧的结晶，是人类知识和实践经验的总结，为我们提供了理论化、系统化的知识，对促进个人成长和社会发展进步起到巨大的推动作用。然而，我们必须清醒地认识到，客观世界在飞速发展变化，人类的探索和认知也在不断深化，因此，书本知识与客观实际并不是完全吻合的，甚至个别书本知识是错误的。倘若我们把书本知识夸大化、绝对化、教条化，在生活中照搬照抄、过分迷信书本知识，我们就会被书本所禁锢，成了书本的囚徒。因此，读书之道，贵在质疑、批判与辩证思考，真正让知识为我所用，而非被知识所困。

5. 自我贬低型思维障碍

缺乏自信心是阻碍创新思维产生的一个重要因素。自卑者常因惧怕失败、犯错或被嘲笑而畏首畏尾，导致不敢大胆尝试、主动冒险；有的人遭遇过一些挫折和失败，陷入了自我否定，认定自己能力不足，对自己失去信心，从而不敢再去尝试，导致形成“因没有自信而不去做，因不做而更加没有自信”的恶性循环。过分地质疑自我、贬低自我，容易让人患得患失、谨小慎微，最终会消磨掉人的想象力和创造精神。唯有在内心建立起稳固的自信，我们才能更好地挖掘潜力、发挥能力，有效驱动创新实践的开展。

三、创新思维的形式

（一）逆向思维

逆向思维也称反向思维、求异思维，是对日常生活中司空见惯的、似乎已成定论的事物或观点，从其对立、颠倒、相反的角度去思考的一种思维方式。实际生活中，一些常规思维难以解决的问题，通过采取这种反其道而行之的方式，往往能破除由经验主义和习惯造成的僵化的认知模式，反而取得意想不到的效果。例如司马光砸缸的故事，就是运用了逆向思维挽救了小伙伴的性命。常见的逆向思维方法主要有以下三种：

(1) 反转型逆向思维法：指从常规思路或已知事物相反的方向进行思考，进而解决问题或产生发明创造的思维方法，这也是最常见的逆向思维方法。

(2) 转换型逆向思维法：指在解决问题受阻时，转换解决问题的手段，或者转换思考的角度，来使问题得到解决的一种思维方法。

(3) 缺点型逆向思维法:指将事物的缺点变为可利用的东西,化被动为主动、化不利为有利的一种思维方法。

(二) 发散思维

发散思维又称放射思维、辐射思维、多路思维等,是以某一问题或目标为中心,综合运用已有的知识、经验等,从多角度、多方向去设想、探寻答案,最终实现开拓思路、解决问题的一种思维方法。

人们在运用发散思维时,并没有固定的思考方向,也没有固定的思考范围,而是向四面八方做辐射状积极思考,将思维由单向思考转化为多向思考或立体思考,进而打破头脑中固有的逻辑框架,从给定的信息中产生众多的信息输出,最终得到具有新意的解决答案。平常我们所说的"一题多解""一物多用"等,其实都是运用的发散思维。常见的发散思维方法有:

(1) 立体发散:是指跳出点、线、面的限制,要立体式进行思考。比如,人们为了充分利用林业资源,发明了高大乔木下种灌木、灌木下种草、草下种食用菌的立体森林种植方法。

(2) 组合发散:是以某一事物为发散点,尽可能多地设想出与另一事物连接成具有新价值事物的可能性。比如,将铅笔与橡皮相组合,发明出带笔帽和带橡皮的铅笔。

(3) 侧向发散:是指在使用正向思维直接解决问题遇到困难时,改为从侧面寻找突破口,从而产生新的设想的一种思维方法。比如,地质学家伍德沃德到赞比亚西部高原上寻找铜矿,可一直未能找到。后来,他发现了一种奇怪的小草,在不同的地方开不同颜色的花,有红的和紫的,于是,他想是不是土壤中含有不同的矿物质引起的呢?他把这些不同颜色的花拿去化验,发现紫色的花是由于土壤中含有大量的铜元素引起的,这样伍德沃德就把寻找铜矿转变为寻找奇特的小草,最后在卡伦瓜地区发现了世界罕见的大铜矿。

(三) 聚合思维

聚合思维又称收敛思维、求同思维、辐辏思维等,它是以某个问题为中心,尽可能地运用已有的经验和知识,从不同的方面和角度进行思考,将各类繁杂的信息同这个中心问题相联系,进而寻求解决中心问题的方法。在聚合思维中,所有的思维都共同指向这个中心问题,也都为解决中心问题而服务。

发散思维与聚合思维是两种截然不同方向的思维方式,但在思维方向、思维过程上具有很强的互补性,两者犹如"一枚硬币的两面",是对立统一、相辅相成的。一般来讲,通过发散思维虽然能够产生众多想法或方案,但大多数并不是成熟完善的,甚至有一些还是不符合实际情况的,必须进行筛选,而聚合思维就可以起到很好的筛选作用。聚焦要解决的问题,通过运用聚合思维,从众多设想中选出最可行、最经济、最有价值的设想,并在此基础上进一步深化和完善,从而获得一个最佳答案。因此,在解决问题的早期,发散思维起到更主要的作用;而在解决问题的后期,收敛思维则扮演着更重要的角色。

(四) 灵感思维

灵感思维也称为顿悟,它是人们在经过长时间的苦思冥想却找不到答案,但是突然受到某一事物的启发产生新设想,瞬间解决问题的思维方法。生活中,我们常说的"茅塞顿开"

“醍醐灌顶”“急中生智”等，都是灵感思维的具体体现。

灵感思维是在无意识的情况下产生的一种突发性的创造性思维活动，相对于其他的思维方式，它具有三个方面的显著特征：一是突发性。灵感往往是在出其不意的刹那间出现，在时间上，它不期而至，突如其来；在效果上，是突然领悟，意想不到，这是灵感思维最突出的特征。二是偶然性。灵感会在什么时间、什么地点、哪种条件下出现，人们都因难以预知而带有很大的偶然性，往往会给人带来“有心栽花花不开，无意插柳柳成荫”的感觉。三是易逝性。灵感的产生往往是闪现式的，是瞬间的一闪念。宋代著名诗词家苏轼曾说“作诗火急追亡逋，清景一失后难摹”。因此，当脑海中出现宝贵的灵感时要及时记录，并对灵感进行加工整理；若错过了，则可能就很难找到当初的灵感。

（五）联想思维

联想思维是指由某一事物联系到另一事物而产生认识的心理过程。天下万物之间既存在着各种不同的差异，但同时又蕴含着无限的联系，而联想思维就是在原先并不相关的事物之间搭起一座桥梁，将表面上看似“毫不相干”的事物联系起来，从而得到新的成果的一种思维方式。我们常说的“由此及彼”“触类旁通”“举一反三”等就是联想思维的体现。常见的联想思维主要有以下四种类型：

(1) 相关联想：指由一事物联想到在时间、空间上相接近，或在某些方面具有内在联系的事物的思维活动。比如，“木头”和“足球”看起来是互不相干的两个事物，但我们可以从“木头”联想到“树林”，“树林”联想到“田野”，“田野”联想到“足球场”，“足球场”联想到“足球”，仅通过四步就可以实现从“木头”联想到“足球”。

(2) 相似联想：指由一事物想到与之在形状、功能、性质等方面接近或相似的事物的思维活动。这种联想的关键是要找到并合理地运用事物之间的相似点。比如，鲁班通过茅草发明了锯子，奥地利医生奥恩布鲁格根据其父亲在酒窖中通过敲酒桶测知桶内酒量的做法发明了叩诊法等，都是运用了相似思维。

(3) 对比联想：指由某一事物想到在方法、功能、性质等方面与之相反或相对的另一事物的思维活动。比如，由战争想到和平、由光明想到黑暗等。同时，还可以故意将两个完全相反的概念放在一起产生冲突，如冰冷的火焰；物理学家开尔文就根据高温可以杀菌，食品经过煮沸可以保存的现象，运用对比联想发明了冷藏工艺。

(4) 因果联想：指由事物的某种原因而联想到它的结果，或由一种事物的因果关系联想到另一种事物的思维活动。这种联想既可以由起因想到结果，也可以由结果想到起因。比如，澳大利亚甘蔗种植者在收获季节发现，有一片甘蔗田的产量竟然提高了一半左右，让他们感到非常困惑。后来，他们回想起来在栽甘蔗的前一个月，有一些水泥洒落在这片地里。经过科学研究发现，正是水泥中的硅酸钙使这片酸性土壤得到了改良，提高了甘蔗产量。于是，科学家发明了改良酸性土壤的“水泥肥料”。

（六）组合思维

组合思维又称为联结思维、合向思维，是指把多种貌似不相关的事物通过想象加以连接，进而使之变成彼此不可分割、新的整体的一种思维方式。组合思维的形式主要有以下几种：

（1）同类组合：即将相同或相似的事物结合在一起，在保持原事物基本功能的同时，通过增加数量或改进结构，来实现功能的增强或多样化。如双排订书机、多缸发动机、双头液化气灶等。

（2）异类组合：指的是将两个或两个以上具有不同功能的事物、来自不同领域的技术理念等进行的创新性结合。比如，塑钢门窗结合了塑料和钢材的优点，既拥有塑料的轻便和美观，又兼具钢材的坚固和耐用；钢筋混凝土则是将混凝土的高抗压性与钢材的高抗拉性完美结合。

（3）重组组合：是指将某个事物分解细化为不同的组成部分，然后再根据新的目标要求重新组合这些组成部分。在重组的过程中，并不引入全新的元素，重点是改变事物各组成部分之间的相互关系，来达到预定的目标。以折叠式自行车为例，通过将自行车的各个部分进行分解，然后以一种新的方式重新组合，实现了在不增加新元素的情况下，使自行车能够折叠起来，方便携带和存储。

（4）补代组合：是指通过对某一事物的要素进行摒弃、补充和替代，形成一种在性能上更先进、外观上更新颖、价值上更实用的新事物。比如触屏手机代替按键手机、银行卡代替存折等。

（七）横向思维

在思维的过程中，我们常常会遇到两种不同的思维方式，即纵向思维和横向思维。纵向思维是一种线性的思考方式，通常以逻辑推理和深度分析为特点。在纵向思维中，我们会按照一定的步骤和顺序来思考问题，逐步展开，直至找到问题的解决方案。这种思维方式强调系统性和逻辑性，常常需要花费大量的时间和精力来深入研究和分析问题。

“横向思维”的概念最早由英国著名学者爱德华·德·博诺教授提出来的，这是一种针对纵向思维的缺陷而提出的与之互补、对立的思维方法，强调通过突破传统的思维方式，从其他维度着眼，产生出新的想法来解决当前困扰的问题。

关于纵向思维与横向思维的关系，爱德华·德·博诺在其专著《新的思维》一书中曾用“挖井”做例子来进行阐述。想挖一口有水的井，如果已经花费了很大的力气，挖得也很深，但仍没挖出水，这个时候该怎么办？可能有很多人会觉得现在放弃比较可惜，只好继续往下挖，并鼓励自己千万不能放弃，坚持就是胜利。随着继续不断开挖，如果仍旧还没有出水，人们一方面会越来越感到失望，另一方面又会觉得希望越来越大，这就是典型的“纵向思维”。而横向思维，就是在使用纵向思维得不到正确的结果，遇到困难和挫折、山重水复疑无路的时候，选择避直就曲、另辟蹊径。既然这个位置挖不到水，那就放弃它，另选其他位置进行开挖。横向思维可以排除线性思维直来直往的“优势想法”，可以避开常识、经验、逻辑等的羁绊，既然此路不通，那就另想其他办法。比如，曹冲称象就是一个典型的运用横向思维的案例。按照常规思维是要直接称大象的重量，但这在当时是办不到的；既然直接称做不到，那就采用间接称的方法，把大象和石头分别放到船上，并使两条船的吃水深度一致，通过称全部石头的重量来得出大象的重量。

第二节　创新方法

一、创新方法概述

（一）创新方法的概念

古人云："事必有法，然后可成。"在人类发展过程中，为了保证创造性活动能顺利开展，仅仅拥有创新性思维还是不够的，学会掌握并正确运用创新方法同样非常重要。那何谓创新方法？创新方法是指人们运用创造学的基本理论，在创新实践活动中总结、提炼出的带有普遍性、规律性的一些原理、技巧和方法的总称，是人类对创新规律、创造经验基本认识的成果总结。

创新方法是在传统方法的基础上，通过积累过去的经验而得以发展的。合理地运用创新方法，有助于人们在创新活动中打破传统思想观念的框框，克服思维定势的束缚，大大提高创新的效率和成功率，对于促进新产品、新方法和新方式的产生，以及社会发展进步具有重要的推动作用。因此，创新方法也一直被世界各国所重视。

（二）创新方法的特征

作为一种指导人们进行发明创造的有效方法，创新方法的产生既有历史的原因，同时也是社会发展、科技进步的必然结果。归纳起来，创新方法具有三个显著的特征：

1. 科学性

创新方法作为经验的总结，是被实践证明了的、行之有效的、能够反映发明创造活动客观规律的原理、技巧或技法。经验的总结须来自实践，又要高于实践，并要接受实践的检验。而创新方法就是经过实践的检验、具有科学性的一种经验总结。

2. 程序化

创新方法是思想方法系统化、模式化的反映，具有较强的逻辑性。因此，绝大多数的创新方法，其本身都有相对比较明确的实施程序和操作步骤，创新者必须要按照一定的规则，遵守一定的要求才能够顺利完成，否则就可能达不到预期的效果。

3. 实用性

由于创新方法具有明显的程序化，因此操作方式和流程比较具体，在实际生活中可操作性比较强。同时，人们还可以通过学习来掌握并充分运用创新方法，具有较强的实用性。

二、常用的创新方法

（一）头脑风暴法

1. 定义

头脑风暴法（brainstorming method，BS法）又称智力激励法、自由思考法、畅谈法等，是一种通过充分发挥集体智慧、集思广益来解决问题的创新方法。它由美国创造学家A.F.奥斯本最先提出，现已被广泛应用于各个行业和领域。

在群体决策过程中，群体成员会出现心理相互影响的现象，个体往往会屈从于群体中权威人士或大多数人的意见，从而形成所谓的“群体思维”。但在群体思维下，个体大多不愿或不敢提出不同的观点和意见，群体成员的批判精神和创新活力在一定程度受到压制，最终会影响到决策的质量。基于此，奥斯本提出了希望能让所有群体成员都可以畅所欲言、思想自由迸发的头脑风暴法。

头脑风暴法主要通过小型会议的形式，围绕某一个中心问题，让所有与会人员在自由愉快、无拘无束的气氛中，进行自由思考和联想，积极提出自己的设想与看法，并以此来激发其他与会者的创意及灵感，使各种设想在相互碰撞中激起创造性“风暴”，从而获得更优解决问题的办法。

2. 基本原则

实施头脑风暴法时，群体成员能否进行充分、自由、无偏见的交流十分关键。为了减少群体内的社交抑制因素，激励新想法的产生，达到创新的目的，在使用头脑风暴法时应遵守如下基本原则：

（1）自由畅想原则。参会人员不受任何传统思维逻辑和其他条条框框的限制，彻底地解放思想，让思维自由驰骋，从不同角度、不同方位、不同层次展开大胆想象，尽可能地提出与众不同、标新立异的想法。自由畅想是头脑风暴法的关键，轻松、愉悦的环境可以鼓励更多人大胆地提出新设想、新思路。

（2）以量求质原则。头脑风暴会议的目标，是要在有限的时间里获得尽可能多的设想，追求数量是头脑风暴法的首要任务。参会人员要抓紧时间多思考、多提设想。至于设想的质量，暂时不必吹毛求疵，可留到在会议结束后的设想处理阶段进行解决。从某种意义上讲，设想的质量和数量密切相关，提出的设想越多，也越容易产生互激效应，产生的好设想就可能越多。

（3）延迟评价原则。在头脑风暴畅谈过程中，参会人员只需要专心提出自己的设想，不能对任何设想做出肯定或否定的评价，也不能对某个设想发表评论性的意见。同时，现场绝对禁止批评，哪怕自己认为是幼稚、错误、不现实的设想，也不能对自己和他人的设想提出批评意见，一切评价和判断都要等到讨论结束后才能进行。

（4）相互启发原则。与会者除了提出自己的意见，还可以鼓励其他参会人员对自己提出的设想进行补充、改进；会议也要尽可能鼓励参会人员对他人已经提出的设想进行补充、改进和综合，进而形成互激效应、思维共振，产生更多好的设想。

3. 实施步骤

(1) 准备阶段

会前应提前明确所需要解决的问题、参会人员、主持人和记录者。一般来讲，参加讨论的人数以5～10人为宜，不宜过多或过少，并提前告知会议的相关信息，如时间、地点、拟解决的问题、注意事项等，以便参会人员在会前做些准备工作。参与讨论的人员最好由不同专业或不同职业背景的人组成，这样更有利于产生千差万别的观点和设想，进而实现头脑风暴法的目标。同时，选择的主持人要熟悉并掌握头脑风暴法的基本原则和操作要点，能在必要时恰当地启发和引导大家；记录者要能做到认真记录，便于会后总结梳理。

(2) 畅谈阶段

畅谈是头脑风暴的核心环节，该阶段的主要内容有：由主持人简明扼要地介绍需要解决的问题和会议相关要求；参加人员围绕讨论主题进行自由畅谈，积极提出自己的设想，并相互启发、相互补充，尽可能做到知无不言、言无不尽；记录人员将参会人员提出的设想一一进行记录。当所有人员都没有新的设想提出时，讨论结束。

在畅谈过程中，主持人的现场主持也十分重要，要充分使用头脑风暴的相关知识和技巧，充分调动现场的氛围，并以赏识激励的语言和微笑点头的行为动作，鼓励参会人员多提出设想。当参会人员出现计穷虑尽时，可及时采取一些措施，如中间暂停休息几分钟，后面再继续进行头脑风暴。记录员应按照发言顺序标号记录想法，如果发言内容过长仅记录要点即可，记录的内容要尽量清晰明确。

头脑风暴的时间一般控制在1个小时左右，形成的设想应不少于100种。但往往最好的设想是在会议快要结束时提出来的。因此，预定结束时间到了可以根据情况再适当延长5分钟，若再没有新主意、新设想出现时，可宣布会议结束。

(3) 评价选择阶段

在讨论结束一两天内，主持人应及时与参会人员进行沟通联系，了解大家在会后是否有新的想法和思路，以此补充讨论记录。由于讨论过程中参会人员提出的设想大多是未经过仔细斟酌，也没有做出认真评价，因此，还需要进一步加工梳理，最终将大家提出的想法整理成若干方案，再根据需要按照一定的标准进行筛选。经过反复比较、优中择优，最后选择出最佳方案，或者将多种方案的创意进行优势组合，进而形成最佳方案。

(二) 组合创新法

1. 定义

组合创新法是指按照一定的技术原理或功能目的，将两种或两种以上的技术、产品的一部分或者整体，通过巧妙地组合或重组，从而获得具有统一整体新功能的新产品、新材料、新工艺、新技术的创新方法。

组合法不是将研究对象进行简单的叠加、机械式的组合，而是在深入分析各个构成要素基本性质的基础上，综合其可取的部分进行组合，使综合后所形成的整体具有更优化的特点和创新的特征。生活中绝大部分的发明创造，都是通过组合创新法发明的。日本创造学家菊池诚博士也曾说过："我认为搞发明有两条路，第一条是全新的发现，第二条是把已知其原理的事实进行组合。"

2. 类型

根据组合的方式、要素、原理、性质等不同方面，可将组合创新法细分为多种类型，这里介绍五种常见的类型。

(1) 同类组合法

同类组合又叫同类自组，是指把两个或两个以上相同或相近的事物进行组合。在这种组合方式下，只是通过数量的增加来弥补功能上的不足或获得新的功能，参与组合的对象在组合前后的基本原理和结构一般没有根本的变化。生活中的很多物品，比如双头液化气灶、双人自行车、双层文具盒等都是同类组合的产物。

(2) 异类组合法

异类组合法又称异物组合法，是指将来自不同种类、领域的两种或两种以上事物进行组合，产生新事物的技法。使用这种创新方法时，需要将研究对象的各个部分、各个方面和各种要素联系起来进行综合考虑，从整体上把握事物的本质和规律，体现了综合就是创造的原理。

异类组合法一般具有三个特点：第一，被组合的对象来自不同的方面或领域，彼此间并没有显著的主次之分；第二，在组合过程中，参与组合的对象可以从原理、构造、成分、功能等一个或多个方面进行相互补充、相互渗透，最终实现1＋1＞2的效果，即组合后的整体变化显著；第三，异类组合是异中求同，创造性比较强。

阅读材料

CT机的发明

CT的全称为计算机辅助的X线断层扫描，是电脑与X射线扫描综合技术的产物。它集中了当代一系列不同技术领域的最新成果，能把人体一层一层地用彩色图像显现出来，检查出体内任意部位的微小病变。CT机的发明成功经历了几代人的努力。1895年，德国物理学家伦琴发现了X射线。1938年，一位名叫法兰克的放射学专家，开始尝试利用X射线诊断疾病，发明了X射线断层摄影的诊断技术。20世纪60年代，物理学家科马克开始探索用高灵敏度的X射线检测器来接收断层扫描穿越人体的X射线，把测到的大量数据交给电子计算机处理，而得到更为清晰、分辨度更高的人体断层图像，于1792年成功研制出了CT机，并于1979年获诺贝尔生理学或医学奖。

(3) 主体附加组合法

主体附加法是指以某一特定的产品为主体，通过增加新的物品、成分、功能或植入新的技术，从而使原有产品具有更好性能、更强功能的一种组合技法。这是一种类似"锦上添花"的创新方法，可以进一步改进原有的产品，提升其使用价值。如可监测心率和血糖的手表，带温度计的保温杯等。

(4) 分解组合法

分解组合法是指将一个整体事物进行分解，使分解出来的部分经过进一步改进和完善，成为一个新产品或新事物的创新方法。分解组合法通过改变事物内部各组成部分之间的相互位置来改变其相互关系，来进一步优化事物的性能。它是在同一事物上实施的，一般并不增加新的东西或内容。例如，普通螺丝刀的刀把和刀头是固定的，但人们通过分解，可以把刀把、刀头拆开，经过改造后发明了多用可活动螺丝刀。

(5) 辐射组合法

辐射组合法是以一种新技术或令人感兴趣的技术为中心，并同多方面的传统技术相结合形成技术辐射，从而产生多种技术创新的发明创造方法。通俗地讲，就是对新技术或令人感兴趣的技术进一步地开发应用，这也是新技术推广的一个普遍规律。比如基因工程发明后，可以与相关学科辐射组合，发展了关于生物肥料、作物改良、动物育种、基因诊断、疫苗研发等方面的研究技术。

（三）列举分析法

1. 定义

列举分析法是指将研究对象的特点、缺点、希望点等尽可能全面地罗列出来，从中发现规律，提出改进措施的一种创新方法。一般情况下，人们不太会对自己比较熟悉的事物进行仔细地观察分析，而列举分析法则要求人们以一丝不苟的态度，对熟悉的事物进行重新观察，尽可能全面无遗地将每个细节都列举出来，从中发现存在的问题，进而形成多种构思方案。这种方法的优点是可以帮助人们抓住特点，把握主攻方向，寻找发明创造的途径。

2. 类型

列举分析法中最基本的一种方法是特性列举法，后来在此基础上又发展出了缺点列举法、希望点列举法、成对列举法等类型。

(1) 特性列举法

特性列举法是通过逐一列举事物的所有属性或特征，然后针对这些属性或特征进行创造思考或属性置换，最终提出解决方案的方法。一般说来，要着手解决或改进的问题越少，使用这种方法就越容易取得成功。例如，想要改进自行车，可能我们很难一下有全新的设想。但如果将自行车分解成若干组成部分，如车胎、钢圈、链条、轴承、车身、把手、刹车等，并分别进行研究，提出改进设想，相对来说就比较容易。

(2) 缺点列举法

缺点列举法是通过寻找产品或事物存在的缺点，然后针对其中的一个或多个缺点有针对性地采取改进措施，从而实现新的发明创造的创新技法。需要特别说明的是，使用缺点列举法的目的并不是列举，而是为了进一步改进，因此要善于从列举的缺点中找出具有改进价值的主要缺点作为创造的对象。

缺点列举法在生活中的应用非常广泛，不仅有助于改进某些具体的实物产品，解决属于“物”一类的问题，同时也可以用于革新属于“事”一类的问题，如公司管理等，是一种非常简便有效的创新方法。常见的缺点列举法类型有：

① 用户意见法。企业可以通过销售人员、客户反馈、售后服务等方式来广泛收集用户对产品的各种意见，并进行归纳整理、分类统计，根据这些意见来进一步改进和完善产品。用户是产品的主要使用者，他们提出的意见更具有针对性，并且有些问题和不足往往是生产设计者所不易想到的。

② 对比分析法。将同类型产品或相似技术集中在一起进行对比分析，在比较中发现缺点、找到差距。在进行对比分析时需要注意，用于对比的事物要具有可比性，比如列举冰箱的缺点，应该将同类型的多种冰箱进行比较。此外，还应明确对比的具体项目，比如性能、功能、体积、价格、技术标准等。

③ 会议列举法。通过召开缺点列举会的形式，围绕某个需要改进的主题，让参会人员尽可能地列举出存在的缺点，然后从中挑选出主要缺点，弄清其产生的因果关系，并针对这些缺点制订出切实可行的改进或克服的策略。

(3) 希望点列举法

希望点列举法是指针对某一种产品或事物，甚至是目前尚不存在的东西，列举出人们希望它具有的功能，进而从中寻找创新的目标和可能性的一种创新方法。该方法是从人们的主观意愿出发来提出各种希望，并不受原有产品或事物的束缚，是一种积极主动的创造技法。比如，人们希望房间冬暖夏凉，于是发明了空调；希望不见面就可以聊天通话，于是发明了电话、手机等。生活中许多新产品的发明，包括一些重大发明创造，都是根据人们的“希望”，经过努力而变为现实的。

(4) 成对列举法

成对列举法是指把任意选择的两个事项结合起来，成对列举其特征，或者把某一范围内的事物一一列举，依次成对组合，从中获得创新性的设计方案。该方法既利用了特性列举法务求全面的特点，又吸收了强制联想法易于破除框框、产生奇想的优点，因而更能启发思路，取得较好的效果。比如，将手机与手表作为组合对象，最终可催生出智能手表等创新产品。

(四) 设问检查法

1. 定义

设问检查法是一种多路思维的方法，人们根据需要检查的项目，通过逐个方面思考、不断进行提问的方式，来获得对问题更加完善和系统的认识，进而有针对性地提出更多可行的设想。

设问检查法实际上就是提供了一张提问的清单，涉及的问题比较全面。在提问中经常会使用到“如果”“假如”“是否”“还有”等词语，通过各种假设式的变换提问，来启发思维、促进想象，帮助认识到现有事物存在的不足，并寻找解决问题的途径。设问检查法被称作“创造技法之母”，几乎适用于各种类型和场合的创造活动。

2. 类型

(1) 5W2H分析法

5W2H分析法又叫几何分析法、七问分析法，它是用5个以“W”开头的英语单词和2个以“H”开头的英语单词进行提问，来发现解决问题的线索，寻找解决问题的创新思路。七个方面的问题主要为：

① What——是什么？目的是什么？做什么工作？

② How——怎么做？如何提高效率？如何实施？方法怎样？

③ Why——为什么？为什么要这么做？理由何在？为什么造成这样的结果？

④ When——何时？什么时间完成？什么时机最适宜？

⑤ Where——何处？在哪里做？从哪里入手？

⑥ Who——谁？由谁来承担？谁来完成？谁负责？

⑦ How much——多少？做到什么程度？数量如何？质量水平如何？费用产出如何？

在具体操作过程中，可以先对现有的方法或产品，从这七个方面进行一一审核，判断其合理性。如果经过七个方面的审核发现没有问题，说明这一方法或产品是可行的；如果发现有令人不满意的方面，则表明还有可以改进的空间，在此基础上努力提出新的设想和思路，以克服原方法或产品的缺点。这种方法既可以应用于执行工作指令时，也被广泛应用于企业管理和技术活动中。

(2) 奥斯本检核表法

奥斯本检核表法由美国A.F.奥斯本博士首创，它是根据研究对象的特点列出有关问题，形成检核表，然后逐个进行核对讨论，从而发掘出解决问题的大量设想。奥斯本检核表法主要包括九个方面的问题：能否他用、能否借用、能否改变、能否扩大、能否简化、能否代用、能否调整、能否颠倒、能否组合（表6.1），通过强制思考的方式，来克服思维的惰性，为进一步改良研究对象提供新思路。

表6.1 奥斯本检核表

编号	检核类别	检核内容
1	能否他用	现有事物有无新的用途？保持现有事物原状不变能否扩大其用途？稍加改变，现有事物有无别的用途？能否改变其现有的使用方式等
2	能否借用	有无与现有事物类似的东西？能否模仿或超越？能否借用他人的经验或发明？现有的发明能否引入其他的创造性设想之中等
3	能否改变	能否改变现有事物的形状、颜色、味道、外观、音响？是否还有其他改变的可能性等
4	能否扩大	能否增加现有事物的使用时间？能否为现有事物添加部件，延长它的使用寿命，提升它的性能？能否扩大现有事物的使用范围等
5	能否简化	能否将现有事物微型化？可否将其缩短、变窄、分割、减轻？能否将其进一步细分？能否将其变成流线型等
6	能否代用	能否由别的东西代替现有事物？可否使用别的材料、零件、工艺、能源等
7	能否调整	现有事物能否变换一下先后顺序？内部元件可否互换？可否变换模式、操作工序、因果关系、工作规范、速度和频率等
8	能否颠倒	可否颠倒现有事物的正负、里外、上下、主次、因果等
9	能否组合	能否将各种想法进行综合？能否进行材料组合、部件组合、功能组合等

奥斯本检核表法适合任何类型的创造活动，尤其在改良产品方面具有非常好的效果，其具体运用包括三个步骤，分别是提出问题、列出设想、筛选设想。

① 提出问题。根据已掌握的关于研究对象的知识提出需要解决的问题。

② 列出设想。按照奥斯本检核表的事项，运用丰富的想象力，强制性地一个个核对讨论，写出新设想。

③ 筛选设想。筛选出能够解决问题且具有可行性的设想，并完善这个设想使之成为一个明确的创新方案。

在运用奥斯本检核表法进行创造性设想时，需要注意三个方面的事项：一是要按照奥斯本检核表，联系实际逐条进行检核，不可有遗漏；二是要多检核几遍，列出尽可能多的设想，有利于提高创新的成功率；三是需要将对每个大类问题的思考作为一个单独的创新项目来看，不能受前面思考的影响，以免形成惯性思维。

（五）移植法

1. 定义

移植法是创新思维技法中非常简单、有效的一种思维方法，是通过将某个学科领域中的原理、技术和方法，应用或渗透到其他学科领域中，为解决某一问题提供启发、帮助的方法。世界著名创新思维学专家、英国病理学家贝弗里奇在《科学研究的艺术》一书中写道："有的时候，决定一项研究的基本思想是来自应用或移植其他领域发现的新原理或新技术。"

移植法应用的核心思想是"移花接木"，最重要的是要找到移植对象。运用移植法要求创新者对两个或多个学科领域的科学研究成果比较熟悉，具备一定的知识储备，能够在一定程度上开展综合研究。同时，由于运用移植法大多发生在原有研究遇到问题、出现瓶颈的情况下，根据某种相似性将其他学科的概念、原理、方法、技术等移植过来，进而寻求突破口，这涉及不同学科领域之间的融合，需要综合运用类比、综合分析、想象力等方法来发现其中的内在联系，不是简单地生搬硬套。

2. 类型

（1）原理移植

原理移植就是将已有的某产品或事物的原理移植到别的产品或事物上去。这种移植不是直接照搬，而是移植其核心内容，再根据事物的特点建立辅助部分，形成一个完整的新产品或事物。

阅读材料

外科手术用消毒剂的发明

法国微生物学家巴斯德在实验中发现，酒变酸和肉汤变质是细菌导致的。英国著名外科医生利斯特在看到巴斯德的这一实验报告后联想到：细菌会使肉汤变质，那么手术后病人的伤口化脓溃烂可能也是由细菌引起的。于是，利斯特便把这一理论移植到医疗领域，发明了外科手术用的消毒剂。

（2）技术移植

技术移植是指把某一领域的技术移植到其他技术领域，用来研究该领域内的技术创新，从而发明新技术和新产品。

阅读材料

医学上微爆破技术的发明

房屋爆破技术能将一幢高楼顷刻之间炸成一堆粉末，旁边的其他建筑物却安然无恙。我们许多大中城市早就有很多成功的案例。一些敏感的医学工作者从中联想到，是否也能将爆破技术移植到摧毁人体内的结石这一手术上来，用爆破的方法炸掉结石呢？于是，他们精心设计，精确计算炸药的使用分量，确保在炸掉结石时不会损伤其他器官，经过反复研究实验，医学上的微爆破技术终于获得成功。

(3) 方法移植

方法移植是将一个学科的研究方法移植到另一个学科中去，创造出新的交叉学科或新的解决问题的方法。方法移植应用较广，除了研究方法的移植外，还有工作方法、学习方法、工艺方法、思想方法、训练方法等的移植。

阅读材料

发酵方法的移植

面团经过发酵，进入烘箱后，面团内产生大量气体，使面团体积膨胀，变成松软可口的面包。这种可使物体体积增大、重量减轻的发酵方法，移植到塑料生产中，便发明了物美价廉的泡沫塑料，可以作为易碎或贵重物品的包装材料及运输、保温、隔音材料，也可用来制作救生衣。人们将发酵方法用在水泥生产上，生产出了经过膨胀后的水泥制品，不仅体积大、质地轻，而且还有隔热、隔音等性能。人们将发酵方法用在金属材料上，制造出了泡沫金属，可以填充工艺构件中的空隙，还可以悬浮在水上，具有很大的开发价值。

(4) 结构移植

结构移植是指将某种事物的结构形式或结构特征，运用在其他某种事物的设计与制造中，进而实现创新的一种技法。使用这种移植方法，首先要深入研究各种物品的结构，充分发挥创新思维的作用，积极开发其应用的更多领域。其次要从需要解决的问题出发，寻求恰当、合理的结构，通过实施结构移植，来解决存在的现实问题，实现产品的创新。

比如，人们模仿动物骨骼结构，进行桥梁设计，于是创造出平直桥、吊桥、悬臂桥等许多新颖桥梁，这就是属于“结构移植法”。一些河堤为防河水冲刷或龟裂而塌方，设计了网格状水泥坡面，在其间填石种草，有效地保护了河堤；而有的公路旁边的隔音墙，也是采用网格状主体墙，其间夹杂有茂盛的草。这种“网格＋草”的结构，有利于防沙、防噪声。

（六）六顶思考帽法

六顶思考帽是英国学者爱德华·德·博诺博士提出的一种思维训练模式，旨在通过平行思维来全面、系统、多维度地分析和解决问题。该方法强调的是“能够成为什么”，而非“本身是什么”；要求从不同的角度和方面进行思考，而不是将时间浪费在互相争执上。运用六顶思考帽法，可以让混乱的思考变得更加清晰，使团体中无意义的争论变成集思广益的创新，提升决策的成效和创造力。

1. 定义

所谓六顶思考帽，是指使用六种不同颜色的帽子代表六种不同的思维模式。任何人都有能力使用以下六种基本思维模式：

(1) 白色思考帽：代表客观和事实。戴上白色思考帽，人们专注于客观信息、事实、数据和逻辑分析。

(2) 绿色思考帽：代表创新和创造。戴上绿色思考帽，人们可以自由发挥创造力，提出新颖的想法和解决方案。

(3) 黄色思考帽：代表积极和价值。戴上黄色思考帽，人们从正面考虑问题，思考事物的优点，表达乐观、满怀希望、建设性的观点。

(4) 黑色思考帽：代表谨慎和风险评估。戴上黑色思考帽，人们可以运用否定、怀疑、质疑的看法，尽情发表负面的意见，找出逻辑上的错误，评估潜在的风险和挑战。

(5) 红色思考帽：代表情感和直觉。戴上红色思考帽，人们可以表现自己的情绪，包括表达直觉、感受、预感等方面的看法。

(6) 蓝色思考帽：代表组织和控制。蓝色思考帽负责管理和引导整个思考过程，确保其他五种思维方式得到有效的运用，并保持讨论有序。

2. 实施步骤

六顶思考帽是一个操作简单、经过反复验证的思维工具，能够帮助人们更高效、更专注地进行思考和决策，一个典型的六顶思考帽法在实际中的应用步骤如下：

(1) 戴上白帽：陈述问题事实，确保所有相关事实、数据和客观信息都已准备好。

(2) 戴上绿帽：鼓励创造性思考，提出新的想法、建议或解决方案。

(3) 戴上黄帽和黑帽：评估每个建议的优缺点，列举其优点、潜在的利益等（黄帽），分析其存在的风险、缺点以及可能遇到的问题等（黑帽）。

(4) 戴上红帽：从经验、直觉上对各项选择方案进行分析判断。

(5) 戴上蓝帽：在思考过程中对思考的顺序、时长等进行调整和控制，最后综合各方的观点，对所有选项进行比较，做出最终决策。

六顶思考帽代表的六种思维角色，几乎涵盖了思维的整个过程，既可以有效支持个人的行为决策，也有助于支持团体讨论中的相互激发。运用该种方法时，团队成员不再局限于某个单一的思维模式，而是从多角度、全面思考同一个问题，避免了过于片面或偏颇的判断，有利于团队和个人在处理复杂问题、做出决策、激发创新时更加深入全面。

第三节　大学生创新能力的培养

无论是培养创新思维，还是学习掌握创新方法，其最终目的都是为了提升创新能力。尤其现在正处于百年未有之大变局，经济社会的发展越来越依赖于科技、文化、制度等各领域的创新，国家与国家的竞争也越来越集中体现在创新能力上。青年大学生作为社会上最富活力、最具创造性的群体，肩负着担当民族复兴大任的时代使命，应主动提升自身的创新能力，努力成长为时代所需的高素质创新型人才。

一、创新能力概述

（一）创新能力的概念

创新能力是指创新主体（包含个人和组织）运用已有的知识和资源，根据一定的目标任务，创造出新颖的、有价值的产品、方法、成果或服务的能力。创新能力是由多种不同要素共同构成的综合体，其中主要包括创新意识、创新精神、创新思维、创新技能等方面。

创新能力是推动个人和社会发展进步的重要动力，它具有三个基本的特征：

第一，普遍性，即所有人都具备创新能力。作为地球上的高级智慧生物，人类具有改变现实的本能，同时又具备开展创新活动所需要的思维能力和实践能力，因此，我们每个人都拥有创新的能力。

第二，潜在性。创新能力是一种潜在的能力，它深藏于每个人的思维深处，等待着被随时发掘与释放。只有当受到外界的刺激，并产生内在需求动机时，人的创新能力才会得到激发，才会主动进行创新活动。

第三，综合独特性。创新能力并非某个单一的能力，而是学习能力、想象能力、分析能力、实践能力等多种能力的综合，而且这种综合是独特的，在每个人身上的体现都不一样，具有鲜明的个性色彩。

（二）创新能力影响的因素

不管是个人还是组织开展创新活动，都会受到各种因素的影响，也正是在这些因素的共同影响作用下，形成了不同水平的创新能力。关于创新能力的影响因素，许多专家学者进行了研究讨论，提出了不同的观点。经过梳理归纳，我们可以从五个主要方面来分析影响创新能力的因素：

1. 智力因素

智力是人们在认识客观事物的过程中，所形成的认识方面稳定的心理特征和行为方面稳定的活动趋向的总和。这种认知和行为的综合不仅表现出一种学习的能力，同时还表现在处理问题与判断事物时的高度抽象思维能力，以及对新环境的认识适应和调控能力。合理的智力结构通常包括观察力、注意力、记忆力、想象力和思维力等要素，这些要素的良好发展是产生创新能力的重要基础。任何个体要具备较强的创新能力，就必须具备敏锐的观察力、集中的注意力、良好的记忆力、丰富的想象力和灵活的思维力。

2. 知识因素

知识是人们在社会实践中所获得的认识和经验的总和，它既是智力发挥作用的基础性要素，更是人们开展创新活动的基础性因素。在发明创造过程中，知识至少发挥三种显著的作用：第一，通过对已有知识的分解与组合，可以促进新知识、新思维、新设想的形成，这也是创新能力产生的源头活水。第二，知识可以帮助创造者正确理解自己提出的设想，进一步厘清思路、优化路径，从而选择合适的工具和方法。第三，知识是验证所设想的解决方案的基石，运用所掌握的知识既可做理论推导、价值预判，也可用以支撑实践的检验。因此，知识储备的深度与广度、知识结构的合理性，深刻影响着一个人创新的层次和水平。个体对知识、经验、技能的整合驾驭能力，是与其创新能力呈正相关的。

3. 思维方式因素

人的创新能力与其思维方式有着密切的联系。可以能动地运用大脑进行思维，这是人区别于其他动物的重要标志，也是人类不断认知和改造客观世界的强大驱动力。创造性成果的产生，不仅仅需要一种思维模式，更需要依赖多种思维方式的综合运用。尤其是面对现代科技加速迭代、知识爆炸式增长与快速更新的挑战，综合思维的重要性日益凸显。掌握多维度、多层次、多角度的思维模式，是孕育更强创新能力的关键所在。

4. 其他非智力因素

创新能力的形成不仅与智力因素相关联，更受到非智力因素的深刻影响，包括个体的创新动机、创新意愿、创新内驱力以及自我效能感（自信心）等，创新的过程本质上是一种高阶认知与情感因素协同作用的复杂心理机制。人作为创新活动的主体，其主观能动性在创新实践中往往起着决定性的作用，而这种主观能动性又在很大程度上会受到个性品质的影响。一般而言，具有强烈的创新意愿、持续性的创新内驱力以及较强的自我效能感的个体，其创新能力更为突出和持久。

5. 外部环境因素

任何个体都不是在与世隔绝的环境中从事创新活动的，或多或少会与其他人、组织机构发生联系。因此，个体的创新能力是植根于特定的社会土壤，并深受其所处社会的政治、经济、文化、教育等环境的影响和制约。一个民主、开放、进取的社会环境，崇尚创新、鼓励创新、支持创新的良好氛围，可以为个体创新提供良好的外部条件，极大调动个体的创新积极性。

二、创新能力的培养

（一）培养创新的精神

第一，要有强烈的好奇心。创新的火花往往由炽热的好奇心点燃，它是驱动我们不断追问“为什么”的原动力。爱因斯坦曾说过：“我没有特别的天赋，只有强烈的好奇心”。好奇心包含着强烈的求知欲和追根究底的执着精神，拥有强烈的好奇心是进行创新创造的首要前提。

第二，要有主动追求创新的欲望。如果没有进行创新的强烈欲望和动机，那么无论怎样谦虚和好学，也难以挣脱前人的思维藩篱，最终不免陷于模仿或复制的窠臼。要学会养成不囿于现有思想、观点、方法的习惯，始终保持旺盛的探索欲，主动思考如何突破常规，在现有基础上实现革新与超越。

第三，要树立崇高的价值追求，这是培养创新精神的核心。创新之路，亦是求真之路，过程漫长且充满艰辛。唯有怀抱积极的人生观、正确的利益观和甘于奉献的品格，才能克服种种困难，在创新创造的道路上砥砺前行，为社会的进步与人类的福祉贡献更大力量。

（二）掌握丰富的知识

创新的本质是对知识的创造性运用，无论是前沿科技的重大突破，还是日常生活中的细微改进，都离不开扎实知识的支撑。这里的知识不仅是书本知识，还包括生活中的实践知识，所有的创新都是建立在对既有知识的运用之上的。可以说，谁掌握了知识，谁就握住了开启创新之门的钥匙。因此，创新型人才必须兼具广博的文化素养与精深的专业技能，并将二者有机融合为完整的创新知识体系。正如麻省理工学院前院长基利安所言："只有通才教育会导致肤浅，只有专业教育则导致狭隘和缺乏远见，只有实现两者之间的结合和整体化，才能培养出具有创造性的人才。"

如何培养深厚的理论根基与广阔的学术视野呢？多数学者认为，关键在于实现个人知识结构的"广""深""新"。"广"是指大学生要构建宽广的知识面，除了具备专业知识以外，还要夯实人文素质基础，哲学、经济学、历史学、文艺学等不同领域知识均要广泛涉猎。"深"是指大学生学习知识不能浅尝辄止、浮于表面，要深入钻研理论精髓，探究专业知识的真谛，才有可能在专业领域取得成就。"新"则是紧盯学科前沿与最新动态。只有了解本专业最前沿的学科知识、最新的理论成果，才能更拥有敏锐的视角、创新的理念，否则只能永远步他人后尘。此外，在全球化背景下，创新型人才还需要具有国际视野、全球眼光、国际竞争力。

（三）培养优秀的品质

提升大学生的创新能力，除了要掌握必需的创新知识外，同时还需要培养学生优秀的个人品质，诸如胆识、毅力、勤奋、活力、自我激励等，来积极促成创新思维的形成、创新活动的开展。

1. 胆识

创新活动本身存在着探索性和独创性的特点，其主要表现就是在思想上不因循守旧、不墨守成规，具有敢于打破传统的勇气，而这都离不开一种核心精神特质——胆识。胆识融合了大勇与大智的精神力量，给予了我们挑战固有模式的魄力、敢于质疑权威的勇气。人若缺乏胆识，纵有奇思妙想、良策真知、深厚学识，也只能被困于自己的脑海，难以落地生根发芽。有胆有识，才是真正的大智慧。法国文学家阿纳托尔·法朗士曾说："最难得的勇气，是思想的勇气。"鼓励培养胆识，就是要给我们头脑中的智慧加上勇气的力量，使其创造出真正的社会价值。

2. 毅力

毅力是指人们坚定持久、毫不动摇的意志力，是时间上的持久性和精神上的坚韧性的表现。顽强的毅力是大学生创新活动取得成功的重要保证，巴尔扎克曾精辟地指出："勇气和天才是成功的一半，而毅力是成功的另一半。"拥有坚强的毅力，一方面能保障创新活动在困境中延续、在险途中前行；另一方面，更能帮助人们克服自身弱点，保持思想的正确性与灵活性。创新人才应具备永不坠落的青云之志和永不熄灭的毅力之火，在充满挑战的创新征途上，直面困难、百折不回，坚定不移地向着既定目标迈进。

此外,由于毅力表现在时间上具有持久性。因此,与毅力相依相伴的往往是勤奋。勤奋是有所作为的基础,人们唯有保持勤奋,方能成就真正的自我。勤奋对培养创新思维和创新能力具有深远意义,没有勤奋支撑的创新,如同沙上建塔,难以稳固和持久。

3. 自我激励

自我激励是指通过有意识地去想、去做一些事情,激发内在渴望,建立积极心态,进而正向地影响自己的行为和潜意识。自我激励有助于增强个人的自尊心和自信心,提高个人的创新创造能力,以积极的心态看待人生。自我激励的方式主要有以下两种:

(1) 积极的自我暗示。在心理学中,自我暗示是一种通过想象特定的人或事物来刺激自己,从而改变行为和主观体验的方法。积极的自我暗示又称自我肯定,会如同温暖的阳光,为心灵带来滋养,促使生命之树茁壮成长;而消极的自我暗示,则如同厚厚的乌云,遮蔽了光明,让生活失去了原有的色彩。很多大学生在面对创新的时候,常会陷入自我束缚的心理陷阱,不自觉地预设一些没有意义的障碍:要么认为创新是高大上的事情,觉得自己遥不可及;要么认为创新是艰难的事情,被想象的困难所吓倒,提前宣告放弃,这都属于消极的自我暗示。“人若败之,必先自败”。人们的社会实践也证明:成功往往始于积极的自我信念,而失败则常源于负面的心理暗示。

(2) 严格的自我训练。真正的成长源于对自我的高标准严要求,这意味着个体无需来自外界的督促,便能清晰地认知自己所需提升的技能,以及亟待修正的不足,并以严格的标准付诸行动。尤其当面对内心抗拒、却对成功至关重要的任务时,更要依靠强烈的内在驱动力,自觉、专注地达成目标。纵观历史,所有成功者无不是源于这份严格的自我训练。这绝非简单地“多付出一点”,而是持之以恒地加倍投入,不断地精进自我。

(四) 注重创新思维训练

人的创造性是先天自然属性,并会随着人的大脑进化而进化,其最初存在形式表现为创新潜能。个体间这种天生的创新潜能并没有明显的差别,但在后期创新潜能是可以进一步挖掘和提升的。通过刺激、教育、训练等方式,创新潜能转化为后天的、具有社会属性的创新能力。也正是由于这种转化,使得个体的创新能力呈现出了强弱之分。

创新思维是创新能力的核心因素,是创新活动的灵魂。开展创新训练的实质就是对创新思维的开发和引导。常言道,思路决定出路,思维水平决定发展高度。一个人创新思维的强弱,将直接影响其将来的创新能力和发展前途。因此,大学生在日常学习和生活中,要学会双管齐下开展创新思维训练:一是向内探索,有意识地学习脑科学知识,了解大脑的功能和原理,主动开发大脑这座宝库;二是向外突破,培养求异精神,敢于挣脱常规束缚,主动转化视角,有意识地使用逆向、发散、横向等多种思维方式去思考和解决问题,不断提升创新技能。

(五) 学会批判性思考

每个人在成长的过程中,其思维方式大致经过三个阶段。第一阶段:朴素服从阶段。由于年龄小,知识、阅历有限,因此对来自各方面的知识和信息自己没有判断能力。在此阶段,个体完全地根据父母、监护人、老师等“权威”的看法和标准来评判是非对错,没有妥协和商量的可能性。随着年龄的增长、知识的增加、阅历的丰富，人们发现“权威”们的观点并不都完全一致，有时甚至是相互矛盾的，但听起来似乎又都有道理。这时，人们就进入到思维方式的第二个阶段：“都有道理”阶段。相比前一个阶段，此阶段个体在成熟和复杂的程度方面稍有长进，但对于一个有见识和有洞察力的人来说，必须继续向前发展，进入第三个阶段：批判的思维阶段。此时个体实现了认知的跃升，意识到不同的观点有优劣之分，开始由原来的盲从权威，转而依据观点的论证质量(如理由是否充分、是否有说服力)来评判其优劣。同时，对他人的观点，特别是与自己不同的观点也抱着宽容的态度，但他们只接受在一定程度上令人信服、经得起推敲的观点。

古人云：“学起于思，思源于疑。”有疑问才会去思考、去探索、去创新。历史上许多科学家对旧知识的扬弃、对谬误的否定，无不是自怀疑开始的。批判性思考要求我们要全面了解问题的分歧，客观评价各方论据，然后在此基础上提出自己的见解和判断。大学生尤需要培养这种精神，不盲从权威，勇于大胆质疑，敢于提出问题，并积极寻求解决的方案及最佳方法，这也是我们创新的出发点。

(六)积极投身创新实践

实践是检验真理的唯一标准，也是培养创新思维、掌握创新方法的重要途径。只有在实践中人类才有了无数新的发现、发明和创造；实践又能检验和发展创新，尤其一些重大的创新发明，常常需要历经实践的多次验证与修正，才能臻于完善、最终确立。对于我们个人而言，投身创新实践的积极性越高，个人创新经验的积淀、创新能力的磨砺以及创新才干的提升也就越为显著。

对于当代大学生来讲，要勇于在创新实践中培养和提升创新能力。当前高校构建了多元化的素质教育平台，涵盖社会实践、文体活动、学生社团、科研活动、创新竞赛、创业孵化、志愿服务等方面和类型，为大学生提供了拓展创新思维、提升创新能力、实践创新成果的宝贵场域。大学生应积极参与各类实践活动，主动将所学知识付诸应用，学会在实践中识别并解决问题，真正实现“学中做”“做中学”。同时，参加创新实践的过程，不仅能锻炼发现问题、多角度思考与解决问题的能力，更能检验自己创意的现实可行性，为未来创新活动的开展打下坚实的基础。此外，大学生还要学会在实践中不断反思、总结创新经验与规律，养成良好的创新思维习惯，形成自己独特的创新风格。唯有如此，才能确保创新活动的可持续性，不断收获更多创新成果，真正实现向创新型人才的蜕变。

(侯东晓)

第七章　医学创新思维与创新工具

学习目标

1. 知识目标

掌握医学创新的核心趋势，理解创新思维的关键能力及其理论框架，熟悉常用医学文献数据库、公共数据库和统计软件的功能与操作逻辑。

2. 能力目标

能运用创新思维分析临床问题，能熟练使用至少3种文献数据库检索前沿研究，掌握1～2种统计软件进行数据分析，能参与科研项目设计，通过团队协作完成从问题定义到数据验证的创新流程。

3. 情感价值观目标

激发对医学创新的探索热情，理解创新思维在解决临床难题中的伦理责任，培养跨学科协作意识，认识医学创新需融合技术理性与人文关怀，树立数据驱动的科学思维，体会创新工具在提升医疗效率和科研转化中的价值。

本章概要

本章聚焦医学创新思维与工具，首先分析医学创新的现状与挑战，指出技术创新、跨学科融合、远程医疗及个性化医疗的发展趋势，强调创新思维对医学生构建动态知识体系、抢占职业先机、提升决策能力的重要性。其次，阐述医学创新思维的核心能力与培养路径。最后，介绍医学创新的常用工具，包括文献数据库、公共数据库及统计软件，并说明其在科研和临床中的应用场景。

引子

在医疗技术加速迭代、健康需求日益多元的今天，医学创新已成为破解医学难题、推动学科进步的核心驱动力。从基因编辑技术颠覆遗传病治疗，到AI辅助诊断重塑诊疗流程，创新思维正以前所未有的力度重构医学的底层逻辑。对于医学生而言，这既是挑战更是机遇——如何在知识爆炸中保持认知弹性？如何将技术突破与人文关怀有机融合？如何借助文献检索、数据挖掘、统计分析等实用工具实现从“知识继承者”到“问题定义者”的跨越？

第一节　医学创新的现状与挑战

医学创新是指通过新技术、新理念、新方法等手段来推动医疗科学的进步和医疗服务的改善。随着科技的不断进步和人类健康需求的日益增长，医学创新已成为推动医疗卫生事业发展的核心动力。当医疗及相关行业进入“问题定义比解决更重要”的时代，创新思维已成为医学生抵御职业同质化的“战略武器”。它不仅关乎能否找到一份工作，更决定能否在职业生涯中持续创造价值——从改进一个临床细节到重塑一种诊疗模式，从解决个体病痛到改善群体健康。

一、医学创新的发展趋势

（一）技术创新引领医学进步

近年来，医疗技术的飞速发展极大地推动了医学创新。从基因编辑技术到人工智能辅助医疗，从3D打印医疗植入物到纳米医学精准诊疗，技术创新正不断拓宽医学的边界。基因编辑技术如CRISPR-Cas9系统，为遗传性疾病的治疗提供了前所未有的可能性，通过精确修改致病基因，有望从根本上治愈某些遗传病。人工智能在医疗领域的应用也日益广泛，从辅助诊断、疾病预测到个性化治疗方案的制定，AI技术不仅提高了医疗服务的效率和准确性，还减轻了医护人员的工作负担。此外，3D打印技术在医疗领域的应用也展现出巨大潜力，能够制造个性化植入物、假肢等，满足患者的特殊需求。

（二）跨学科融合成为常态

医学创新越来越依赖于跨学科的合作与融合。医学、生物学、物理学、计算机科学等多学科的交叉融合，为医学创新提供了丰富的思想源泉和技术支持。例如，生物打印技术的出现，使得制造生物组织和器官成为可能，为解决器官移植难题提供了新的途径。这一技术的实现，离不开生物学、材料科学、工程学等多个学科的共同努力。跨学科融合不仅促进了医学技术的创新，还推动了医学教育模式的改革，鼓励医学生拓宽知识视野，培养跨学科思维和团队协作能力。

（三）远程医疗与数字健康的兴起

随着互联网技术的普及和物联网技术的发展，远程医疗和数字健康已成为医学创新的重要方向。远程医疗打破了地域限制，使得患者能够便捷地获得优质医疗服务。特别是在新冠疫情期间，远程医疗在疫情防控、患者救治等方面发挥了重要作用。数字健康则通过大数据分析、人工智能等技术手段，为用户提供个性化的健康管理方案，预防疾病的发生和发展。这些创新技术的应用，不仅提高了医疗服务的可及性和效率，还促进了医疗资源的优化配置和合理利用。

（四）个性化与精准医疗的推进

随着基因组学、蛋白质组学等组学技术的快速发展，个性化与精准医疗已成为医学创新的前沿领域。通过分析患者的基因数据、疾病特征等信息，医生可以为患者提供个性化的治疗方案。这种基于个体差异的精准治疗，不仅提高了治疗效果，还减少了药物的副作用和医疗资源的浪费。未来，随着基因编辑、细胞治疗等技术的不断进步，个性化与精准医疗将在更多疾病的治疗中发挥重要作用。

二、医学生建构创新思维的意义

身处医疗技术迭代加速、健康需求复杂多元的时代，创新思维正以前所未有的力量重塑医疗及其相关行业的底层逻辑。对于医学生而言，创新思维已从"加分项"升级为医学生应对技术变革的"必备生存技能"，更是提升职业发展新维度的钥匙。作为医学生职业生涯的核心竞争力之一，创新思维贯穿于知识获取、实践运用、科研探索的全过程，在突破思维定式、构建多元能力体系、应对复杂健康挑战中发挥着不可替代的作用。

（一）构建自身动态知识体系

传统医学教育中，解剖学图谱的标准化记忆、诊疗指南的严格遵循、手术流程的精准复刻，虽奠定了专业基础，却也可能形成"路径依赖"。创新思维能帮助医学生打破这种线性思维定式，例如在诊断罕见病时，不再局限于《临床诊断指南》的既定流程，而是结合基因组测序数据、实时影像动态分析和跨科室病例比对；在学习《药理学》时，不满足于药物作用机制的被动接受，而是主动探索"老药新用"的可能性（如阿司匹林抗血栓作用的再发现历程）。这种思维转型本质上是从"知识容器"到"知识重构者"的角色升级，使医学生能在知识爆炸时代保持认知弹性。

现代医学的复杂性要求医学生践行学科交叉，主动打破学科壁垒，创新思维作为"知识黏合剂"，能帮助医学生建立立体化认知网络。如在诊断糖尿病合并心血管病变需整合内分泌学与血流动力学知识，解读肿瘤基因检测报告需理解分子生物学与伦理学的交叉逻辑；在学习高血压治疗过程中，逐步以临床问题为原点，在"药物-生活方式-基因易感性"三角模型中完成生理学、药理学、数据科学等学科的知识关联。

（二）抢占职业生涯发展先机

随着医疗重心从"疾病治疗"转向"健康管理"，创新思维催生大量诸如精准医疗顾问、数字疗法设计师和医学伦理评估师等新兴岗位。精准医疗顾问为肿瘤患者制定基于多组学数据的个性化治疗方案，需整合基因检测、免疫治疗、生活方式干预等知识；数字疗法设计师开发基于认知行为疗法的手机应用治疗焦虑症，要求医学背景与交互设计能力结合；医学伦理评估师对基因编辑技术、AI诊疗系统进行伦理审查，需兼具临床经验与哲学思辨能力。哈佛医学院职业追踪显示，掌握创新思维的医学生进入新兴领域的概率是普通学生的3.5倍，且职业满意度高63%。

（三）锻造人文关怀基本素养

在人类对抗疾病的历史中，医学人文关怀和医疗技术进步是重要的两翼。我国的医学传统十分注重长期的健康维护和对人的全方位关注与照顾，其中蕴含的医疗人文精神，与当下人们对医疗品质的期待十分契合。创新思维不仅能够有效支撑在技术理性中注入人文温度，更体现了对患者需求的深度洞察，如针对老年患者开发“语音控制智能药盒”，通过人机工程学优化解决视力下降、记忆力衰退带来的用药难题，亦如将患者诊疗经历转化为可视化时间轴，帮助癌症患者理解治疗进程，在有效提升医患沟通效率的同时践行叙事医学沟通模式。此类创新思维衍生的能力使医学生在技术狂飙中保持清醒判断，成为有温度、有担当的医疗变革者。

（四）提升专业决策能力

信息化时代的医学及相关岗位，尤其是在临床一线，创新思维不仅能帮助医护在急诊室、ICU等高压场景中快速构建“非常规证据链”，完成科学准确决策，如面对不明原因急性肝损伤患者，不局限于常规病毒检测，还调取网购记录排查保健品肝损伤，结合LC-MS代谢组学技术快速筛查毒素标志物；还能够帮助我们面对基因编辑伦理争议、AI诊断数据隐私等棘手问题时，运用尊重、不伤害、有利、公正“四原则法”分析CRISPR技术的临床应用边界，避免技术滥用。这种决策能力将临床思维从“指南遵循”升级为“问题解决”，使医学生在复杂紧急病例处理中展现超越年资的判断力。

（五）激活科研创新潜能

在医学院校学生参与的传统科研中，医学生常作为“数据收集者”和“流程执行者”参与成熟课题，而创新思维能培养医学生“问题定义”的能力，具备逆向科研设计和跨界问题转化能力的医学生，在选择科研方向时更易实现从“跟随研究”到“定义问题”的跨越，发现“真问题”，避免陷入“热点跟风”的低效研究。

另外，医学科研的终极价值在于解决临床问题，创新思维能够决定转化效率，加速从“理论验证”到“应用落地”。如上海第九人民医院利用3D打印技术制作个性化手术导板，将颅颌面手术规划时间从72小时缩短至6小时，加州大学旧金山分校开发基于AI的“皮肤癌自拍筛查APP”，通过临床数据训练模型后推向基层医疗市场，实现技术价值与社会价值的统一。这种能力使医学生在职业初期就能建立“科研-应用”的闭环思维，更适应转化医学时代的需求。

创新思维的建构过程，本质上是医学生对“医学是什么、医生该如何工作”的重新理解：真正的医学创新，是对生命奥秘的持续追问、对患者需求的深度响应、对医疗本质的不断回归。对于医学生而言，培养创新思维不仅是适应变革，更是在定义未来医疗的模样——那个融合技术理性与人文关怀、充满问题意识与创造活力的医疗未来，正等待着具备创新思维的新一代去构建。

三、医学生创新思维的核心能力和培养路径

创新思维不是少数人的天赋，而是可以通过训练获得与之相关的核心能力。它要求医学生在背诵药典时保持对临床现象的敏锐观察，在重复手术操作时思考每一个步骤的改进空间，在阅读文献时敢于质疑权威理论的适用边界。正如现代外科之父 William Halsted（1852—1922年）所言："医学的进步，始于对习以为常的重新审视。"在快速变化的医学行业环境中，创新思维能够帮助医学生更好地适应行业变革，提升自身在职场中的竞争力，为个人职业发展开辟广阔空间。

（一）医学生创新思维核心能力

1. 问题定义能力

医学生的问题定义能力是指在医学学习、临床实践或科研过程中，能够准确识别、分析和清晰表述问题的能力。这是从理论学习和实践训练中提炼"真问题"的重要基础，直接影响诊断准确性、治疗方案制定及医学创新能力。

以临床医学专业的学习为例，问题定义能力是连接理论知识与临床实践的桥梁，其本质是"在不确定性中建立确定性框架"的能力。通过系统化训练、临床反思与跨学科思维，医学生可逐步掌握从"模糊感知问题"到"精准定义问题"的核心技能，为成为具备高阶临床思维的医生奠定基础。这一能力不仅关乎诊疗效果，更是医学创新（如发现未被满足的临床需求、提出科研课题）的起点。

在临床实践中，医学生需要敏锐地观察患者的症状、体征以及治疗过程中的各种现象，从这些纷繁复杂的信息中发现潜在的问题。以降低术后感染率为例，这是一个具有重要临床意义的"真问题"。传统的思维方式可能仅仅关注如何改进消毒流程。创新思维则驱动医学生深入分析术后感染的各种影响因素，不仅仅是消毒流程，还包括患者的自身免疫力、手术环境的微生物污染、医疗器械的清洁与消毒等多个方面。通过全面的分析，医学生可以将问题进一步细化为"如何通过综合干预措施，包括优化消毒流程、提高患者免疫力、改善手术环境等，来有效降低术后感染率"，从而为后续的研究和实践提供更明确的方向。

2. 知识迁移能力

医学生的知识迁移能力，是指将所学的基础理论、专业技能、跨学科知识等，灵活应用于新情境、解决复杂问题的能力。

以药学专业为例，3D打印技术在工程领域用于结构制造，其"分层堆积"原理被迁移到药物的研发，制备"多层缓释药片"，模拟胃肠道蠕动节律释放药物，进一步优化药代动力学。又如将机器学习中的"分类算法"（如决策树）用于识别数据特征与结果的关联，构建"心血管疾病风险预测模型"时，整合患者年龄、血压、血脂、心电图等数据，通过算法训练迁移"特征筛选-权重分配-风险分级"的逻辑，辅助临床快速评估急性心梗风险，从而实现数据科学方法向临床决策支持的迁移。

医学生的知识迁移能力其本质是对知识本质的深层理解、认知策略的灵活运用，以及在复杂情境中主动调用旧知识、整合新知识的能力。在医学知识爆炸式增长的时代，唯有具备

强大迁移能力的医学生，才能在终身学习中适应临床实践的复杂性，成为真正的“问题解决者”。

3. 风险评估能力

医学生的风险评估能力是指医学生在医学学习和实践过程中，对各种医疗相关风险进行识别、分析和评估，并采取相应措施进行防范和应对的能力。如在创新过程中平衡技术突破与伦理边界是医学生创新思维不可或缺的能力。医学创新往往涉及新技术、新方法的应用，这些创新在带来希望的同时，也可能伴随着一定的风险，尤其是伦理风险。基因编辑技术在遗传病治疗方面具有巨大的潜力，但同时也引发了广泛的伦理争议。如在利用基因编辑技术进行治疗时，医学生需要充分评估技术突破可能带来的好处，如治愈遗传病、提高患者生活质量等，同时也要高度重视其潜在的风险，特别是代际风险。基因编辑可能会对后代的遗传信息产生影响，这种影响可能是不可预测的，甚至可能引发一系列伦理和社会问题。因此，我们需要深入研究基因编辑的作用机制、潜在风险以及相关的伦理准则，建立科学合理的风险评估体系，在技术突破与伦理边界之间找到平衡点，确保创新的安全性和可持续性。

4. 团队协作能力

医学生的团队协作能力是指医学生在医学学习、临床实践以及科研活动中，与团队成员有效沟通、相互配合、协同工作，以实现共同目标的能力。

如针对如何优化医院的就诊流程，提高患者的就医体验和医疗服务效率这一问题，临床医学专业学生从患者就医的实际需求出发，分析现有就诊流程中存在的问题，如挂号排队时间长、检查等待时间久、科室之间沟通不畅等；管理学专业学生运用管理科学的理论和方法，对医院的资源配置、人员管理和流程优化进行研究和设计；医学信息学专业学生则利用信息技术，开发医院信息管理系统、移动医疗应用等，实现患者信息的快速传递和共享，优化预约挂号、检查预约等功能。团队成员通过实地调研、数据分析、模拟实验等方式，对各种方案进行评估和优化，共同提出一套全新的医疗服务模式。

团队协作能力是医学生综合素质的重要组成部分，对于提高医学生的学习效果、实践能力和科研水平都具有重要意义，也是医学院校大学生未来成为一名优秀职场员工所必备的能力之一。

（二）医学生创新思维自我培养路径

医学院校大学生想要提升自我创新思维，可以从以下几个方面入手：

1. 注重知识积累

知识是创新思维的基础，只有具备丰富的知识储备，才能为创新思维提供素材和灵感。因此，要培养创新思维，首先要加强知识的学习和积累，不断拓宽自己的知识面和视野。除扎实掌握本专业知识外，还应主动加强生物学、化学、物理学、信息科学、心理学、社会学等相关学科知识的学习。例如，了解生物学的最新研究成果，有助于从分子层面理解疾病机制，为创新治疗方法提供思路；掌握信息科学知识，能帮助利用大数据和人工智能技术进行医学诊断和研究。

通过阅读前沿医学文献、参加学术会议、聆听专家讲座等方式，及时了解医学领域的最新研究进展和临床实践成果。关注新兴技术和理念，如基因编辑技术、精准医疗、远程医疗等在医学中的应用，从中获取创新灵感。

2. 注重实践和创新

实践是创新思维的源泉，只有通过实践，才能发现问题和机会，积累经验和教训。因此，要培养创新思维，需要注重实践和创新，构建“问题导向”的自主学习模式，主动申请加入学校或医院的科研团队，参与课题研究。在科研过程中，学习科研方法和技能，如实验设计、数据采集与分析等，锻炼逻辑思维和解决问题的能力。与团队成员密切合作，共同探讨研究问题，碰撞出创新思维的火花。

结合自身兴趣和所学知识，尝试申报学校的大学生创新创业训练计划等基金项目或参与中国国际大学生创新大赛等国家级创新赛事。从项目的选题、设计到实施，充分发挥主观能动性，独立思考，勇于提出新的研究思路和方法，在实践中培养创新能力。

3. 培养批判性思维

批判性思维是创新思维的重要前提，它能够帮助人们对已有的知识和经验进行反思和评价，发现其中的不足和缺陷。因此，要培养创新思维，需要积极参加学校或学术组织举办的学术沙龙、研讨会等活动，与不同专业背景的医学生和青年学者交流学习。分享自己的研究成果和临床经验，倾听他人的意见和建议，从不同的视角看待问题，激发创新灵感。

培养批判性思维能力，学会质疑和反思，不盲目接受传统的观念和模式。在医学学习和实践中，医学生要敢于秉承科学的观点对传统的诊断方法、治疗方案提出疑问，通过实践和研究，寻找更加合理的解决方案。

4. 自我训练与反思

利用业余时间学习创新思维方法，如头脑风暴法、思维导图法、逆向思维法等，并通过相关练习和案例分析进行实践。例如，针对一个临床难题，运用头脑风暴法集思广益，提出多种可能的解决方案；或使用思维导图梳理思路，找到创新的切入点。并定期对自己的学习、科研和临床实践进行反思总结，回顾自己在解决问题过程中的思维方式和方法，分析哪些方面做得好，哪些地方需要改进。通过不断反思和总结经验教训，逐步优化自己的思维模式，提高创新思维能力。

第二节　医学创新思维的价值与培养策略

医学作为一门持续动态发展的学科，随着环境变化、人口结构改变以及病原体的进化，人类的疾病谱不断变化及其治疗预期呼唤创新思维在医学领域深入应用，以有效支撑疾病治疗手段的持续改进与创新，进而提升治疗效果、降低患者痛苦并减少医疗成本。

对于医学院校的大学生而言，遵循创新思维的基本原则，掌握创新思维的基本方法，是未来自身能够在医学领域为社会发展和人类健康贡献自身力量的必备要素。

一、医学创新思维的价值

（一）推动医学理论的发展

创新思维是医学理论发展的动力源泉。在医学发展的历史长河中，每一次重大的理论突破和医学模式的迭代都离不开创新思维的结果。

在古代医学原始模式阶段，人们对疾病的认识主要基于经验和直觉，认为疾病是由神灵、魔鬼等超自然力量引起的。医生通常是基于个人的观察和实践经验做出治疗决策，缺乏系统性和科学性。

随着科学技术的发展和创新思维的应用，医学将人体视为一个整体，包括生物、心理和社会因素的综合作用。这种模式承认生理状态、心理状态和社会环境对健康和疾病的影响，并提倡综合性的治疗方法。

在现代医学中，创新思维推动了医学理论的不断更新和完善，个体化医学模式强调每个个体的独特性和差异性。依据基因组学、遗传学和个体化医疗技术的发展，医生可以根据个体的基因组信息和生理特征来制定个体化的诊断和治疗方案，实现更精确、具有针对性的治疗，提高治疗效果和预后。人们对疾病的认识也从宏观层面深入到微观层面，发现了许多新的疾病发病机制和治疗靶点。同时，创新思维也促使人们对传统的医学理论进行重新审视和评价，提出了许多新的理论和观点，如精准医学、转化医学等。

（二）提高疾病的诊断和治疗水平

1. 医学诊断

创新思维在疾病诊断中发挥着重要作用。传统的疾病诊断方法主要依靠医生的经验和简单的检查手段，诊断的准确性和及时性受到一定的限制。随着创新思维的应用，各种新的诊断技术和方法不断涌现，如CT、MRI、PET-CT等影像学技术，以及基因检测、蛋白质组学检测等分子生物学技术。这些新技术和方法能够更加准确地检测疾病的位置、性质和程度，为疾病的诊断提供了更加可靠的依据。

2. 医学治疗

创新思维也为疾病的治疗带来了新的突破。传统的治疗方法主要依靠药物和手术，治疗的效果和安全性受到一定的限制。在创新思维的促进下，各种新的治疗方法不断涌现，如靶向治疗、免疫治疗、基因治疗等。这些新的治疗方法能够更加精准地针对疾病的发病机制和靶点，提高治疗的效果，减少治疗的副作用。例如，在癌症治疗中，靶向治疗药物能够特异性地结合癌细胞表面的靶点，抑制癌细胞的生长和繁殖，提高了癌症治疗的效果。

（三）促进医学技术的创新和发展

创新思维是医学技术创新和发展的核心驱动力。医学及其相关领域的新技术、新设备、新材料的研发和应用都离不开创新思维。在医疗器械领域，创新思维促使人们开发出了各种新型的医疗器械，如心脏起搏器、人工关节、微创手术器械等，这些医疗器械的应用提高了医疗服务的质量和效率。在药物研发领域,创新思维促使人们开发出了各种新型的药物,如基因工程药物、抗体药物等,这些药物获批后运用于临床为疾病的治疗提供了更多的选择。

(四)改善医疗服务质量

创新思维不仅能够提高疾病的诊断和治疗水平,还能够改善医疗服务质量。在医疗服务中,创新思维促使医生和医疗机构从患者的需求出发,创新服务模式和方法,提高患者的满意度和就医体验。例如,随着互联网技术的发展,创新思维促使人们开发出了远程医疗、在线问诊、电子病历等新型的医疗服务模式,这些服务模式能够让患者更加便捷地获取医疗服务,提高了医疗服务的可及性和公平性。

二、医学创新思维的基本策略

(一)求异策略

求异是创新思维的重要基石,它鼓励个体在思维过程中大胆突破常规思维定式,积极追求与众不同的想法与观点。在医学领域,这一原则表现得尤为突出。传统医学理论和治疗方法经过长期实践,虽具有一定的可靠性,但并非一成不变。具有创新思维的医生和科研人员敢于对传统观念提出疑问与挑战,为医学发展注入新的活力。例如,在心血管疾病治疗方面,长期以来,冠状动脉搭桥手术被视为治疗严重冠心病的标准方法。然而,随着医学技术的发展和对疾病机制研究的深入,一些医生开始思考是否存在替代方案。于是,经皮冠状动脉介入治疗(PCI)技术应运而生。这种微创手术方法通过穿刺血管,将导管送至冠状动脉病变部位,利用球囊扩张和支架植入来改善心肌供血。与传统搭桥手术相比,PCI具有创伤小、恢复快等优势,为冠心病患者提供了更多治疗选择。这一技术的诞生正是求异性原则在医学实践中的生动体现,医生们不局限于传统手术模式,勇于探索新的治疗途径,从而推动了心血管疾病治疗领域的进步。

在医学研究中,求异性原则同样发挥着关键作用。科学家们通过对现有研究成果的批判性审视和反思,能够敏锐地发现其中存在的问题与不足,进而提出具有创新性的研究课题和假设。以癌症治疗研究为例,传统化疗方法在杀死癌细胞的同时,对正常细胞也造成了严重损害,导致患者出现诸多不良反应。近年来,一些科学家开始对传统化疗理念进行反思,提出了靶向治疗和免疫治疗等全新概念。靶向治疗药物能够精准识别癌细胞表面的特定分子靶点,选择性地作用于癌细胞,减少对正常细胞的损伤;免疫治疗则通过激活人体自身免疫系统来攻击癌细胞。这些新的治疗方法基于对传统化疗方法的求异和创新,为癌症治疗带来了革命性变革,显著提高了癌症患者的生存率和生活质量。

(二)逆向策略

逆向思维倡导从与常规思维相反的方向去思考问题,打破传统思维模式的禁锢,从问题的反面或侧面探寻解决方案。在医学领域,逆向性原则为医生和研究人员提供了独特的思维视角,有助于发现新的治疗方法和诊断手段。在疾病诊断过程中,传统的诊断思路通常是医生根据患者的症状、体征以及初步检查结果进行正向推理，逐步缩小疾病范围，最终确定诊断。然而，在面对一些罕见病时，这种正向推理的方法可能会陷入困境。逆向性原则则要求医生转变思维方式，从疾病的结果出发，反向追溯可能导致该结果的病因和发病机制。例如，对于一些病因不明的自身免疫性疾病，医生可以先深入研究患者免疫系统的异常表现，然后逆向思考可能引发这些异常的因素，如遗传因素、环境因素或感染因素等。通过这种逆向思维方式，医生能够拓宽诊断思路，提高疑难病症的诊断准确率。

在医学技术创新方面，逆向性原则也有着广泛的应用。传统的医疗器械设计往往侧重于满足医生的操作习惯和需求，而忽视了患者在使用过程中的体验。逆向性原则促使医疗器械研发人员从患者的角度出发，关注患者的使用感受和实际需求，设计出更加人性化、便捷化的医疗器械。例如，随着便携式医疗检测设备的需求日益增长，研发人员运用逆向性思维，将传统大型医疗检测设备的功能进行优化和整合，开发出一系列小型化、智能化的便携式检测设备。这些设备如家用血糖仪、血压计等，患者可以在家中自行操作，实时监测自身健康指标，并通过无线传输技术将数据同步至医生或健康管理平台。这种从患者需求出发的逆向设计理念，极大地提高了医疗服务的可及性，使患者能够更加便捷地获取医疗健康信息。

（三）发散策略

发散思维强调从一个问题出发，充分调动思维的灵活性和创造性，尽可能多地产生不同的想法和解决方案，使思维朝多个方向广泛扩散。在医学领域，发散性原则对于解决复杂的临床问题和推动医学创新具有举足轻重的意义。在临床实践中，面对疑难病症，医生需要运用发散性思维，从多个学科角度、多种治疗方法以及不同药物选择等方面进行全面思考，制定出个性化、精准化的治疗方案。例如，对于一位患有严重糖尿病且伴有多种并发症（如心血管疾病、肾病等）的患者，医生不能仅仅局限于传统的降糖治疗，而需要综合考虑内分泌学、心血管病学、肾脏病学等多个学科的知识。从治疗方法上，除了药物治疗，还可以考虑饮食控制、运动疗法、心理干预等多种手段；在药物选择方面，要根据患者的具体病情、身体状况以及药物相互作用等因素，合理搭配不同类型的降糖药物、心血管药物和肾脏保护药物。通过这种发散性思维方式，医生能够为患者提供更加全面、有效的治疗方案，提高治疗效果和患者生活质量。

在医学研究中，发散性原则同样能够激发科学家们的创新灵感，开拓全新的研究方向。以疾病发病机制研究为例，一种疾病的发生往往涉及多个层面的生物学过程，包括分子生物学、细胞生物学、遗传学、免疫学等。科学家们运用发散性思维，从不同学科角度对疾病进行深入研究，能够全面揭示疾病的发生发展过程，为开发新的治疗方法提供理论依据。例如，在研究阿尔茨海默病的发病机制时，科学家们不仅从神经生物学角度研究神经元的损伤和死亡机制，还从遗传学角度探究相关基因突变对疾病发生的影响，从免疫学角度分析炎症反应在疾病进展中的作用，以及从环境因素角度探讨生活方式、饮食习惯等对疾病的潜在影响。通过多学科的交叉研究和发散性思维的运用，科学家们逐渐揭示了阿尔茨海默病复杂的发病机制，为开发针对性的治疗药物和干预措施奠定了基础。

（四）联想策略

联想通过将看似不相关的事物或概念巧妙地联系起来，激发思维的火花，产生新颖独特的想法和创意。在医学领域，联想性原则为医生和研究人员提供了丰富的创新灵感来源，帮助他们从其他领域的知识和经验中获得启发，解决医学难题。例如，仿生学作为一门新兴交叉学科，为医学创新带来了诸多启示。从仿生学的角度联想，研究人员借鉴自然界中生物的独特结构和功能，设计出更加符合人体生理结构的人工器官和医疗器械。例如鲨鱼皮肤表面的特殊纹理结构为开发具有抗菌、减阻性能的医用植入材料提供了思路。此外，随着信息技术的飞速发展，从信息技术领域联想，医学领域成功开发出基于大数据和人工智能的医疗诊断系统。这些系统能够快速处理和分析海量的医疗数据，通过机器学习算法对疾病进行精准诊断和预测，大大提高了医疗诊断的准确性和效率。

在医学学习过程中，联想性原则同样具有重要价值。将抽象的医学知识与日常生活中的现象和经验联系起来，能够使医学概念更加形象化、具体化，有助于学生更好地理解和掌握医学知识。例如，在学习心脏的血液循环过程时，可以将心脏比作一个“水泵”，将血管比作“水管”，血液在心脏和血管中的流动就如同水泵将水通过水管输送到各个部位。通过这种生动形象的联想，我们能够更加直观地理解心脏血液循环的原理，提高学习效果。

（五）综合策略

综合思维强调将不同的思维方法和知识体系进行有机整合和综合运用，从而形成具有创新性的思维成果。在医学领域，综合性原则体现为多学科交叉融合的思维方式。面对复杂的医学问题，单一学科的知识和方法往往难以提供全面有效的解决方案，只有通过多学科的交叉融合，充分发挥各学科的优势，才能实现医学的创新发展。在精准医学领域，综合性原则得到了充分体现。精准医学旨在根据患者的个体基因特征、环境因素和生活方式等制定个性化的治疗方案，实现疾病的精准诊断和治疗。这一目标的实现需要整合基因组学、蛋白质组学、代谢组学、生物信息学等多个学科的知识和技术。

在医学创新方面，综合性原则也要求将医学知识与工程技术、信息技术、材料科学等学科进行深度交叉融合。例如，将医学与工程技术相结合，开发出新型的医疗设备，如3D打印人工关节、智能手术机器人等；医学与信息技术融合，实现远程医疗、电子病历管理等医疗信息化应用；医学与材料科学交叉，研制出具有生物相容性和特殊功能的医用材料，如可降解缝合线、纳米药物载体等。这些跨学科的创新成果极大地推动了医学的进步，为患者带来了更好的医疗服务。

第三节　医学创新的常用工具

医学创新成果作为创新者智慧与实践的结晶，以论文、专利、转化项目书等多样的形式展现着人类在攻克疾病、提升健康水平道路上的不懈探索，涵盖了从理论研究到实践应用的多个层面。

其中，论文将新的发现、新的理论和新的观点公之于众，为医学领域的知识积累和学术交流提供了坚实的基础；专利作为创新成果的重要法律保护形式，承载着医学领域的新技术、新方法和新器械，通过专利保护，创新者能够获得应有的权益，促进医学技术的不断革新；转化项目书则是连接医学科研成果与实际应用的桥梁，通过转化项目书的策划和实施，医学创新成果能够更快地从“书架”走向“货架”，真正实现其服务于人类健康的价值。此外，还有诸如临床指南、标准操作规程等其他形式的成果，它们共同构成了医学创新成果的丰富体系。

值得注意的是，任何一项创新成果的“诞生”都离不开创新者的孜孜以求，更离不开创新工具的有力支撑。医学生的创新之路运用既要仰望星空，又要脚踏实地，熟练掌握文献数据库、医学公共数据库和常用数据统计软件是创新思维向创新实践转化的必经过程。

一、文献数据库

（一）中文文献数据库

1. 中国知网

中国知网（CNKI），即国家知识基础设施工程，1999年由清华大学、清华同方发起创建。其概念源于世界银行提出的国家知识基础设施。知网资源规模庞大，截至2021年4月，与全球2万余家出版机构合作，囊括73个国家和地区的2.8亿篇重要全文文献、3亿多篇摘要及82亿条知识元。资源类型极为丰富，涵盖学术期刊、博硕士学位论文、会议论文、报纸、年鉴、专利、标准等。其收录中文学术期刊8500余种，最早可回溯至1915年；外文学术期刊来自80个国家及地区900余家出版社的7.5余万种。功能服务多样，提供一框式、高级检索等多种检索方式；多数高校将其作为主要查重数据库，2022年起向个人提供查重服务；还具备文献收录、出版、动态公布、学习研究及软件产品等功能。

中国知网访问网址：https://www.cnki.net。

2. 维普网

维普网由重庆维普资讯有限公司2000年创建，前身可追溯到1989年对报刊数据的研究开发。该公司是中文期刊数据库建设的先驱，自1993年成立后，业务涵盖数据库出版发行、知识网络传播等多元领域。发展至今，维普网已成长为全球知名的中文专业信息服务网站。它与谷歌学术、百度文库等达成合作，在数字出版、图书馆及情报业网站排名中表现优异。其核心资源《中文科技期刊数据库》，堪称国内最大数字期刊库，备受高校、图书馆和科研机构青睐。目前，维普网收录中文报纸400种、中文期刊超1.2万种、外文期刊6000余种，标引加工数据总量达1500万篇。除丰富的文献资源，它还提供论文查重、格式检测等服务，在学术研究、成果评定等方面发挥着重要作用。

维普网访问网址：https://www.cqvip.com/。

3. 万方数据知识服务平台

万方数据知识服务平台由北京万方数据公司于1993年成立发展而来，前身是国内第一家专业数据库公司。经过持续创新改进,如今已成长为国内一流的信息资源出版与增值服务平台。它整合数亿条全球优质知识资源,集成期刊、学位、会议、科技报告、专利、标准等十余种知识资源类型。其中,国内期刊超8500种,国外期刊超40000种;学位论文年增42余万篇;中文会议年增15万篇论文,外文会议超1100万篇全文。中外专利数据库涵盖超1.6亿条专利数据。平台覆盖自然科学、工程技术、医药卫生、哲学政法等全学科领域,支持多维度组合检索。借助先进检索算法,能依据用户学术背景,实现精准知识发现与获取,为学术研究、成果评定等提供多元助力。

万方数据知识服务平台访问网址:https://www.wanfangdata.com.cn/。

4. 百度学术

百度学术于2014年6月上线,是百度旗下的免费学术资源搜索平台。它致力于助力学术研究,为科研工作者提供优质服务。百度学术资源丰富,收录120多万个国内外学术站点,索引超12亿学术资源页面,涵盖学术期刊、会议论文等多种类型,文献总量超6.8亿篇,还构建了包含400多万个中国学者主页的学者库和包含1.9万多中外文期刊主页的期刊库。其功能强大,支持文献、期刊、学者检索,具备高级搜索功能,还能进行学术趋势分析。

百度学术访问网址:https://xueshu.baidu.com/。

5. 中国国家图书馆

中国国家图书馆汇聚了国图自建、商购及与地方馆合作建设的资源,涵盖图书、古籍、论文、期刊、音视频、少儿资源等多种类型。通过它,用户能在线阅读(播放)数字化资源,快速查找所需资料。此外,网站设有各类专题资源、活动资源板块,也提供读者指南服务,帮助用户更好地了解和使用图书馆资源与服务,满足不同人群的学习、研究等需求。

中国国家图书馆访问网址:https://www.nlc.cn/。

6. 国家哲学社会科学文献中心

国家哲学社会科学文献中心于2016年12月30日上线,由中国社会科学院牵头承建,是国家层面公益、开放的学术资源平台。它专注哲学社会科学领域,资源极为丰富。涵盖中外文学术期刊超2万种,论文总量超2000万篇,囊括《中国社会科学》等国内顶尖社科期刊。中心还设有专题数据库,包含马列主义、哲学、政治、经济等多个学科。凭借先进检索系统,支持多条件精准筛选,助力学者高效定位文献。重要的是,平台完全免费向公众开放,打破学术资源获取壁垒,无论是高校师生、科研人员,还是社科爱好者,都能便捷获取资料,有力推动了哲学社会科学的研究、交流与普及。

国家哲学社会科学文献中心访问网址:https://ncpssd.org/。

7. 全国图书馆参考咨询联盟

全国图书馆参考咨询联盟是在全国文化信息资源共享工程国家中心指导下,由中国公共、教育、科技系统图书馆携手共建的公益性服务机构。其资源堪称海量,构建起庞大的中文数字化资源库群,囊括120万种电子图书、4000多万篇期刊论文、300万篇博硕士论文、30万篇会议论文、500万篇外文期刊论文,还有7万件国家标准和行业标准、86万件专利说明书,以及各地公共图书馆打造的特色地方文献库。为贴合大众需求,联盟提供多元服务方式,支持网络表单咨询、文献咨询、电话咨询和实时在线咨询等。秉持免费服务与资源共享理念,只要在任一成员馆成功登录,就能畅享所有成员馆服务。不管是学生写论文找资料,还是科研人员探寻前沿成果,又或是普通读者求知问学,都能在此收获助力。

全国图书馆参考咨询联盟访问网址:http://www.ucdrs.superlib.net/。

(二)外文文献数据库

1. Web of Science

Web of Science核心合集数据库收录了12000多种具有权威的、影响力高的世界学术期刊,内容主要包括自然科学、工程技术、生物医学、社会科学、艺术与人文等领域。Web of Science核心合集还收录了论文中所引用的参考文献,并按照被引作者、出处和出版年代编制成索引。通过Web of Science核心合集可以直接访问Clarivate Analytics的三大期刊引文索引数据Science Citation Index Expanded、Social Sciences Citation Index、Arts&Humanities Citation Index。目前Web of Science-SCIE(Science Citation Index Expanded,即科学引文索引)收录了全球自然科学、工程技术、临床医学等领域内178个学科影响力的学术刊物,数据可回溯至1900年。Web of Science数据库一般提供给海外学校和科研机构使用,需要在学校里登录。

Web of Science访问网址:www.webofscience.com。

2. Sci-Hub

Sci-Hub,全称"科学开放资源库"(Scientific Open Access Hub),是一个致力于通过技术手段绕过付费墙,为全球科研人员免费提供学术文献下载的在线数据库。它由哈萨克斯坦科学家Alexandra Elbakyan于2011年创建,被誉为"科学研究的自由之门"。Sci-Hub在线数据库上拥有来自全球各大学院和研究机构的数百万篇科学文献,涵盖了各个领域的科学研究,主要包括物理学、化学、生物学、医学等。

Sci-Hub访问网址:www.sci-hub.st。

3. PubMed

PubMed是由美国国家生物技术信息中心(NCBI)开发并维护的免费学术数据库,专注于生物医学领域的文献检索与共享。它隶属于美国国立卫生研究院(NIH),自1996年上线以来,已成为全球生物医学研究的重要工具,被誉为"生物医学研究的黄金标准"。

PubMed数据库的核心内容基于MEDLINE(医学文献分析与检索系统),收录了来自全球知名期刊的数千万篇文献,涵盖医学、生命科学、药学、护理学、公共卫生及临床医学等多个领域。其文献类型包括研究论文、综述、临床报告及学术评论等,并提供摘要与全文链接(部分可直接访问开放获取资源)。

PubMed访问网址:https://pubmed.ncbi.nlm.nih.gov/。

4. Science Direct

Science Direct是全球领先的科技与医学文献数据库,由荷兰出版巨头爱思唯尔(Elsevier)于1997年推出。该平台汇集了爱思唯尔旗下超过2500种同行评审学术期刊和40000多本电子书,涵盖自然科学、工程技术、生命科学、健康医学、社会科学及人文艺术等领域,其中《The Lancet》《Cell》等顶级期刊均在其列。Science Direct提供全文访问、高级检索工具和个性化推荐服务,支持PDF下载、参考文献导出及可视化数据分析。其内容以高质量和权威性著称,尤其以医学、化学、工程学等学科见长。平台每年新增约50万篇论文,文献总量超

1800万篇，服务于全球数百万科研人员、高校师生及企业研发团队。作为开放获取(Open Access，OA)的积极推动者，Science Direct提供混合出版模式，部分论文可免费获取。其直观的界面和强大的跨学科检索功能，使其成为学术界和产业界的重要知识库。

Science Direct访问网址：https://www.sciencedirect.com/。

5. Google学术

Google学术(Google Scholar)是由谷歌(Google)于2004年推出的免费学术搜索引擎，旨在帮助用户快速查找全球范围内的学术文献，包括期刊论文、学位论文、会议论文、技术报告、书籍及法律案例等。其索引覆盖自然科学、社会科学、医学、工程学等多个学科，数据来源包括学术出版商、大学机构库、开放获取(OA)平台以及个人学者网站。Google学术的核心优势在于其强大的检索能力和广泛的文献覆盖范围，支持关键词搜索、作者追踪、引用分析等功能。用户可通过“被引用次数”排序筛选高影响力文献，并利用“相关文章”和“引用图谱”追踪学术脉络。此外，平台提供“我的图书馆”功能，允许用户收藏文献并设置更新提醒。尽管Google学术不提供所有文献的全文下载(部分需付费或通过机构订阅访问)，但其免费、高效的特点使其成为科研人员、学生和教育工作者的重要工具。截至2023年，Google学术已索引超过4亿篇学术文献，是全球使用最广泛的学术搜索引擎之一。

Google学术访问网址：https://scholar.google.com.hk。

6. Scopus数据库

Scopus全球最大的同行评审文献摘要和引文数据库，由荷兰爱思唯尔公司于2004年推出。它收录了来自7000多家出版商的超过9000万篇文献，涵盖科学、技术、医学、社会科学、艺术与人文等多个学科领域，包括期刊论文、会议论文、丛书、专利等资源。Scopus的核心优势在于其高质量的索引内容和强大的分析功能。所有收录期刊均经过严格筛选，确保学术权威性。其独特的引文追踪功能可分析文献的引用关系，帮助研究者评估学术影响力。此外，Scopus提供作者档案(Author Profile)、机构排名(Institution Metrics)和期刊指标(Cite Score)等工具，支持科研绩效评估和学科发展趋势分析。Scopus广泛应用于高校、科研机构和企业研发部门，是科研评价、文献检索和学术研究的重要工具。其数据也被用于全球大学排名(如QS排名)和科研评估体系。相较于Web of Science，Scopus在覆盖范围和国际化程度上更具优势，尤其对非英语地区的研究收录更为全面。

Scopus数据库访问网址：https://www.scopus.com。

7. 掌桥科研

掌桥科研是中国自主研发的一站式科研服务平台，致力于为科研人员、高校师生及企业研发人员提供全面的学术资源检索与知识服务。平台整合了中外学术期刊、学位论文、会议论文、专利、标准、科技成果等海量文献资源，并与国内外知名数据库(如CNKI、万方、Springer、IEEE等)建立合作，实现跨库检索与全文传递服务。掌桥科研的核心功能包括智能文献检索、全文下载、文献传递、科技查新及科研工具支持(如参考文献生成、学术翻译等)。平台特别注重中文科研资源的深度挖掘，同时提供大量外文文献的便捷获取渠道，满足用户多样化的研究需求。凭借高效的服务模式和本土化优势，掌桥科研已成为国内科研工作者常用的文献获取平台之一，尤其适合需要快速获取多源文献的用户群体。平台持续优化用户体验，推动学术资源共享，助力中国科研创新。

掌桥科研访问网址：https://www.zhangqiaokeyan.com。

二、常用医学公共数据库

1. GBD数据库

背景：全球疾病负担（Global Burden of Disease，GBD）研究是由华盛顿大学健康指标与评估研究所（IHME）主导的全球最大公共卫生研究项目，始于1990年。该项目旨在量化全球及各地区的疾病、伤害和风险因素负担，经过多年发展，已形成覆盖204个国家和地区、369种疾病与伤害、87种风险因素的开放数据库。其数据整合了超过1.3亿条原始数据，来源包括官方统计（如国家卫生部门、世界卫生组织等）、学术研究（PubMed、Embase等数据库的文献）、调查数据（全球健康调查等），并通过统计模型估算填补数据缺失。

功能特点：涵盖多种核心指标，如发病率、死亡率、伤残调整生命年（DALYs）等，能从多个维度反映疾病负担情况。提供交互式数据可视化平台GBD Compare，支持以地图、折线图、柱状图等多种图表展示数据，方便用户直观了解数据分布和变化趋势。用户可在GBD Compare和相关工具中，根据时间范围（1990—2019年，最新为GBD 2019）、地理范围（全球、区域、国家等）、指标类型等进行自定义查询。

使用场景：为政府和卫生部门提供数据支持，帮助制定针对性的疾病防控策略和卫生资源分配方案。为科研人员提供丰富的数据资源，支持疾病流行病学研究、风险因素分析、卫生经济学研究等。研究人员可以通过分析数据，探索疾病的发生、发展规律，评估不同干预措施的效果。方便不同国家和地区之间进行疾病负担的比较和分析，促进国际间的卫生合作与交流。

数据获取：https://www.healthdata.org/research-analysis/gbd。

2. 美国NHANES数据库

背景：由美国疾病控制与预防中心（CDC）主导，始于20世纪60年代初期。最初是针对不同人群或健康主题的阶段性调查，1999年起成为持续进行的项目，以不断适应新出现的健康和营养测量需求。评估美国成人和儿童的健康和营养状况，为国家提供有关人口健康的基础数据，以便制定公共卫生政策、开展健康项目和服务等。

功能特点：涵盖多维度数据，包括人口学数据（性别、年龄、种族等）、营养学数据（个人摄入营养及营养添加剂情况）、体格检查数据（听力、血压、BMI等）、实验室检查数据（尿液、血常规生化等检测结果）以及问卷调查数据（吸烟、饮酒、医疗状况等）。采用多阶段分层抽样方法，每年选取约5000人的全国代表性样本，覆盖美国各年龄段、种族和社会经济群体，并对一些特殊群体如老年人、非西班牙裔黑人、西班牙裔等进行过采样，以确保样本能够准确反映美国全国人口的健康和营养状况。每两年发布一次新的调查数据，保证了数据的时效性和连续性，能让使用者及时了解美国人口健康和营养状况的动态变化。

使用场景：可用于心血管疾病、糖尿病、肥胖症等多种疾病的研究，通过分析数据库中的相关数据，如血压、血脂、血糖等指标，揭示疾病的流行趋势、风险因素以及不同人群之间的差异。为政府部门制定公共卫生政策提供依据，依据疾病流行情况制定疾病预防和控制策略等。研究人员可以利用其中关于饮食、锻炼、烟草和酒精使用等健康行为的数据，探讨生活方式与健康之间的关系，为开展健康促进活动提供参考。

数据获取：https://www.cdc.gov/nchs/nhanes/index.htm。

3. CHNS数据库

背景：中国健康与营养调查(CHNS)是由美国北卡罗来纳大学教堂山分校的Carolina Population Center与中国疾病预防控制中心营养与健康所合作开展的国际合作项目。旨在研究国家和地方政府实施的健康、营养和计划生育政策的影响，观察中国社会经济转型如何影响其人口的健康和营养状况。该项目起始于1989年，并在随后的多个年份进行追踪调查，包括1991年、1993年、1997年、2000年、2004年、2006年、2009年、2011年、2015年和2018年。

功能特点：通过多阶段分层抽样方法收集数据，样本覆盖了中国多个省份的不同地区，包含个人信息、健康状况、营养信息、生活方式、家庭情况以及地理信息等多方面内容，能全面反映中国人口的健康和营养状况。数据收集具有连续性，每两到四年进行一次，可让研究者观察长期趋势和健康结果，增强了研究的科学性和准确性。调查内容涉及健康学、营养学、社会学、人口学、经济学、公共政策等多个学科，为跨学科研究提供了丰富的数据资源。

使用场景：可用于分析中国居民的健康状况及其影响因素。借助数据库中的家庭经济数据，能研究家庭收入、消费、储蓄等经济行为，以及社会经济因素对健康和营养状况的影响。

利用饮食数据研究中国居民的饮食习惯及其变化趋势，为营养政策的制定提供依据。帮助评估公共政策对居民健康和营养状况的效果，为政策的调整和完善提供科学依据。

数据获取：https://www.cpc.unc.edu/projects/china。

4. 世界卫生组织死亡率数据库(WHO Mortality Database)

背景：旨在提供全球范围内关于死亡率及相关健康指标的标准化数据，以帮助各国政府、卫生机构、研究人员等更好地了解全球和区域的死亡模式、趋势及影响因素，从而为制定卫生政策、规划卫生服务以及开展相关研究提供数据支持。数据由世界卫生组织各成员国和地区提供，涵盖了广泛的人口学、死亡原因等信息。这些数据通过各国的卫生统计系统、生命登记系统等收集而来，经过整理和标准化后纳入数据库。

功能特点：包含了大量国家和地区的死亡率数据，覆盖多个维度，如不同年龄、性别、死因等分类信息，能全面反映全球各地的死亡情况。采用统一的标准和方法对数据进行收集和整理，确保了不同国家和地区的数据具有可比性，有助于进行国际间的比较和分析。拥有多年的数据积累，可用于分析死亡率随时间的变化趋势，帮助研究人员和政策制定者了解疾病模式的转变以及卫生干预措施的效果。提供在线查询平台，用户可以方便地通过各种检索条件获取所需数据，并能将数据以图表等可视化形式呈现，便于直观理解和分析。

使用场景：政府和卫生部门可依据数据库中的死亡率数据，了解本国或本地区的主要死亡原因和人群健康状况，从而制定针对性的卫生政策和干预措施，合理分配卫生资源。研究人员可以利用这些数据开展流行病学研究，探索疾病的分布规律、危险因素以及与其他因素的关联，为疾病的预防、控制和治疗提供依据。同时，也有助于对特定疾病的监测和预警。

促进国际间在卫生领域的比较和合作，各国可以借鉴其他国家的经验和做法，共同应对全球公共卫生挑战。此外，还能为全球卫生目标的设定和评估提供数据支持。

数据获取:https://platform.who.int/mortality。

5. 中国老年健康影响因素跟踪调查(CLHLS)数据库

背景:北京大学健康老龄与发展研究中心/国家发展研究院组织。旨在研究中国老年人健康长寿的影响因素,为应对人口老龄化提供科学依据。调查范围覆盖全国23个省、市、自治区,2021年第九次调查扩展为覆盖全国27个省、市、自治区。调查对象为65岁及以上老年人和35~64岁成年子女。1998年进行基线调查,之后分别于2000年、2002年、2005年、2008—2009年、2011—2012年、2014年和2017—2018年进行了跟踪调查。2023年4月6日召开了第九次调查数据发布会,第九次调查在前八次基础上增加了家庭住房养老问项、家庭金融养老储备问项等内容。

功能特点:涵盖存活老人生理心理健康、认知功能、社会参与、行为、饮食营养、生活习惯、社会经济状况、家庭结构、代际关系、老年家庭照料需求、照料提供和成本等个体微观数据。还收集了死亡老人的死亡时间、死因,以及死亡前健康状况、生活质量与医疗和照料需求成本等详细数据。此外,拥有全球百岁老人样本最大的基因数据库,数据信息涵盖人口学、社会经济、健康及行为、生物医学指标、基因信息等。是国内全国范围最早、坚持时间最长的社会科学调查,也是世界上类似调研中80岁以上高龄老人样本量最大且有年轻老人对照组的调查。

使用场景:可用于研究老年人健康管理,如探讨不同护理模式对老年人健康的影响;分析慢性病患者的护理需求及潜在干预方向;研究老年人心理健康状况及其影响因素;评估社会支持对老年人健康的影响;开展生存分析,研究老年人的生存状况及其影响因素;分析老年人跌倒风险因素等。也为多学科交叉研究提供数据支持,帮助学者从不同角度揭示老年健康的影响机制。为政府部门制定老年健康政策、社会福利政策、医疗保障政策等提供数据依据,有助于评估政策绩效,了解政策实施对老年人健康的影响,从而优化和调整政策。

数据获取:https://opendata.pku.edu.cn/dataverse/CHADS。

6. SEER数据库

背景:SEER数据库由美国国立癌症研究所(NCI)于1973年创建和维护。它是北美最具代表性的大型肿瘤登记注册数据库之一,数据来源包括多个地方和区域癌症登记处,覆盖了美国约47.9%的人口。数据库记录了自1973年以来的癌症病例信息,其主要目标是提供准确和全面的癌症统计数据,以支持公共卫生研究和政策制定。

功能特点:包含美国大部分人口的癌症数据,涵盖患者人口统计学特征、肿瘤特征、治疗方法和生存情况等,具有很高的代表性。所有数据都经过严格的审核和标准化处理,每个癌症登记处都遵循统一的数据收集和报告标准,确保了数据的准确性和一致性,并且会定期更新和维护。配套有SEER Stat软件,为分析SEER和其他癌症相关数据库提供了便捷、直观的机制,可进行多种数据分析,如按种族/民族检查诊断阶段、按诊断阶段、诊断年龄和肿瘤分级或大小计算生存率、确定各种癌症部位随时间的趋势和发病率等。

使用场景:通过分析数据库中的数据,研究人员可以了解不同癌症类型的发病率、死亡率、风险因素和区域差异,为公共卫生政策的制定提供依据。研究人员可以评估不同治疗方法的效果、识别影响生存的因素,并构建生存预测模型,帮助医生为患者制定个性化的治疗方案,提高治疗效果和生存率。研究人员能利用详细的患者治疗信息,比较不同治疗方案的效果，为临床治疗提供参考。

数据获取：https://seer.cancer.gov/。

7. GEO数据库

背景：GEO数据库由美国国家生物技术信息中心（NCBI）于2000年建立，旨在为全球科研人员提供一个公开的基因表达数据存储和共享平台。其数据来源于世界各地的科研机构和实验室，涵盖了多种生物、组织、细胞类型以及不同的实验条件下的基因表达数据，包括芯片数据、测序数据等。

功能特点：包含了丰富多样的数据类型，不仅有基因表达谱数据，还包括甲基化数据、微小RNA数据等，能全面反映生物分子层面的变化。支持多种技术平台产生的数据，如基因芯片、RNA-seq等，可满足不同研究需求。为每个数据集提供了详细的注释信息，包括实验设计、样本特征、平台信息等，有助于用户理解数据的背景和含义，方便数据的挖掘和分析。

具备高效的检索系统，用户可以通过基因名称、疾病名称、实验类型等多种关键词进行快速准确的检索，方便获取所需数据。提供了一些基本的数据可视化工具，如热图、折线图等，帮助用户直观地展示和理解基因表达数据的分布和变化趋势。

使用场景：用于探索基因在不同组织、发育阶段、生理状态下的表达模式，揭示基因的功能和生物学机制。分析疾病样本与正常样本之间的基因表达差异，寻找疾病相关的生物标志物和潜在的治疗靶点。评估药物处理后基因表达的变化，了解药物的作用机制和潜在的副作用。还可用于筛选可能对特定基因表达有调控作用的药物化合物，为药物发现提供线索。

数据获取：https://www.ncbi.nlm.nih.gov/geo/。

三、常用统计软件

（一）数据分析软件

1. SPSS软件

SPSS是英文Statistical Package for the Social Science的缩写，即社会学统计程序包。20世纪60年代末由美国斯坦福大学的三位研究生研制，1975年在芝加哥组建SPSS总部，原名社会科学统计软件包，现已改名为统计解决方案服务软件。

该软件操作比较方便，统计方法比较齐全，绘制图形、表格较方便，输出结果比较直观。SPSS for Windows是一个组合式软件包，集数据整理、分析功能于一身，其基本功能包括数据管理、统计分析、图表分析、输出管理等。统计分析过程涵盖描述性统计、均值比较、回归分析等几大类，每个大类又包含多个统计过程，且每个过程中允许用户选择不同的方法及参数，也有专门的绘图系统。

该软件适用于自然科学、技术科学、社会科学的各个领域，在市场调查、社会科学研究中应用广泛，如用于数据清洗、调查问卷数据分析和统计测试等。因其操作简便、界面友好，也适合非统计专业人员使用。

SPSS的基本功能包括数据管理、统计分析、图表分析、输出管理等等。SPSS统计分析过程包括描述性统计、均值比较、一般线性模型、相关分析、回归分析、对数线性模型、聚类分析、数据简化、生存分析、时间序列分析、多重响应等几大类，每类中又分好几个统计过程，比如回归分析中又分线性回归分析、曲线估计、Logistic回归、Probit回归、加权估计、两阶段最小二乘法、非线性回归等多个统计过程，而且每个过程中又允许用户选择不同的方法及参数。SPSS也有专门的绘图系统，可以根据数据绘制各种统计图形和地图。

SPSS软件官方网址：http://www.spss.com/。

2. SAS软件

SAS是英文Statistical Analysis System的缩写，即统计分析系统。最初由美国北卡罗来纳州立大学两名研究生开始研制，1976年创立SAS公司。在国际上，SAS被誉为数据统计分析的标准软件。

SAS系统具有十分完备的数据访问、数据管理、数据分析功能。它是一个模块组合式结构的软件系统，共有三十多个功能模块，基本部分是BASE SAS模块，承担着主要的数据管理任务等。还可增加如SAS/STAT（统计分析模块）、SAS/GRAPH（绘图模块）等不同模块以增加功能。能绘制各种统计图和地图，提供多个统计过程及丰富的选项，还有各类概率分析函数等，可实现复杂统计分析。

该软件广泛应用于政府行政管理、科研、教育、生产和金融等不同领域。尤其适合统计专业人员，常用于处理大规模数据和复杂的统计分析任务，如在医疗保健领域的临床研究数据管理和分析，金融领域的风险建模和预测分析等。

SAS软件具备强大的数据访问与管理能力，其数据分析功能极为完备。统计分析过程涵盖描述性统计、方差分析、回归分析、聚类分析、判别分析等众多类型，以回归分析为例，包含线性回归、非线性回归等多种具体方法，每个分析过程支持用户灵活选择不同算法与参数进行深度分析。同时，SAS拥有丰富的绘图模块，可绘制各类专业统计图形与地图，并且它采用模块组合式结构，用户可按需添加如统计分析模块、绘图模块等不同组件，满足从基础数据处理到复杂统计建模的多样化需求，在多领域复杂数据分析任务中表现出色。

SAS软件官方网址：http://www.sas.com/。

3. Stata软件

Stata由美国计算机资源中心（Computer Resource Center）于1985年开发推出，起初专为经济学与社会科学领域数据处理而生。历经多年迭代更新，凭借其高效、专业的特性，从单一学科应用逐渐拓展至多领域，成为学术界、政府机构和企业广泛认可的统计分析软件，在数据处理与分析领域占据重要地位。

Stata软件的主要功能包括数据管理、统计分析、数据可视化以及程序设计。在数据管理方面，Stata支持多种数据格式的导入和导出，如Excel、CSV、TXT、XML、SAS XPORT等，方便用户轻松管理各种数据源。同时，它还提供了丰富的数据清洗和预处理工具，如缺失值处理、异常值检测、变量重命名、生成新变量等，确保数据质量。Stata具备强大且灵活的数据处理能力，支持多种数据格式导入导出，拥有丰富命令快速完成数据清洗、转换、合并等操作。其模块化架构涵盖基础统计、高级建模等众多功能模块，统计分析功能全面，包含描述性统计、回归分析、时间序列分析等经典方法，还支持前沿因果推断、面板数据分析等技术。在数据可视化方面,可轻松绘制散点图、折线图等多种专业图表,且支持高度自定义。此外,内置的编程语言允许用户编写程序实现复杂操作和自动化任务,满足个性化需求。

Stata软件的应用场景非常广泛。在经济学中,Stata可用于回归分析、面板数据分析等;在社会学中,它可用于调查研究分析、结构方程模型等;在医学领域,Stata提供了强大的生存分析工具,如Cox比例风险回归、Kaplan-Meier生存曲线等;在生物学和生态学中,Stata支持多元统计分析、空间数据分析等;在心理学研究中,Stata可用于心理测量数据分析、实验数据分析等。此外,Stata还广泛应用于商业分析、政策评估与预测等领域。

在统计分析方面,Stata提供了描述性统计、回归分析、方差分析、时间序列分析、生存分析等多种统计分析方法。它还支持线性混合模型、均衡重复反复及多项式普罗比模式等数据模型,以及Cox比例风险回归、指数与Weibull回归等高级统计分析方法。这些功能使得Stata能够满足不同领域、不同复杂度的数据分析需求。数据可视化是Stata软件的另一大亮点。它支持创建各种图表,如直方图、散点图、箱线图、线性图等,帮助用户直观地理解数据关系。Stata生成的图形不仅美观,而且具有高度的可定制性,满足学术和商业需求。此外,Stata软件还提供了强大的程序设计功能。用户可以通过编写脚本文件,实现批量处理和自动化分析。Stata采用命令的方式来操作,使用上相对简单易懂。同时,它还提供了完整的使用手册和在线帮助文档,方便用户学习和使用。

Stata软件官方网址:http://www.stata.com/。

4. R软件

R语言源于S语言,由新西兰奥克兰大学的Ross Ihaka和Robert Gentleman开发,于1993年首次发布。它是一种免费的、开源的编程语言和环境,专门用于统计计算和图形绘制。由于其开源的特性,吸引了全球众多开发者不断贡献代码和扩展包,使其功能日益强大,在统计分析和数据科学领域得到了广泛应用。R软件是一种用于统计计算和图形的编程语言和软件环境。

R语言拥有庞大的扩展包生态系统,如dplyr用于数据处理,ggplot2用于数据可视化,caret用于机器学习建模等。这些扩展包涵盖了从基础统计分析到高级机器学习算法的各个方面,极大地扩展了R语言的功能。R语言具有强大的统计分析能力,提供了大量的统计函数和方法,包括描述性统计、回归分析、方差分析、聚类分析、时间序列分析等。同时,它还支持非参数统计、贝叶斯统计等复杂的统计方法。同时R语言具有出色的可视化功能,ggplot2包提供了一种基于图形语法的可视化方式,能够创建高质量、美观且可定制的统计图形,如散点图、折线图、柱状图、箱线图等。此外,还有其他可视化包可以实现3D图形、交互式图形等特殊效果。R语言是开源软件,用户可以自由使用、修改和分发。它支持多种操作系统,如Windows、Linux和macOS,方便不同平台的用户使用。

该软件在统计学、经济学、生物学、医学等学术领域广泛应用,用于数据分析、模型建立和结果可视化。研究人员可以利用R语言进行实验数据的分析和处理,验证研究假设。在市场调研、市场营销、金融分析等商业领域,R语言可以帮助企业进行数据挖掘、预测分析和决策支持。由于其丰富的统计功能和可视化能力,R语言成为数据科学教育中的常用工具。许多高校和培训机构将R语言作为数据科学课程的重要组成部分,帮助学生掌握数据分析和统计建模的基本技能。

借助该软件，使用线性回归、逻辑回归、决策树、随机森林等算法进行数据建模，预测变量之间的关系和结果。通过创建各种统计图形，直观地展示数据的特征和趋势利用R语言的机器学习包进行分类、聚类、降维等任务。

R软件官方网址：https://www.r-project.org/。

5. Python软件

Python由Guido van Rossum于1989年开发，最初是作为一种简单易学的脚本语言。随着时间的推移，Python逐渐发展成为一种通用的编程语言，在数据科学、机器学习、人工智能等领域得到了广泛应用。由于其简洁易读的语法和丰富的库支持，Python成为了数据科学家和开发者的首选语言之一。

Python的语法简洁明了，代码可读性高，易于学习和维护。这使得初学者能够快速上手，同时也提高了开发效率。拥有众多强大的库和框架，如NumPy用于数值计算，Pandas用于数据处理和分析，Matplotlib和Seaborn用于数据可视化，Scikit-learn用于机器学习，TensorFlow和PyTorch用于深度学习等。这些库和框架大大简化了数据科学和机器学习的开发过程。Python可以在多种操作系统上运行，包括Windows、Linux、macOS等，方便不同平台的用户使用。

Python是数据科学和机器学习领域最流行的语言之一。数据科学家可以使用Python进行数据清洗、特征工程、模型训练和评估等任务。Python有许多优秀的Web开发框架，如Django、Flask等。这些框架可以帮助开发者快速搭建Web应用程序，实现用户认证、数据库管理、路由处理等功能。Python可以用于编写自动化脚本，完成重复性的任务，如文件处理、数据采集、系统管理等。例如，使用Python编写脚本自动备份文件、抓取网页数据等。虽然Python不是主流的游戏开发语言，但也有一些游戏开发库，如Pygame，可以用于开发简单的2D游戏。

Python软件官方网址：https://www.python.org/。

（二）绘图软件

1. Graph Pad软件

软件背景与适用范围：Graph Pad软件是科研绘图的得力助手。在当今的科研领域，数据的可视化呈现是不可或缺的一环。一款高效、易用的绘图软件，无疑能大大提升科研工作的效率与质量。Graph Pad Prism（又称棱镜）正是这样一款专为科学研究和数据分析设计的软件，它集数据分析、统计和图形绘制于一体，成为众多科研人员心中的绘图神器。其图表绘制能力强大，涵盖散点图、折线图、柱形图等多种科学图表类型，且提供丰富样式模板和高度自定义选项，可快速产出符合学术标准的图表；统计分析工具完备，包含t检验、方差分析等常用方法，实现从数据处理到图表生成的一站式操作，有效提升科研工作效率。此外，软件支持Excel、CSV等格式批量导入大规模数据，便于数据处理，还能将图表导出为高分辨率图片或矢量图，满足论文发表需求，并支持Python、R、MATLAB等编程语言调用，扩展性强。

核心功能与操作优势：Graph Pad Prism界面设计简洁直观，采用交互式操作，以点击、拖放等简单方式即可完成图表制作，对科研新手十分友好。其操作流程便捷，科研人员输入数据后可一键生成图表，同时软件还能输出包含统计结果与图表的详细报告，方便用户直观理解数据分析结果，减少学习和操作成本。

应用表现与局限性：在实际科研应用中，Graph Pad Prism表现卓越，大量SCI论文中的图表均由其绘制，是科研人员信赖的绘图工具。不过，该软件也存在一定局限，内置图形种类相对有限，在一定程度上制约了其应用场景的拓展。但总体而言，其功能和优势足以满足大多数科研人员的绘图需求，未来随着科研需求的演变，有望通过持续升级优化，为科研工作提供更强大的支持。

2. Origin软件

软件背景与适用范围：Origin软件由美国OriginLab Corporation公司开发，旨在为用户提供高效的数据处理和可视化工具，广泛应用于物理学、工程学、生物学、化学等多学科领域。该软件支持Windows、macOS和Linux等主流操作系统，能够满足不同系统环境下用户的数据处理与绘图需求，是科学研究、工程技术以及数据分析等领域专业人士的常用工具。

核心功能与操作优势：Origin软件具备强大的数据导入与处理能力，支持Excel、ASCII、CSV等多种常见数据格式，方便数据在不同软件间交换。用户可进行数据筛选、排序、转置等基础操作，也能使用描述统计、假设检验、回归分析等高级分析功能，还可借助信号处理、曲线拟合等算法模块满足专业领域需求。其绘图功能尤为突出，涵盖二维和三维多种绘图类型，提供丰富自定义选项，支持多图层绘制与组合，满足复杂图表展示需求。同时，软件界面直观易用，类似Excel的工作表界面便于数据输入与编辑，大量图形模板和主题可快速生成专业图表，还支持脚本编程实现批量处理和自动化绘图。

应用表现与局限性：Origin软件持续更新迭代，引入诸多高级特性。如新增深色模式及相关主题和工具栏，提升界面友好性；创新交互式调整轴刻度方式，简化操作流程；升级对象管理器，优化非数据绘制元素管理体验。凭借出色的数据处理分析能力、多样的绘图功能、便捷的操作流程和跨平台优势，Origin软件成为各领域不可或缺的工具，能够助力用户深入理解数据、挖掘规律并做出科学决策，随着不断升级，将为用户带来更高效的数据分析与绘图体验。

（余　亮　刘　欢）

第三篇
就业指导与实践

第八章　大学生就业形势与政策

学习目标

1. 知识目标

了解大学生面临的就业形势；熟悉我国大学生就业的国家政策、地方政策与优惠政策。

2. 能力目标

了解大学生就业政策的历史演变；掌握分析本专业的就业形势的过程与方法；掌握调查所学专业就业需求的方法。

3. 情感价值观目标

理解大学生就业难的原因；结合国家鼓励高校毕业生到城乡基层就业的政策剖析自我、更新观念，树立就业信心，努力追求人生目标。

本章概要

随着高等教育的普及和毕业生数量的增加，大学生面临着日益严峻的就业压力。医学生的学业特点要求其具备较强的理论知识和实践能力，学生需要清晰了解本专业的就业形势与行业需求，掌握分析就业趋势的有效方法，做好职业规划。此外，大学生的就业形势与国家的政策密切相关。我国不断完善大学生就业政策，通过提供创新创业支持、优化就业服务、鼓励毕业生到基层就业等措施，旨在拓宽大学生的就业渠道并提升就业质量。学生应了解这些政策，特别是与其专业相关的特殊政策，增强就业信心，并结合自身条件积极参与就业市场的竞争。当代大学生应更新观念，树立灵活就业的意识，尤其是在基层和非一线城市的就业机会中寻找突破口。结合国家鼓励毕业生到城乡基层就业的政策，学生可通过扎根基层、积累实践经验，不仅提升自己的综合能力，也为未来的职业发展打下坚实的基础。

引子

基层广阔天地　青年大有可为

赵庆伟，男，汉族，中共党员，皖南医学院人文与管理学院2020级法学专业本科生，于2024年6月响应国家号召参加大学生志愿服务西部计划。

赵庆伟进入大学以来，积极向党组织靠近，于2023年11月成为一名光荣的中国共产党党员。他参加中共芜湖市委党校、中共皖南医学院委员会党校的培训，获学校党校第五十六期培训班“优秀学员”称号；他坚守党的信仰，努力成长为有理想、敢担当、能吃苦、肯奋斗的新时代好青年；他发挥积极党员先锋模范作用，履行学生干部职责，组织参与学校各项活动，获得“优秀大学生”“优秀共青团干部”“优秀学生干部”“优秀共青团员”“三好学生”等荣誉称号。

躬身实践，知行合一。赵庆伟利用暑假积极参加共青团芜湖市委、共青团广德市委开展的大学生实习“扬帆计划”活动，通过实习熟悉真实的工作环境，经受岗位锻炼，不断提高社会化能力和综合就业能力。他认真规划职业生涯，入选芜湖市“明日鸠兹”青年人才库。

将青春力量团结，焕发青年光彩，是赵庆伟的梦想与追求。任职校青年志愿者服务中心副主任、人文与管理学院博谘志愿服务队队长期间，赵庆伟组织各项主题志愿服务活动，获《安徽日报》《芜湖日报》等多家主流媒体报道；多次带领暑期“三下乡”社会实践团队、寒假“返家乡”社会实践团队开展法律知识宣讲，贴近社区、贴近农村，为基层人民幸福作出一份贡献。他累计志愿服务时长达480小时，多次获评“优秀青年志愿者”称号，自己和所带团队多次获评大学生志愿者暑期“三下乡”社会实践活动“优秀团队”“优秀调研报告”“先进个人”等称号。

基层是青年了解国情、增长才干、砥砺品格的最好课堂。在毕业之际，赵庆伟积极报名参加大学生志愿服务西部计划，立志于把个人的理想追求融入党和国家事业之中，到基层建功立业，让青春之花绽放在祖国最需要的地方。

送给学弟学妹们的话：青春，是每个人生命中最绚烂的时光，它如同初升的太阳，充满了活力与希望。而我，选择将这段宝贵的岁月，挥洒在了遥远的西部大地上。西部不是浪漫化的“诗与远方”，而是真实的生活场，愿你们既能仰望星空，也能脚踏实地，迸发青年人的朝气，让青春之花绽放在祖国最需要的地方！

资料来源：https://www.wnmc.edu.cn/info/1011/296641.htm。

第一节　大学生就业形势

就业是最基本的民生。党的二十大报告将就业置于优先战略高度，高校毕业生作为重要人才资源，其就业问题关乎国家发展与社会稳定。以下从高校毕业生就业难的形势、就业新特点和新机遇、就业策略展开分析。

一、当前大学毕业生的就业形势

党的二十大报告将“实施就业优先战略”置于突出位置，强调要“强化就业优先政策，健全就业促进机制，促进高质量充分就业”。作为重要人才储备，高校毕业生群体既承载着创新驱动发展的时代使命，又构成了就业市场中最具发展潜力的主体。当前，随着1999年高等教育扩招政策实施以来毕业生规模的持续扩大，人才供给与市场需求的结构性矛盾逐步显现，这使得高校毕业生就业工作已成为落实就业优先战略的关键突破口和核心着力点。因此，分析当下形势，转变大学生就业观念，解决就业难的状况非常有必要。

（一）就业人数逐年增长，就业压力持续增大

自1999年我国高校开启扩招进程，毕业生规模呈指数级增长态势。2020—2025年，全国普通高校毕业生人数持续攀升，从874万激增至预计1300万，其中2022年首次突破千万大关，随后三年始终保持千万级高位。值得注意的是，2022年毕业生人数同比激增167万，创下近十年最大增幅；尽管2023—2024年增速放缓，但2025年预计仍将实现超百万的增量。这种持续的规模扩张，使得人才供需失衡加剧，就业市场竞争愈发激烈。以医学专业为例，每年约30万医学生涌入就业市场，然而全国卫生机构实际录用人数远低于此，部分地区临床医学岗位报录比甚至达到20:1，形成“僧多粥少”的严峻局面，凸显出高校毕业生群体普遍面临的就业压力。

毕业生就业率作为衡量高校人才培养与就业成效的关键指标，直观反映了应届毕业生的就业状况。其计算方式为当年已就业应届毕业生人数占应届毕业生总人数的百分比。这一数据对高校发展意义深远，不仅能为学科专业动态调整、招生规模优化提供依据，还可助力高校针对性提升办学质量与就业指导服务水平。在实际统计中，毕业生就业率通常分阶段统计两次：首次于毕业生离校时进行，称为“初次就业率”或“一次就业率”，侧重反映毕业生离校时的即时就业情况；年末再次统计，即“年终就业率”或“总体就业率”，全面呈现毕业生在毕业当年的最终就业结果。各高校每年定期发布的毕业生就业质量报告，会详细披露毕业生去向、就业规模及就业质量等信息，为社会各界了解高校人才输送情况提供重要参考。然而，毕业生就业率的高低并非单一因素决定，而是受很多因素的影响，例如突发公共事件如疫情、经济形势的周期性波动等因素。

（二）城市人才饱和与人才高消费，体制机制的影响

大城市和发达地区的医疗卫生机构的医疗人才呈饱和或超编状态，且层次逐渐提高。三甲以上的大医院对应聘者的学历要求较高，临床科室基本上都要求博士学历，而且有的机构要求论文影响因子要达到100分。卫生系统用人单位人事制度和用人机制改革也对医学生求职有很大影响，医学生会受有无编制的影响而选择就业地区、机构、岗位、专业方向等，比如有的本科或硕士为了在一线城市就业，选择改变专业从事ICU、康复医学、检验、医学影像技术等辅助科室，并接受没有编制的待遇，或者到二、三线城市从事本专业或非本专业的工作，获得编制。

（三）毕业生专业技能薄弱，与就业竞争激烈相矛盾

随着医学院校招生规模持续扩张，人才培养体系的结构性矛盾逐渐凸显，成为制约医学生就业的重要因素。在重点医学院校中，教师资源向科研领域过度倾斜，部分教授将超过70%的精力投入课题申报与论文发表，本科生课程常由助教代授，导致临床教学环节缩水、师生互动不足。这种“重科研、轻教学”的倾向，使得毕业生临床思维与操作能力薄弱，难以

满足医疗机构对应用型人才的需求。调研显示，约65%的医学生将考研列为首要目标，在长达6~8个月的实习期间，日均复习时长超过6小时，导致临床轮转出勤率不足50%。这种顾此失彼的选择，使学生错过夯实临床技能的黄金期，在毕业求职时暴露出手术操作不熟练、急症处理经验匮乏等问题。

二、当前大学生就业的新特点与新机遇

（一）就业市场呈多样化，提供广阔的就业空间

在医疗技术革新与社会需求升级的双重驱动下，现代卫生服务领域正经历深刻变革，为医学生开辟了多元化的就业路径。伴随"互联网+医疗"模式的普及，远程诊疗、健康大数据分析等新兴业态蓬勃发展；社区医疗体系的完善催生了全科医生、家庭健康管理师等刚需岗位；老龄化社会的到来使临终关怀、康复护理等细分领域人才缺口持续扩大。此外，医疗产业链的延伸也创造了广阔空间，从药品研发咨询、医疗保险精算，到医疗器械营销、医疗法务审核，横跨预防、保健、经营等多个维度的岗位，均为医学专业毕业生提供了差异化的职业赛道。学科交叉融合趋势更催生出医学社会学、医学经济学等新兴领域，要求从业者兼具医学专业知识与人文社科素养，为复合型人才提供了发展机遇。

然而，传统就业观念的桎梏成为部分医学生把握新机遇的阻碍。调查显示，超70%的医学生仍将三甲医院临床岗位作为首选职业目标，对公共卫生、健康管理等新兴领域认知不足，甚至存在"非临床岗位专业价值低"的偏见。这种单一化的就业倾向，导致大量基层医疗岗位无人问津，而热门临床岗位竞争激烈，部分地区三甲医院的临床医师岗位报录比高达50:1，形成结构性就业矛盾。

（二）国家发展战略调整，带来崭新的就业机会

国务院于2016年10月25日印发了《健康中国2030规划纲要》，是中国政府在2016年发布的一项重要战略，其目标是在2030年前，实现全民健康和国家医疗卫生事业的全面发展。规划的主要目标是提高健康水平、改善医疗服务、推动医药创新、加强健康管理、促进健康产业发展五个方面。势必带动相关产业的发展，从而也带来大量的就业岗位和机会。

（三）创新创业成效显现，成为就业增长的源泉

创业带动就业效能显著彰显。近年来，国务院及各地政府大力推动创新创业，搭建创新创业平台载体，健全创新创业政策支持体系，优化创新创业公共服务供给，市场主体的发展潜力与创新活力得以迅速释放，创业日益成为拉动就业增长的核心动力源，创业带动就业的乘数效应持续凸显。伴随创新创业涌现的新业态与催生的新动能加速成长，亦为就业扩容提质发挥了关键推动作用。

三、适应新形势的择业观与就业策略

（一）认真做好职业生涯规划，做好就业准备

首先，需确立正确的职业理想，掌握并运用科学的职业生涯理论与方法，在自我分析和职业分析的基础上树立合理的职业理想。我们一旦确定自己理想的职业，就要依照职业目标规划自身学习与实践，同时为获取理想职业做好充分准备。在求职就业阶段，关键是要把眼光放长远，以最终能实现自己的职业理想为长期目标，因客观现实需要调整时，可遵循短期目标为长期目标服务的原则。

（二）学习必备求职应聘技巧，提升就业能力

求职就业是人生一个比较特殊、比较关键的阶段，大学毕业生应该积极地做好各方面的准备，其中求职应聘技能就是其中之一。一般大学都开设了就业指导必修课，还有网络平台就业指导课，传授就业形势与政策、就业流程、信息搜集、简历制作、面试技巧等技能，大学生要好好利用这种学习机会，学会完善自我、展示自我的方法，增强个人就业能力。比如，部分单位在选拔聘用大学毕业生时，相同条件下会优先考虑有过社会实践经历、具备一定组织管理能力的毕业生，这就需要在就业前着重培养，就业时善于展现自我。

（三）更新观念调整就业期望，合理定位目标

毕业生普遍感慨“难寻理想单位”，与此同时众多基层一线用人单位却求才若渴、招聘遇阻。毕业生须摒弃求高薪、图舒适、慕名气的心态，转而将目光投向边远地区、中小城市、艰苦行业的基层一线中小型单位，树立以事业发展为先、扎根基层的就业预期。清醒认知当前就业形势，树立大众化就业观念，强化普通劳动者意识，进行合理精准的自我定位，从而寻得适配自身的工作。

第二节　大学生就业政策

自中华人民共和国成立以来，大学生就业政策历经3个不同发展阶段。例如计划经济体制下的“国家分配，统分统包”模式，即毕业生就业由国家主导，按计划统一调配，其特征为“国家包揽分配工作，全程负责到底”，贯彻“统筹规划、集中调配、保障重点、兼顾全局”的政策原则。

这种分配模式在漫长的历史进程中，有效保障了国家建设的人才需求，改善了地区间人才供需失衡的局面；再如教育体制改革催生的“双向选择”毕业生就业政策，该政策明确“在国家计划指引下，实行个人填报志愿、学校推荐、用人单位择优录用”，构建起以“供需对接，双向选择”为核心的就业机制。此政策不仅增强了大学生的竞争意识，促进高校优化校风学

风，还满足了企事业单位的人才需求，提高了毕业生投身基层的比例，充实了基层科研、教学、生产一线的人才力量；又如在社会主义市场经济改革持续深入的背景下，“双向选择、自主择业”的就业模式应运而生，多数学生则遵循市场导向、政府调控、学校推荐的原则，通过“双向选择、自主择业”实现就业。在此模式下，用人单位与毕业生共同进入人才市场，毕业生凭借个人能力和条件参与竞争，用人单位凭借工作环境和优厚待遇招揽人才，高校则作为中间桥梁，为双方提供服务。

针对毕业生数量持续攀升、就业形势依旧严峻的现状，国家出台了一系列就业政策，旨在为广大毕业生创造更多就业机会，减轻就业压力。

一、国家和地方就业政策

（一）国家政策

1. 连续性政策

为进一步健全就业促进机制，助力就业工作迈向高质量发展轨道，切实推动高校毕业生就业，国家每年都会精心出台一系列促进大学生就业的政策文件。这些文件宛如明亮的航标，为大学生指引着就业政策的方向。以教育部在2024年12月发布的《关于做好2024届全国普通高校毕业生就业创业工作的通知》为例，大学生通过研读这份文件，便能清晰洞察到如下就业政策要点。

（1）把高校毕业生就业工作摆在更加突出位置。各地高校须把高校毕业生就业视为核心要务，置于更为突出的战略位置，纳入领导班子重点工作议程，完善就业促进体系。各省级教育部门应积极与组织、人力资源社会保障、发展改革、财政等部门强化沟通对接，明确分工、紧密协作、联动发力，把高校毕业生列为公共服务重点对象，推动更多岗位、资金、培训及服务等公共资源向高校毕业生汇聚。构建“校-院（系）”两级就业工作领导小组架构，分别制定详实的就业工作方案，分层压实工作责任。深化部门间协同配合，优化激励考核机制，凝聚全校各方力量，形成全员协同促就业的强大合力。

（2）大力开拓市场化社会化就业渠道。教育部应推进国家大学生就业服务平台迭代升级，深化“24365促就业精准服务”工作，不断强化就业岗位的互通共享与精准投送。各地高校需扎实推进“访企拓岗”专项行动，充分发挥校园招聘的关键作用，加快落实“万企进校园”计划。强化分行业、分区域就业市场建设，引导中小企业扩大高校毕业生招聘规模，扶持灵活就业与自主创业发展。

（3）充分发挥政策性岗位吸纳作用。各地教育部门需强化与相关部门协同联动，统筹推进党政机关、事业单位、国有企业等招考以及各类升学考试、职业资格考试尽早部署，加快政策性岗位招录节奏，为高校毕业生求职预留充裕时间。加大科研助理岗位开发力度，确保配套措施落地见效。各地教育部门应主动配合有关部门组织实施“特岗计划”“三支一扶”“西部计划”等基层就业项目，积极拓展“城乡社区专项计划”“大学生乡村医生专项计划”。支持各地紧扣乡村振兴战略，深度挖掘基层医疗卫生、养老服务、社会工作、司法辅助等领域的就业潜力，扩大地方基层项目实施规模。各高校要全力配合大学生征兵工作，加强征兵宣传进校园工作，优化入伍流程，与兵役机关协同做好兵员预征预储、高校毕业生征集等工作，进一步深化以高校毕业生为重点的精准征集工作。各地教育部门要制定细化实施方案，严格落实退役后复学、升学、学费资助等优惠政策，大力鼓励高校毕业生应征入伍。

(4) 推进构建高质量就业指导服务体系。把就业教育与观念引导纳入"三全育人"核心范畴，推动就业教育与思政教育、专业教育紧密融合，在专业课程教学及实习实践等育人过程中深化就业引导。鼓励毕业生积极奔赴艰苦地区、重点领域等国家急需的岗位奉献力量。加强大学生生涯发展与就业指导课程建设，将其作为必修课程纳入教学安排，保障学时与学分。持续开展优质就业指导公益直播课程，加强高素质专业化师资队伍建设，构建内外联动、专兼结合的就业指导教师团队。探索建立学生成长数字化档案。精心组织首届全国大学生职业规划大赛，推动大赛内容与生涯发展及就业指导课程深度衔接，切实提升大学生生涯规划能力，助力就业指导教师精进教学水平。各地高校需健全大学生就业实习管理制度，借助实习实践激发学生求职热情、明晰职业方向，助力学生提升就业竞争力、获取就业机遇。全力营造公平就业环境，严格执行"三严禁"规定，强化就业安全教育与诚信教育，引导用人单位和高校毕业生及时签订就业协议或劳动(聘用)合同并诚信履约。

(5) 加强重点群体就业帮扶。聚焦脱贫家庭、低保家庭、零就业家庭、残疾等就业困难毕业生群体，建立"一人一档""一人一策"精准帮扶台账，确保优先提供就业指导、优先推荐适配岗位、优先开展技能培训与实习安排。持续推进"中央专项彩票公益金宏志助航计划——全国高校毕业生就业能力培训项目"。倡导部属高校与地方高校、东部高校与西部高校、经验丰富高校与基础薄弱高校开展结对帮扶，促进区域间、校际间就业经验互鉴、渠道互通、资源共享。强化区域统筹调度，整合更多岗位资源，为就业基础薄弱地区和高校提供针对性帮扶支持。

(6) 完善就业监测与评价反馈机制。各地高校应切实贯彻毕业去向登记制度，精准理解就业监测指标要义，从严审核毕业生就业信息及相关材料，切实保障就业数据真实可靠。进一步优化高校毕业生就业工作综合评价指标体系，推动各地高校摒弃单一评价模式，深入推进就业工作评价改革，推动高校就业工作迈向制度化、规范化轨道。各地高校需构建并完善就业与招生、培养协同联动的长效机制，将高校毕业生就业情况纳入高等教育结构调整的重要考量因素。

(7) 加强组织保障。各地高校必须严格落实就业"一把手"工程，主要领导要亲自谋划部署，分管领导要亲临一线指挥。各地高校应全面确保就业工作机构、专职人员、专项经费、专用场地"四落实"。同时，各地高校须全方位宣传各类促就业政策，主动推动就业政策深入园区、企业、校园、社区，实现政策宣传全覆盖。

2. 阶段性政策

除出台持续性政策文件外，国家还会颁布阶段性政策文件指导毕业生就业。如2022年国务院办公厅印发《关于进一步做好高校毕业生等青年就业创业工作的通知》，提出拓展就业岗位渠道、优化就业服务链条、简化求职就业流程、强化青年就业帮扶、压实各方工作责任等多项举措，全力保障大学生就业。为落实该通知要求，民政部、教育部、财政部、人力资源和社会保障部于2022年6月7日联合发布《关于做好2022年普通高校毕业生到城乡社区就业工作的通知》，明确了当年高校毕业生到城乡社区就业的总体要求、重点任务与工作规范，为拓宽城乡社区就业渠道、引导毕业生投身基层就业创业提供政策指引。

为助力大学生更好地就业创业,政府推出的阶段性政策丰富多样,大学生可通过政府官方网站及时关注相关政策动态,精准把握国家就业政策方向。

(二)地方政策

基于国家就业政策框架,地方各级人民政府会制定一些区域性的细化政策或补充政策。大学生可以通过了解这些政策,发掘一些适合自己的就业机会。

2022年1月,安徽省正式印发《安徽省"十四五"科技创新规划》。规划明确,安徽未来将聚焦新一代信息技术、新能源汽车和智能网联汽车、数字创意、高端装备制造、新能源和节能环保、绿色食品、生命健康、智能家电、新材料、人工智能等十大新兴产业,布局44个优先发展主题,涵盖生物医药、重大疾病防治、生殖健康与出生缺陷、主动健康与人口老龄化应对、中医药传承创新、蛋白细胞工程技术、高性能医疗器械与数字诊疗等方向,为相关专业毕业生创造了广阔的就业空间。

二、大学生就业优惠政策

(一)引导和鼓励高校毕业生面向基层就业

引导并激励高校毕业生投身基层就业,是党中央、国务院立足党和国家事业长远发展作出的重大战略部署。2005年6月,中央办公厅、国务院办公厅联合下发《关于引导和鼓励高校毕业生面向基层就业的意见》(中办发〔2005〕18号),动员高校毕业生奔赴西部、扎根基层、服务祖国最需要的地方。基层就业涵盖城乡基层工作范畴,既包含广袤农村与城市街道社区,也涉及县级以下党政机关、企事业单位,以及社会团体、非公有制组织和中小企业;既包括自主创业、自谋职业,也涵盖艰苦行业与岗位。国家及地方各级政府积极为前往基层,尤其是西部和艰苦地区工作的大学毕业生提供便利,在学费补偿、助学贷款代偿、薪资待遇、生活补贴、见习补助、考研升学、报考党政机关及应聘国有企事业单位等方面给予资金与政策扶持。当前,国家推行的基层就业项目主要有"三支一扶"计划、"大学生志愿服务西部计划"、"大学生村官计划"和"农村义务教育阶段学校教师特设岗位计划"等。

(二)"三支一扶"计划

2006年3月,中央组织部等八部委在《关于组织开展高校毕业生到农村基层从事支教、支农、支医和扶贫工作的通知》(国人部发〔2006〕16号)文件里推出"三支一扶"计划,明确以"公开招募、自愿报名、组织选拔、统一派遣"的模式,选派大学生志愿者赴乡镇开展支教、支农、支医和扶贫工作。该计划旨在切实指导并保障高校毕业生于基层单位实现就业。服务期通常为2~3年,服务期间发放相应生活补贴。服务期满后,毕业生可自主择业,择业阶段享受政策优待。

（三）大学生志愿服务西部计划

“大学生志愿服务西部计划”简称“西部计划”，这一大学生基层就业项目于2003年由共青团中央、教育部、财政部、人力资源和社会保障部等部门依据国务院相关部署联合启动实施。该计划采取公开招募、自愿报名、组织选拔、集中派遣的流程，每年面向普通高等院校招募一定数量应届毕业生，这些毕业生将以志愿服务形式，前往西部贫困县乡镇，在教育、卫生、农技、扶贫及基层社会管理、基层青年中心建设与管理等领域，开展为期1～3年的服务工作。

（四）大学生村官计划

大学生村官计划是党中央立足党和国家事业长远发展作出的重要战略部署。1995年，江苏省率先启动“雏鹰工程”，拉开了大学生投身农村建设的序幕。截至2004年，全国已有10个省区市相继开展选派大学生到村任职工作。2005—2007年，17个省区市积极开展局部试点探索。2008年，《关于选聘高校毕业生到村任职工作的意见（试行）》正式出台，标志着大学生村官工作在全国31个省区市及新疆生产建设兵团全面铺开。历经十余年的实践与完善，该计划不断发展壮大，取得了丰硕成果。

三、鼓励高校毕业生入伍服兵役

高校毕业生选择应征入伍服义务兵役，其助学贷款将得到全额代偿，学费也能获得相应补偿。服役期满后，在参加政法院校面向基层公检法的定向岗位招生考试时，可享受优先录取政策；若为高职高专学历，退役后不仅能免试入读成人本科，还可通过考核进入普通本科深造；此外，毕业生还可按需参照应届毕业生流程办理就业报到手续。

四、鼓励、支持大学生自主创业和灵活就业

创业是助力大学生实现就业、突破就业难题的关键路径。我国政府积极推出系列举措，大力扶持大学生自主创业与灵活就业。针对高校毕业生创办的初创企业，可依据行业特性，科学设定资金、人员等准入门槛，并允许注册资金分期缴纳。高校毕业生能够依照法律法规规定的条件、程序及合同约定，将家庭住所、租赁用房、临时商业用房等用作创业经营场地。对于应届及毕业两年内从事个体经营的高校毕业生，自其在工商部门首次注册登记起3年内，免除登记类和证照类等相关行政事业性收费；登记求职的高校毕业生从事个体经营，若自筹资金不足，可依规申请小额担保贷款，从事微利项目的，还能按规定享受贴息政策；针对合伙经营及组织就业的情况，贷款额度可适当提高。通过完善整合就业税收优惠政策，进一步激发高校毕业生创业热情。为申报就业的灵活就业高校毕业生，提供免费劳动保障和人事代理服务，妥善做好社会保险关系接续工作。严格落实符合就业困难人员条件的高校毕业生灵活就业社会保险补贴政策，稳步推动其实现稳定就业。

阅读材料

赵宏丽:大学生创新创业走出亮丽风景线

聚焦生活中的"小问题"与"不便处",中南大学的赵宏丽凭借创新思维与实践能力,在毕业前就成为企业负责人。她创办的企业短短两年便获评湖南省"优秀企业",吸引众多创投机构争相合作,走出一条极具特色的创新创业之路。

2018年,赵宏丽进入中南大学湘雅医学院攻读药学专业,彼时国务院发布《关于推动创新创业高质量发展打造"双创"升级版的意见》,掀起创新创业新热潮。她积极加入"新型干粉吸入剂载体花形乳糖的研究及产业化"团队,携创新成果多次亮相大学生创新创业大赛。2020年,其团队开展的"花形乳糖载抗病毒药物的抗新冠肺炎的干粉吸入剂的研发"成功获得国家级立项。

在专业学习过程中,赵宏丽接触到单冲压片机,发现传统设备存在上料浪费、下料破损等问题。带着改进的想法,她开启技术改良之路,历经项目构思、雏形打造、反复实验等阶段,于2021年5月成功获得"一种改良的单冲压片机"国家专利。

随着创新成果逐步成熟,2020年大三时,赵宏丽创立湖南致雅生物科技有限公司,迅速获得市场认可与投资支持。在湖南,像赵宏丽这样投身创新创业的大学生不在少数。为助力大学生创新创业,湖南省依托"互联网 + 教育"模式,组建全省大学生创新创业就业学院,通过省校合作整合课程资源,开展线上线下教学,吸引9万余名学生注册,累计学习时长超100万小时;同时,各类创新创业赛事全年不断,持续完善大学生创新创业导师库,强化实践指导。

湖南省发展改革委表示,通过健全工作机制、深化教育改革、搭建孵化平台、完善服务体系,全力构建大学生创新创业生态,推动众多大学生创业项目落地,有效带动就业,为经济社会发展注入新活力。

资料来源:https://chinajob.mohrss.gov.cn/c/2021-10-18/327226.shtml。

五、读研或出国深造

教育本质上是一种极具价值的投入,更是推动个人与社会发展的关键生产力。人们接受教育的广度与深度,往往与其知识储备、综合能力呈正相关。大学本科毕业后选择继续深造,既能够系统完善自身知识体系,实现个人素质的全方位跃升,又能拓宽视野边界,为未来发展开辟更广阔的可能性。在当下就业竞争日趋激烈的背景下,为谋求理想职业与长远发展,众多大学生将继续深造视为重要发展路径。这一选择不仅能暂时缓解就业压力,还能显著增强未来职场竞争力,同时带来更多发展机遇,助力开启更具价值的职业生涯,进而直接推动个人事业进步,提升生活品质。大量研究数据显示,拥有研究生教育背景的群体,在职业发展道路上往往拥有更为广阔的前景。

第三节　大学生就业权益

一、大学生就业的基本权益

就业权益是求职者在求职择业进程中理应享有的合法权益，涵盖劳动报酬获取、休息休假保障、劳动安全保护等诸多方面。大学生群体具有特殊性，在就业环节，他们不仅拥有普通劳动者的常规权利，还享有诸多专属权益。

（一）就业信息知情权

就业信息知情权是指毕业生享有及时、全面获取应公开的各类就业信息的权利。其包含三方面内涵：一是信息公开，即任何团体、组织和个人均不得隐瞒、截留就业信息，须向毕业生全面公布；二是信息及时，即应及时向毕业生公布就业信息，否则就业信息将丧失效用；三是信息全面，即向毕业生公布的就业信息须完整，残缺不全的信息会影响毕业生对用人单位情况的了解与判断，进而干扰其求职择业。

（二）接受就业指导权

就业指导工作于毕业生而言至关重要，直接关系到其职业生涯规划、就业意识培养、就业方向确定及求职择业进程。学校在毕业生就业指导中扮演关键角色。为切实做好此项工作，学校需设立专门机构、开设专门课程、安排专门人员，为毕业生提供全方位就业指导服务，涵盖宣传国家大学生就业方针政策、协助毕业生做好职业规划、提供求职技巧指导、引导毕业生准确定位与合理择业等。除学校外，毕业生亦可从社会合法就业指导机构获取帮助。

（三）接受就业推荐权

学校的推荐对用人单位的人员招聘具有重要作用。毕业生有权获得学校及时、公正、如实地推荐。学校在推荐毕业生时需做到以下几点：一是如实推荐，对毕业生在校表现既不夸大也不贬低，秉持实事求是的原则；二是择优推荐，在公开、公正的前提下择优推荐毕业生，力求人尽其才，同时激发毕业生的进取动力；三是公正推荐，依据毕业生的在校表现与能力，公平、公开、公正地推荐每位毕业生，保障其享受被推荐的权利。

（四）平等就业权

毕业生在就业过程中享有平等的就业权利，拥有平等竞争工作岗位的机会。毕业生应平等接受学校推荐，平等参与用人单位的公开招聘，同时有权要求用人单位在人才录用时做到公平、公正、一视同仁。

国家保障女性与男性享有平等的劳动权利。用人单位招用人员时，除国家规定不适合女性的工种或岗位外，不得以性别为由拒绝录用女性大学毕业生或提高其录用标准。用人单位录用女性大学毕业生时，不得在劳动合同中规定限制其结婚、生育的内容。

各民族劳动者均享有平等的劳动权利。用人单位招用毕业生时，应依法对少数民族大学毕业生给予适当照顾。

国家保障残疾人的劳动权利。各级人民政府应对残疾大学毕业生就业统筹规划，为其创造就业条件。用人单位招用毕业生时，不得歧视残疾大学毕业生。

用人单位招用大学毕业生时，不得以其为传染病病原携带者为由拒绝录用。然而，经医学鉴定传染病病原携带者在治愈前或排除传染嫌疑前，不得从事法律法规及国务院卫生行政部门规定禁止从事的易使传染病扩散的工作。

（五）择业自主权

根据规定，毕业生在国家就业方针、政策指导下"双向选择、自主择业"，即毕业生可按自身意愿就业，有权决定是否就业、何时就业、何地就业及从事何种职业等，学校、其他单位和个人均不得干涉。任何强行干预毕业生就业的行为均属侵犯其就业自主权的行为。

（六）择业知情权

毕业生在与用人单位签订就业协议书及劳动合同前，有权了解用人单位的主体资格、劳动岗位、劳动条件、薪资报酬及规章制度等情况，用人单位应如实说明或介绍，不得回避、故意隐瞒或刻意夸大某些情况。

（七）违约求偿权

用人单位、毕业生和学校的三方协议一经签订，任何一方均不得违约。若用人单位无故解除协议或不履行协议内容，毕业生有权要求用人单位承担违约责任，亦可要求其对所造成的损失予以赔偿。

（八）户口档案保存权

毕业生自毕业之日起，在择业期内若未找到合适用人单位、未签订就业协议书，且未因回生源地自主择业、出国等办理人事代理手续，则有权将档案和户口留存学校，学校应对毕业生的学籍档案和户籍证明妥善保管，且不得收取费用。择业期满后，学校不再承担该义务。

二、大学生就业的法律法规

毕业生需熟悉并掌握国家相关法律法规，增强自身维权意识。若在求职应聘、签订就业协议及劳动合同过程中合法权益受到侵害，应积极运用法律武器维护自身权益。与医学生就业权益紧密相关的法律法规主要包括《劳动法》《劳动合同法》《执业医师法》和《护士条例》。

（一）劳动法

1.《劳动法》的适用范围

《劳动法》于1994年7月5日经第八届全国人民代表大会常务委员会第八次会议通过，自1995年1月1日起施行，分别于2009年8月27日、2018年12月29日进行第一次和第二次修正。国家制定并实施《劳动法》的宗旨在于，保护劳动者的合法权益，调整劳动关系，建立和维护适应社会主义市场经济的劳动制度，促进经济发展与社会进步。

《劳动法》适用于在中国境内的企业、个体经济组织及与之形成劳动关系的劳动者，也适用于国家机关、事业组织、社会团体及与之建立劳动合同关系的劳动者。

2. 劳动者的权利和义务

《劳动法》明确规定了劳动者享有的权利及需履行的义务。劳动者享有平等就业和选择职业、取得劳动报酬、休息休假、获得劳动安全卫生保护、接受职业技能培训、享受社会保险和福利、提请劳动争议处理及法律规定的其他权利。劳动者需承担的主要义务包括完成劳动任务、提高职业技能、执行劳动安全卫生规程及遵守劳动纪律和职业道德。用人单位应当依法建立和完善规章制度，保障劳动者享有劳动权利并履行劳动义务。

（二）劳动合同法

1.《劳动合同法》的适用范围

《劳动合同法》于2007年6月29日经第十届全国人民代表大会常务委员会第二十八次会议通过，自2008年1月1日起施行，并于2012年12月28日修正。

《劳动合同法》适用于中国境内的企业、个体经济组织、民办非企业单位等组织与劳动者建立劳动关系，订立、履行、变更、解除或终止劳动合同，以及国家机关、事业单位、社会团体和与其建立劳动关系的劳动者，订立、履行、变更、解除或终止劳动合同。

2. 劳动合同的种类

劳动合同分为固定期限劳动合同、无固定期限劳动合同和以完成一定工作任务为期限的劳动合同。其中，固定期限劳动合同是指用人单位与劳动者约定合同终止时间的劳动合同；无固定期限劳动合同是指用人单位与劳动者约定无确定终止时间的劳动合同；以完成一定工作任务为期限的劳动合同是指用人单位与劳动者约定以某项工作的完成为合同期限的劳动合同。

用人单位与劳动者协商一致，可订立固定期限劳动合同，也可订立无固定期限劳动合同或以完成一定工作任务为期限的劳动合同，但《劳动合同法》规定必须订立无固定期限劳动合同的情形除外。

三、大学生就业权益的维护

（一）树立法律意识

毕业生就业期间的权益保护，一方面依赖于国家加强立法，另一个重要方面则是毕业生本人需学会自我保护。毕业生若要学会自我保护，应做到以下几点：

1. 增强权利和义务意识

劳动合同和就业协议签订后，毕业生与用人单位便形成了一种法律关系，即权利与义务的关系。协议双方既要维护自身权益，也要遵守约定、履行法定及约定的义务。只有双方共同配合，将法律规定的权利与义务落到实处，才能使用人需求与就业需求均得到满足。换言之，大学生毕业后主动履行就业协议和劳动合同中的义务，既是对自身权利内涵的正确认知，也是对他人权利和利益的尊重，更是避免法律纠纷、有效保护自我权益的体现。

2. 提高法治意识

面对就业市场的严峻态势，部分学生为提升求职竞争力，不惜伪造学历证明、荣誉证书等材料，一旦被用人单位识破造假行为并追究责任，最终会导致所签订的就业协议失效。与此同时，一些不规范的用人单位，利用大学毕业生求职心切的心理，签订不合理的劳动合同，企图通过欺诈手段损害大学生的就业权益，部分毕业生因急于获得工作而默许此类行为，结果在工作后出现重大隐患时才追悔莫及。

3. 树立契约意识

在就业实际过程中，不少大学生为争取更好的发展机会，存在各类毁约行为。他们认为，不遵守就业协议仅是不守信用的道德问题，而非违法问题，觉得就业协议只是普通协议，并非法律意义上的劳动合同，无需承担法律责任。这种认知是错误的，毕业生与用人单位签订的就业协议是确立双方劳动关系的契约，具有法律效力。毕业生签约时需具备契约意识，一方面通过就业协议书维护自身合法权益，另一方面协议双方必须严格遵守协议条款，积极履行约定，未经对方同意不得擅自毁约、违约，否则需承担相应法律责任。契约各方应在平等自愿原则下依法变更或终止民事权利与义务，任何一方非因法定理由解除协议，均须对权利受损方给予赔偿。

4. 增强维权、留证意识

毕业生不仅要通过学习知晓自己在就业过程中享有哪些权利，当权利受到损害后，还需具备运用法律维权的意识，要敢于拿起法律武器据理力争，而非选择息事宁人、一走了之。唯有如此，才能真正与用人单位处于平等地位，毕业生的合法权益才能得到切实有效的保障。

留证意识的培养主要体现在三个方面：一是收集证据的意识，要求毕业生在就业过程中有意识地让对方出示或提供相关资料以佐证事实，如要求公司出示营业执照、请对方出具身份证明等；二是保存证据的意识，要求毕业生注意留存现有证据，以便未来在仲裁或诉讼中支持自身主张，如妥善保存单位招聘海报、与单位往来的传真、邮件等；三是运用证据的意识，要求毕业生明确不同事实需何种证据证明，知晓特定事实的举证责任在对方或己方等规则。

（二）权益维护的途径

1. 求助学校就业部门和老师

当毕业生就业权益受到侵犯时，不必惊慌失措，应首先向学校毕业生就业管理部门寻求帮助，学校有责任和义务维护在校大学生的权益。学校可提前制定各项预防措施规范用人单位的招聘行为，并有权利抵制招聘单位在招聘过程中出现的不公正甚至违法的行为。毕业生签订的就业协议须经三方同意方可生效，对于不符合规定的就业协议，学校有权不予同意。对于可通过协商解决的问题，由学校出面与招聘单位沟通，这将有助于问题的妥善解决。

2. 依靠国家行政机关

当毕业生就业权益受到侵犯时，可向各级行政主管部门举报、投诉，主要包括毕业生就业主管部门、劳动监察部门、物价监察部门、技术监督部门、工商行政管理部门等。这些部门会依法对侵犯毕业生合法权益的行为进行处理和处罚。

3. 借助媒体平台

在互联网时代，毕业生可借助微博、微信、政府部门网站、手机APP等媒体渠道，对自身遭受的权益侵害行为进行披露与报道，以此引起社会关注和相关部门重视，充分发挥新闻媒体的舆论监督作用，进而推动问题得到准确、快速且有效的解决。

4. 寻求法律援助

法律援助是指由政府设立的法律援助机构组织法律援助人员，为经济困难或特殊案件的人员免费提供法律服务的法律保障制度。作为扶助贫弱、保障社会弱势群体合法权益的社会公益事业，毕业生遇到就业问题时，可到当地法律援助中心寻求法律帮助，主要形式包括：刑事辩护与刑事代理；民事、行政诉讼代理；非诉讼法律事务代理；公证证明；法律咨询；代拟法律文书；其他形式的法律服务等。

5. 依靠司法机关

《中华人民共和国治安管理处罚法》明确规定，被害人有权就侵犯其人身、财产权利的犯罪事实或犯罪嫌疑人，向公安机关、人民检察院或人民法院报案或提起诉讼。毕业生在切身利益受到侵犯时，可依靠司法机关维护自身合法权益。

6. 购买社会保险

社会保险是国家通过立法，多渠道筹集资金，对劳动者因年老、失业、疾病、工伤、生育导致劳动收入减少时给予经济补偿，使其享有基本生活保障的社会保障制度。我们常说的社会保险主要包括养老保险、失业保险、医疗保险、工伤保险和生育保险，除此之外还有住房公积金，即“五险一金”。在社会保险中，养老保险、失业保险和医疗保险由企业和个人共同缴纳（通常称为“三险”），工伤保险和生育保险则完全由企业承担，个人无需缴纳。

（景　婷）

第九章　医学院校大学生就业前景

学习目标

1. 知识目标

掌握全球医疗行业发展趋势和常见医学就业岗位的职责、要求及职业发展路径，熟悉不同类型医疗机构的岗位要求，了解我国医疗卫生行业的发展历程、现状及新时代特征。知晓健康中国战略、分级诊疗制度等政策对医学就业格局的影响。

2. 能力目标

培养临床诊疗、科研创新等专业能力，提升沟通能力、团队协作能力和应急处理能力，具备自主学习和终身学习的能力，以适应行业变革和岗位要求的变化。

3. 情感价值观目标

树立正确的职业观和价值观，培养人文关怀精神，增强国际视野和合作意识，为提升我国医疗影响力贡献力量。

本章概要

医学行业正经历着深刻的变革。从"疾病治疗"向"健康管理"的范式转型，不仅带来了医疗理念的更新，也促使医疗行业的岗位需求和就业格局发生巨大变化。一方面，临床医生、护士、医学技术、药剂师、医疗行政与管理等传统就业岗位对学历和能力的要求不断提高，这一变化深刻影响着医学院校大学生的就业环境；另一方面，健康管理、远程医疗、人工智能医疗等新兴领域如雨后春笋般崛起，为医学院校大学生的就业提供了更为广阔的空间。新时代医学院校大学生的就业环境，这既是挑战重重的"淘汰赛"，也是充满机遇的"新赛场"。

引子

医学生毕业后，职业选择远不止"进医院当医生"这一条路。随着医疗行业的发展和就业市场的变化，医学生可选择的路径愈发多样，涵盖临床、科研、公共卫生、医药企业、转行跨界等多个领域。无论选择哪条道路，医学生的核心优势在于严谨的科学思维和对人类健康的深刻理解。在职业规划中，保持终身学习的态度，方能应对行业变革，实现个人价值与社会价值的双赢。

第一节　医疗卫生行业的岗位需求

一、医疗行业发展历程与现状

我国医疗卫生体系的发展，是一部在探索中不断革新的奋斗史。新中国成立初期，全国医疗资源匮乏，每千人拥有的医师数不足1人，广大农村地区更是面临“缺医少药”的困境。在此背景下，我国大力发展基层卫生组织，推行农村合作医疗制度，初步构建起覆盖城乡的三级医疗预防保健网，使基本医疗服务可及性显著提升。

改革开放后，医疗卫生体系进入市场化改革阶段。一方面，大量社会资本涌入医疗领域，民营医院如雨后春笋般兴起，为患者提供了更多样化的医疗服务选择；另一方面，城市医院通过引进先进设备、开展高端诊疗技术，医疗水平得到快速提升。但与此同时，也出现了医疗资源分布不均等问题。

党的十八大以来，我国医疗卫生事业迈入高质量发展的新阶段。政府持续加大对医疗卫生领域的投入，深化医药卫生体制改革，推动建立覆盖全民的基本医疗保障制度。从新农合制度的全面实施，到城乡居民医保整合，医保覆盖面不断扩大，保障水平稳步提高，为群众减轻了医疗负担。

二、新时代医疗行业发展特征

（一）优化资源配置的分级诊疗制度

分级诊疗制度是新时代医疗行业的重要变革，旨在引导患者合理有序就医，实现医疗资源的优化配置。以医联体建设为载体，以常见病、多发病、慢性病分级诊疗为突破口，通过建立“基层首诊、双向转诊、急慢分治、上下联动”的就医模式，按照疾病的轻重缓急及治疗的难易程度进行分级，不同级别的医疗机构承担不同疾病的治疗，逐步实现从全科到专业化的医疗过程。其中，基层首诊就是坚持群众自愿的原则，通过政策引导，鼓励常见病、多发病患者首先到基层医疗卫生机构就诊。双向转诊就是通过完善转诊程序，重点畅通慢性期、恢复期患者向下转诊，逐步实现不同级别和类别医疗机构之间的有序转诊。急慢分治是通过完善亚急性、慢性病服务体系，将度过急性期患者从三级医院转出，落实各级各类医疗机构急慢病诊疗服务功能。上下联动是在医疗机构之间建立分工协作机制，促进优质医疗资源纵向流动。

（二）促进协同发展的医联体建设

医联体是以大型公立医院为核心，联合区域内各级医疗机构组建的医疗联合体，实现资源共享、优势互补。主要包括城市医疗集团、县域医共体、专科联盟和远程医疗协作网等模式。如皖南医学院第二附属医院坚持分级诊疗，不断推动优质医疗资源下沉扩容和皖南地区均衡布局，提升基层医疗机构技术水平，自2022年以来，与16家基层医疗机构完成医联体签约。医联体建设促进了优质医疗资源下沉，推动了基层医疗机构服务能力提升，加强了各级医疗机构之间的协作，对于提升整体医疗服务体系效能具有重要意义。

（三）打破时空限制的互联网医疗

随着互联网技术的飞速发展，互联网医疗蓬勃兴起，为医疗服务带来了全新模式。在线问诊平台让患者足不出户就能与医生进行远程沟通，获取诊疗建议；远程医疗技术实现了优质医疗资源的跨区域共享，使偏远地区患者也能得到专家的诊断和治疗；医药电商方便患者购药，送药上门服务更是满足了特殊人群的需求。互联网医疗的发展不仅提高了医疗服务的可及性和效率，还催生了互联网医院、健康管理平台等新业态。

（四）全球医疗行业发展趋势对我国的启示

全球医疗行业正朝着精准医疗、智能化、国际化等方向快速发展。在精准医疗领域，美国通过“精准医学计划”，利用基因测序等技术，实现疾病的精准诊断和个性化治疗，提高了癌症等疾病的治疗效果。这启示我国要加强基础医学研究，加大对基因技术、生物信息学等领域的投入，推动精准医疗在临床的广泛应用。

智能化方面，智能医疗机器人已应用于手术辅助、康复护理等领域，提高了医疗服务的精准性和效率。我国加快了5G、人工智能、大数据等技术与医疗行业的深度融合，研发更多智能医疗设备和应用，如智能诊断系统、智能健康监测设备等，提升医疗服务的智能化水平。如由皖南医学院牵头组织，芜湖市大数据中心、芜湖市急救中心等相关单位协同参与研发、实施的安徽省皖南地区5G空地一体化区域协同急救体系与公共卫生大数据平台研发应用项目，打破院前救援信息“孤岛”现象，实现“上车即到院”。

阅读材料

皖南5G技术急救项目，芜湖启动实施！

当120急救电话接通十数秒后，系统已经锁定报警患者的定位，此时，优化距离最近的急救中心站点，救护车已经驶出了大门。在救护车或急救无人机接到患者的第一时间，心电图、B超等医学影像，病患体征，病情记录等生命健康大数据，已经通过5G信息技术实时回传到后台指挥中心，院内医生通过这些数据做出相应的急救指导并提前制定抢救方案……

这不是未来电影中的场景，而是安徽省皖南地区5G空地一体化区域协同急救体系与公共卫生大数据平台研发与应用项目即将实现的应用场景。

日前，该项目启动仪式在皖南医学院举行，标志着以芜湖为中心的皖南地区5G空地一体化区域协同急救体系建设驶上了快车道。据介绍，该项目还入选了工业和信息化部、国家卫生健康委“5G＋医疗健康应用”试点项目。

“对于急救患者来说，时间就是生命，医疗急救中充分利用高科技手段，为患者争取更多救治时间，这也是5G空地一体化区域协同急救体系项目最重要的意义。”皖南医学院医学信息学院相关负责人告诉大江资讯记者，该项目建设将在2023年9月前建设完成。

据介绍，作为项目牵头单位，皖南医学院将负责项目建设总体方案设计和工作协调，牵头建立皖南地区急救大数据研究中心总部，研发皖南智慧急救大数据平台以及移动版皖南智慧急救APP等，且在皖南医学院第一附属医院建设急救与应急救援总平台，对接数据平台、120调度系统和无人机调度平台等。

同时，芜湖市急救中心、宣城市医疗急救中心、马鞍山市紧急救援中心主要负责搭建和整合各自区域内空地一体化5G应急救治平台，建立各急救中心大数据研究分中心，做好各区域急救系统对接和协同救治联动体系，建立区域协同救护车辆转运调度机制。“后期还会将池州、铜陵、黄山等地纳入其中，在全省真正建立起皖南地区5G空地一体化区域协同急救体系。”相关负责人介绍。

另外，芜湖市大数据中心负责数据采集共享、数据安全管控、数据应用指导等工作，以及智慧急救城市化、社区化建设指导。中电科芜湖钻石飞机制造有限公司主要负责5G＋载人、非载人医疗用途无人机研发及应用推广。

“利用5G技术低时延、便捷组网的技术优势，与医疗系统建立匹配的协同急救体系，从而实现公共卫生领域数字化建设与场景应用的无缝对接，为患者提供快速救治通道。”中国移动芜湖分公司相关负责人介绍，该公司主要负责搭建区域内5G应急救治网络。另外，相关责任单位负责配合皖南医学院研发及推广相应5G＋智能急救系统软件及硬件。

如何弥补空中救援的空白，以及扭转皖南地区地形特点形成的急救困难的现状？另外，如何克服传统的医疗急救的院前阶段无法实时有效与院内医生及专家的协调会诊？建立依托5G信息技术及大数据平台实时调度的空地一体化医疗救援体系，将打破院前紧急医疗救援的信息“孤岛”现象。

据介绍，该项目针对皖南地区多山多岭、地势起伏、物资相对匮乏、急救困难的现状，结合心脑血管等疾病多发、死亡率高等特点。运用5G、物联网、大数据和人工智能等新兴信息技术，构建皖南地区5G＋智慧急救大数据平台和全景大数据视图。

在医院、应急指挥中心、急救人员、救护车等之间构建5G应急救援网络，在救护车或急救无人机接到患者的第一时间，将医学影像、病患体征、病情记录等生命健康大数据实时回传到后台指挥中心，帮助院内医生做出正确指导并提前制定抢救方案的医疗急救服务，实现远程会诊、多方联合会诊。

“空地一体化医疗救援体系融合了5G、物联网以及人工智能等技术，打通了陆地与空中、院前与院内的救援流程，通过患者定位、120统一调度、车载会诊等功能，让急救流程中患者‘上车即入院、救护车即移动监护室、到院即可手术’。”

在急救过程中，如果遇到临时应急所需的血浆等医疗救助药品及设备，还可以实现无人机快速调度及运转。而针对转运路途遥远、路况较差的患者，系统还可以调动无人机进行快速救援，将急危重症患者转运到医院，为患者争取更多的生存机会。

资料来源：人民网-大江资讯。

在国际化趋势下，跨国医疗合作日益频繁，国际医疗标准和规范不断完善。我国也在积极参与国际医疗合作，加强与国际先进医疗机构的交流与合作，引进吸收国际先进的医疗技术和管理经验的同时，着力推动我国中医药等特色医疗走向世界，提升我国在全球医疗领域的影响力。

三、传统医疗行业人才需求特点

（一）三级医院

三级医院作为我国医疗体系的“塔尖”，承担着疑难重症诊疗、医学科研和人才培养等重要任务，对人才的要求极高。在三级医院招聘时，获得硕士及以上学位成为招聘的基本门槛，部分热门科室如心血管内科、神经外科等，获得博士学位的应聘者更具竞争力。除了扎实的专业知识和丰富的临床经验外，三级医院还看重人才的科研创新能力，要求医生能够开展临床研究，发表高质量学术论文，参与科研项目。例如，在某知名三甲医院的招聘公告中，明确要求应聘医师需具备主持或参与国家级科研项目的经历，且在SCI等一类期刊上发表过论文。同时，由于三级医院患者流量大、病情复杂，对医生的多学科协作能力、应急处理能力和沟通能力也有较高要求。

（二）二级医院

二级医院在医疗体系中起着承上启下的作用，其人才需求既不像三级医院那样“高精尖”，也不同于基层医疗机构的“广覆盖”，更倾向于招聘具有扎实临床基础、能够独立处理常见疾病和多发病的人才，同时要求具备一定的管理和协调能力，以应对医院日常运营和科室发展需求。在学历上，以本科及以上学历为主，对于有丰富临床经验的人才，学历要求可适当放宽。例如，某二级医院在招聘内科医生时，除了要求具备相应的执业资格和临床经验外，还希望应聘者能够参与科室管理，协助开展新技术、新项目。此外，随着二级医院功能的拓展，对康复医学、老年医学等专业人才的需求也在逐渐增加。

（三）基层医疗机构

乡镇卫生院、村卫生室、社区卫生服务中心（站）、诊所、门诊部、医务室、卫生保健所、护理院（站）等基层医疗机构是人民群众健康的“守门人”，当前面临着人才短缺的困境，尤其是全科医生严重不足。基层医疗工作具有“一专多能”的特点，要求医生能够处理常见疾病、开展基本公共卫生服务、进行健康管理等。为吸引人才到基层，各地出台了一系列优惠政策，如提高薪酬待遇、提供住房补贴、放宽职称晋升条件等。国家卫生健康委、国家发展改革委、教育部等13个部门联合印发的《关于优化基层医疗卫生机构布局建设的指导意见》明确指出“在发展壮大基层医疗卫生队伍方面，强调适应基层医疗卫生机构优化布局建设和发展需求，增加紧缺人才培养，强化中医药人员配备，通过大学生乡村医生专项计划、农村订单定向免费医学生培养、开展人员培训进修、推动城市医院人员下沉等多种途径不断壮大基层医疗卫生队伍。通过线上、线下多种方式加强基层医疗卫生人员培训，提升其基本医疗、公共卫生和健康管理能力。”

四、新兴医疗领域人才需求趋势

（一）聚焦前沿技术的精准医疗

精准医疗以基因测序、生物信息学、大数据分析等技术为支撑，实现疾病的精准诊断和个性化治疗，是医疗行业的前沿发展方向。该领域对掌握基因编辑技术、生物数据分析、分子诊断等专业技能的人才需求迫切。例如，在肿瘤精准治疗中，需要专业人员对患者的基因信息进行分析，制定个性化的治疗方案，这就要求人才具备深厚的生物学、医学知识和数据分析能力。随着精准医疗技术的不断发展和应用，相关人才的需求将持续增长，并且对人才的综合素质和创新能力要求越来越高。

（二）关注功能恢复的康复医学

随着社会人口老龄化趋势加剧及慢性病患者数量持续增加，康复医学的重要性日益凸显，对康复治疗师、康复医师等人才需求大幅增加。康复医学不仅涉及肢体功能康复，还包括神经康复、心肺康复、儿童康复等多个领域。国家卫生健康委、国家发展改革委等八部委联合印发《加快推进康复医疗工作发展意见的通知》（国卫医发〔2021〕19号）中明确："通过院校教育、岗位培训、应急储备三种办法和途径加强人才培养和队伍建设，主要目标：力争到2025年，每10万人口康复医师达到8人、康复治疗师达到12人。目前，我国康复医学专业人才数量严重不足，且分布不均，主要集中在大城市和发达地区。为满足市场需求，多所高校开设康复治疗学、运动康复等专业，培养相关人才。同时，康复医学领域也在不断拓展，如运动康复、产后康复等新兴方向，为人才提供了更多的发展机会。

（三）传递人文关怀的安宁疗护

安宁疗护旨在为生命终末期患者提供舒适、有尊严的医疗服务，缓解其身体和心理痛苦，是医疗服务的重要组成部分。随着人们对生命质量的重视和老龄化社会的到来，安宁疗护的需求逐渐增加，对安宁疗护护士、医生以及心理辅导人员等专业人才的需求也日益迫切。安宁疗护人才不仅需要具备专业的医学知识和技能，还应具有良好的沟通能力、人文关怀精神和心理疏导能力。目前，我国安宁疗护发展尚处于起步阶段，人才培养体系有待完善，未来该领域人才需求潜力巨大。

第二节　医疗卫生行业岗位变迁

医学相关行业正经历深刻变革，技术创新、政策导向与社会需求共同推动行业向精准化、智能化和普惠化方向发展。

一、健康中国战略重塑医学就业格局

党的十九大将“实施健康中国战略”纳入国家发展总体布局，《“健康中国2030”规划纲要》明确提出“到2030年，健康服务业总规模达16万亿元”的发展目标，并确立了“以人民健康为中心”的发展理念。这一战略突破了传统医疗服务局限，构建了涵盖预防、治疗、康复、健康管理的全生命周期服务体系，对医疗资源的均衡配置、效率提升和质量优化提出了系统性要求。健康中国战略下的医学就业格局正在经历重塑。

健康中国战略推动医疗服务重心前移，通过“预防-治疗-康复”全链条就业体系的打造，疾病预防控制机构编制扩容，公共卫生医师、健康管理师岗位需求增加；不断提高康复医学科在二级以上医院的覆盖率，康复治疗师岗位需求逐年增长；健康管理服务业扩容催生健康管理师、营养咨询师等职业。这种全链条发展创造了比传统医疗岗位更丰富的就业选择。

智能医疗领域催生医学与工程交叉岗位，“医工结合”“医养结合”等跨界就业得到有效促进。全国多所医学院校开设“智能医学工程”专业，培养掌握AI算法和医学知识的复合型人才。医养结合机构快速发展，老年护理员等岗位的就业人员中，接受过专业医学教育的从业者占比近四成，成为医学相关专业就业新蓝海。

随着“健康中国2030”目标临近，我国医疗资源配置将向精准化、智能化、国际化进一步升级，基因诊疗、细胞治疗等前沿技术临床应用将催生新职业；“一带一路”健康丝绸之路建设需要大量具备国际视野的公共卫生人才；居家医疗、社区康养等新业态将创造更多灵活就业岗位。预计到2030年，健康服务业将新增就业岗位3000万个，医学相关专业就业市场将保持持续繁荣。

健康中国战略构建的医疗资源配置新体系，不仅是民生工程，更是医学人才发展的战略机遇期。从三级医院的高端科研岗位到社区卫生服务中心的全科医生岗位，从传统临床科室到智慧医疗创新领域，多元化的就业生态已经形成。

二、分级诊疗制度改变就业结构

分级诊疗制度是我国医疗体制改革的重要举措，其核心在于优化医疗服务体系，合理分流患者，提高医疗资源利用效率。这一制度的实施，深刻改变了医学就业结构。

在基层医疗卫生机构就业机会显著增加。分级诊疗制度强调基层首诊，鼓励患者先在基层医疗机构就诊。为了提升基层医疗服务能力，政府加大了对基层医疗卫生机构的投入，改善基础设施，配备先进设备，并加强人才队伍建设。这使得基层医疗机构对全科医生、家庭医生、护士、康复治疗师等专业人才的需求大幅增长。例如，在一些实行分级诊疗的地区，社区卫生服务中心通过招聘和培养全科医生，组建家庭医生团队，为居民提供全方位的健康管理服务。这些家庭医生团队不仅负责疾病的诊疗，还承担着预防保健、健康教育等任务。同时，基层医疗机构还需要大量的护理人员和康复治疗师，以满足患者的康复和护理需求。

二级医院在分级诊疗体系中起到承上启下的作用，其就业结构也发生了相应变化。二级医院逐渐向提供专科医疗服务和康复医疗服务转型。这使得一些专科医生，如骨科、妇产科、心血管内科等专科的医生，在二级医院有了更广阔的发展空间。同时，康复医学专业人才在二级医院的需求也日益增加。

三级医院作为医疗服务体系的顶端，在分级诊疗制度下，主要承担危急重症和疑难病症的诊疗任务。这使得三级医院对高学历、高技能的医学专业人才的需求更为突出。例如，在肿瘤、心血管疾病、神经系统疾病等领域，需要具有研究生学历，且在相关专业领域有深入研究的专家型人才。同时，随着医学技术的不断发展，三级医院对医学科研人才的需求也在增加。这些科研人才不仅要具备扎实的医学专业知识，还要掌握先进的科研技术和方法，能够开展前沿性的医学研究，为攻克疑难病症提供理论和技术支持。

分级诊疗制度推动了医疗服务体系的重构，促使医学就业结构更加合理。基层医疗卫生机构、二级医院和三级医院根据自身功能定位，对不同专业、不同层次的医学人才有着不同的需求，为医学专业毕业生提供了多样化的就业选择。

三、人工智能与智慧医疗推动岗位变革

人工智能与智慧医疗的飞速发展，正深刻改变着医疗行业的工作模式，也引发了医学领域的岗位变革。

在医疗数据处理与分析方面，催生了新的岗位需求。随着医疗信息化的推进，大量的医疗数据被收集和存储。人工智能技术可以对这些数据进行挖掘和分析，为临床决策提供支持。因此，医疗数据分析师这一岗位应运而生。医疗数据分析师需要具备医学知识和数据分析技能，能够运用大数据分析工具，对患者的病历、检查检验结果等数据进行处理和分析，挖掘潜在的疾病模式和治疗效果预测信息。例如，通过对大量糖尿病患者的数据进行分析，可以发现不同治疗方案的疗效差异，为医生制定个性化的治疗方案提供参考。

人工智能辅助诊断岗位逐渐兴起。人工智能技术在医学影像诊断、疾病预测等方面展现出巨大的潜力。例如，在医学影像诊断中，人工智能算法可以快速分析X光、CT、MRI等影像，帮助医生发现病变，提高诊断效率和准确性。这就需要专业的人工智能辅助诊断技术人员，他们既要熟悉医学影像知识，又要掌握人工智能算法的原理和应用。这些技术人员可以协助医生进行诊断，对人工智能诊断结果进行审核和评估，确保诊断的可靠性。同时，人工智能辅助诊断技术人员还需要参与人工智能算法的优化和改进，通过不断反馈临床实际应用中的问题，提高算法的性能。

智慧医疗系统的开发与维护岗位需求增加。智慧医疗系统涵盖了电子病历系统、远程医疗系统、医院信息管理系统等多个方面。这些系统的开发和维护需要专业的软件工程师和医学信息学专业人才。医学信息学专业人才将医学知识与信息技术相结合，确保系统的功能符合医疗业务需求，并且能够保障医疗数据的安全和隐私。例如，在开发电子病历系统时，医学信息学专业人才需要参与系统的需求分析，确保系统能够准确记录和管理患者的医疗信息，同时满足医疗质量控制和科研的需求。

人工智能与智慧医疗的发展为医学领域带来了新的岗位和职业发展机会。这些岗位不仅要求从业者具备扎实的医学专业知识，还需要掌握先进的信息技术和数据分析技能。医学专业学生和从业者应积极适应这一变革，提升自身能力，以抓住新的就业机遇。

四、公共卫生人才需求激增

在疾病预防与控制领域，公共卫生人才的作用至关重要。疫情的暴发让人们深刻认识到疾病预防的重要性，各国纷纷加强公共卫生体系建设，加大对疾病预防控制机构的投入。这使得疾病预防控制中心、卫生监督所等机构对公共卫生专业人才的需求急剧增加。

公共卫生应急管理人才也成为紧俏资源。疫情的突发性和复杂性对公共卫生应急管理能力提出了严峻挑战。政府和相关部门需要具备应急管理知识和技能的专业人才，来制定和实施有效的应急预案，协调各方资源，应对突发公共卫生事件。这些人才需要熟悉应急管理的法律法规和政策，具备风险评估、应急指挥、物资调配等能力。

社区公共卫生服务人才的需求也大幅增长。社区是疫情防控的第一道防线，加强社区公共卫生服务能力建设至关重要。社区卫生服务中心、乡镇卫生院等基层医疗机构需要大量的公共卫生服务人才，为居民提供健康教育、预防保健、慢性病管理等服务。这些人才需要具备良好的沟通能力和社区工作经验，能够深入了解居民的健康需求，开展有针对性的公共卫生服务。例如，社区公共卫生服务人员可以组织开展健康讲座，向居民普及疫情防控知识和健康生活方式；为慢性病患者提供定期随访和健康指导，提高患者的自我管理能力。

后疫情时代，公共卫生人才在疾病预防与控制、应急管理、社区公共卫生服务等领域的需求激增，为公共卫生专业的学生提供了广阔的就业空间。同时，也对公共卫生人才的培养提出了更高的要求，需要培养出具备扎实专业知识、丰富实践经验和创新能力的高素质人才。

五、远程医疗催生的新型就业岗位

远程医疗在新时代迎来了暴发式增长，成为医疗服务的重要补充方式。这一趋势催生了一系列新型就业岗位，为医学领域的就业市场注入了新的活力。

远程医疗涉及复杂的信息技术，包括视频通信技术、数据传输技术、医疗设备的远程连接技术等。这就需要专业的技术支持人员来保障远程医疗系统的正常运行。技术支持人员要具备扎实的信息技术知识和丰富的实践经验，能够及时解决系统故障，确保远程医疗服务的稳定性和安全性。例如，在远程会诊过程中，如果出现视频卡顿、声音不清晰等问题，技术支持人员要迅速进行排查和修复，保证会诊的顺利进行。同时，技术支持人员还需要参与远程医疗系统的升级和优化工作，不断提高系统的性能和功能。

远程医疗影像诊断与数据分析岗位逐渐兴起。在远程医疗中，医学影像的远程诊断是重要的服务内容之一。远程医疗影像诊断医师需要具备丰富的医学影像诊断经验，能够通过远程传输的影像资料，准确判断患者的病情。他们要与现场的医生进行沟通，提供诊断意见和治疗建议。同时，远程医疗影像数据分析人员也发挥着重要作用。他们通过对大量的远程医疗影像数据进行分析，挖掘潜在的疾病信息和诊断规律，为医学研究和临床决策提供支持。例如，通过对远程医疗影像数据的分析，可以发现不同地区某种疾病的发病特点和趋势，为疾病的预防和控制提供依据。

远程医疗的发展催生了远程医疗平台运营、技术支持、影像诊断与数据分析等新型就业岗位。这些岗位既要求从业者具备医学专业知识，又需要掌握信息技术和数据分析技能，为医学专业人才提供了多元化的就业选择。

六、全球医疗合作带来的国际化机遇

随着全球化的深入发展，全球医疗合作日益紧密，为医学专业人才带来了丰富的国际化就业机遇。

在一些发展中国家和地区，由于医疗资源匮乏、技术水平落后，面临着严重的健康问题。国际组织、慈善机构和各国政府纷纷开展医疗援助项目，派遣医疗团队前往这些地区提供医疗服务。医学专业人才可以参与这些项目，在国际舞台上施展自己的专业技能。例如，中国的援外医疗队在非洲、亚洲等多个地区开展医疗援助工作，为当地居民提供疾病诊疗、预防保健等服务。参与援外医疗队的医生、护士、检验师等专业人员，不仅能够帮助当地居民改善健康状况，还能积累丰富的国际医疗工作经验，拓宽国际视野。同时，通过与不同国家和地区的医疗人员交流合作，还可以学习到不同的医疗技术和理念。

跨国药企和医疗器械公司为医学人才提供了国际化的职业发展机会。这些企业在全球范围内开展研发、生产和销售业务，需要大量具备医学专业知识和国际视野的人才。医学专业人才可以在跨国药企从事药物研发、临床试验、药品注册等工作，在医疗器械公司从事产品研发、质量控制、市场推广等工作。例如，在药物研发领域，医学专业人才可以参与国际多中心临床试验，与全球顶尖的科研团队合作，推动新药的研发进程。同时，在跨国企业工作，还可以接触到先进的管理理念和技术，提升自己的职业素养和综合能力。

国际医学教育与交流项目也为医学人才提供了学习和就业的机会。许多国际医学教育机构和高校开展了联合培养、学术交流等项目，医学专业学生和教师可以通过这些项目到国外学习先进的医学知识和教学方法。同时，一些国际医学交流会议和学术活动也为医学人才提供了展示自己研究成果和交流合作的平台。通过参与这些项目和活动，医学人才可以建立国际学术网络，为未来的国际化就业打下基础。

无论是参与国际医疗援助项目，还是在跨国药企、医疗器械公司工作，或者通过国际医学教育与交流项目提升自己，都为医学人才提供了广阔的发展空间。医学专业人才应积极抓住这些机遇，提升自己的国际化能力，在全球医疗领域展现自己的价值。

第三节　医学生就业路径

当前医学生就业形势总体稳定，主要体现为“供需结构性矛盾突出、学历门槛提升、就业选择多元化”的特点。具体表现为公立医院岗位竞争激烈、基层医疗需求旺盛但吸引力不足、新兴医疗领域机会增多，同时升学深造和规范化培训成为重要就业能力提升路径。

一、公立医院人才选拔标准演变

（一）从学历优先到能力复合化要求的转变

在我国医疗卫生体系中，公立医院长期占据主导地位，其人才选拔标准的变迁深刻反映了行业发展需求。20世纪90年代前，公立医院招聘以学历为主要门槛，本科及以上学历是进入三级医院的基本条件，而县级医院对大专学历也持开放态度。随着《中国医疗卫生人才发展规划（2011—2020年）》的实施，三级医院逐步提高准入门槛，2015年后，90％的三甲医院要求新入职医师具备硕士研究生及以上学历，博士研究生学历在核心科室的占比逐年提升。近年来，能力复合化成为选拔核心标准。以北京协和医院为例，2023年招聘中，除要求临床技能考核达标外，新增“科研潜力评估”和“医学人文素养测试”环节，应聘者需提交临床病例分析报告和参与公益医疗服务时长证明。这种转变源于公立医院功能的拓展——从单纯医疗服务向“医疗-教学-科研”三位一体模式升级，要求医师兼具临床诊疗、教学带教和科研创新能力。

（二）规培制度与岗位招聘的深度融合

我国住院医师规范化培训（以下简称“规培”）旨在通过临床实践，培养具备深厚专业理论知识和精湛操作技能的高级医学人才。这一政策不仅为基层医院输送了大量优秀医疗人才，还有效缓解了医学生的就业压力。

2009年，为深化医药卫生体制改革，党中央、国务院联合印发了《关于深化医药卫生体制改革的意见》，其中明确提出要“建立住院医师规范化培训制度”。随后，天津、上海、辽宁、江苏、北京、浙江等具备条件的地区，积极响应国家部署，全面启动并实施了本地住院医师规范化培训工作。截至2023年，全国累计培养规培医师90万人，培训基地达3393个，覆盖所有三级医院和部分优质二级医院。

2024年，规培新政策以提升住院医师规范化培训质量为核心，进一步强调住院医师规范化培训的标准化和公平性，明确要求落实“两个同等对待”原则：规培合格人员与临床医学、中医专业学位硕士研究生在就业、职称评审及薪酬待遇上享有同等地位。这一政策打破了学历壁垒，为规培生职业发展提供更多机会。

规培实行“社会化招收”，约30％的规培生来自非培训基地医院，通过规培获得流向优质医院的机会。2023年全国规培生中15％定向签约基层医疗机构，缓解了基层人才短缺。规培期间允许规培生选择亚专科方向，如骨科选择关节、脊柱、创伤等，培养出的专科人才更受专科医院青睐。另外，规培生在培训期间可报考专业型硕士，实现“规培＋读研”双轨发展。

在国家全面推行住院医师规范化培训制度后，公立医院招聘标准发生结构性变化。目前，95％的三级医院和80％的二级医院将“规培合格证书”作为招聘必备条件。规培制度不仅影响准入标准，更推动岗位分层管理。三级医院普遍设置“主治医生储备岗”，要求候选人在规培期间完成亚专科定向培养，如心外科医师需掌握达芬奇机器人手术基础，神经内科医师需具备神经介入技术资质。这种"规培-亚专科-岗位"的精准对接,使公立医院人才选拔从"学历筛选"转向"能力认证"。

(三)新兴学科建设催生特殊人才需求

随着医学科技发展,公立医院在新兴学科领域的人才选拔呈现专业化和复合性并重的需求。在肿瘤基因检测岗位招聘时,会要求应聘者同时具备临床医学背景和生物信息学技能。康复医学科则偏好具备"物理治疗师(PT)+作业治疗师(OT)"双认证的复合型人才。如神经科学与精神医学从"疾病治疗"到"功能重建"的治疗目标迭代的背景下,国家儿童医学中心(北京)在神经发育障碍方向医师招聘中,优先录用完成"儿童孤独症早期干预"专项培训的人才,要求掌握孤独症诊断金标准ADOS-2评估技术、经颅磁刺激(rTMS)参数设置及家庭干预方案设计。

二、我国民营医院发展现状与就业岗位特点

国家卫生健康委发布的《2023年我国卫生健康事业发展统计公报》显示,2023年末,全国医疗卫生机构总数1070785家,比上年增加37867家,其中医院38355家,比上年增加1379家。医院中,公立医院11772家,民营医院26583家。全国床位1017.4万张,每千人口医疗卫生机构床位达7.23张。对比2021年民营医院24766家;2022年25230家,一年新增464家;到2023年26583家,一年新增1353家,民营医院增长速度明显加快。

此外,近两年加入民营医院的医疗卫生技术人才也呈现逐年递增的趋势,仅2022年到2023年,全国民营医院卫生技术人员数就增长15.2万人,这或许得益于集团化办医发展吸引了更多人才,也说明现在有越来越多的人才愿意走向民营医院,民营医院的用人难问题稍微从源头上得到了部分缓解。

民营医院普遍实行"基本工资+绩效奖金+项目提成"模式,核心岗位薪资显著高于公立医院。这种薪酬机制对中青年骨干医师具有较强吸引力。民营医院普遍采用的"专业能力+业绩贡献"的晋升通道,打破公立医院的职称年限限制。如某肿瘤专科医院规定,主治医师若连续两年主刀手术量超800台且患者满意度达95%以上,可直接晋升为学科副主任,平均晋升周期较公立医院缩短3~5年。同时,设置"技术合伙人"岗位,核心医师可参与医院利润分成,增强职业归属感。

三、基层医疗机构岗位需求

随着分级诊疗制度落地,基层医疗机构成为医疗服务体系的基石。2023年基层诊疗量达58亿人次,占全国门诊总量的55%,推动岗位需求持续增长。国家卫生健康委相关数据显示,2020—2023年基层医疗机构新增编制12万个,其中全科医生岗位增长40%,护理岗位增长35%,公共卫生岗位增长60%。基层医疗岗位机构对医生的核心要求包括如慢性病管理、儿童保健的家庭医生签约服务能力、以心肺复苏、脑卒中识别为代表的社区应急急救技能以及掌握当地方言和民族语言的医患沟通能力等。基层护理岗位从单纯输液打针转向

“护理＋康复＋心理支持”复合服务，老年护理员需掌握失能老人照护、康复辅具使用等技能，居家护理护士需具备上门采血、导管维护等能力。国家出台了一系列激励政策支持基层医疗岗位人员的职业发展，如中央财政设立基层人才专项补贴，允许基层医师“定向评聘”，在县级以下机构工作满10年的中级医师可直接申报副高职称，评审侧重基层服务业绩（如家庭医生签约率、慢性病控制率）。

四、执业医师资格考试

我国执业医师资格考试始于1999年，是依据《中华人民共和国医师法》设立的医师行业法定准入考试，旨在评估申请医师资格者是否具备从事医师工作的基本能力。考试分为临床、中医（含中西医结合）、口腔、公共卫生四大类别，涵盖实践技能考试和医学综合笔试两个阶段，是医学毕业生从“医学生”到“执业医师”的必经之路。成绩合格者获得《医师资格证书》，凭证书在医疗机构注册后取得《医师执业证书》，方可独立行医。

早期，执业医师资格考试医学理论记忆，2010年后逐步转向“临床应用能力”考核。目前，实践技能考试设置病史采集、体格检查、技能操作、急救处理四大模块，引入“标准化病人（SP）”模拟真实诊疗场景，重点考查医患沟通和临床操作规范性。综合笔试中，病例分析题占比达70%，如给出心电图、影像图片和检验报告，要求考生结合病史做出诊断并制定治疗方案，彻底告别“死记硬背”的应试模式。

2020年起，国家启动“医师资格考试分阶段改革”试点，将考试分为两个阶段，构建“院校教育-毕业后教育-职业发展”的衔接体系。其中第一阶段在大学四年级结束后进行，主要对医学生本科阶段获得的临床能力进行筛查，包括病史采集时的隐私保护、病情沟通技巧的医学人文素养；涵盖心肺复苏、静脉穿刺等12项核心操作的基本技能；以及如高血压、肺炎常见疾病的初步诊断与处理原则等核心知识。在住院医师规范化培训结束后进行第二阶段，聚焦亚专科临床思维，如外科考生需在模拟重症胰腺炎病例中，综合评估手术指征、制定围术期管理方案；儿科考生需根据早产儿血气分析结果，调整呼吸机参数并预判并发症等。

总之，执业医师资格考试不仅是一本证书的获取，更是从“医学知识学习者”到“临床决策者”的能力蜕变。考生需以考试为契机，夯实临床基本功、培育医学人文素养，为职业生涯筑牢根基。

五、非临床专业就业渠道

虽然临床医学专业是医学门类中最为热门和需求量最大的，但非临床医学专业也有其独特的就业优势和广阔的发展空间。

随着我国逐步向创新药强国转型，医药企业研发岗位需求爆发式增长。多家医药企业建立全球研发中心，2023年新增PD-1单抗、CAR-T细胞治疗等项目研发岗位5000余个，部分岗位提供“研发成果股权激励”。医药市场岗位从传统“医药代表”逐步升级为“医学顾问”“市场准入专家”，更注重学术推广和政策解读能力。随着“医药电商＋线上学术平台”兴起，催生“医学内容运营”“数字营销经理”等岗位，需策划医学科普短视频（如抖音、B站账号运营），设计线上活动，要求从业人员具备医学背景和新媒体运营技能。“体医融合”“医养结合”等新兴业态与跨界机会催生新岗位，如运动处方师需结合医学检查和运动评估制定健身计划，要求具备康复医学和运动生理学知识，可在健身房、体育医院就业；睡眠管理师岗位需运用多导睡眠图分析失眠原因，提供认知行为疗法，为心理学相关专业提供就业渠道；基因检测机构的健康管理顾问岗位，需解读基因检测报告，提供个性化健康建议，要求掌握遗传学基础知识和沟通技巧等。

因此，非临床专业虽然不直接参与临床诊疗，但在医疗体系中扮演着不可或缺的角色，其在科研、教学、管理等领域需求稳定，发展空间大，就业方向多元，未来发展潜力不可估量。

第四节　常见医学就业岗位解析

医学及相关专业就业领域广泛，不同岗位有着不同的要求与发展前景。

一、医学及相关专业传统就业岗位

（一）临床岗位

临床医师负责疾病诊断、治疗与预防，须具备扎实医学知识、熟练临床技能和良好沟通能力。通过考取执业医师资格证，可在各级医院不同科室工作，如内科诊断治疗内科疾病，外科实施手术治疗。随着经验积累和专业提升，可晋升为主治医师、副主任医师、主任医师，或向专科领域深入发展，成为学科带头人。

1. 内科亚专科

如心血管内科、呼吸内科、内分泌科等，需具备扎实的病理生理知识，能熟练解读心电图、肺功能等检查报告，掌握高血压、糖尿病等慢性病的规范化诊疗流程。随着精准医疗发展，对基因检测报告分析能力的要求也在逐步提高。此外，沟通能力至关重要，要善于与患者长期沟通病情，跟踪治疗效果。

2. 外科亚专科

涵盖骨科、神经外科等，除了精湛的手术操作技能，还需有强大的空间思维和手眼协调能力。在术前，要能精准评估患者病情，制定个性化手术方案；术后需密切观察患者恢复情况，及时处理并发症。同时，外科医生需具备较强的抗压能力，以应对高强度的手术工作。

3. 急诊科

要求医生具备快速诊断和处理各种急危重症的能力，能够在短时间内对患者病情做出准确判断，并采取有效的急救措施。需熟悉心肺复苏、气管插管等急救操作，同时要有良好的应变能力，以应对各种突发状况。此外，急诊科医生还需具备团队协作精神，与护士、检验人员等紧密配合。

4. 儿科

由于患儿无法准确表达病情，医生需要有足够的耐心和亲和力，通过观察患儿的症状、体征及与家长沟通来诊断疾病。儿科疾病种类繁多，且儿童用药剂量需精确计算，因此儿科医生要熟练掌握儿童生长发育特点和常见疾病的诊疗规范。同时，还需关注患儿的心理健康，给予适当的心理疏导。

（二）医技岗位

1. 影像岗位

包括放射科、超声科、核医学科等。影像科医生或技术员负责操作DR、B超、CT、MRI等设备，对患者进行影像检查，并解读影像结果，为临床诊断提供依据。随着人工智能在医学影像领域的应用，影像医生还需掌握AI辅助诊断工具的使用。其职业发展路径可从初级技师逐步晋升为高级技师、科室主任，也可转向影像设备研发或医学影像教学等方向。

2. 检验岗位

承担着血液、体液、分泌物等样本的检测工作，通过各种仪器设备和检测方法，为临床诊断提供准确的检验数据。检验人员须严格遵守操作规程，确保检测结果的准确性和可靠性。职业发展方面，可晋升为检验主管技师、实验室负责人，还能参与临床检验科研项目，或进入第三方检验机构从事技术或管理工作。

3. 病理岗位

病理医生对手术切除、穿刺活检等组织标本进行病理诊断，被称为“医生的医生”，诊断结果直接影响患者的治疗方案。工作中需具备扎实的病理学知识，熟练掌握病理切片制作和显微镜观察技术。职业发展可向病理亚专科方向深入，如消化系统肿瘤病理、骨与软组织肿瘤病理、淋巴造血系统病理等，也可担任病理科室管理职务，或从事病理教学与科研工作。

这些岗位需掌握专业基础知识并具备设备操作能力，可考取相应资格证书，职业发展可从初级技师晋升到高级技师、科室负责人，也可转向教学或科研方向。

（三）护理岗位

护理岗位需承担患者护理工作，执行医生护理治疗医嘱治疗。从护士逐步晋升为护师、主管护师、副主任（主任）护师，可选择普通病房护理、专科护理（如重症监护、手术室护理、老年护理）等方向，也可从事护理管理、护理教育工作。需具备护理专业知识、操作技能和耐心、细心等职业素养，考取护士执业资格证。

1. 护士

主要负责患者的基础护理工作，如病情观察、给药、输液、生活护理等。须严格执行护理操作规范，确保患者安全。新入职护士通过规范化培训，逐步积累临床经验，提升护理技能。

2. 护师

在护士工作基础上，承担一定的护理管理和教学任务，如指导护士工作、参与护理查房、制定护理计划等。护师需具备较强的专业知识和临床实践能力，能够独立解决护理工作中的常见问题。

3. 主管护师

作为护理团队的核心成员，负责科室护理质量管理、护理科研和教学工作，参与制定护理规章制度和操作标准。主管护师须具备较高的专业水平和管理能力，能够引领护理团队提升服务质量。

（四）公共卫生岗位

1. 疾病预防控制中心

各级疾控中心常设有传染病防控科、慢性病防治科、免疫规划科等科室。传染病防控人员负责疫情监测、流行病学调查、疫情处置等工作，须及时掌握传染病的流行趋势，制定防控策略；慢性病防治人员主要开展慢性病的预防、筛查、干预和管理工作，组织健康宣传教育活动；免疫规划人员负责疫苗的采购、储存、配送和接种管理，确保疫苗接种工作的安全、有效。

2. 卫生监督所

此类岗位涵盖医疗卫生监督、公共卫生监督等。医疗卫生监督人员对医疗机构的执业行为、医疗质量、传染病防治等进行监督检查，打击非法行医；公共卫生监督人员负责对公共场所卫生、饮用水卫生、学校卫生等进行监督管理，保障公众健康权益。卫生监督工作需具备扎实的法律知识和专业技能，能够依法履行监督职责。

3. 社区卫生服务中心

提供基本医疗、预防、保健、康复、健康教育和计划生育技术服务等“六位一体”的卫生服务。岗位包括全科医生、社区护士、公共卫生医师等。全科医生负责居民的常见病、多发病诊疗和健康管理，提供个性化的医疗服务；社区护士协助医生开展护理工作，进行家庭访视、康复护理等；公共卫生医师开展社区居民健康档案管理、预防接种、慢性病随访等工作。

（五）医药相关岗位

1. 研发岗位

包括药物研发、医疗器械研发等。药物研发人员从事新药的发现、研究和开发工作，涉及药物合成、药理毒理研究、临床试验等环节，需要具备深厚的药学、化学、生物学等专业知识；医疗器械研发人员负责医疗器械的设计、开发和改进，需掌握机械设计、电子技术、生物医学工程等多学科知识，了解医疗器械行业标准和法规。

2. 生产岗位

在制药厂或医疗器械生产企业，有生产工艺工程师、质量控制员等岗位。生产工艺工程师负责制定生产工艺规程，优化生产流程，确保产品质量和产量；质量控制员对原材料、中间产品和成品进行质量检验，保证产品符合质量标准。生产岗位要求员工熟悉生产设备操作和质量管理体系。

3. 销售岗位

医药代表负责药品或医疗器械的推广销售，需要了解产品知识和市场动态，与医疗机构、医生建立良好的合作关系；市场专员负责市场调研、品牌推广和营销策略制定，通过举办学术会议、开展广告宣传等活动，提高产品知名度和市场占有率。值得注意的是，随着医药行业监管趋严和市场环境变化，医药代表正从传统的药品推销模式向学术推广转型。学术推广要求医药代表具备扎实的医学知识，能够向医生传递药品的最新研究成果、临床应用案例，协助开展学术活动。

4. 器械岗位

除研发和销售岗位外，还有器械维修工程师、临床应用专员等。器械维修工程师负责医疗器械的安装、调试、维修和保养，确保设备正常运行；临床应用专员为医疗机构提供医疗器械的使用培训和技术支持，协助医生正确使用器械，提高诊疗效果。

5. 保险岗位

健康保险核保员根据投保人的健康状况、医疗记录等信息，评估风险并确定保险费率；医疗保险理赔员负责审核被保险人的医疗费用报销申请，核实费用真实性和合理性。保险领域的医药相关岗位需要具备医学知识和保险专业知识，能够准确评估医疗风险和处理理赔事务。

二、医学教育、科研岗位

（一）医学教师岗位

在各级各类医学院校承担医学课程的教学任务，需具备扎实的专业知识和良好的教学能力，能够将复杂的医学知识深入浅出地传授给学生。同时，还需开展科研工作，申报科研项目，发表学术论文，提升学术水平。高校教师的职业发展路径包括讲师、副教授、教授，可通过教学成果奖、科研成果奖等提升职称和学术影响力。

（二）科学研究岗位

在医院、学校或科研院所的科研人员专注于医学基础研究或应用研究，如疾病发病机制研究、新药研发、医疗器械创新等。需要具备较强的科研能力，包括实验设计、数据分析、论文撰写等，能够独立开展科研项目或参与团队研究。科研人员的职业发展与科研成果紧密相关，通过取得创新性科研成果，晋升研究员、首席科学家等职务。

（三）医学编辑岗位

负责医学学术期刊、医学图书、医学科普读物等的编辑工作。医学编辑需具备扎实的医学专业知识和编辑技能，能够对稿件进行审读、修改和编辑，确保内容的准确性、科学性和可读性。同时，要关注医学领域的最新研究进展，策划选题，组织优质稿件。医学编辑可晋升为高级编辑、编辑部主任等职务，也可转向医学出版管理或学术交流工作。

其中，医学期刊编辑岗位因语种和审核阶段不同存在差异。中文期刊编辑需熟悉国内医学研究动态，初审时重点关注论文的学术价值、创新性和规范性；终审则需综合考量论文质量与期刊定位的契合度。英文期刊编辑除具备扎实的医学知识外，还需精通英语，能够准确评估国际前沿研究成果，在初审中筛选出符合国际学术标准的论文，终审时确保论文质量达到国际期刊水平。

三、新兴医学岗位

（一）互联网医疗

1. 在线问诊岗位

互联网医疗平台的在线医生通过文字、语音、视频等方式为患者提供远程医疗咨询服务。需具备良好的沟通能力和临床诊断经验，能够在有限的信息条件下做出准确判断，并给予合理的治疗建议。同时，要熟悉互联网医疗平台的操作流程和相关政策法规。此外，还有医学审核员岗位，负责对医生的问诊内容进行审核，确保医疗信息的准确性和规范性。

2. 健康管理岗位

健康管理师为用户提供个性化的健康管理方案，包括健康监测、健康评估、健康干预等。需掌握营养学、运动学、心理学等多学科知识，通过收集用户的健康数据，制定饮食、运动、心理调节等方面的建议。在互联网医疗背景下，健康管理师还可利用智能设备和健康管理软件，实现对用户健康状况的实时跟踪和管理。此外，健康管理领域还有健康数据分析师，负责对大量的健康数据进行分析挖掘，为健康管理决策提供支持。

3. 医药电商岗位

在医药电商平台，有医药产品运营专员、药师客服等岗位。医药产品运营专员负责产品的上架、推广、销售数据分析等工作，需要了解医药市场动态和用户需求，制定有效的营销策略；药师客服为用户提供用药咨询和指导，确保用户合理用药。同时，医药电商还涉及供应链管理、物流配送等相关岗位，保障药品的供应和配送安全。

（二）大健康产业

1. 养老医疗岗位

随着人口老龄化加剧，养老医疗领域需求旺盛。岗位包括老年医学医生、康复治疗师、养老护理员等。老年医学医生专门针对老年人常见疾病进行诊断和治疗，需了解老年人的生理和心理特点，制定个性化的治疗方案；康复治疗师为老年患者提供康复训练和治疗，帮助他们恢复身体功能，提高生活质量；养老护理员负责老年人的日常生活照料，包括饮食、起居、卫生护理等，同时关注老年人的心理健康，给予陪伴和关怀。

2. 运动医学岗位

运动医学岗位主要处理运动相关的损伤和疾病，如肌肉拉伤、韧带撕裂、关节磨损等。除了具备临床诊疗能力，还需了解运动训练知识，能够为运动员和运动爱好者提供运动损伤预防和康复指导。此外，运动康复师通过物理治疗、运动训练等方法，帮助患者恢复运动功能；运动营养师为运动员和健身人群制定个性化的营养方案，满足他们在不同运动阶段的营养需求。

3. 营养咨询岗位

营养师根据不同人群的健康需求，如孕妇、婴幼儿、慢性病患者等，制定合理的饮食计划和营养方案。需掌握营养学原理、食品科学知识以及疾病与营养的关系，能够通过营养评估，为客户提供专业的营养建议。营养咨询行业还包括营养讲师，通过举办健康讲座、开设培训课程等方式，向公众传播营养知识；营养产品研发人员则负责开发各类营养补充剂、功能性食品等。

（三）医疗行政管理

1. 医院运营岗位

医院运营管理人员负责医院的整体运营和管理，包括战略规划、资源配置、流程优化、绩效管理等。需具备管理学、经济学、医学等多学科知识，能够运用数据分析和管理工具，提高医院的运营效率和服务质量。职业发展可从运营专员晋升为运营主管、运营总监，甚至医院院长。

2. 医保管理岗位

医保管理人员负责医保政策的落实和执行，包括医保费用审核、结算、监管等工作。须熟悉医保政策法规和医保信息系统操作，与医疗机构、医保部门和患者进行沟通协调，确保医保基金合理使用。医保管理岗位可向医保政策研究、医保数据分析等方向发展，也可进入医保行政部门工作。

3. 卫生政策研究岗位

卫生政策研究人员通过收集和分析卫生领域的相关数据和信息，对卫生政策进行研究和评估，为政府部门制定卫生政策提供决策依据。须具备公共卫生、卫生经济学、社会学等专业知识，掌握政策研究方法和数据分析技能。职业发展可在政府卫生部门、科研机构、咨询公司等从事卫生政策研究、制定和评估工作。

（余　亮）

第十章　医学院校大学生求职指导

学习目标

1. 知识目标

全面了解和掌握就业信息收集、处理的渠道与方法。

2. 能力目标

提升求职的基本技能，包括简历制作投递、笔试应对和面试技巧等。

3. 情感价值观目标

培养积极乐观的就业心态，从容应对就业过程中的挫折与失败，有效处理由此产生的心理压力和冲突。

本章概要

本章围绕医学院校大学生求职指导展开系统论述，旨在为大学生在求职过程中提供理论指导和实践参考。从就业信息的收集与处理入手，介绍了就业信息涵盖的内容、收集就业信息的原则、获取就业信息的渠道以及就业信息的筛选与分析方法等。在此基础上，重点介绍了医学生求职基本技能的准备，包括求职简历的制作和投递、笔试的准备策略和答题技巧、面试的准备和技巧等。最后，分析了医学生常见的就业心理以及如何调节不良就业心理等，为实现顺利就业做好充分的准备。

引子

参加招聘会的王同学和张同学

在某医学院校大型校园招聘会现场，小王同学抱着一大摞个人简历匆匆忙忙地穿梭于各个招聘摊位之间，他看到很多单位的招聘岗位都不错，感觉都是自己心仪的岗位，所以有点手足无措，累得满头大汗。他的同寝室同学小张却拿着三份简历，在摊位上和用人单位聊起天来，有说有笑。几天以后小张接到了该单位的面试通知，然而小王投了那么多简历，居然没有收到一份笔试或者面试通知。

是什么让同一个专业、同一个宿舍的他们在招聘会上有不同的表现呢？小王在招聘会前没有仔细地搜集参加招聘会的单位信息和岗位信息，由于没有提前准备，小王在招聘会上只知道广投简历，缺少了与单位的沟通和交流。小张却和他相反，会前他仔细地搜集了很多的信息，并对单位和岗位信息进行了分析，选出了三个符合自己要求的单位和岗位，然后有针对性地投递简历，并积极地和单位招聘人员交流，通过交流给用人单位留下了深刻的印象，增加了就业的成功率。

第一节 就业信息收集与处理

在竞争激烈的医疗卫生行业就业市场中，准确、有效地收集和筛选就业信息是医学院校大学生精准匹配岗位、提升求职效率的核心环节。充分了解就业信息的来源渠道，掌握筛选与分析信息的方法，能够帮助大学生更好地提高求职效率。

一、就业信息涵盖的内容

就业信息是指通过各种媒介传递的与就业有关的消息和情况，包括就业政策与就业形势、就业机构、人事制度、就业经验方法和用人单位信息等。大学毕业生可通过多种渠道广泛收集政策与法规信息、就业的经验方法及用人单位信息这三个方面的内容。

就业政策是指为了促进大学毕业生充分就业，国家和各级政府部门及高校所制定的相关政策，它是毕业生求职择业的前提和基础。

就业形势一般包括国内外经济和社会发展总体状况及趋势，现阶段毕业生就业市场总体形势、供需比例结构；所选城市或地区的经济情况、对人才的供需行情；所选行业及领域的发展情况、最新政策等。国家产业结构调整、地区经济的发展和就业市场的阶段性供需结构对毕业生的就业形势有着深远的影响，但是这些影响都是相对和动态的，毕业生应该充分认识到经济和社会发展的趋势，不要受短暂的就业形势的影响，要合理选择适合自己长期发展的职业生涯规划路径。医学生要把握国家或地方医疗卫生事业的发展态势，特别是新医科背景下，国家和地方医疗行业格局变化和岗位需求变化趋势。

就业机构是指能提供就业服务、办理就业手续的重要部门，大学毕业生可以向就业机构咨询就业政策、获得就业服务、了解就业信息。

用人单位信息是指用人单位所需专业、岗位对人才的要求、需求毕业生的数量、用人单位生产经营状况、用人单位工作人员学历层次结构、单位文化、发展前景、工作条件、福利待遇、对人才的重视程度以及对毕业生的安排使用意图等。

充分了解用人单位信息，有助于医学生在求职过程中做出正确的选择。只有知己知彼，才能百战不殆。在求职面试前，医学生一定要广泛收集用人单位的各方面资料与信息。只有做好充分的资料准备，才能在求职过程中找到切入点和共同的话题，与考官在交流中建立起和谐融洽的关系，提高求职的成功率。

总之，就业信息是多方面、多层次的，它可以帮助毕业生确定职业生涯发展方向，选择工作单位，从而顺利地实现就业。在现代信息社会，随着资讯业的飞速发展，可供求职者搜集就业信息的途径也越来越多，大学生在校期间就要学会收集信息，有意识地培养自己关注就业信息，学会选择正确有效的求职途径，学会把握信息和使用信息，成功推销自己。

二、收集就业信息的原则

收集就业信息需要遵循以下四个基本原则。

（一）准确性原则

就业信息的准确性是求职者作出决策的关键环节，信息不准确所带来的决策失误，不仅会加大求职成本，而且会造成错过就业机会的严重后果。

（二）针对性原则

毕业生在搜集就业信息的时候，必须对自己有一个充分的认识，然后根据自己的专业、特长、能力、性格等方面的特点对自己的职业生涯发展方向有一个明确的规划，有的放矢地搜集相关就业信息，避免浪费时间、精力。

（三）系统性原则

很多时候，我们获得的就业信息是零散的，这就需要我们善于将零散的信息积累起来，经过分析提炼，形成能够客观系统地反映当前就业市场、就业政策、就业动向的有效信息，从而为我们在择业的时候提供更可靠的依据。例如，收集地区医疗单位的岗位信息可以大致判断地区医疗事业发展状况。

（四）计划性原则

求职者首先要确定就业信息的搜集计划、搜集目标，只有这样才能确定搜集的方向，才能发挥信息搜集的主动性；其次是明确自己所需就业信息的内容范畴，有关就业政策、就业动向、有关用人单位需求信息，做到有的放矢；最后是要选择信息搜集的方法和渠道，只有方法正确，才能在就业信息的搜集过程中少走弯路，达到事半功倍的效果。

三、获取就业信息的渠道

就业信息的获取途径多种多样，不同渠道各有特点，大学生应充分利用各类资源，广泛收集信息。

（一）学校就业部门发布的信息

学校就业部门是大学生获取就业信息的重要官方渠道，主要包括校园招聘会、就业指导讲座和就业政策通知等。

1. 校园招聘会

学校定期举办的校园招聘会邀请大量医疗卫生相关单位，如医院、药企、医疗器械公司等。这些单位直接面向医学院校学生招聘，提供的岗位与所学专业匹配度高。例如，某医学院校举办的春季校园招聘会，吸引了省内多家三级甲等医院、知名医药企业参与，提供了临床医生、护理、医学检验、医药代表等上千个岗位，为学生提供了广阔的就业选择。在校园招聘会上，学生可以与招聘人员面对面交流，直接了解岗位要求、工作环境、发展前景等信息，还能当场投递简历，增加求职机会。

2. 就业指导讲座

就业指导讲座由学校就业部门或邀请的校外专家主讲，内容涵盖就业政策解读、求职技巧、职业规划等。通过参加讲座，学生可以了解当前医疗卫生行业的就业形势，学习制作简历、面试技巧等实用知识，明确自己的职业目标和发展方向。比如，邀请某医院人事科科长开展的"医疗卫生行业就业形势与职业发展"讲座，详细分析了不同岗位的需求情况和晋升路径，让学生对未来的职业发展有了更清晰的认识。

3. 就业政策通知

学校就业部门会及时发布国家和地方有关大学生就业的政策法规，如"三支一扶""西部计划""大学生村官""公务员招考"、基层就业补贴政策、大学生创业扶持政策等。了解这些政策，学生可以在求职过程中享受相应的优惠和支持，例如符合条件的学生可以申请到基层医疗机构工作的补贴，减轻就业初期的经济压力。

（二）医疗卫生行业专业招聘网站

专业招聘网站是专门为医疗卫生行业提供招聘服务的平台，信息针对性强，涵盖岗位广泛。

1. 国家卫生健康委员会人才交流服务中心（原中国卫生人才网）

国家卫生健康委直属平台，是全国医疗卫生行业最权威的招聘网站之一。网站提供全国范围内的医疗卫生机构招聘信息，包括医院、疾病预防控制中心、卫生监督所等，岗位类型丰富，从医生、护士到卫生管理、医学科研等岗位应有尽有。同时，网站还提供人才培训、职称考试等相关信息，是医学院校学生求职的重要参考平台。

2. 医药英才网

专注医药与医疗细分领域，提供内科医师、中医科护士、精神卫生专业医师等岗位，覆盖北京、上海、广州等一线城市及地方医疗机构。平台定期举办南北地区专场招聘会，适合跨区域求职。

3. 安徽卫生人才网

安徽省卫健委官方合作平台，整合全省公立医院、基层医疗机构招聘信息。例如，2025年芜湖广济医院、皖南医学院第二附属医院等本地医院的招聘公告均在此发布，支持按地区（如芜湖镜湖区、湾沚区）精准筛选。

4. 芜湖卫生人才网

本地化服务突出，实时更新芜湖市中西医结合医院、芜湖海螺医院等机构的招聘信息，包括120急救医师、麻醉医师、第三方救护车驾驶员等岗位。平台设有"公立医院招聘"专区，信息发布时间均在2025年5月前后，时效性强。

5. 医直聘（移动端APP/小程序）

医直聘APP作为专注于医疗行业，提供"直聊直聘"功能的垂直招聘平台，以"让医疗人才求职更简单"为宗旨。平台采用精准匹配技术，根据学生的专业、学历、求职意向等信息，为其推荐合适的岗位。此外，医直聘还提供企业认证、薪资透明化等服务，保障学生的求职权益。许多新兴的医疗企业和基层医疗机构喜欢在该平台发布招聘信息，为学生提供了更多的就业选择。

6. 丁香人才网

依托丁香园强大的医疗行业资源，是医疗领域颇具影响力的招聘平台。网站不仅提供招聘信息，还整合了行业资讯、学术交流等内容，学生在求职的同时可以了解行业动态。丁香人才网吸引了众多知名医院、医药企业和医疗器械公司入驻，岗位质量较高，对于追求优质就业机会的学生来说是一个不错的选择。

（三）社交媒体与网络平台

随着互联网的发展，社交媒体和网络平台成为获取就业信息的便捷渠道。

1. 微信公众号

许多医疗卫生机构、招聘平台、行业协会等都开通了微信公众号，定期发布招聘信息、行业资讯等。例如，各大医院的官方微信公众号会及时发布本院的招聘公告，包括招聘岗位、人数、条件等详细信息；一些医疗行业的自媒体公众号也会汇总各地的招聘信息，方便学生查看。学生只需关注相关公众号，即可随时接收最新的就业信息，不受时间和地点的限制。

2. 微博

微博具有信息传播速度快、互动性强的特点。一些招聘机构或企业会在微博上发布招聘信息，并与学生进行互动，解答疑问。学生可以通过搜索关键词，如“医疗招聘”“医院招聘”等，关注相关的微博账号，及时获取招聘信息。此外，微博上的话题讨论、直播招聘等形式也为学生提供了更多了解岗位的机会。

（四）实习实践单位、校友资源、行业协会等提供的信息

1. 实习实践单位

大学生在实习实践过程中，与实习单位建立了直接的联系。如果在实习期间表现优秀，实习单位可能会直接提供就业机会。此外，实习单位的领导、同事也可能会为学生推荐其他相关岗位的信息。例如，某学生在某三甲医院实习期间，工作认真负责，得到了科室主任的认可，实习结束后，科室主动向医院人事部门推荐该学生，使其成功入职。

2. 校友资源

校友是大学生求职过程中的宝贵资源。校友们已经在医疗卫生行业工作多年，对行业内的就业情况和岗位需求比较了解。他们可以分享自己的求职经验、职业发展历程，为学弟学妹提供就业建议和推荐岗位信息。学校的校友群、校友分会等组织是联系校友的重要渠道，学生应积极参与校友活动，主动向校友请教。

3. 行业协会

医疗卫生行业协会如医学会、护理学会等，汇聚了行业内的专家、学者和从业人员。协会定期举办会议、培训、展览等活动，同时也会发布行业内的招聘信息。加入行业协会或关注协会的官方网站、社交媒体账号，学生可以获取到最新的行业动态和就业信息，还能通过

参加协会活动拓展人脉，增加就业机会。

四、就业信息的筛选与分析

收集到大量的就业信息后，需要对信息进行筛选和分析，以确定哪些信息是有价值的，适合自己的求职目标。

（一）筛选就业信息的关键内容

就业信息中的岗位名称、招聘条件、工作地点、薪资待遇和发展前景等关键内容需要重点关注。

1. 岗位名称

准确理解岗位名称的含义，避免因名称相似而误解岗位性质。例如，“医学检验技术岗位”和“医学检验科研岗位”，虽然名称相近，但前者更注重实际操作技能，后者则更侧重于科研能力。学生应根据自己的专业背景和职业规划，选择与自己匹配的岗位名称。

2. 招聘条件

仔细查看招聘条件，包括学历要求、专业要求、资格证书、工作经验等。对比自身条件，判断是否符合岗位要求。对于学历要求，要明确是本科、硕士还是博士；专业要求是否与自己所学专业完全一致或相关；资格证书如医师资格证、护士资格证等是否是岗位必需的；工作经验要求对于应届毕业生来说，有些岗位可能要求有实习经历，学生应评估自己的实习经历是否符合要求。只有符合基本招聘条件的岗位，才有进一步考虑的价值。

3. 工作地点

工作地点是影响职业选择的重要因素之一。学生需要考虑自己的生活规划、家庭因素等，选择适合自己的工作地点。例如，有些学生希望回到家乡工作，方便照顾家人；有些学生则向往大城市的发展机会和良好的医疗环境。同时，还要考虑工作地点的医疗卫生发展水平、生活成本等因素。

4. 薪资待遇

薪资待遇是学生求职时比较关注的问题。要了解岗位的基本工资、绩效工资、奖金、福利等，如五险一金、带薪年假、住房补贴、培训机会等。不同地区、不同单位的薪资待遇存在差异，学生应根据自己的实际需求和市场行情，合理评估薪资待遇是否符合自己的预期。

5. 发展前景

关注岗位的发展前景，包括晋升空间、培训机会、职业发展路径等。一个有良好发展前景的岗位，能够为学生提供不断学习和成长的机会，有助于实现自己的职业目标。例如，一些大型医院有完善的人才培养体系和晋升机制，为医生提供了从住院医师到主任医师的清晰晋升路径；一些药企注重研发投入，为研发人员提供了广阔的发展空间。

6. 有效辨别虚假招聘信息

在收集就业信息的过程中，难免会遇到不真实甚至虚假的招聘信息，学生需要掌握辨别虚假信息的方法，避免上当受骗。

（二）查看招聘单位资质

通过国家企业信用信息公示系统、天眼查等平台，查询招聘单位的注册信息，包括企业名称、注册资本、成立时间、经营范围、经营状态等。正规的招聘单位应有合法的营业执照和良好的经营状况，对于没有注册信息或注册信息异常的单位，要保持警惕。

1. 核实招聘信息的真实性

注意招聘信息的内容是否详细、合理。虚假招聘信息往往内容模糊、夸大其词，如承诺过高的薪资待遇、无需任何条件即可入职等。同时，可以通过电话、邮件等方式与招聘单位联系，进一步核实岗位信息，如询问岗位的具体职责、工作环境、招聘流程等。如果招聘单位拒绝提供详细信息或回答含糊其词，可能存在问题。

2. 警惕收费项目

正规的招聘单位在招聘过程中不会收取任何费用，如报名费、培训费、押金等。如果遇到要求缴纳费用的情况，一定要提高警惕，这很可能是虚假招聘的陷阱。

（三）建立就业信息管理表格的方法

为了更好地管理和跟进收集到的就业信息，我们可以尝试建立自己的目标岗位信息中枢，如使用Excel创建自己的“就业信息登记表”（表10.1），通过科学分类与动态更新，实现信息整理以备高效利用。

表10.1　就业信息登记表

信息类别	具　体　内　容
基础信息	岗位名称、招聘单位、信息来源（校园招聘/网络平台/校友推荐）、发布日期
岗位匹配度	专业要求、学历层次、资格证书（医师资格证/护士资格证）、工作地点
核心要素	薪资结构（基本工资＋绩效＋福利）、规培机会、晋升路径、加班强度
进度管理	申请状态（已投递/待审核/面试中/已录用）、关键节点（报名截止日/面试日期）

其中信息来源主要记录信息是通过哪个渠道获取的，如学校就业部门、某招聘网站、校友推荐等，方便后续查询和跟进；岗位名称用于明确岗位的具体名称，便于区分不同的岗位；招聘单位主要记录招聘单位的名称、性质（如公立医院、私立医院、药企等）、规模、联系方式等；招聘条件需要详细列出学历要求、专业要求、资格证书、工作经验等条件，方便与自己的条件进行对比；工作地点注明岗位的工作地点，如具体的城市、区县等；薪资待遇记录薪资构成、福利政策等信息；发展前景简要描述岗位的晋升空间、培训机会等发展前景相关内容；申请截止日期用于明确申请该岗位的截止时间，避免错过申请机会。

按照表10.1的信息，学生可以清晰地了解所有收集到的就业信息，方便进行对比和筛选。重点回答专业是否对口、地域是否向往、发展前景是否认同三个问题，并根据自己的答案按照核心目标-备选机会-参考信息三个等级进行求职岗位划分。对于核心目标，立即启动申请，优先分配准备时间；对于备选机会，定期跟进招聘进度；对于参考信息，用于行业动态分析，不作为重点申请对象，每周清理过期岗位（如已过报名截止日），补充新增优质信息，保持自己求职信息中枢的时效性。通过建立就业信息管理表格，同时，能够及时跟进岗位的申请进度，避免遗漏重要信息，提高求职效率。

总之，医学院校大学生在求职过程中，要充分利用各种就业信息来源渠道，广泛收集信息，并运用科学的方法对信息进行筛选和分析，建立完善的就业信息管理体系。只有这样，才能在激烈的就业竞争中找准方向，抓住机会，实现顺利就业。

第二节 医学生求职基本技能训练

医学生的求职之路面临着专业能力与综合素养的双重考验。一份优秀的简历、良好的笔试成绩和出色的面试表现，是打开理想岗位大门的三把钥匙。简历制作、笔试应对、面试技巧三大核心技能的训练不仅是应对招聘的“应试技巧”，更是对自身专业能力的系统化梳理与提升。

一、求职简历

（一）简历的重要性

在求职过程中，简历是医学生的“敲门砖”，一份制作精良的简历能够帮助医学生在众多求职者中脱颖而出，获得面试的机会。它就像是医学生的个人名片，向招聘方展示自己的教育背景、实习经历、专业技能、所获荣誉等关键信息，使招聘者能够快速了解求职者的综合素质和专业能力，从而判断其是否符合岗位要求。

（二）简历的基本结构

1. 个人信息

包括姓名、性别、年龄、联系方式（手机号码、电子邮箱）、求职意向等。姓名要醒目，联系方式要确保准确无误，求职意向要明确且与应聘职位相关，例如“应聘内科住院医师岗位”。

2. 教育背景

按照时间倒序列出所就读的院校名称、专业、学位、入学及毕业时间。对于医学生来说，还需要注明所学专业课程中的核心课程，如生理学、病理学、药理学、内科学、外科学等，并且可以提及在校期间的相关成绩，如平均绩点（GPA）排名、专业排名等，若有相关的奖学金获得情况也应详细列出，如“国家奖学金（20××—20××学年）”。

3. 实习经历

这是医学生简历中极为关键的部分。详细描述在各个实习科室的实习时间、实习内容和所取得的成绩。例如，在内科实习期间，协助医生完成多少例患者的诊断与治疗工作，掌握了哪些疾病的诊断思路和治疗原则，如“在内科实习期间，协助医生管理60余位住院患者，熟练掌握了高血压、糖尿病等常见疾病诊断的流程，参与了多例心力衰竭患者的抢救治疗，积累了丰富的临床实践经验”。同时，提及在实习过程中运用的专业技能，如心肺复苏术、静脉穿刺术等的操作次数和熟练程度，以及是否通过了医院组织的实习考核等情况。

4. 校园经历

涵盖在校期间参加的学生会工作、社团活动、科研项目等。例如，担任医学协会副会长，组织开展了多次医学知识讲座和学术交流活动，锻炼了自己的组织协调能力和团队合作精神；参与校级科研课题“某种疾病的发病机制研究”，负责实验数据的收集与分析，培养了严谨的科研思维和实践能力。这些经历能够体现医学生的综合素质和多方面能力，如沟通能力、领导能力、科研素养等，使自己在求职竞争中更具优势。

5. 所获荣誉与证书

列举在校期间获得的各种荣誉称号，如“三好学生”“优秀毕业生”等；参加各类医学竞赛所获得的奖项，如“全国大学生临床技能竞赛一等奖”；以及所持有的专业证书，如医师资格证、护士资格证、药师资格证等相关证书。这些荣誉与证书是医学生专业素养和能力水平的重要证明，能够增加简历的亮点和说服力。

6. 自我评价

对自己的专业能力、个人品质、职业素养等方面进行简要而中肯的评价。例如，“具备扎实的医学专业知识和丰富的临床实践经验，对待工作认真负责、严谨细致，具有良好的沟通能力和团队协作精神，能够快速适应新的工作环境，全身心地投入到医疗工作中，为患者的健康保驾护航。”自我评价要突出自己的优势和特点，同时避免过于空洞和夸张的表述。

（三）简历的制作技巧

1. 简洁明了

简历应尽量控制在一页纸以内，重点突出关键信息，避免冗长的文字描述和不必要的内容堆砌。使用清晰的标题和简洁的语句，使招聘者能够在短时间内快速浏览并获取重要信息。

2. 突出重点

根据应聘的岗位要求，有针对性地突出自己的优势和相关经历。例如，若应聘的是外科岗位，重点强调在外科实习期间的手术操作经验、病房管理能力以及对急危重症患者的处理能力等；若应聘的是科研型岗位，则着重突出自己参与的科研项目、发表的学术论文以及科研思维和创新能力等内容。

3. 量化成果

在描述实习经历、校园经历等时，尽量使用具体的数据和量化指标来展示自己的成绩。“如在实习期间，成功完成了50余例静脉穿刺术，一次性穿刺成功率达到90%以上”，这样能够更直观地体现自己的实践能力和工作成效，增强说服力。

4. 排版美观

选择简洁、大方的简历模板，保持字体、字号的一致性，合理运用段落间距、项目符号等元素，使简历整体看起来整洁、美观、易于阅读。避免使用过于花哨的字体和复杂的排版格式，以免影响简历的专业性和可读性。

5. 真实准确

简历中的所有内容都必须真实可靠,不得虚构或夸大。一旦被招聘方发现存在虚假信息,将会对求职者的诚信度产生极大的负面影响,导致求职失败甚至影响未来的职业发展。在投递简历前,应仔细检查和核对信息,确保内容准确无误。

(四)简历的投递

针对不同的招聘流程,应采用合适的投递方式。比如校园招聘会和社会现场招聘会可以直接递交简历。向招聘单位求职时还可以采用网络发送、邮寄等方式递交简历。简历等求职材料的递交要注意方法和技巧。

1. 直接递交简历

直接递交简历是参加招聘会时常用的方式。这时我们需要做的事情包括:多准备几份简历和其他求职材料,在仔细了解招聘岗位和相关信息之后,应找准招聘单位的相关人员递交简历和其他求职材料。争取在招聘现场多与招聘人员进一步交谈,以便从谈话中更多地了解招聘单位相关信息。在校园招聘会上递交简历材料后,一般很快即可得到能否参加面试的通知。

2. 网络投寄简历

部分招聘单位会直接在网络发布招聘信息,要求在线填报求职信息,这样便于人力资源部门人员直接收集信息。一般发送后可以通过电话等其他联系方式确认简历信息是否发送成功。

毕业生在求职过程中往往会忽略一个问题,就是职场的专业化和职业化水平很高,不要小看投寄简历的邮箱,这里面包含着很多细节,可以反映一个大学毕业生与众不同的专业化和职业化水准。

首先,投寄简历最好是用私人邮箱。其次,选择稳定性好、可靠性高的邮箱。尤其是免费邮箱,如果不稳定,发送简历可能会不及时,或者造成邮件丢失,留下不必要的遗憾。最后,邮箱地址设置要注意专业些,这能体现出大学毕业生的职业化素养。邮箱地址一般可以采用中文姓名汉语拼音全拼、中文姓名拼音+数字(注册日期、生日等数字),或者英文名+中文姓氏等形式,最好让对方看到邮箱马上能联想到你是谁。

关于邮件标题最好按照招聘单位的要求来做,因为这是他们初步筛选的标准。标题尽量用汉字表述,并且标注上应聘职位、你的姓名、毕业院校等信息。

二、笔试

(一)笔试的内容与形式

医学生求职笔试通常包括专业基础知识测试、临床技能考核、综合素质测评等部分,不同的招聘单位和岗位可能会有所侧重。

1. 专业基础知识测试

主要考查医学生对医学基础理论知识的掌握程度,如解剖学、生理学、病理学、药理学等。题型一般和执业医师题库的题型保持一致，也可能出现填空题、简答题或者论述题，无论题型如何变化，其目的主要聚焦于评估求职者是否具备扎实的医学专业功底，是否能够为后续的临床工作的胜任提供理论支持。

2. 临床技能考核

通过模拟临床场景或案例分析的形式，考查医学生的临床思维能力、诊断与治疗能力、操作技能等。例如，给出一个患者的病史和症状描述，要求分析可能的疾病诊断，并制定相应的治疗方案；或者进行心肺复苏术、导尿术等临床技能操作的笔试答题，以文字描述操作步骤和注意事项，这部分内容重点考察求职者将理论知识运用到实际临床工作中的能力和水平。

3. 综合素质测评

主要包括逻辑推理、言语理解与表达、数量关系、资料分析等方面的内容，类似于公务员考试中的行测部分。这部分题型旨在考察求职者的逻辑思维能力、语言表达能力、数据分析能力等综合素质，判断其是否具备在医疗工作中处理各种复杂问题和信息的能力。

（二）笔试的准备策略

1. 专业基础知识复习

根据笔试的时间安排和自身的学习情况，制定合理的复习计划，将各门医学基础课程分配到不同的复习阶段，确保每门课程都能得到充分的复习。例如，用两周时间复习解剖学，一周时间复习生理学，以此类推，同时合理安排每天的学习时间和学习内容，保证复习进度和质量。

回顾课堂笔记和教材，整理出各门课程的重点知识框架和核心考点，制作成复习笔记。对于一些容易混淆的概念和知识点，如各种药物的作用机制、不同病理类型的临床表现等，可进行重点标注和对比分析，加深理解和记忆。

通过大量的练习题来巩固所学知识，提高答题速度和准确性。可以选择医学专业的教材配套习题、历年考试真题以及相关的模拟试题进行练习。在做题过程中，要注意总结答题技巧和方法，如对于选择题，可以采用排除法、比较法等技巧来提高答题正确率；对于简答题，要注重条理清晰、语言简洁准确地阐述要点。

2. 临床技能考核复习

通过观看教学视频、参加实践操作培训等方式，熟练掌握常见的临床技能操作流程和步骤，如体格检查、各种穿刺术、换药术等。在熟悉流程的基础上，注重操作细节和注意事项的把握，如无菌操作原则、患者的体位摆放、操作过程中的沟通与观察等。

收集和整理一些典型的临床病例资料，进行案例分析练习。学会运用所学的医学知识，从患者的病史、症状、体征等方面进行综合分析，提出可能的诊断和鉴别诊断，并制定合理的治疗方案。在练习过程中，要注重培养自己的临床思维能力和逻辑推理能力，尝试从不同的角度思考问题，提高解决实际临床问题的能力。

如果条件允许，可以参加一些医院或培训机构组织的临床技能模拟考试，亲身体验笔试的场景和流程，熟悉考试形式和要求。在模拟考试中，严格按照考试规定的时间和要求进行答题，结束后认真总结经验教训，找出自己的不足之处并加以改进。

3. 综合素质测评复习

购买相关的公务员考试或综合素质测评辅导书籍，学习各类题型的解题技巧和方法。例如，对于逻辑推理题，要掌握常见的逻辑关系和推理规则，如演绎推理、归纳推理等；对于言语理解与表达题，要注重词语的理解、句子的逻辑关系分析以及阅读理解能力的培养；对于数量关系题，要熟悉各种数学运算技巧和解题公式，如方程法、代入法等；对于资料分析题，要学会快速阅读和分析图表、数据等资料，掌握数据的比较、计算和趋势判断等方法。

针对不同的题型进行专项练习，逐步提高自己的解题速度和准确率。可以每天安排一定的时间进行某一类题型的练习，如每天做一定数量的逻辑推理题，做完后对照答案进行仔细分析和总结，找出自己容易出错的地方和原因，不断调整和改进解题思路和答题方法。同时，要注意合理安排练习时间，避免疲劳战术，保证练习效果。

按照笔试的时间要求和题量分布，进行模拟考试训练，模拟真实的考试环境和氛围，使自己适应考试的节奏和压力。在模拟考试过程中，要注意时间的分配和把握，合理安排答题顺序，先易后难，确保在规定时间内完成所有题目。结束后，认真批改试卷，分析自己的得分情况和失分原因，进一步优化答题策略和方法。

（三）笔试的答题技巧

1. 认真审题

在拿到试卷后，先不要急于答题，而是要仔细阅读题目要求，确保理解题目的意思和答题要点。尤其是对于一些复杂的题目，如案例分析题和临床技能操作题，要仔细分析题目中的每一个信息点，避免因审题不清而导致答题错误或遗漏关键内容。

2. 合理分配时间

根据试题的难易程度和分值分布，合理分配答题时间。一般来说，专业基础知识部分的答题速度可以稍快一些，因为这部分题目相对比较基础和客观；而对于临床技能考核和综合素质测评中的主观题和较难题目，需要适当多分配一些时间进行思考和答题。在答题过程中，要注意时间的控制，避免在某一题上花费过多时间而导致其他题目无法完成。

3. 先易后难

按照题目难度的顺序进行答题，先做自己比较熟悉、有把握的题目，这样可以迅速进入答题状态，增强自信心，同时也能保证在有限的时间内获得较高的分数。对于一些难题或不确定的题目，可以先跳过，待完成其他题目后再回过头来仔细思考和解答。

4. 保持卷面整洁

在答题过程中，要注意保持卷面的整洁和字迹的工整，避免出现涂改、乱画等现象。清晰、整洁的卷面会给阅卷老师留下良好的印象，提高答题的得分率。同时，在答题时要使用规范的医学术语和语言表达，避免使用口语化或模糊不清的表述，确保答题内容准确、严谨。

三、面试

（一）面试的类型与流程

1. 面试的类型

医学生的求职面试主要包括结构化面试、半结构化面试和临床操作面试等。结构化面试通常采用固定的问题和评价标准，面试官会按照既定的顺序和内容对每个求职者进行提问，如“请简要介绍一下你自己”“你为什么选择我们医院”“谈一谈你在团队合作中的角色和优势”等，主要考查求职者的综合素质和应变能力。

半结构化面试则是在结构化面试的基础上，面试官会根据求职者的回答情况进行适当的追问和深入探讨，更加灵活和个性化。

临床操作面试则是通过让求职者现场进行一些临床技能操作，如心肺复苏、换药、穿刺等，考查其实际操作能力和临床技能水平。

2. 面试的流程

一般包括候考、入场、面试、离场等环节。在候考阶段，求职者需要提前到达面试地点，按照要求进行签到、抽签等准备工作，保持安静和秩序，同时可以利用这段时间进行最后的复习和心理调节。入场后，要向面试官问好、表明自己的身份和面试编号等信息，然后按照面试官的指示进行答题或操作演示。在面试过程中，要注意语言表达、肢体语言、眼神交流等方面的细节，展示自己的专业素养和个人魅力。面试结束后，要礼貌地向面试官致谢并离场，留下良好的印象。

（二）面试前的准备

1. 了解目标单位信息

在面试前，要对目标单位的基本情况进行尽可能全面地了解，包括历史文化、发展规模、组织架构、科研成果等方面的信息。可以通过单位的官方网站、宣传资料、实地考察等方式获取相关信息，以便在面试中能够有针对性地回答问题，如“我了解到贵医院在心血管疾病的治疗方面具有丰富的经验和独特的技术优势，这与我的专业发展方向非常契合，我希望能够在贵医院学习和成长，为更多的心血管疾病患者提供优质的医疗服务。”同时，了解求职单位的文化和价值观，有助于判断自己是否能够融入工作环境和团队文化。

2. 准备面试材料

除了简历之外，还需要准备其他相关的面试材料，如简历涉及的证书、获得奖励等的原件及复印件，以便在面试过程中能够随时提供给面试官查阅。同时，准备一份简短的自我介绍，内容包括自己的基本信息、教育背景、实习经历、专业优势、职业规划等，时间控制在3～5分钟，语言要简洁明了、重点突出、条理清晰，能够充分展示自己的个人特点和优势。

3. 着装与仪表

面试时的着装要符合行业的职业特点和规范，简洁大方、整洁得体。男性可以选择穿着白色衬衫、深色西装、领带和皮鞋,保持发型整齐、面容干净;女性可以选择穿着职业套装或连衣裙,搭配合适的鞋子,避免穿着过于花哨或暴露的服装,同时注意化妆要淡雅自然,不要佩戴过多的首饰。良好的仪表形象能够给面试官留下良好的第一印象,体现求职者对面试的重视和尊重。

4. 心理调适

面试前感到紧张和焦虑是正常的情绪反应,因此要学会进行心理调适,保持积极的心态。可以通过深呼吸、冥想、听音乐等方式缓解紧张情绪,同时给自己积极的心理暗示,相信自己的实力和能力,树立信心。可以进行几次模拟面试,让朋友或家人扮演面试官,提问一些常见的面试问题,自己提前进行回答和练习,熟悉面试的流程和氛围,提高应变能力和自信心。

(三)面试中的表现技巧

1. 开场礼仪

面试开始时,要面带微笑,主动向面试官问好,如"您好,各位老师,非常感谢给我这次面试的机会",然后将自己的简历和相关材料递交给面试官,并简洁地进行自我介绍,语言要自然流畅、声音洪亮清晰,给面试官留下良好的第一印象。

2. 回答问题技巧

首先要认真倾听问题,确保完全理解面试官提出问题的意思和要求,避免因误解问题而导致回答错误或偏题。可以适当做笔记,记录一些关键信息和要点,以便在回答时能够更加准确和完整地阐述自己的观点。

对于一些比较复杂或需要深入思考的问题,不要急于回答,可以稍微停顿一下,给自己留出一定的思考时间,组织好语言后再进行回答。在思考过程中,可以采用"分点思考"的方法,将问题分解成几个小部分,逐一思考每个部分的答案,然后将各部分的答案整合起来,形成一个完整而有条理的回答。

回答问题时要抓住重点,语言简洁明了,避免冗长的表述和过多的废话。采用"总-分-总"的结构进行回答,先概括地说明自己的观点,然后详细阐述理由和事例,最后进行总结概括,使面试官能够快速抓住回答的核心要点。例如,当被问及"你如何看待医患关系"时,可以这样回答:"我认为良好的医患关系是医疗工作顺利开展的重要保障(总)。在临床工作中,医生应该与患者进行充分的沟通交流,了解患者的需求和想法,尊重患者的权益和尊严,同时也要向患者介绍和分析病情、治疗方案和预后情况等,让患者对医疗服务有清晰的认知和理解。例如,在我实习期间,我曾协助带教老师与一位糖尿病的患者进行沟通,通过耐心地倾听患者的顾虑和疑问,并详细地为其讲解糖尿病的饮食控制、药物治疗和生活方式调整等方面的知识,最终赢得了患者的信任和配合,患者也能够积极地参与到治疗过程中(分)。总之,医生要不断提升自己的沟通能力和人文素养,努力构建和谐的医患关系,为患者提供更加优质的医疗服务(总)。"

同时,在回答问题时,适当结合自己的实习经历、校园经历或生活中的实例进行说明,能够使回答更加具体生动、有说服力,同时也能够展示自己的实践能力和综合素质。例如,当被问及"你如何应对工作压力"时,可以回答:"在实习期间,我曾遇到过同时管理多名病情较重患者的紧急情况，这让我感到压力很大。但通过合理安排时间，优先处理危急患者的抢救工作，同时与上级医师和护士团队密切协作，我成功地应对了这种压力。这次经历让我学会了时间管理和团队合作的重要性，在今后的工作中，我相信自己能够运用这些方法来应对各种工作压力，保持良好的工作状态和心态。”

3. 非语言沟通技巧

眼神、面部表情和肢体语言等非语言沟通在面试过程中也需要注意。

一是要保持与面试官适当的眼神交流，眼神要坚定、自信、友善，避免眼神游离、躲闪或过于紧张盯视，这能够传递出你的自信和专注，增强与面试官之间的沟通和互动效果。

二是保持自然、真诚的面部表情，微笑是最基本的表情，它能够缓解紧张气氛，给面试官留下亲切、友善的印象。同时，要根据问题和情境适当调整面部表情，如在回答一些严肃或沉重的问题时，表情要严肃认真，以体现自己的责任感和职业素养。

三是注意自己的肢体语言，保持良好的坐姿或站姿，身体要挺直，不要过于僵硬或随意耸肩、晃腿等。手势要自然、适度，在强调某些观点或表达情感时可以适当运用手势，但不要过于频繁或夸张，以免分散面试官的注意力。

4. 临床操作面试技巧

如果是临床操作面试，要严格按照操作规程进行操作，步骤要准确、熟练、规范。在操作前，要先向面试官报告操作名称和目的，然后进行必要的准备工作，如洗手、戴口罩、戴帽子、准备器械等。在操作过程中，要注意无菌操作原则、患者的安全和舒适，同时要向面试官口述操作的关键步骤和注意事项，如“现在我要进行心肺复苏操作，首先判断患者意识和呼吸，发现患者无意识、无呼吸后，立即进行胸外按压，按压位置在胸骨中下1/3处，按压深度至少5厘米，按压频率每分钟100～120次……”通过口述能够展示自己的操作思路和理论知识掌握程度。操作结束后，要对患者进行观察和处理，如检查呼吸、心跳恢复情况，整理器械和床单位等，并向面试官报告操作完成情况。

（四）面试后的跟进

1. 发送感谢信

面试结束后，可以在当天或次日给面试官发送一封感谢信，表达自己对面试机会的感激之情以及对医院和岗位的渴望。感谢信可以通过电子邮件或短信息的方式发送，内容要简洁诚恳，再次强调自己的优势和适合岗位的理由，同时对自己的面试表现进行简要总结和补充。

2. 保持联系方式畅通

在面试后的等待过程中，要保持手机畅通，确保能够及时接到求职单位的通知和消息。如果对面试结果有一定的预期和疑问，可以适时向招聘部门进行咨询和询问，但要注意语气和态度，保持礼貌和耐心。

总之，医学生在求职过程中，要重视简历制作、笔试技巧和面试技巧的训练，通过不断学习和实践，提升自己的求职能力，增加获得理想工作的机会。同时，要保持积极的心态和持续学习的精神，在毕业季来临之前，为全方位的求职做好各项准备。

阅读材料

阅读材料:李雨晴的面试

李雨晴参加某医院护士岗位面试时,一个面试官对她说:“李雨晴,你的名字很好听呀!”李雨晴应答道:“谢谢! 这个名字比较符合我的性格,雨是比较温柔的,晴是比较热烈的。我觉得我的个性既有柔顺的一面,也有比较热烈积极的一面。”

李雨晴接着问:“老师,我来自肇庆,您去过吗?”面试官尴尬地摇头说:“没有去过。”李雨晴又说:“其实我高中的成绩是可以进名牌大学的,但是高考没发挥好。我虽然不是来自名校,但是我相信自己绝对不比那些名牌大学毕业的学生差。大学期间,我觉得我学会了与人进行沟通,培养了团队精神,也锻炼了自己的领导能力和组织能力。”

面试官夸奖应聘者的名字,一是发自内心地赞美一下好听的名字;二是希望能够在面试开始的时候,营造一种放松和谐的气氛。李雨晴的回答却犯了一个典型的交流错误:失真。它听起来很“美”,却完全不真实,因为给刚出生的宝宝起名时,完全看不出性格是温柔还是热烈。应聘者急于表现自己的优点,结果却违反了真诚沟通的最基本原则。面试官本来想放松一下,结果反而被应聘者的自夸弄得浑身起了鸡皮疙瘩,觉得接下去要是不夸奖她一番,简直就没法继续交流了。应聘者反问面试官是否去过自己的家乡,恰巧几位面试官都没有去过肇庆,当场气氛显得十分尴尬。如果应聘者的家乡是著名的风景点,可以介绍一下,否则适得其反。对于高考的辩解,反而弄巧成拙,暴露了她心理素质差、经不起失败的考验。应聘者适当夸奖自己是可以的,但是绝不可贬低别人抬高自己。应聘者对自己大学期间收获的介绍看上去中规中矩,却犯了三个明显的交流错误:一是不全面,因为大学的收获绝不只是沟通和组织能力;二是缺乏说服力,短短一句话,说了自己的四种能力,没有任何事实和数字予以支撑,让人难以置信;三是不够个性化,这样的回答,与别的应聘者雷同的可能性很大,会让面试官暗叹:“又来一个说自己善于沟通和有团队精神的人!”

上文是自我介绍失败的案例分析,应聘者要掌握面试技巧,在自我介绍的过程中应避免重蹈覆辙。

四、就业心理调适

对即将步入社会的医学生,生理年龄虽已是成人,但心理年龄仍处于半成熟向成熟发展的阶段,心理发展正经历复杂而充满矛盾的变化。他们对待就业,一方面,存在渴望就业,以尽快实现自身价值的心理意愿;另一方面,面对严峻的就业形势,产生了心理压力、冲突、不良情绪体验。同时,受专业特点、就业方向、就业制度及相关医药卫生体制等因素影响,医学生就业有自身的特点和困难,这也对医学生就业心理产生影响。

（一）医学生常见就业心理

1. 功利心理

随着人力资源市场需求的不断变化，部分大学生的职业价值观表现出一定的现实主义和功利主义倾向。有的在就业时看重用人单位的工资待遇，过分追求眼前经济利益，忽视社会责任；有的过分强调地理位置，只愿意在城市的大型综合性医院就业，不愿意到基层单位建功立业；有的过多考虑竞争，忽视求职过程中竞争和合作的关系。

2. 自负心理

自负心理就是盲目自大，过高地估计个人的能力，失去自知之明。人是不能没有自负心理的，尤其对大学生来说，在适当的范围内，自负可以激发他们的斗志，树立必胜的信心，坚定战胜困难的信念，使他们能够勇往直前。但是，自负又必须建立在客观现实的基础上，脱离实际的自负不但不能帮助事业成功，反而影响自己的生活、学习、工作和人际交往，严重的还会影响心理健康。作为医学生，由于对医生的职业特点缺乏深入透彻的理解，加之学医耗时长、成本高，家庭和社会对医学生有很高的期望，导致这部分学生在择业时好高骛远，往往会给用人单位留下“眼高手低”的不良印象。

3. 自卑心理

自卑是一种不能自制和软弱的复杂情感。有自卑感的人轻视自己，认为无法赶上别人。心理学家阿德勒对自卑感有特殊的解释，称其为自卑情结。首先，自卑情结指以一个人认为自己或自己的环境不如别人的自卑观念为核心的潜意识欲望、情感所组成的一种复杂心理。其次，自卑情结指一个人由于不能或不愿进行奋斗而形成的文饰作用。自卑情结是由婴幼儿时期的无能状态和对别人的依赖而引起的，对人有普遍的意义，能驱使人成为优越的力量，但又是反复失败的结果。自卑情感，是可以通过调整认识和增强自信心并给予支持而消除。

由于医学相关专业的学科特点，其就业岗位的专业性较强，大学生都属于初次就业，对待就业缺乏足够的思想和心理准备，心理承受能力较差，不能正确对待就业过程中出现的问题，一旦遇到困难和挫折，容易产生自卑心理。主要表现为对自身的素质和就业竞争能力评价过低，不敢主动向用人单位推荐自己，不敢主动参与就业竞争，陷入不战自败的困境之中。

4. 依赖心理

随着医学教育迅速发展，医学类毕业生的数量大幅增加，导致医学类毕业生面临更加激烈的就业竞争。医学生如果不积极主动地推销自己并参与竞争，往往会错失宝贵的机会。然而，部分医学生自立意识较弱，缺乏独立自主地分析问题和解决问题的能力。在面对困境时，有时会缺乏主见，在关键抉择时容易摇摆不定，往往急于寻求他人帮助。在求职过程中，面对是否适合自己、如何选择发展路径等重大问题时，他们往往缺乏独立思考和权衡判断，更多依赖于父母或师长的意见，表现出较强的依赖性和逃避决策的倾向。

5. 虚荣心理

虚荣心是人类的一种心理状态，无论古今中外，无论男女老少，贫富贵贱者皆有自尊心，若自尊心扭曲后即为虚荣心。虚荣心表现在行为上，主要是盲目攀比、好大喜功，过分看重别人的评价，自我表现欲太强，有强烈的嫉妒心等。部分医学生求职心切，往往会产生一种虚荣心理。在这种心理的支配下,他们往往会过分夸大自己的学业成绩和工作能力,这种心理行为,不仅损害了学校的声誉,而且也无助于自己实现顺利就业,因为用人单位引进毕业生是非常慎重的,对弄虚作假的学生,用人单位自然会拒之门外。

6. 焦虑心理

焦虑是由心理冲突或挫折而引起的一种复杂的情绪反应。其主要表现有:恐惧、不安、忧虑及其他生理反应。目前越来越严峻的就业环境给大学生带来了较大的心理压力和就业焦虑,这种压力在各年级学生都存在,而且压力有随着年级增高而上升的趋势。部分医学生在择业过程中,发现自己的心理准备不足,不知如何去面对就业竞争,对现实中遇到的各种实际问题手足无措,对复杂的医疗环境和频现的医患纠纷过度恐慌等,都会或多或少地出现焦虑,比如,为没有好单位选中自己而焦虑;女同学为有些用人单位"只收男性"而焦虑。大学生的上述焦虑状态一般并不会对生活构成障碍,适度的焦虑可以产生压力感,压力激发出动力,催人积极努力,但如果焦虑过度,并不能得到及时缓解,就有可能向病态发展,不但干扰了正常的生活、学习和娱乐,还成为择业的绊脚石。

7. 回避心理

相当一部分学生认为,既然医学生工作难找,就把考取研究生作为就业的一个重要途径。更有部分学生把考研当作唯一的就业途径,放弃了就业、实习和部分课程的学习,严重影响了正常的职业规划,失去了就业机会。

8. 从众心理

从众一般指个人的观念与个人的行为由于群体的压力或者引导,逐渐放弃自己的主观意志和独立思维,而向与多数人相一致的方向变化的心理现象,它产生的主要原因有寻求行为参照,对偏离群体的恐惧以及忠于集体的心理等。大多数人在自己没有主意的情况下,往往会寻求外界事物或人的帮助,也同样会将其他人面临相同的情况下做出的选择当作自己重要的行为参考依据,就业心理障碍长期不排除,就会使这种选择依赖心理被放大,最终形成从众心理,最近几年出现的某一领域或行业的"考研热",又或是某一地区高校内出现的大规模"国考热",都是从众心理的体现,这种从众心理是自身对于就业的一种妥协,并没有切实有效地分析自己的优点与缺点,盲目地跟从大众的选择,很大程度上非但不能达到自己寻求良好就业机会的诉求,反而容易误导自我,走入就业盲区。

(二) 医学生就业心理调适

外因通过内因起作用,要想有效解决医学毕业生就业心理问题,必须从内因着手,也就是从医学生个人角度出发,通过多种方式来调节自己的不良就业心理,找出解决问题的对策。

1. 树立正确的职业价值观

"价值"是一个内涵复杂的范畴,人与人之间的认知与实践活动往往与价值判断密切相关。在人们从事交往、学习、工作、娱乐和休闲等各种活动时,脑海中往往包含着对这些活动功用、善恶、美丑等方面的价值判断。传统观念通常认为人们找工作主要是为了满足生存需求。然而,随着社会的发展,职业的意义早已超越了单纯的生存需求,成为满足现代社会个体多方面需求的重要途径。根据马斯洛的需求层次理论,职业不仅能满足生理需求和安全需求,还能满足尊重、归属感、成长与自我实现等更高层次的需求。因此,在求职过程中,考虑个人利益是合情合理的，但我们不能仅仅停留在薪资、工作环境和是否位于大城市等表面因素上。更重要的是，要审视所选择的职业对个人未来事业发展的深远影响与积极作用，关注该职业是否能够最大程度地发挥自己的专业优势与潜力。树立正确的职业价值观，有助于我们作出更加理性和长远的职业选择，为个人的职业生涯铺设坚实的基础。

2. 科学规划职业生涯

就业难，一部分是职业规划缺失导致。很多学生在进入大学之后才了解自己所学的专业，高考填报志愿基本上都是按照家长的意愿和社会对于职业的期待进行了专业的选择，因此，在大学期间，医学生要做好职业规划，在了解自己和周围环境的基础上确定目标，设计并找到基本能适合自己的职业，目前高等学校都开设大学生职业生涯规划课程，医学生也可以根据自己的需要上网选修更多自己需要的课程，增加对自己的认知，在充分对自己了解的基础上，全方位地规划自己未来生活、工作的轨迹。做好职业生涯规划，可以使大学生清醒地了解自己在求职和就业过程中的心理和想法，有利于做好就业准备，防止不良心理的产生。

3. 调整就业期望值

就业市场化、双向选择、自主择业给医学生带来了机遇与挑战，但是有少部分医学毕业生对就业市场认识不全面，对真正的实际情况不是特别了解。另外，医学生就业难，实际上是医学生不满意找到的岗位，觉得工作无法让自己称心如意，而实际上，社会上有大量的医学相关岗位需求，因此出现了“医学生难就业、用人单位招人难”的表现。因此，医学毕业生要适当调整就业期望值，要敢于面向基层医院，要树立长期的职业生涯规划的观念，放弃以往就业就是一步到位，一劳永逸，要求安逸、稳定的观念。医学专业是一个特殊的能够救死扶伤的专业，医学生在就业时要了解社会上对自己所学专业的需求情况，要根据自身的兴趣、性格、特长、能力、价值观、气质、家庭情况等去确定职业期望值。

4. 正确对待挫折，增强心理承受能力

在当前竞争日益激烈的就业形势背景下，医学院校的毕业生就业可能不是一帆风顺的。面对挫折和意想不到的困难，在思想上有压力、在情绪上有变化、在心理上有矛盾，这是大部分学生都会碰到的事情。在求职的过程中遇到问题时，要用理性和客观的精神境界去处理，全方位、多角度地分析自己不能成功的原因，这样才能更好地进行正确的归因判断。人生面临挫折，这是不可避免的事情，因此医学生要学会自我心理调适，养成良好心态、锻炼自己承受挫折的能力，才能更好地应对以后工作中遇到的挫折。

5. 正确对待性别问题，发挥优势

在择业过程中，女医学生比男医学生遇到的困难更多。由于性别差异而造成的女医学生在就业方面遇到困难，短期内在市场需求上无法解决。因此对于大多数女医学生来说，要想顺利就业，就要摒弃传统的性别观念，正确地看待和评价自己，充分发掘和发挥自身的优势，敢于与男性共同竞争。要对自己保持坚定的自信心，遇到问题保持良好的心态，能够注意到自己的长处，在女性具有特有优势的专业领域里去面试，比如妇产科、儿科、护士等专业，增强自身的综合素质，这样就一定能够在社会中找到自己的合适位置。

6. 及时了解国家政策

国家对医疗越来越重视，市场对医学人才的需求不断提升，医学生在就业前要对国家、各级地方政府出台的政策和服务体系有所了解，可以选择到基层、到边远地区的社区医院就业。当了解的政策越多，目标岗位的范围越广，选择面也就越宽，越有方向和目标。比如国家选调生政策、大学生村官这些就业岗位，作为医学生都可以去尝试。

7. 练就良好的人际沟通能力

医学生从事的是要与人打交道的工作。因此，医学生要练就良好的人际沟通能力，才能更好地适应未来的工作，而这也恰恰是医学专业用人单位特别在意的求职者的一个基本素质。教育家卡耐基认为，事业的成功15%是专业能力，另外85%是人际交往能力和表达能力。在应聘的时候，与人沟通的能力对于能否顺利就业是非常重要的。医学生可以通过选修语言口才类、心理类、礼仪类等相关课程，多参加各种集体实践类的活动，锻炼自信心，主动与人交往，增加对他人的了解，增长见识，寻找机会展示自己的口才、语言组织能力，让自己得到全方位的发展。

8. 主动寻求就业心理咨询

部分医学生有一定的就业心理压力，甚至一部分学生有就业心理障碍，因此，积极开展就业心理咨询很有必要。职业心理咨询师会从专业的角度引导医学毕业生克服心理障碍，走出失败的阴影。同时医学生可以做一些和就业有关的心理测试，对自己各方面与就业相关的能力等进行测验分析，明确自己的优劣势，找出最适合自己的就业岗位，从而相对地减少就业过程中的盲目性。医学生要学会适合自己的心理调节方法，比如合理理性情绪疗法、合理宣泄法、情绪转移法、自我暗示法、绘画疗法、心理沙盘游戏疗法、参加团体训练等，对于缓解遇到的心理问题都是有效的手段。当代医学生的就业心理正处于多重矛盾的交织中，受到多方面因素的影响，医学生应该多从自身寻找突破口，争取尽快找到理想的工作，实现顺利就业。

（束玉洁）

第四篇

医学创业探索

第十一章　创业机会与风险

学习目标

1. 知识目标

掌握创业机会、创业风险的概念、特征、来源、类型等基本知识，了解当前大学生创业的现状、问题和趋势。

2. 能力目标

学会对创业机会进行识别、筛选和评估，对创业风险能够进行识别和防范。

3. 情感价值观目标

学会用理论知识全面、理性地分析创业活动，并科学合理地制订创业计划，促进创新创业活动能够顺利开展，取得成功。

本章概要

本章主要对大学生创业机会、创业风险、创业形势和政策等内容进行了详细介绍，分为创业机会概述、创业风险概述、大学生创业形势与政策三个部分。创业机会概述对创业机会的概念、特征、来源、类型以及它的识别、筛选和评估进行了论述，以期能够帮助同学们掌握创业机会的相关理论知识并学会对创业机会进行有效选择；创业风险概述通过介绍创业风险的概念、特征、来源、类型以及如何防范，助力同学们对创业活动中的各种风险进行科学的判断和防范，避免创业活动走弯路，受挫失败。大学生创业形势与政策章节对当前大学生创业的现状、问题和发展趋势进行了介绍，并对目前国家和地方促进大学生创业的政策红利进行详细讲解。希望学生通过本节的学习，能够认清国内创业环境和态势，借助国内鼓励大学生创业的利好政策，制订全面、科学、准确的创业计划书，促进创业顺利、成功。

引子

党和国家高度重视大学生创新创业工作，早在1999年1月，教育部制定、国务院批准发布的《面向21世纪教育振兴行动计划》第二十七条就指出：加强对教师和学生的创业教育，采取措施鼓励他们自主创办高新技术企业。2015年5月，国务院办公厅印发《关于深化高等学校创新创业教育改革的实施意见》（国办发〔2015〕36号），预示着全国高等院校创新创业教育工作进入全面深化改革的新时代。随后几年时间里，国家又相继印发了《国务院关于做好当前和今后一段时期就业创业工作的意见》(国发〔2017〕28号)、《国务院办公厅关于进一步支持大学生创新创业的指导意见》(国办发〔2021〕35号)、《国务院办公厅关于优化调整稳就业政策措施全力促发展惠民生的通知》(国办发〔2023〕11号)等文件,掀起了全国上下大学生创新创业的热潮。如何跟上国家发展的潮流,学会识别创业机会、防范创业风险,熟悉国家创业相关政策,科学、规范、成功开展创新创业活动,是新时代大学生需要了解并掌握的知识和技能。

第一节　创业机会概述

阅读材料

"互联网+医疗"的创业之路

5G网络技术的发展和普及,在保证人类通信这一基本需求的同时,也应用在各行各业中。国家适时发布《关于积极推进"互联网＋"医疗服务医保支付工作的指导意见》《关于进一步加强远程医疗网络能力建设的通知》,加之新冠肺炎疫情过后,人类健康意识大幅提升,对于医疗保健服务的需求迅速增长。当互联网与医疗相结合,会产生什么新奇反应?

罗林,2010年本科毕业于皖南医学院临床医学专业,皖医杭州校友会会长。邻家好医创始人兼CEO,浙江大学博士,浙江省青联委员,浙江省青年创业导师(团省委),中国非公医疗机构协会互联网医疗分会常委,杭州市青年企业家协会常务理事,浙江省社会办医协会常委,浙江省青年企业家协会理事,浙江省大健康产业联合会常务理事。曾获得2019年"新锐杭商",2020年浙江省"五好家庭"。

为解决"看病难、就医难"的医疗服务问题、困境,满足人们对医疗资源的需求,罗林和他的同事们在当下互联网盛行的时代,想到了通过移动互联网技术,可以对医疗资源进行优化,实现医生和患者的精准对接,借助大数据的支持,让医患双方有效地连接起来。最终,他们决定借助互联网技术,将定位在基层医疗服务的家庭医生诊所模式作为破解"看病难、就医难"的突破点,并于2016年2月19日,创办了"邻家好医"。"邻家好医"是一家科技型医疗服务企业,本着"让好医触手可及"的核心理念,采取全科与专科结合、线上与线下结合、医疗与健康结合的模式,为广大用户提供方便、快捷、优质的家庭医疗健康服务。第一,在"邻家好医"平台线上预约和健康管理,改变患者传统健康管理体验;第二,医生工作站及医生上门实现了近距离就医,一对一服务,充分保障了就医时间,同时也方便老弱病残等不方便出门的患者以及相当一部分慢性病患者;第三,精准就医,降低了不合理就医产生的费用。此外,平台还为用户提供转诊、药品、体检、保险等个性化、定制化服务,打通医疗到家的"最后一百米",实现小病不出社区,在"邻家好医"的平台上就能完成。该公司自创立以来,先后获得凯风创投、元生创投、树兰医疗、德同资本、众安保险、世纪金源等机构的五轮投资。在罗林的带领下,"邻家好医"获得了一众投资者的好评,合理精准的市场定位、高效的运营模式、干练稳重有朝气的年轻团队等让投资者们大加赞赏。

一、创业机会

(一)创业机会的概念

创业机会是指具有较强吸引力的、适时的和较为持久的有利于创业的商业机会,创业者据此可以为客户提供有价值的产品或服务,为客户创造价值,同时使自身获益,也称作商业机会或市场机会。创业机会是创业的核心要素,创业的过程就是创业者识别创业机会并付诸创业实践,最终获取收益的过程。

创业机会属于更广义的商业机会范畴,但并不等同于一般意义上的商业机会,是一种独特的商业机会。创业机会是一种可能的未来盈利机会,这一机会需要有实体企业或商业行动的支持,通过具体的经验措施来实施,以实现预期的盈利。创业者就是充分把握了创业机会从而成功创业。如果没有合适的创业机会,人云亦云,那么创业成功的概率微乎其微。比如,中国乳制品巨头企业——蒙牛,正是因为当时的创立者牛根生看到了乳业市场的巨大商机,抓住了这次创业机会,才促使了蒙牛的一举成功。也有创业者不仅能够把握创业机会从而成功创业,而且因为他的成功改变了人们的生活和休闲方式,甚至还能创造出新的产业。例如因互联网的飞速发展而诞生的淘宝、京东等网上商店和抖音、快手等短视频平台;因科学技术的进步而创造出来的达芬奇手术机器人等,这些都极大地改变着人们的消费方式和生活方式。

(二)创业机会的特征

1. 营利性

营利性是创业机会的根本属性。创业者追逐创业机会的根本目的就是组建企业而获得财富。如果创业机会不具备营利性,对于创业者而言就不构成创业机会。同时,创业机会的营利性是潜在的,不是一目了然的,这就需要创业者拥有一定的创业知识、技能和实践经验。

2. 时效性

市场中的创业机会仅存在于一定的时间段内,转瞬即逝。创业者只有在适当的一段时间跨度中创业才有望获得一定的投资回报,随着客观条件的变化,创业机会也会相应地消失。这也是人们常说的机不可失,时不再来。

3. 成本性

创业机会的成本性主要在于其机会成本,机会成本在经济学上是一种非常特别的一种成本,指一笔投资在专注于某一方面后所失去的在另外其他方面的投资获利机会,也就是为了得到某种东西而不得不放弃另一样东西的成本。

4. 抢先性

创业机会的潜力是有限的,其能创造的价值是一定的。正所谓"先知先觉者吃肉,后知后觉者喝汤",在创业活动中能够获取大部分价值的往往是最先抓住创业机会的创业者,越往后者,可获得的利益会大大降低甚至无利可图。

5. 客观性和隐蔽性

创业机会是在特定条件下产生的,它是客观存在的。创业机会普遍存在于各种经营活动过程之中,一般来说凡是有市场、有经营的地方,创业机会就是客观存在的。同时,创业机会具有隐蔽性,虽然说创业机会客观地存在于每个人面前,但是它不会轻易被发现,不是每个人都能轻而易举地识别到创业机会。创业机会的隐蔽性也正是体现了它的价值所在,如果大众能够非常轻易识别一个优秀的创业机会,它的利润空间就会被压缩到很小,价值也就被削弱了。所以,创业机会的识别非常重要,大学生创业者要善于发现创业机会。

6. 必然性和偶然性

创业机会具有一定的必然性和偶然性。必然性是指在机会出现前,若大学生创业者能踏踏实实地立足于做好当下之事,为创业机会的出现精心做准备,那么必然更有能力去发现和捕捉创业机会。偶然性是指创业机会的发现和捕捉带有很大的不确定性,任何创业机会的产生都有"意外"因素,突然出现的创业机会可能会改变创业轨迹,且这种创业机会往往被遇到的人错过,因为一切来得太突然,还没有做好充分的思想准备。充分认识创业机会的必然性和偶然性,将有助于创业者发现机会、捕捉机会,并把创业机会转变成创业实践。

7. 均衡性与差异性

创业机会在特定范围内对某一类人或同一类企业是均等的,即所谓机会面前人人平等。机会虽然是平等均衡的,但不同个人和企业对同一市场机会的认识会产生差别。而且,由于个体和企业的素质和能力不同,利用同一市场机会获利的可能性和大小也难免产生差异。不同的人对机会的态度不一样,结果就不一样。机会是不平等的,它偏袒于勤奋的、勇敢争取的、朝前方多跨了一步的人。

二、识别创业机会

(一)创业机会的来源

许多好的商业机会并不是突然出现的,而是对于"一个有准备的头脑"的一种"回报"。在创业机会识别阶段,创业者需要弄清楚机会在哪里和怎样去寻找。

国外学者奥尔姆和艾迪等认为创业者的机会来源于以下八个方面:先前的工作经验、有创意的其他人、获得某一项授权或特许权、与专业或科技领域的专家接触、参加各种会议、各种研究资料、从失败中获取、个人的兴趣爱好和创业者的个人经验和需要。

彼得·德鲁克认为创业者的机会来自以下七个方面:基于产业或市场结构上的改变、人口统计特性、意外事件、不一致的状况、基于程序需要的创新、认知和情绪及意义上的改变、新知识。

创业机会主要来源于以下几个方面：

1. 科学技术的进步

通过科学研究带来新的科技突破和社会的科技进步，主要表现包括：新旧技术的交替、新技术的出现、新技术带来的新问题等，这些都会带来创业机会。比如互联网的发明与快速发展，催生一系列与网络相关的创业机会（网上购物、快递、线上诊疗等）出现。机器人制造技术的发展，与医疗卫生领域相结合，发明了达芬奇手术机器人，提高了医疗手术质量。

2. 政策与法律的变化

政策与法律的变化，会导致一个或多个行业发生很大变化，会清除很多不利于创业的障碍，造成创业成本大大降低，结果会形成无利可图的创业项目变得有利可图，刺激创业者能够提出更多不同的想法。比如希望集团的诞生、芜湖中科飞机制造有限公司的快速发展等都是受益于国家政策的变化。另外，政策与法律的变化也会创造出新的商机，比如乘坐汽车要求系安全带，就会诞生很多安全带的生产商；比如要求企业做环境检测，就会诞生很多环保评估企业等。

3. 社会和人口因素的变化

不同时期的社会和人口因素的变化会产生不同的需求。尤其是处于快节奏的现代社会中，这种变化的需求更加明显。社会和人口是紧密联系在一起的，社会文化的变革也是创业机会的优质来源。社会和人口因素的变化改变了人们对产品和服务的需求，需求的变化就产生了创业机会。比如国家计划生育政策的调整，使得人口快速增长，随之带来了社会上学科培训市场的火爆发展和房地产市场的火爆等。随着国家老年人越来越多，社会上老龄化的问题显现，带动了老龄用品市场的发展，越来越多的人开始关注银发经济市场。

4. 市场需求的变化

市场的“缺口”或“边角”往往容易被人们遗忘或忽略，这里往往蕴含了大量因被忽视而未满足的市场需求，这正是创业者可以充分开发利用的创业空间。要想在市场需求的变化中发现创业机会，要具备多维的观察视角。可以从经济发展阶段、市场供给缺陷、产业转移和国别比较等几方面去观察，发现并把握更多的创业机会。比如在台湾商界广为流传的一个典型案例——王永庆创业故事，作为中国台湾地区首富的王永庆在创业之初卖大米时，就是通过耐心细致地观察，寻找到了市场上的新需求和市场供给缺陷，勇于改革创新，打开了通向首富之路的大门。

（二）创业机会的类型

根据创业机会的来源不同，将创业机会的类型分为以下三种：

1. 问题型机会

通过寻找现实中长期存在的未被解决的问题而产生的创业机会。这类机会大多隐藏于消费者日常生活之中，根据市场需求的变化而产生的，同时不容易被发觉，所以竞争对手少，成功的概率很高，利用价值也很高。

2. 趋势型机会

就是在变化中看到未来的发展方向，预测到将来的潜力和机会。人口、自然、政治、社会等人类生存的环境是不断变化的，这些环境的变化会导致市场上消费需求的变化，一旦有新的需求，新的创业机会便会产生。如人口环境、政治环境、技术环境、社会环境、法律环境等，随着这些环境的变化，许多新的创业机会就会产生。当然，这类机会是根据政策与法律的变化、社会和人口因素的变化而产生的。

3. 组合型机会

通过将现有的技术、产品、服务等因素相互组合起来，从而实现新的用途和价值，在此过程中获得的创业机会就是组合型机会。人类社会不断发展，科学技术不断进步，技术升级换代、多学科交叉融合发展是未来发展趋势，随着越来越多的新技术、新方法、新手段的诞生，新的创业机会也应运而生。这类机会是根据科学技术的进步而产生的。

另外根据“目的-手段”关系的明确程度，还可以把创业机会的类型分为：

(1) 识别型机会：是指市场中的目的-手段关系十分明显时，创业者可通过目的-手段关系的连接来辨识机会。这是最容易发现的创业机会。

(2) 发现型机会：是指当目的或手段任意一方的状况未知，等待创业者去进行机会发掘。

(3) 创造型机会：是指目的和手段皆不明朗，创业者要比他人更具先见之明，才能创造出有价值的市场机会。这是最难发现的创业机会。

（三）创业机会的识别

创业机会是客观存在的，需要我们去发现去识别。理论上，每个人都拥有发现并把握创业机会，产生巨大价值的可能性。但是在实际生活中，我们发现能真正发现并把握住创业机会，并且创业成功的大学生是少数。因此，准确识别创业机会成为成功创业者必备的技能，是创业者综合素质的体现，它受很多主客观因素的影响，主要有以下几类：

1. 认知因素

在某个领域拥有专业性知识更多的人，与其他人相比，在该领域内对机会的把握和识别将更加警觉，更容易发现该领域内的创业机会。多数创业者认为自己比别人更“警觉”，认为自己有“第六感”，拥有别人没有的识别机会的技能或认知，从而更容易抓住其他人错过的机会。

2. 先前经验

先前经验是指个体在一些领域或行业中积累的知识和经验，它不仅包括实际操作经验，还包括领域或行业中的知识和技能积累。走廊原理认为：在特定产业中的先前经验有助于创业者识别出创业机会，即一个人投身于某产业创业时，与在产业外的人相比，他更容易看到产业内新的创业机会。

3. 社会关系网络

社会关系网络影响着人们的社会活动。个人的社会网络关系可分为两种：强关系和弱关系。强关系是指个人的社会网络同质性较强，人与人之间的关系由很强的情感因素维系着，交往的人群行业来源单一，从事的工作、掌握的信息都是趋同的。弱关系是指个人的社会网络异质性较强，与强关系相比，相互交往并不紧密，也没有太多感情维系，但是交往的人群来自各行各业、各个层面，因此交往面很广，可获得的信息途径多、来源广。不难看出，个人社会关系网络的强和弱势必影响着创业机会的识别。与强关系相比，弱关系获取信息更具有广度和多样性，因此弱关系特性的人更易识别创业机会，是创业者识别创业机会的主要来源。

4. 创造性

机会识别是一个创造过程，是反复的创造性思维过程。创造过程分为准备、孵化、洞察、评价和阐述等5个阶段，在5阶段的创造过程中创造性发挥了巨大的作用，一个人的创造能力越强，识别创业机会的概率就越高。

（四）创业机会识别的方法

结合影响创业机会识别的因素，大学生在创业机会识别过程中可以运用的方法有以下几种：

1. 调查法

可以通过与顾客、供应商、销售商交谈或采访他们，利用互联网搜索数据、浏览报纸文章、及时记录自己的想法等。通过调查法直接去了解、去互动，从而在各种各样社会因素变化中，发现规律，进行预测，抓住机会。

2. 系统分析法

创业机会并不是固定不变的，它是多种因素变化联系的产物，会随着环境变化而变化。很多创业机会可以通过系统分析企业的政治、法律、经济、人口等宏观环境和顾客、竞争对手、供应商等微观环境而得到。在调查法的基础上，再经过系统分析，从变化中发现机会，这也是机会发现的一般规律。

3. 问题分析法

创业者要以问题为导向，抓痛点和难点，尤其是大家“苦恼的事”“困扰的事”。即从大家的问题入手，找到合适的创业机会。一个有效并有回报的解决市场痛点的方法，就是一个很好的创业机会。

4. 寻找消费者需求法

无论哪种产品或服务，最终都要面对消费者。因此要学会从消费者身上识别良好的创业机会。消费者知道自己需要什么，往往他们提出建议和意见就会为创业者提供机会。建议创业者多多观察消费者的生活和工作轨迹，同时将消费者分类，从消费者群体中研究各类人群的需求特点。

5. 转换思维法

目前很多创业者热衷于开发高科技领域产品，比如手机、电脑、新能源汽车等，忽视了运输、金融、保健、饮食等所谓的“低科技领域”的新机遇，创业者如果能转变思路，克服从众心理和传统习惯思维束缚，把精力放在“低科技领域”，开发新技术、新服务、新模式，寻找市场空白点，也能发现好的创业机会。

6. 缺陷弥补法

知己知彼，方能成功。很多优秀创业家也会有失误和发生意外的情况。创业者在竞争对手创业的基础上，通过对竞争对手的产品和服务进行追踪、分析和评价，找出其中存在的不足和缺陷，有针对性地提出改进的创意并付诸实践，让改进后的产品或服务能够更快、更可靠、更便宜地提供给消费者，这就是抓住了好的创业机会，能够成功创业。

7. 创新创造法

创新创造法相比前面的方法来说，获得创业机会的难度要更大，风险也更高。众所周知，只有技术不断创新才能带动新兴产业的形成和发展。创新创造法就是因此而诞生，尤其在新技术行业中最为常见。创业者需要去积极探索新技术、新知识以及新技术的商业价值，通过技术创新就能够不断寻找到新的发展机会。这种方法的使用虽然对创业者来说难度要大，但是一旦成功，回报也更大。

阅读材料

用科技照亮护理之路

为改善传统医护模式下护理信息冗杂、医护效率低下的现状，杭州连帆科技有限公司秉承着“用心做产品，贴心做服务”的理念，践行“用科技照亮护理之路”的使命，深刻洞察智慧医疗的发展方向，充分整合业界最佳产业链并付诸实践，利用现代互联网技术，自主研发了全生态的护理信息化产品——智护＋、智护屏、智护云，通过搭载自主研发的移动输液管理系统、病房智能交互系统、护士站智能交互系统等移动护理系列系统，为医疗机构提供护患信息化解决方案。

“智护＋”给医疗机构提供私有云的护理信息化部署解决方案；“智护屏”结合最先进的医疗护理智能终端，用物联以及AI等技术打造能真正帮助医护患的智慧病房解决方案；“智护云”结合云计算，让最好的护理信息化服务可以普惠到每一个医疗机构。有效解决了临床护理工作遇到的难题，为患者提供更好的护理服务。

三、如何选择创业机会？

创业机会虽然存在于我们生活、学习、工作等各个领域中，但并不是所有的创业机会都适用。对普遍存在资金缺乏、资源不够、经验不足等情况的大学生创业者而言，如何选择一个合适的创业机会显得尤其重要。

（一）创业机会的筛选

当前对创业机会的筛选经常使用的工具是蒂蒙斯提出的全面的机会评价框架，这也是国际上公认的比较权威科学的筛选工具。蒂蒙斯的机会评价框架涉及八大类53项指标，是目前包含指标比较完整的一个体系。它以一个旁观者或机构投资者的角度，结合机会本身的特点和创业者的特质去综合分析。它将指标进行了量化，针对不同指标打分，使创业者可以对行业和市场问题、经济因素问题、收获条件问题、竞争优势问题、管理团队问题、致命缺陷问题以及创业者的个人标准、理想与现实的战略性差异等问题作出科学分析判断，同时要思考这些因素合并后能否组成一个有足够吸引力的创业机会。

（二）创业机会的评估

1. 市场评估准则

（1）市场定位：一个好的创业机会，必然有特定的市场定位。在评估创业机会的时候，可从市场定位是否明确、顾客需求分析是否清晰、顾客接触通道是否流畅、产品是否持续衍生等来判断创业机会可能创造的市场价值。

（2）市场结构：针对市场结构就进入障碍、供货商、顾客、经销商的谈判力量、替代性竞争产品的威胁、市场内部竞争的激烈程度等6个方面进行分析，得知企业在未来市场中的地位，以及可能遭遇竞争对手反击的程度。

（3）市场规模：市场规模分为三种情况，处于成长阶段的市场是一个充满商机的市场，只要时机正确，进入市场后必然会有获利；市场规模较为大者，此时进入市场的障碍相对较低，市场的竞争激烈程度也会略微下降；市场规模已经十分成熟，此时利润空间相比而言是最小的，企业不适宜进入了。

（4）市场渗透力：聪明的创业者都会选择在最佳时机进入市场，也就是市场需求正要大幅增长之际，市场渗透力的评估就显得十分重要，特别是对于一个具有巨大市场潜力的创业机会。

（5）市场占有率：从创业机会预期可取得的市场占有率目标，可以判断创业机会良好与否。一般而言，要成为市场的领导者，最少需要拥有20%的市场占有率。如果市场占有率低于5%，则企业的市场竞争力不高，会影响未来企业上市的估值，甚至被淘汰。

（6）产品的成本结构：产品的成本结构也可以反映企业的前景是否光明。比如从物料与人工成本所占比重、变动成本与固定成本的比重，以及经济规模、产量大小等因素入手，都可以判断企业创造附加价值的幅度以及未来可能的获利空间。

2. 效益评估准则

（1）合理的税后净利：一般而言，具有吸引力的创业机会，至少需要能够创造15%的税后净利。如果预期的税后净利是在5%以下，这就不是一个好的创业机会。

（2）达到损益平衡所需的时间：2年以内达到损益平衡是合理的时间。如果超过3年还未达到，这就不是一个好的创业机会。不过，这有例外的情况，因为有的创业机会需要比较长的耕耘时间，短时间内无法达到损益平衡。

（3）投资回报率：综合考虑各种因素后，合理的投资回报率应控制在25%以上。投资回报率小于等于15%的话，这样的创业机会不是好的机会。

（4）资本需求：在创业初期，最好不要募集太多资金，建议通过盈余积累的方式来创造资金。因为资本额过高有时会造成稀释投资回报率的负面效果，与之相反，比较低的资本额，将有利于提高每股盈余，可以进一步提高未来上市的价格。我们都能看到，知识越密集的创业机会，资金的需求量反而越低，但是投资回报潜力会越高。

（5）毛利率：毛利率高的创业机会，相对风险较低，也比较容易取得损益平衡。反之，毛利率低的创业机会，风险则较高，遇到决策失误或市场产生较大变化的时候，企业很容易就遭受损失。一般而言，理想的毛利率是40%，当毛利率低于20%的时候，这个创业机会不值得予以考虑。

(6) 资本市场活力：当新企业处于一个具有高度活力的资本市场时，它的获利回收机会相对也比较高。一般而言，新创企业的资本市场活跃比较容易创造增值效果，因此资本市场活力也是一项可以被用来评价创业机会的外部环境指标。

(7) 退出机制与策略：所有投资的目的都在于回收大量资金，一个具有吸引力的创业机会也是如此，它应该要为投资者提前考虑退出机制以及退出的策略规划。因此退出机制与策略是否成熟就成为一项评估创业机会的重要指标。

3. 创业项目的可行性分析

可行性分析是指通过对创业项目的主要内容、实施步骤和配套条件等进行综合分析和研究，并预判该项目的开展、运行和效益产出等情况。创业者经常使用的可行性分析方法是SWOT分析法。

运用SWOT分析法可以对创业项目进行整体全面的分析，主要步骤包括：评估自身的优势和劣势，找出面临的机会和威胁，评估创业项目的潜力，根据项目制订工作计划。

第二节　创业风险概述

一、什么是创业风险？

（一）创业风险的概念

“风险”一词最早来自渔民出海开展捕捞活动，海上的大风大浪会给渔民们带来难以预测的甚至是灾难性的危险，造成船毁人亡，这就是“风险”的由来。造成风险的主要因素有：主体能力的有限性（内因），客体的复杂性、环境的不确定性（外因），这些因素都有可能引发某一事项或活动偏离我们的预期目标。

创业风险是指由于创业者、创业团队与创业投资者的能力的有限性，创业机会与创业企业的复杂性，创业环境的不确定性，而有可能导致创业活动偏离预期目标并造成不可控的后果。大学生创业必然是有风险的，一个没有风险的创业项目也不会是一个能产生利润的项目。对于可预测、可防范的风险，大学生创业者需要加强甄别并规避；对于不可预测的风险，大学生创业者需要时刻保持警惕。

（二）创业风险的特征

1. 客观性

创业风险是客观存在的，是不以创业者的主观意志为转移的，每个创业者都会面临。它是经济运转、市场波动、供需变化等多因素作用下必然引发的，无法避免和消除。

2. 不确定性

由于人们对客观世界的认识受到各种条件的限制，创业活动的进行以及是否成功也受到很多因素的影响，随着这些条件和因素的不断变化，创业风险也在不断地变化，因此创业风险的发生是不确定的，即风险的程度有多大、风险在什么条件下可能转变为现实均是不确定的。

3. 相对性

创业风险是相对的、变化的，相对于不同的时间和空间、不同的活动主体，风险的大小也不相同。当上述条件发生变化时，创业风险也会随之发生变化。

4. 可测量性

创业风险虽然有不确定性和相对性，但是可以通过定性或定量的方法对风险进行评估和测量，在不确定性风险中，事件的变化范围大小将会影响风险的大小；在概率性风险中，分布的离散度将会影响风险的大小。

5. 机会性

机会性也称损益双重性，即创业风险有盈利和亏损两重性，风险是利益的代价，利益是风险的报酬。风险和潜在的收益共生共长，具有损益一体的特点。

二、如何识别创业风险？

（一）创业风险的来源

影响创业风险的因素有创业者、创业投资者、创业团队、创业机会、创业环境、创业企业等。根据因素不同，创业风险的来源也不同。可分为以下几类：

1. 资金缺口

资金缺口是创业过程中产生风险的主要因素。好多优秀企业都是因为出现资金链断裂而导致经营失败。创业者可以通过论证来证明创业方向的可行性，但是在实际创业过程中，出现资金不足（创业初期启动资金不足、创业中途资金链断裂）、股权旁落（创业者失去话语权与决策权）或负债过高（高额的借贷压力）等资金缺口时会带来一定的风险。

2. 研究缺口

创业者在具体的创业实践中需要将自己的主观想法和判断进行市场验证，这一验证过程是一项耗资大、耗时长，并且工程量大的研究性工作，如果无法负担这项研究工作，就会导致研究缺口，会带来一定的创业风险。

3. 资源缺口

创业过程就是将原材料、设备、人脉、消息等资源转化为盈利价值的过程，缺乏这些必备的内在或外在资源，如原材料缺口、运输缺口、存储缺口、人脉缺口、消息缺口等，创业项目将存在一定的风险。

4. 管理缺口

有效管理是企业高效运转的保障。若管理出现缺口可能会引发创业风险，如大学生创业者缺乏专业的管理才能，大学生创业者管理具体的事务不擅长等，这些都会导致企业管理务虚，运行不好。

5. 信息和信任缺口

创业不是创业者一个人的实践活动，创业的过程需要多方力量、多种角色共同参与。除了创业者，还包括技术人员、投资人员、销售人员等等，不同角色在创业过程中发挥着不同作用，必须妥善处理好各方关系，协调和沟通各方的想法，否则就会造成信息和信任的缺失，在创业过程中产生冲突，带来一定的创业风险。

（二）创业风险的类型

1. 按风险产生的原因划分

分为主观创业风险和客观创业风险。主观创业风险是指由于创业者主观因素（如身体情况、心理素质等）导致创业失败的可能性；客观创业风险是指由于客观因素（市场变化、资金链断裂、竞争对手等）导致创业失败的可能性。

2. 按风险内容划分

根据对创业活动造成影响的因素不同，将创业风险分为政治风险、管理风险、市场风险、技术风险、生产风险和经济风险。

3. 按资金影响程度划分

根据风险对所投入资金的影响程度，分为安全性风险、收益性风险和流动性风险。安全性风险是指预期实际收益有损失的可能性，导致创业者和投资者其他财产也可能损失。收益性风险是指投资者资本和其他财产不损失，但预期实际收益可能有损失。流动性风险是指投资方的资本、其他财产以及预期实际收益不损失，但资金不能按期转移或支付，造成资金运营的停滞，使投资方损失的可能性。

4. 按创业过程划分

根据创业经历的过程，将创业分为四个阶段，与之对应的创业风险也分为四种：识别与评估机会风险，准备与撰写创业计划风险，确定并获取创业资源风险，以及创业企业管理风险。如识别与评估机会风险是指在机会的识别与评估过程中，由于各种主客观因素影响，使创业一开始就面临方向错误的风险。

5. 按与市场和技术的关系划分

分为改良型风险、杠杆型风险、跨越型风险和激进型风险。将市场分为现有的市场和新市场，技术分为现有的技术和新技术，两两组合，那么利用现有的市场、现有的技术进行创业所存在的风险被称为改良型风险；利用新市场、现有的技术存在的风险被称为杠杆型风险；利用现有的市场、新技术所存在的风险被称为跨越型风险；利用新市场、新技术所存在的风险被称为激进型风险。

6. 按创业中技术因素、市场因素与管理因素的关系划分

分为技术风险、市场风险和代理风险。但是这三类风险之间又会发生相互作用，导致创业者在企业运作的各个层面上，诸多不确定的因素变得更加复杂，并且在不同的发展阶段，各因素的风险性质也会产生一定的变化。

（三）创业风险的防范

创业风险注定存在于创业的每个阶段，难以预测不可避免，但是创业者可以通过科学的方法，提前制订防范措施，降低创业风险发生的概率。

1. 树立基本理念

有备无患的意识：时刻保持底线思维，做最坏的打算，争取最好的结果，有备无患，把握创业工作主动权。

精准识别风险的能力：这是风险管理的基础，只有正确识别出可能会面临的风险，才能有效选择恰当的方法第一时间进行处理。

坚持不懈的思想：大学生创业者只有持之以恒、坚持不懈，方能平淡应对、稳妥处置面临的各种风险。

实事求是的精神：创业和开展其他工作一样，要坚持实事求是的原则。风险识别更是如此，要按一定的程序、步骤、选用科学正确的方法逐步分析各种现象，客观地作出评估。

2. 了解方法与步骤

风险识别的常用方法有：情景分析法、环境分析法、风险清单法、专家调查法、信息溯源对照法、数据对照法、资产损失分析法、风险树分析法、流程图分析法、财务报表分析法等。

风险识别的实施步骤有：搜集信息、罗列因素、分析风险和评估要素。

3. 掌握有效措施

根据创业发展阶段的不同，确定不同的风险防范措施。

创业启动阶段的防范措施有：严格筛选项目，有效保护创业的创意和商业机密，选择好的创业伙伴，密切关注资金风险和技术风险，注重建设营销队伍，采用迂回战术竞争，设法分散和转嫁风险等。

创业起步阶段的防范措施有：抓好人和财两个关键点，千方百计地让企业生存下去，降低并化解市场风险，对经营业务不断调整和巩固，探索简洁实用的商业模式，把有限的资源集中于创业目标上等。

创业成长阶段的防范措施有：尝试授权，完善组织架构，规范决策，建立风险责任机制，趋利避害，完善激励机制，凝聚人才，发展核心竞争力，战略制胜等。

第三节　大学生创业形势与政策

一、大学生创业形势

自2022年的高校毕业生人数首次突破千万（达到1076万）以来，毕业生人数仍在逐年增长。2023年是1158万，2024年是1179万，2025年达到1222万人，比2024年还要增加43万人。随着毕业就业人数的逐年增长，就业形势愈发严峻。灵活就业成为越来越多毕业生的选择。麦可思研究院发布的《2023年中国本科生就业报告》(就业蓝皮书)显示,2022届本科毕业生中,有4.6%的人选择灵活就业,其中包括受雇半职工作1.4%,自由职业2.0%,自主创业1.2%;而最新发布的《2024年中国本科生就业报告》显示,高校毕业生灵活就业成为新趋势,2023届本科生灵活就业比例上升至5.1%,其中互联网创业的比例显著增长。

(一)大学生创业的现状

1. 创业人数不断增长

随着高校每年的招生、毕业生人数不同程度地递增,大学生就业压力依然不减。越来越多的大学毕业生将自主创业作为一项新的选择,创业人数也随之不断增长。《2024年中国本科生就业报告》显示,2023届本科毕业生在毕业半年后,有5.1%的人选择了灵活就业,其中自主创业的比例是1.4%,相比2022届的比例1.2%增长了0.2%。地方本科院校毕业生选择灵活就业的比例(5.7%)更高,其中自主创业的比例(1.5%)也高于全国平均水平。

2. 创业规模不大

有学者对吉林省6所本科院校正在创业及创业截止的大学生群体进行调查发现,大学生创业项目中创业规模在5万元以下的比例是74.3%,占绝大多数,规模大于5万元以上的创业项目比例只有25.7%。这表明,在校大学生创业的规模均属于微小型规模。

3. 创业行为更加理智

以往,不少大学生凭借一时冲动而走上创业道路,缺乏对创业风险正确的识别和评估,同时也缺乏创业技能和资源,最终发现创业并不像自己想象中的那样简单,出现经营不善导致创业失败的情况。随着大学里创新创业教育的不断普及,"创青春""挑战杯"、中国国际大学生创新大赛等创新创业类比赛的精彩开展,社会上如马兰花中国创业培训项目等创新创业培训活动的火热举办,大学生的创业行为更加趋于理智,大学生开始创业之前都会理性思考,认真规划,根据自己的实际情况来进行选择,而不是一味地追随创业潮流。

4. 创业形式更加多样

以往创业者在选择创业项目时,多为进军传统行业:餐饮、零售、运输、种植等。现阶段,大学毕业生更多地利用新技术、新媒介,结合传统行业,实现"跨界"创业。如游戏、物流、计算机、旅游、电商、文化、教育、艺术及服务等。《2024年中国本科生就业报告》显示,2023届本科毕业生选择自主创业的比例为1.4%,其中创业形式为"互联网创业"的比例为22%,比2021届的16%高了6个百分点。

5. 创业过程风险重重

许多大学生有专业知识却没有创业知识,再加上大学生社会阅历、胆略、人脉等创业者应该具备的一些特质比较欠缺,社会资源不足,管理能力弱,资金缺乏等,导致了大学生创业呈现高风险的特点。

6. 创业成功比例明显偏低

大学生创业高风险的特点注定了大学生创业存活率低,数据显示,大部分大学生创业者都无法支撑3年时间。据不完全统计,中国大学生创业成功率只有2%左右,即使在浙江等创业环境较好的省份,大学生创业成功率也只有5%左右,远低于一般社会人创业企业的成功率。

（二）大学生创业存在的问题

1. 资源缺乏

大学生相对于社会人来说，年龄小、阅历浅、缺乏社会经验和社交技能，在创业过程中会出现资金、人脉和人力资源等短缺的情况，导致创业常常失败。

2. 竞争激烈

大部分大学生由于缺乏成熟的技能和核心的技术，创业时大部分人还是选择餐饮、零售、教育等服务性行业。正是因为进军这些行业无太多的技术要求，导致了这些行业的市场饱和度高，竞争增多，淘汰率高。

3. 行业选择不当

一些大学生创业者不考虑自身的专业知识、技能水平和性格特点等综合素质，盲目地选择当下热门、赚钱的行业；还有一些大学生不屑于从事餐饮、服务、教育等“低科技领域”行业，一心想着投身互联网、新能源等“高科技领域”行业，这些行业起点高、盈利周期长的特点造成创业风险和压力都非常大，导致创业之路很难坚持下去，最终以失败告终。

4. 创业教育还未发挥应有作用

虽然说现在高等院校里都开设了创新创业教育系统课程，面向全校本科生全覆盖。但是高校里面的创新创业教学大多停留在教室里、理论上，缺少创业实践环节，实践教学体系不够完善，导致很多大学生创业者缺乏企业管理能力、团队沟通协调能力、心理承受能力、产品营销能力等创业实践能力，导致创业失败。

5. 准备不充分

企业创办前有大量的准备工作需要完成，比如撰写创业计划书、选择场地、组建创业团队、购置办公设备、招聘工作人员等，大学生创业者有时候还没有做好以上准备工作就贸然开业，开业后业务开展不顺利，导致创业失败。

（三）大学生创业发展趋势

1. 大部分学生都考虑过创业

由风投机构500 Global和中国传媒大学创新创业教育中心联合编制的《2021中国大学生创业报告》显示，被调查的大学生中，96.1%的大学生都曾有过创业的想法和意愿，14%的大学生已经创业或正在准备创业。另外，调查还显示，男生比女生更爱创业，理科生比文科生更爱创业。按照就业蓝皮书的统计数据，近年来大学生创业数量也是持续攀升。

2. “社会人”更适合创业

适当的工作经验或许能让创业事半功倍。调查显示，有46%的学生都认为工作后1～3年是最佳的创业时机。根据麦克思研究院发布的《2019年中国大学生就业报告》显示，应届毕业生在毕业当年投身自主创业的比例是2.7%，而毕业三年后的大学生投身自主创业的比例显著提升，达到了6.2%。

3. 大学生热衷的创业领域发生变化

在对吉林省6所本科院校正在创业及创业截止的大学生群体进行调查发现，常见大学生创业的类型有餐饮、游戏、计算机、物流、电商、旅游、文化、教育、艺术及服务等十类，其中餐饮、服务、教育、电商、艺术类所占比例较大，文化、旅游、游戏、计算机及物流类占比较小。大学生热衷的创业领域，除了传统上的餐饮业、服务业和教育业，新增了电商和艺术行业。尤其是互联网快速发展的今天，电商行业逐渐成为大学生最偏爱的创业领域。

4. 大学生最想学习寻找商机

只有找到好的创业机会，才更有可能创业成功。在当前，大学生创业行为越来越理智的情形下，如何寻找商机成为想创业或已经创业的大学生最想学到的知识。另外创业过程中的市场营销知识和如何激发创意也是大学生们希望学到的知识。

5. 政策扶持力度大

大学生创业时最想要获得的帮助是来自政府部门的创业基金和相关的优惠政策，同时也希望获得学校和企业提供帮助。目前，从国家到地方，从社会到企业，提供了资金支持、税费减免、融资贷款、培训辅导等一系列创业扶持政策，营造了良好的创业氛围。

二、大学生创业政策分析

《教育部关于做好2024届全国普通高校毕业生就业创业工作的通知》指出，支持灵活就业和自主创业。各地各高校要充分挖掘新产业、新业态、新模式带动就业潜力，引导毕业生发挥专业所长，在创意经济、数字经济、平台经济等多领域灵活就业。配合有关部门落实灵活就业社会保障政策，切实维护高校毕业生合法权益。积极鼓励和支持高校毕业生自主创业，落实创业支持政策，在资金、场地等方面向毕业生创业者倾斜，为高校毕业生创新创业孵化、成果转化等提供服务。

2024年6月，教育部发布的《普通高校学生自主创业政策公告》在税收优惠、贷款贴息、资金扶持等方面给予大学生创业者提供了全方位的扶持政策。

（一）税收优惠政策

（1）持人力资源社会保障部门核发《就业创业证》的高校毕业生在毕业年度内创办个体工商户的，可按规定在3年内以每户每年20000元为限额（最高可上浮20%，具体由各省、自治区、直辖市人民政府根据本地区实际情况确定）依次扣减其当年实际应缴纳的增值税、城市维护建设税、教育费附加、地方教育附加和个人所得税。

（2）高校毕业生创办小微经营主体的，可按规定享受相关普惠性税费政策。

（二）担保贷款和贴息政策

（1）创业担保贷款和贴息支持：可在创业地申请创业担保贷款，最高贷款额度为30万，贷款期限不超过3年，财政按规定给予贴息。对符合条件的个人合伙创业的，可根据合伙创业人数适当提高贷款额度，最高不超过符合条件的个人创业担保贷款额度上限之和的110%且不超过小微企业创业担保贷款额度上限。对10万元及以下贷款、获得市（设区市）级以上荣誉称号的高校毕业生创业者免除反担保要求；对高校毕业生设立的符合条件的小微企业，最高贷款额度提高至400万元，财政按规定给予贴息。

（2）创业担保贷款申请程序：申请创业担保贷款贴息支持的个人和小微企业应向当地

人力资源社会保障部门申请资格审核，通过资格审核后，可向当地创业担保贷款担保基金运营管理机构和经办银行提交担保和贷款申请，符合相关担保和贷款条件的，与经办银行签订创业担保贷款合同。

（三）资金扶持政策

（1）一次性求职补贴：对在毕业学年积极求职创业的低保家庭、零就业家庭、防止返贫监测对象家庭和特困人员中的高校毕业生，残疾及获得国家助学贷款的高校毕业生，给予一次性求职补贴。

（2）一次性创业补贴：对首次创办小微企业或从事个体经营，且所创办企业或个体工商户自工商登记注册之日起正常运营1年以上的离校2年内高校毕业生，给予一次性创业补贴。

（3）职业培训补贴：对在毕业年度内参加创业培训的高校毕业生，按规定给予培训补贴。

（四）工商登记政策

创办企业，只需填写“一张表格”，向“一个窗口”提交“一套材料”，登记机关直接核发加载统一社会信用代码的营业执照，“多证合一”。

（五）户籍政策

高校毕业生可在创业地办理落户手续（直辖市有关规定执行）。

（六）创业服务政策

（1）免费创业服务：可免费获得公共就业和人才服务机构提供的创业指导服务。

（2）技术创新服务：各地区、各高校和科研院所的实验室以及科研仪器、设施等科技创新资源可以面向大学生开放共享，提供低价、优质的专业服务。

（3）创业场地服务：鼓励各类孵化器面向大学生创新创业团队开放一定比例的免费孵化空间。政府投资开发的孵化器等创业载体应安排30%左右的场地，免费提供给高校毕业生。有条件的地方可对高校毕业生到孵化器创业给予租金补贴。

（4）创业保障政策：加大对创业失败大学生的扶持力度，按规定提供就业服务、就业援助和社会救助。毕业后创业的大学生可按规定缴纳“五险一金”。

（七）学籍管理政策

（1）折算学分：高校设置合理的创新创业学分，建立创新创业学分积累与转换制度，探索将学生开展自主创业等情况折算成学分。

（2）弹性学制：高校可以根据情况建立并实行灵活的学习制度，可放宽学生修业年限，保留学籍休学创新创业。

阅读材料

安徽省创业扶持政策问答

1. 高校毕业生求职创业补贴政策如何规定的?

答:根据《关于进一步明确有关稳就业政策举措的通知》(皖人社秘〔2023〕230号)等规定,应届城乡居民最低生活保障家庭、困难残疾人家庭、脱贫户及防返贫监测户家庭、退捕渔民家庭、获得国家助学贷款、残疾以及特困人员中的高校、中等职业学校、技工院校毕业生,按照每人1500元标准发放一次性求职创业补贴。

2. 对返乡创业人员有什么扶持政策?

答:根据《安徽省人民政府关于印发创业安徽行动方案的通知》(皖政〔2022〕63号)等规定,新返乡创业企业购置新生产设备的,由县级人民政府给予一定的设备补助。返乡创业企业自主建设或租赁厂房的,由县级人民政府给予一定的厂房补助。对产业园区、孵化基地内吸纳就业50人以上的返乡创业企业,由县级人民政府给予一次性最高5万元水电气费补贴。新返乡创业企业新增吸纳就业6个月以上人员的,由就业补助资金按照每人1000元标准给予企业一次性补助。

3. 安徽高校院所科研人员在皖离岗创业有什么支持政策?

答:根据《安徽省人民政府关于印发创业安徽行动方案的通知》(皖政〔2022〕63号)等规定,安徽高校院所等事业单位科研人员在皖离岗创业人员3年内保留与事业单位人事关系,离岗创业期满后创办企业尚未实现盈利的可申请延长1次,延长期限不超过3年。

4. 一次性创业补贴政策有哪些?

答:根据《关于进一步明确有关稳就业政策举措的通知》(皖人社秘〔2023〕230号)等规定,一是高校毕业生一次性创业补贴。对毕业2年以内的高校毕业生首次创办小微企业,自工商注册登记之日起正常运营3个月以上的,由就业补助资金给予不低于5000元的一次性创业补贴。二是残疾人一次性创业补贴。对符合条件的残疾人首次创办小微企业或从事个体经营,且所创办企业或个体工商户自工商登记注册之日起正常运营6个月以上的,由就业补助资金给予不低于5000元的一次性创业补贴。三是其他群体一次性创业补贴。退役2年以内的自主就业退役军人、就业困难人员、返乡农民工、脱贫人口及防返贫监测对象,首次创办小微企业,自工商注册登记之日起正常运营6个月以上并依法缴纳社会保险费的,由就业补助资金给予不低于5000元的一次性创业补贴。

5. 社会资本投资运营孵化基地补贴如何规定的?

答:根据《关于进一步明确有关稳就业政策举措的通知》(皖人社秘〔2023〕230号)等规定,社会资本、民营企业或高校投资建设和管理运营的孵化基地,为初次创业的劳动者提供生产经营场地(包括现代农业、工业厂房、商贸店铺、办公楼宇等)或创业服务平台(包括创客空间、创新工场等众创空间),场地租金不超过同类地区、同类型场地平均租金的80%,物业费用不超过同类地区、同类型场地平均物业费的70%,且被人力资源社会保障部门认定为创业孵化基地的，根据在基地孵化9个月以上并依法缴纳社会保险费的企业户数，在3年孵化期内，由就业补助资金按照每户每年5000元的标准给予孵化基地补贴。

6. 对重点群体创业有哪些税收支持政策？

答：根据《安徽省财政厅 国家税务总局安徽省税务局 安徽省人力资源和社会保障厅 安徽省农业农村厅关于进一步支持重点群体创业就业有关税收政策的通知》（皖财税发〔2023〕1068号）等规定，自2023年1月1日至2027年12月31日，脱贫人口（含防止返贫监测对象）、持《就业创业证》（注明“自主创业税收政策”或“毕业年度内自主创业税收政策”）或《就业失业登记证》（注明“自主创业税收政策”）的人员，从事个体经营的，自办理个体工商户登记当月起，在3年内（36个月）按每户每年24000元为限额依次扣减其当年实际应缴纳的增值税、城市维护建设税、教育费附加、地方教育附加和个人所得税。

7. 创业担保贷款政策有哪些？

答：根据《关于印发〈普惠金融发展专项资金管理办法〉的通知》（财金〔2023〕75号）等规定。

（1）符合以下条件的个人可申请创业担保贷款和财政贴息支持

① 属于重点就业群体。包括城镇登记失业人员、就业困难人员（含残疾人）、退役军人、刑满释放人员、高校毕业生（含大学生村官和留学回国学生）、化解过剩产能企业职工和失业人员、返乡创业农民工、网络商户、脱贫人口、农村自主创业农民。

② 除助学贷款、脱贫人口小额信贷、住房贷款、购车贷款、5万元以下小额消费贷款（含信用卡消费）以外，申请人提交创业担保贷款申请时，本人及其配偶无其他贷款。

（2）符合以下条件的小微企业可申请创业担保贷款和财政贴息支持

① 属于现行中小企业划型标准规定的小型、微型企业。

② 小微企业在申请创业担保贷款前1年内新招用符合创业担保贷款申请条件的人数达到企业现有在职职工人数10%（超过100人的企业达到5%），并与其签订1年以上劳动合同。

③ 无拖欠职工工资、欠缴社会保险费等违法违规信用记录。

对符合条件的创业担保贷款，财政部门给予贷款实际利率50%的财政贴息，对展期、逾期的创业担保贷款，财政部门原则上不予贴息。个人创业担保贷款额度不超过50万元，贷款期限不超过3年。小微企业创业担保贷款额度不超过400万元，贷款期限不超过2年。

（高　冰）

第十二章　创业团队与资源

学习目标

1. 知识目标

通过本章学习，全面了解和掌握创业团队、创业资源的相关概念和理论。

2. 能力目标

学会如何组建创业团队、整合和利用创业资源。

3. 情感价值观目标

鼓励医学生在创业筹备和团队组建过程中形成共同的价值观，促进团队合作、价值创造和利益共享，努力将企业愿景变为现实。

本章概要

本章围绕创业团队与创业资源两大核心内容展开系统论述，旨在为大学生创业实践提供理论指导和实践参考。首先，本章深入探讨了创业团队的相关知识。随后，系统分析了创业团队的组成要素，包括团队成员的知识结构、能力互补、角色分工等核心内容。在此基础上，本章进一步探讨了创业团队的构建策略与发展路径，结合典型案例分析创业团队在不同发展阶段的管理重点与成长规律，从而为大学生组建高效创业团队提供具有可操作性的实践指导。其次，本章全面梳理了创业资源体系。从理论层面界定了创业资源的基本概念，并依据资源属性对创业资源进行了科学分类。重点分析了创业资源的获取渠道与整合策略，包括内部资源优化配置和外部资源协同利用等方法。特别针对医学专业特点，本章还探讨了如何有效整合医学领域的专业资源、技术资源和行业资源，旨在帮助医学生更好地识别和把握医疗健康领域的创业机会。通过对创业团队建设与创业资源整合的系统阐述，本章不仅构建了完整的理论框架，更注重理论与实践的结合，为大学生创业实践提供了切实可行的指导方案。

引子

近年来，由教育部发布的关于做好全国普通高校毕业生就业创业工作的相关通知中指出，高校毕业生是国家宝贵的人才资源，各地各高校要积极鼓励和支持高校毕业生自主创业，落实创业支持政策，在资金、场地等方面向毕业生创业者倾斜，为高校毕业生创新创业孵化、成果转化等提供服务。在各种政策扶持的大背景下，大学生创业要将创意转化为实践并充分挖掘创业机会背后隐藏的商业价值,团队建设是不可或缺的关键环节。一个优秀的创业团队能够为项目运营提供核心动力,因此如何科学组建创业团队,以及在团队构建过程中需要规避哪些潜在风险,成为创业者必须深入探讨的重要课题。

第一节 创业团队

一、创业团队概述

(一)创业团队的概念

创业团队是指在创业初期(包括企业成立前和成立早期),由一群才能互补、责任共担、愿为共同的创业目标而奋斗的人所组成的特殊群体。

狭义的创业团队是有着共同目的、共享创业收益、共担创业风险的一群创建新企业的人,即初始合伙人团队;广义的创业团队则不仅包括狭义的创业团队,还包括与创业过程有关的各种利益相关者,如风险投资家、专家顾问等。

(二)创业团队的要素

1. 创业团队五要素

一个高效的创业团队需要具备五个关键要素,即目标(purpose)、人员(people)、定位(place)、职权(power)、计划(plan)。

(1) 目标(purpose):团队是由工作紧密关联、彼此依赖的成员组成的群体,由共同的目标将他们凝聚在一起,使其协作更高效,从而更好地实现个人、部门及组织的整体目标。对于创业团队而言,既定的共同目标至关重要,它如同指南针,为团队指明方向,缺乏共同目标的团队将失去存在的意义。在创业企业管理中,这一目标通常通过企业愿景和战略规划来具体呈现。

(2) 人员(people):创业团队最核心的力量在于人,人力资源是创业过程中最活跃、最重要的资源。为了充分发挥创业潜力,必须有效整合团队成员的资源和能力,将人力资源转化为推动企业成长的人力资本。在组建团队时,需要通过合理的分工协作来实现共同目标,因此在选人时要重点考察成员的能力、技能的互补性以及经验背景。

(3) 定位(place):即团队如何与现有组织结构融合,从而构建出新的组织形式。这个过程中需要打破固有思维定式,促进不同背景的成员紧密协作,形成更具凝聚力的团队关系。

(4) 职权(power):是指团队在特定工作范围内所承担的职责及享有的决策权限,是团队目标和定位的具体体现。团队职权的设定需综合考虑团队类型、目标定位、组织规模、结构及业务性质等因素。在创业团队中,领导者的权力分配与团队发展阶段及行业特性密切相关:通常团队越成熟,领导权越分散;而在初创期,决策权往往相对集中。此外,高科技企业普遍倾向于采用民主化的管理模式。

(5) 计划(plan):核心在于明确分工与执行路径,即通过系统化的任务分配和操作指引,将团队职责与权限合理配置给各成员,并规划具体的工作内容及实施方式。

2. 创业团队要素间的相互作用

(1) 一个高效的创业团队必须建立在成员共同的价值观基础上,这些共同理念是团队凝聚力的核心。同时,团队需要确立清晰统一的目标和执行标准,以及跟进团队共同目标的共识和约定,这是确保团队协同运作的关键要素。在创建价值观时,团队成员需要共同讨论,建立共同的战略,考虑每个成员的观点和投入,而不是仅仅考虑个人利益。

(2) 创业团队成员需要共同承担团队责任,这是团队运作的基本要求。同时,成员间的紧密协作是推动团队持续成长的关键要素。团队成员必须有效地合作,相互尊重,建立良好的团队氛围,以使团队能够顺利完成各项任务。此外,通过团队合作,团队成员可以把自己的各自想法和观点结合起来,以实现更高效的创新,快速提高团队效率和实现共同目标。

(3) 创业团队需要成员之间形成能力互补。在组建团队时,必须重视管理架构中各成员专业技能的匹配与协同,这是构建优质团队的关键前提。团队需要有一个明确的责任分配和角色划分,以有效地管理团队人员的工作任务和分工,实现团队成员的才能互补和更好地交流协作,同时赋予团队更多的自主权,从而确保各项工作的有效性和可持续性。

(4) 创业团队成员能够为实现共同的目标而全力以赴。当团队具备一致的愿景时,成员之间更容易达成深度理解与默契配合,并减少团队之间的分歧和冲突,从而更好地实现团队目标。团队成员可以通过召开会议,发表见解和讨论等方式,开展各类交流活动,让每个成员都能为共同的目标而积极奉献,发挥出自己的作用和价值,共同推动创业团队发展。

(三) 创业团队的类型

从不同的角度、层次和结构,可以将创业团队划分为不同的类型。依据创业团队的组成者不同,可以分为星状创业团队(star team)、网状创业团队(net team)和从网状创业团队中演化而来的虚拟星状创业团队(virtual star team)。三种类型的创业团队有以下各自优缺点。

1. 星状创业团队

团队中有一个充当领队角色的核心人物。一般在团队形成前核心人物预先会确定创业方向与商业模式。其他团队成员大多扮演支持者角色。优点:① 组织结构紧密,向心力强。② 决策程序简单,效率较高。③ 人员架构稳定性较好。缺点:① 权力高度集中易导致战略盲区和决策失误。② 当成员与主导人物冲突严重时,往往可能引发骨干流失。

2. 网状创业团队

由志趣相投的伙伴组成并携手合作进行创业,他们共同认可某一创业想法。优点:① 成员之间地位较平等,便于沟通和交流。② 成员之间关系较为密切,有利于达成共识。③ 团队凝聚力强,成员稳定性较高。缺点:① 缺乏核心领导者,组织结构相对松散。② 决策过程往往效率不高。③ 当出现重大分歧时可能引发团队解体风险。④ 容易出现多头管理的情况。

3. 虚拟星状团队

有一个核心成员,同时该核心成员地位的确定是团队成员协商的结果。优点:① 核心成员具备一定的领导威信。② 权力结构相对平衡，既不会过度集中，也不会过于分散。缺点：核心成员在决策时需更多考虑团队意见，因此其权威性不及星状团队中的核心主导人物。

（四）创业团队的价值

一般来说，一个好的创业团队能够创造并实现以下价值：

1. 优势互补

团队能把互补的技能和经验组织到一起，超过个人的能力，有利于发挥协同效应。创业是一把双刃剑，既是梦想的起点，也是挑战的开端。若有人愿意在你一无所有时倾力相助，在你遭遇困境时坚定支持，在你举步维艰时同甘共苦，在你孤独迷茫时暖心陪伴，在你生死攸关时全力相救，这样的创业之路何愁不能成功？优秀的创业团队必然能做到优势互补，这种互补既包括专业特长，也包括个性特质。正如人们常说的："没有完美的个人，但可以打造完美的团队。"再聪明勇敢的人，专业能力再强，其个人力量终究有限。而团队却能汇聚每个成员独特的能量，当这些力量碰撞到一起时，必然会产生绚烂的火花。企业在整个生命周期中需要创业者具备全方位的智慧，包括项目研判、产品设计、技术优化、市场开拓与维护、运营管理、风险把控等诸多方面，这些繁重的工作绝非一人之力可以承担。但如果将这些任务合理分配给各有所长的团队成员，那么原本的"不可能"就会转变为"可能"。

2. 资源共享

创业团队的一个重要价值在于成员之间资源共享。在创业历程中，创业者需要经历目标确立、项目发掘与筛选、价值评估、市场分析、商业计划制定、融资筹备、企业创立等多个关键环节。每个环节都需要调动多元化的资源支持，包括信息、资金、技术、人才、社会关系、市场渠道等重要资源要素。对单个创业者而言，要同时具备如此全面的资源储备几乎是不可能完成的任务。但创业团队却能通过资源互补实现这一目标。每位成员都拥有独特的资源禀赋，当这些分散的资源通过团队协作形成合力时，就能为创业构想提供坚实的资源基础，最终将创业蓝图转化为现实。这种资源协同效应正是创业团队区别于个人创业者的独特价值所在。

3. 激发智慧

团队能为加强组织发展和管理工作提供独特的社会角度。中国有句古语："三个臭皮匠，赛过诸葛亮。"这句话的精髓不在于人数的简单叠加，而在于思维方式的多元碰撞。在创业团队探讨解决方案的过程中，每个成员都会基于自身的专业背景和思维习惯提出独到见解，这些方案往往蕴含着与众不同的思考维度。当所有观点汇集时，不同想法之间会产生奇妙的化学反应——某个成员的灵感可能触发其他人的思维突破，最终催生出更具创造性的解决方案。这种集思广益的互动过程，正是团队智慧超越个体思维的生动体现，它能帮助创业者突破认知边界，获得更优的决策方案。

4. 降低风险

团队协作能有效分散创业风险，同时创造更为积极健康的心理环境，使团队对市场变化保持敏锐的感知。研究表明，成功的创业团队往往由关系密切的成员组成——可能是同窗好友、战友、亲人或发小，他们因共同的价值观和创业理想而凝聚。这种深厚的感情基础让成员间能够深入了解对方的性格特质和行为模式。建立在相互理解和高度信任基础上的团队关系，确保了创业过程中快速达成共识和协调行动。微软创始人比尔·盖茨与保罗·艾伦的成功合作就是典型案例，他们深厚的友谊为商业成功奠定了坚实基础。可见，团队成员间的默契程度直接影响着企业规避人事风险的能力。

二、创业团队的构成、组建和发展

（一）创业团队的构成

1. 初始合伙人团队

它是指在企业创立初期即投入资金并直接参与创业的核心成员群体。这个团队所具备的知识储备、技术能力和行业经验，往往构成企业最核心的竞争优势资源。因此，在评估初创企业的发展潜力时，投资人和市场通常会重点考察创始团队的综合素质，包括但不限于：成员的教育背景、过往创业经验、相关行业积累，以及所拥有的商业人脉资源等关键维度。这些要素在很大程度上决定了企业未来的成长空间和发展轨迹。

2. 董事会

对于采取公司制运作的创业项目，依法必须设立董事会这一治理机构。董事会成员由股东大会选举产生，代表股东行使企业监督管理的职能。通常，董事会由执行董事（内部成员）和独立董事（外部专家）共同组成。一个运作良好的董事会能够有效融入创业团队的管理体系，通过两种关键方式为初创企业创造价值：一是提供专业战略指导；二是增强企业市场公信力。这些功能将助力新创企业在起步阶段建立优势，并为持续发展奠定坚实基础。

3. 专业顾问

创业过程中，创始人往往需要借助外部专家顾问的力量，通过专业咨询获取关键决策建议。这些顾问通常构成创业团队的重要外延力量，在以下方面发挥独特作用：由行业专家组成的顾问委员会提供战略指导；融资方（包括债权人和投资人）不仅提供资金支持，还贡献商业智慧；专业咨询机构则在知识产权、税务筹划、合规管理等专业领域给予技术支持。这种“核心团队＋专业外脑”的模式，能有效弥补创业者在特定领域的经验盲区。

（二）创业团队的组建

1. 创业团队组建的原则

(1) 目标明确合理原则：目标的明确性有助于清晰界定团队成员共同的奋斗方向是什么；目标的合理性，有助于即确保目标设定符合现实条件且切实可行，从而最终真正发挥出激励的作用。

(2) 互补原则：构建优势互补型团队是创业成功的关键。内部管理型人才与外部拓展型人才，以及技术研发人才与市场营销人才，都不可或缺，他们间的组合能形成专业能力的完整覆盖。由于个体必然存在能力边界，当成员在知识结构、专业技能和实战经验等方面形成互补时，不仅能产生“整体大于部分之和”的协同效应，还能促进团队内部深度互动，强化团队凝聚力。

(3) 精简高效原则:初创阶段企业资源相对匮乏,包括资金、场地等关键要素。因此团队构建应当在确保核心业务高效运转的前提下,最大限度控制团队规模。这种精简结构既能降低运营成本,又能提升决策效率。

(4) 动态开放原则:创业过程具有高度不确定性,这体现在团队中可能因为能力、观念、想法等多种原因不断有人流动更替。因此,在组建创业团队时,应注意保持团队的动态性和开放性,允许不匹配的成员退出,同时积极吸引优质人才加入,通过建立弹性机制,持续优化团队组合,最终形成最佳人才配置。

2. 创业团队组建流程

创业团队的组建是一项系统性工作,由于创业项目的多样性,不同项目对团队的要求各异,其组建流程也存在差异。总体而言,创业团队组建的核心环节包括以下内容:

(1) 确立创业目标:创业团队的总体目标是完成创业各阶段的技术研发、市场开拓、战略规划、组织建设及运营管理等任务,推动企业从初创期走向成熟期。在明确总体目标后,需要将其分解为若干个可操作的阶段性目标,以指导团队逐步实现最终目标。

(2) 制定创业计划:在确定总体目标和各阶段子目标后,需制定详细的创业实施计划。该计划基于对总体目标的细化分解,从团队整体角度出发,明确不同创业阶段需要达成的具体任务,通过逐步完成各阶段目标来最终实现创业目标。

(3) 招募合适的人员:人员招募是创业团队组建的关键环节。在筛选团队成员时,需要重点考察两个核心要素:一是能力互补性,即候选人的专业技能与现有成员能否形成优势互补。这种互补性既能增强团队协作效能,又能提升整体竞争力。通常,一个完整的创业团队需要具备管理、技术、营销三类核心人才,只有这三类人才建立高效的协作机制,团队才能保持稳定运转。二是团队规模合理性,适度的团队规模是确保运作效率的基础。具体人数需根据战略需求而定:规模过小难以发挥团队优势,过大则可能影响沟通效率。合理的团队规模更有利于股权分配、集中决策和高效执行。

(4) 明确职权划分:为确保团队有效执行创业计划并顺利推进各项工作,必须预先明确各成员的职责与权限。职权划分需要遵循以下原则:首先,应根据创业计划的具体需求,清晰界定每个成员的职责范围及相应权限,既要避免权责交叉重叠,也要防止出现管理真空;其次,考虑到创业环境的动态性和复杂性,团队可能面临新问题或人员变动,因此需要建立灵活的职责调整机制,根据实际发展情况适时优化分工安排。

(5) 构建管理制度:完善的制度体系是创业团队有效运行的重要保障,主要包括约束机制和激励机制两大核心内容。在约束机制方面,团队需要建立包括纪律规范、组织章程、财务管理制度和保密协议等在内的规章制度。这些制度能够规范成员行为,预防不利于团队发展的举动,维护团队的正常运作秩序。在激励机制方面,团队应当制定科学的利益分配方案、绩效考核标准、奖惩办法等激励措施。通过明确成员在创业目标实现过程中可能获得的收益,特别是股权分配、奖金激励等核心利益,从而充分调动成员的积极性和创造力。需要特别强调的是,所有制度条款都应以书面形式明确规范,尤其要清晰界定与成员切身利益相关的各项条款,避免因理解分歧导致管理混乱。同时,制度体系应保持一定的灵活性,以适应创业过程中可能出现的变化和调整。

(6) 团队优化融合:优秀的创业团队往往需要经历一个动态发展的过程,很难在创业初期就达到完美状态。随着企业的发展推进和团队的实际运作，初期在人员配置、制度安排、职责划分等方面存在的不足会逐渐显现。这一阶段需要进行持续的团队优化与融合，其特点包括：① 渐进性：问题的暴露具有过程性，因此团队调整也应采取渐进方式。② 系统性：需要针对实际运营中出现的问题，对人员、制度、职权等要素进行综合调整。③ 持续性：调整工作应当贯穿团队发展全过程，直至各要素达到最优配置。在调整过程中，要特别注重：建立高效的沟通机制，确保信息畅通；加强团队文化建设，增强凝聚力；保持团队士气，激发成员积极性；通过持续优化，最终形成配合默契、运转高效的创业团队。

（三）创业团队的发展

创业团队的发展大致要经历形成期、波动期、稳定期、成熟期四个阶段。

1. 形成期

这一阶段创业团队呈现以下典型特征：成员个体差异性显著，尚未形成团队共识；目标认知存在分歧，缺乏统一理解；非正式关系网络尚未建立，团队规范体系有待完善；内部矛盾与摩擦较为突出。针对这些特征，本阶段需要重点完成以下工作：① 目标体系建设：确立清晰的创业愿景和使命，制定可量化的阶段性子目标，推动团队成员达成共识。② 组织架构搭建：设计合理的组织结构，建立基本运营机制，确保组织正常运转。③ 人才配置优化：进行科学的角色分工，实现成员能力互补，构建高效协作机制。④ 制度规范制定：建立约束机制规范行为，设计激励机制提升动力，协调团队与个人目标，通过系统性的建设，推动团队从个体集合向有机整体转变。

2. 波动期

在创业团队初步组建完成后，团队发展进入关键的磨合阶段，此阶段主要呈现以下特征：

成员逐渐适应团队运作模式，个体价值定位逐步清晰，潜在问题开始集中显现。本阶段主要面临三类典型矛盾：成员间的理念冲突、团队与制度环境的适配问题、权责划分引发的争议。针对这一特殊时期，需要采取以下管理措施：① 建立问题暴露机制：鼓励公开表达不同意见，将隐性矛盾显性化处理，实施必要的团队优化调整。② 构建动态调整机制：采用“暴露-解决-优化”的循环模式，通过持续改进推动团队升级，为进入稳定期创造条件。③ 强化沟通保障措施：确保信息传递渠道畅通，加强成员间的协调配合，维持团队发展的连续性。该阶段的管理重点在于将冲突转化为团队进步的契机，通过规范化的问题处理流程，推动团队实现质的提升。

3. 稳定期

团队发展进入相对成熟的规范阶段，主要呈现以下特征：① 组织运行规范化：成员职责与角色定位明确，形成清晰的团队目标体系，建立共同认可的愿景蓝图。② 团队凝聚力增强：成员认同感显著提升，非正式协作网络形成，差异包容性明显提高。③ 协作机制完善：互赖关系得到普遍重视，合作成为团队行为准则，竞争关系趋于良性发展。本阶段的管理重点包括：① 持续优化协作关系：协调成员间的竞争与合作，化解潜在的矛盾冲突，建立和谐的工作模式。② 巩固团队文化：强化共同价值观，维护已建立的信任基础，提升团队整体效能。这一阶段标志着团队已经从简单的任务组合，发展为具有高度协同性的有机整体。

4. 成熟期

成熟期又称为高效运作阶段，是团队的收获期，主要呈现以下特征：① 团队自主性显著提升：成员能够独立履行岗位职责，对领导指令的依赖程度降低，工作效率达到最优状态。② 协作效能充分释放：成员间建立深度互信关系，形成良性的建议反馈机制，实现高效的协同配合。③ 团队文化深入人心：成员对组织高度忠诚，自发维护团队利益，形成正向激励循环。需要注意的是：团队建设是一个有机的递进过程，各发展阶段具有紧密的内在联系。要打造具有核心竞争力的优秀团队，必须系统规划每个发展阶段，精心把控每个关键环节，只有这样才能最终培育出高效能的团队组织。这一阶段标志着团队已经发展成为具有高度自主性和卓越执行力的成熟组织，能够持续创造优异业绩。

三、创业团队的管理

（一）打造并管理高效能团队

1. 合理分工

明确团队的目标和角色分工是打造高效团队的基础。每个团队成员需要清楚自己的职责，以及如何与他人协作以实现共同目标。通过明确的角色分工，可以提高团队成员的工作效率，减少重复劳动和冲突，确保每个成员都能全力以赴地为团队贡献力量。

2. 建立有效沟通

高效的团队需要建立起良好的沟通渠道。确保团队成员之间可以畅所欲言，理解对方的意见和需求，并能及时解决问题和协调不同观点。利用现代科技手段，如团队协作工具和在线会议软件等，来促进信息的流动和共享。

3. 实施冲突管理

在实际的项目管理中，要面对各种各样的冲突。解决冲突的基础是建立团队信任。通过建立沟通渠道、营造积极沟通的氛围，以及使用责任分配矩阵等工具，可以减少个人之间的冲突。对于团队之间的冲突，可以通过规章制度和流程做保障，如建立产品管理委员会和需求优先级管理制度等，来化解团队之间的冲突。

4. 建立有效激励机制

为保持团队成员的工作热情和动力，可以通过合理分配股权、提供薪酬福利、给予晋升机会、加强培训进修等有效激励团队成员。

5. 制定规章制度

明确团队目标及团队中每个人的职责，制定合理的奖惩机制，将团队成员的个人目标与团队目标相对应，定期进行绩效评估和回馈，激发工作主动性、创新性、积极性。

6. 培育团队精神

通过定期组织团队建设活动，如团队拓展训练、团队旅行等，促进团队成员之间的信任和合作。此外，关注团队成员的情感需求，提供必要的支持和帮助，还可以从团队的角度进行考核和评价，共同有成就感地完成某项工作，以增强团队的凝聚力。

7. 加强团队凝聚力建设

领导方式上，应该采取更民主的领导方式，在团队决策中互相商量，尽量最大限度地反映民意，避免独断专行。文化视角上，应该建立以团队为导向的文化活动和文化氛围。

（二）大学生创业团队建设

创业团队最初组建的方式有很多，就大学生创业团队的组建而言，大体上可以分为以下五种：

1. 同学组合型

目前大学生创业团队，以同学组合型居多。例如，我们比较熟知的“饿了么”平台，还有华东理工大学之前的“跬步”平台，它们最初都是由各个学院的同学相互组成的创业团队。这些创业团队最初是为了参加创业大赛而组建的，随着比赛的进行，以及对整个项目的磨合、深入和推进，最终，很多创业小组决定真的要付诸实践来成立企业。原先为了参赛而组建的创业小组，就变成了最初的创业团队。这种类型的创业团队的最大优势在于，项目都是由大家从无到有亲手打造出来的，所以每个人对项目的细节都非常了解。而且由同学组成的创业团队，成员都接受过高等教育，具有丰富的、各个专业的知识储备，相互之间的知识能力具有很强的互补性，并且，由于大家都是同龄人，思想活跃，很少会受到常规的、繁文缛节的束缚，比较敢做、敢想、敢当。由于成员间各自所拥有的专业优势、学科优势，往往容易把他们所拥有的专利、产品转化为技术优势，增强团队的整体竞争力，提高整个团队在市场中的竞争壁垒，减少盈利模式复制的可能。同时，因为团队成员彼此之间都比较熟悉，在合作中也经过了长时期的磨合，所以相互之间信任度很高，从而可以降低团队的沟通成本和决策成本，缩短决策时间，提高决策效率。但是，需要指出的是，这种类型的团队，对于团队核心人物的要求往往会比较高，因为大家都是同学，所以团队成员要正确对待在创业过程中的民主决策与专制决策间的矛盾关系。团队合作讲究尊重个体，重视个人能动性的发挥。在同学组合型的创业团队中，大家都受过同样的教育，每个人都感受到自己的责任，都渴望对项目的良好推进提出自己的意见，并得到采纳。而这种意见的提出，其实对团队核心领导人是一个严峻的考验。如果他也能够开诚布公，与大家一起讨论，那么就可以推动团队的良好发展。但是一旦团队中的核心领导人随着创业项目的推进而变得更加专制，或者在整个创业过程中，团队成员的价值观等因素发生了改变，那么也会错过市场机会，甚至会使得整个项目难以长远发展。

2. 亲友组合型

其实很多的创业团队，最初的创业融资都是亲情融资。这种融资方式其实也是最传统、最容易的。这种类型的团队就是各个出资方组成的。这类团队的好处是，因为团队成员都是亲朋好友，所以在创业之前彼此都比较熟悉，而且具有一定的感情基础，可以很快地进入到创业的过程中去，但是，这种类型的团队最明显的缺陷在于，因为夹杂了感情，所以创业者在进行决策的时候，也会被感情左右，容易因这种感情而不和，甚至使得创业团队解散。

3. 师生组合型

在2021年中国国际“互联网＋”大学生创新创业大赛中，来自华东理工大学的华禹科技项目，是一个典型的师生组合型的创业团队。在这个项目中，导师汪华林教授拿出了自己研究多年的重大化装置微通道分离技术，由他的博士生陈建琦组队运行，成立了上海华禹环保科技公司。事实上，近年来，校园内的大学生创业团队，到处都活跃着指导老师的身影。很多时候，创业团队往往会利用导师的项目或者技术，并把它转化为自己的创业项目。而指导老师也会作为团队中的主要成员，出想法，出思路，把握大方向。而这些指导老师，往往是该研究领域的权威人士或者专家，并且拥有一定的人脉，有一定的威信，相对而言比较容易吸引投资。并且在现在的大背景下，老师把自己的研究成果转化为创业项目，又进行了良好的产学研结合，让参与课题的学生来撰写论文，做出来的成果运用到创业产品和服务上来，形成了技术转化的良好模式。同时，创业的成果又可以反哺于在校师生，为他们提供研究角度和研究工具，提高师生的研究水平和研究能力。但是采用这种形式组建创业团队时，也要考虑如何正确地处理好师生之间的关系。例如，如果专利属于导师，一旦专利被卖给其他企业，那么创业企业就没有办法生存。因此，对于师生之间的关系要处理得当，否则会影响到企业的发展乃至生存。

4. 情侣组合型

现在的大学生创业团队中，情侣组合型的创业团队不少，情侣创业也成为大学生校园创业的一道亮丽风景。由于创业团队成员彼此是情侣的关系，男生的理性务实加上女生的感性细致，再加上爱情的作用，就会迸发出很可观的力量。现实中，也有很多情侣创业的成功案例。随着创业事业走向正轨，逐步做大，情侣之间的关系也会因事业而找到共同语言，感情越来越牢固。但是，需要指出的是，以爱情为核心的情侣创业，也会面临比较现实的问题。最突出的问题就是，他们容易把感情和创业混淆起来。一旦在创业的过程中遇到挫折，把工作中的困难带入感情当中，那感情就会受到影响，或者事业受到阻碍。同时，情侣创业还会面临一些管理不透明的疑虑，一旦资金调度失灵或者创业失败就会导致两败俱伤。

5. 兴趣组合型

兴趣组合型创业团队是指对于实现某些创业项目要具备的技术、资源、服务等要素或创业前景志趣相投，并以此为基础自由组合而构建的创业团队。这种类型的团队的创业目标比较集中，而且因为大家都有着共同的愿景，会为了同样的目标而付出自己的心血。一般而言，团队成员之间不会计较很多，所以这样的团队成员相对比较忠诚，凝聚力强。而团队成员更加重视创业过程对于个人兴趣的满足，对于创业结果的要求相对次要。团队成员的积极性非常高，会千方百计地去调整，想方设法地去拉动各方面的资源，这样也提高了创业的成功概率。因为团队成员都具有共同的兴趣爱好、共同的观念，所以彼此之间非常了解，有很强的默契，可以大大减少和降低道德风险。这种类型的团队决策效率比较高，决策质量好，有很强的承诺度，沟通成本低，各类冲突也比较少。但需要指出的是，以兴趣爱好为出发点而组建的创业团队，各个团队成员的专业背景，知识结构往往类似，这与高效团队的组建需求是相悖的。高效团队需要的是基于专业和经验等优势互补的多元化趋势。因此，采用这种类型组建创业团队时，也要谨慎。

第二节　创 业 资 源

一、创业资源概述

（一）创业资源的概念

创业是指不拘泥于当前资源条件的限制下对机会的追寻，将不同的资源加以利用和开发机会并创造价值的过程。因此说，创业资源不同于企业资源，创业资源是指新创企业成长和发展过程中不断投入运作的所有资源。所谓新创企业，主要是指企业处于初创期和成长期，是创业者利用商业机会通过整合资源所创建的一个新的具有法人资格的实体，它能够提供产品或服务，其基本目标主要以获利和成长为主。

新创企业是处于发展早期阶段的企业，创业资源是新创企业在创业全过程（即创业企业机会开发和利用）中能够获得并投入企业运营的所有有形与无形的资源总和，是创业所依赖的资本。

（二）创业资源的理论

1. 资源基础理论

资源基础理论（resource-based theory，RBT）的核心思想是将企业视为由多种资源组成的集合体，这一理论渊源可以追溯到管理学者伊迪丝·彭罗斯（Edith Penrose）于1959年所著的《企业成长理论》（*The Theory of the Growth of the Firm*）。彭罗斯在书中提出，企业是由多种用途各异的资源相互联结而形成的有机整体，并着重探讨了内部资源对企业成长的关键作用，以及企业如何通过差异化资源运用来实现战略成长。Barney在此基础上进一步深化研究，系统性地总结了能够为企业带来持续竞争优势的战略性资源特征，从而构建了资源基础理论的实际分析框架。该理论认为，企业有不同的资源起点（被称为“资源的异质性”），且这些资源难以被其他企业模仿或获取（即资源的固定性）。具体到创业领域，创业者所具备的独特创意、创业精神、愿景目标、内在驱动力以及特定的创业初始条件等，正是这种兼具异质性和固定性特征的典型资源。所谓持续竞争优势，指的是当某企业实施的价值创造战略不仅难以被潜在竞争者及时跟进，而且竞争者也无法通过复制手段获得该战略所带来的收益。这种竞争优势的可持续性，本质上源于企业所拥有的异质性和不可流动性资源中，那些同时具备价值性、稀缺性、难以模仿性和不可替代性等关键属性的特殊资源组合。

资源基础理论将企业成长的动力归结于内部因素，强调资源和能力是企业间差异的根本原因。该理论建立在三个核心假设之上：首先，企业拥有各不相同的有形与无形资源，这些资源能够转化为独特的能力；其次，这些资源难以在企业间自由流动或简单复制；最后，企业通过持续积累内部能力、资源和知识，从而获得超额利润并维持竞争优势。

对于新创企业而言，虽然通常缺乏丰富的资源储备，但现实中初始条件相似的企业往往发展轨迹迥异。这一现象表明，即使在新创企业中，也必然存在着某种异质性资源。Sharon A. Alvarez和Lowell W. Busenitz在2001年发表于《管理学研究》的论文"基于创业的资源基础理论"中提出，创业者的认知能力正是新创企业获取竞争优势的关键异质性资源。这种能力不仅包含识别和获取被市场低估资源的价值判断力，更体现为一种对资源进行战略配置与开发的系统性思维能力。

2. 资源编排理论

资源编排理论强调，企业竞争优势的形成不仅取决于其拥有的异质性资源，更关键的是如何通过系统化的资源管理策略实现资源价值的最大化。该理论从过程角度出发，将资源编排过程划分为三个相互关联的环节：首先是资源结构化，即企业通过外部资源获取、内部资源积累以及淘汰低效资源等方式对资源体系进行战略性重构；其次是资源捆绑，在这一阶段企业需要对整合后的资源进行固化、优化和拓展，以提升资源组合的协同效应；最后是资源利用环节，企业通过深度开发现有资源、促进能力转化，不仅能够强化现有能力体系，还能催生新的能力维度，最终构建更具竞争力的新型资源组合模式。这一理论框架揭示了企业如何通过科学的资源管理流程将静态资源转化为持续竞争优势的内在机制。

（三）创业资源的类型

根据资源性质可将创业资源分为六种，即物质资源、声誉资源、组织资源、财务资源、智力和人力资源及技术资源。

1. 物质资源

物质资源指创业和经营活动所需要的有形资产，如矿山、森林、厂房、土地、设备等。

2. 声誉资源

声誉资源是一种无形资产，包括真诚、信任、尊严、同情和尊重等。在商业关系中，声誉资源已成为商业运营成功的决定性因素，比任何有形资产更为重要。

3. 组织资源

组织资源包括组织结构、作业流程、工作规范、质量系统。组织资源通常指组织内部的正式管理系统，包括信息沟通、决策系统以及组织内正式和非正式的计划活动等。一般来说，人力资源需要在组织资源的支持下才能更好地发挥作用，企业文化也需要在良好的组织环境中培养。

4. 财务资源

财务资源包括资金、资产、股票等。对创业者来说，财务资源主要来自个人家庭成员和朋友。由于缺乏抵押物等多方面原因，创业者从外部获取大量财务资源比较困难。

5. 智力和人力资源

智力和人力资源构成了创业活动的核心要素，它不仅涵盖创业者及其团队的知识储备、专业技能和实践经验，更包含整个组织的专业智慧、决策判断力、战略视野和发展愿景，甚至延伸至创业者所构建的人际关系网络。作为新创企业最关键的智力资本，创业者具有独特的市场洞察力，能够在复杂环境中识别潜在商机。而创业者所秉持的核心价值观与信念体系，则为企业发展奠定了精神基础。值得注意的是，人力资源范畴还包含重要的社会资本要素，即通过人际互动和社会联结形成的关系网络资源。这类社会资源在创业过程中发挥着不可替代的作用：它既为创业者提供了获取外部资源的渠道，又能借助网络效应降低经营风险，同时强化合作伙伴间的信任机制与声誉保障，从而为创业成功创造有利条件。

6. 技术资源

技术资源有关键技术、制造流程、作业系统、专用生产设备等。技术资源与智慧等人力资源的区别在于，后者主要存在于个人身上，随着人员的流动会流失，技术资源大多与物质资源结合，可以通过法律手段予以保护，形成组织的无形资产。

二、创业资源获取与整合

（一）创业资源的获取

1. 人力资源的获取

这里的人力资源是指创业者及其团队拥有的知识、技能、经验、人际关系、商务网络等。获取人力资源的方式主要包括以下几种：打工、模拟公司运作、参加校园创业大赛或者“挑战杯”大赛、拜访优秀的人、与优秀的人共事。

2. 技术资源的获取

获取起步项目所依赖的技术的方式包括：① 吸引技术持有者加入创业团队。② 购买他人的成熟技术，并进行技术市场寿命分析等。③ 购买他人的前景型技术，再通过后续的完善开发，使之达到商业化要求。④ 同时购买技术和吸纳技术持有者。⑤ 自主研发。

3. 社会资源的获取

社会资源涵盖了创业者可利用的人际网络、政策支持、行业信息和市场渠道等多方面要素。在创业资金筹措方面，主要存在五种典型路径：① 创业者可以向亲友借贷建立债权关系。② 通过资产抵押获取银行贷款或企业信贷。③ 申请政府专项扶持资金。④ 采用股权融资方式引入创业伙伴或投资机构。⑤ 凭借完善的商业计划书吸引创投基金关注。这些融资渠道各具特点，创业者需要根据实际情况灵活选择。而在技术研发、市场动态和政策导向等关键信息的获取方面，创业者可以通过政府部门、行业协会、专业咨询机构、学术研究单位、公开出版物、行业峰会以及数字媒体平台等多种渠道建立信息优势，为创业决策提供有力支撑。

（二）创业资源的获取途径

1. 经济交易

外部投资者往往要求在融资契约中给予足够的控制权，而且这些控制权往往体现为外部投资者特殊的投票权、在董事会中的席位以及关键岗位的职业经理化等。

2. 社会交易

社会交易不同于经济交易之处在于，它不是实时可以回报的，在延时回报的过程中，一方对对方回报的期待成为另一方常存于心的义务,当这份义务履行时,期待才能满足,交换双方因此能产生信任。

社会网络能让资源所有者搜集更多的关于创业者能力和新创企业技术与市场潜力的信息:社会网络通过增加机会主义的成本来减少交易成本,通过社会交易获取资源比通过经济交易获取资源的成本低。

(三)创业资源的整合形式

按照整合资源的方式不同,可以把创业资源整合分为三种形式:纵向整合、横向整合和平台式整合。

1. 纵向整合

纵向整合是处于一条价值链上的两个或者多个企业联合在一起结成利益共同体,致力于整合产业价值链资源,创造更大的价值。例如,传统的鲜花销售模式通常是花店从花农采购鲜花,再直接销售给顾客,这种方式虽然长期存在,但未必是最优的经营模式。某花店突破传统,与花农和快递公司建立战略联盟,构建了一个更高效的鲜花供应链:花店不再自行采购和配送鲜花,而是作为订单中心,接收顾客的线上或电话订购,记录鲜花种类、数量、配送地址及时间等信息,并分别将订单需求发送给花农和快递公司。花农按订单准备鲜花,快递公司则负责从花农处取货并直接配送给顾客。这一资源整合模式将原本的两方合作升级为三方联盟,优化了物流效率,降低了花店的运输成本,同时大幅提升了业务规模。花农的销量增加,快递公司获得更多订单,花店则能以更轻资产的模式运营,专注于客户服务和订单管理。此外,顾客也能享受更丰富的鲜花选择和更便捷的配送服务,这是传统花店模式难以实现的。通过创新合作,各方均实现了共赢。

2. 横向整合

横向整合是把目光集中在价值链中的某一个环节,探讨利用哪些资源,怎样组合这些资源,才能最有效地组成这个环节,提高该环节的效用和价值。它与纵向资源整合不同,纵向资源整合是把不同的资源看作是位于价值链上的不同环节,强调的是每个企业要找准自己的位置,做最有比较优势的事情并协调各环节的不同工作,共同创造价值链的最大化价值。横向整合的资源往往不是处于产业链内,而是处于本产业链外的。

3. 平台式整合

不论是纵向还是横向资源整合,都是把企业自己作为所整合资源的一部分,考虑怎样联合别的资源得到最佳效果。而平台式资源整合却不同,它考虑的是在将企业作为一个平台的基础上整合供应方、需求方甚至第三方的资源,同时增加各方的收益或者降低各方的交易成本,自身也因此获利。阿里巴巴就是一个典型的搭建平台整合资源的例子,它整合了供应商和需求方的信息,打造了一个信息平台,供应商和需求商可以通过它交换信息互通有无,达到最佳的交易效果,而阿里巴巴则通过收取服务费而盈利。

(四)创业资源的整合原则

创业者能否做到资源的真正整合,是决定新创企业能否生存和发展的关键。创业者在整合资源时,可以参照以下资源整合原则:

(1) 识别利益相关者及其利益：该原则提示创业者，首先需要全面识别利益相关方，深入分析各方的利益诉求和相互关系，不仅要发现现有的利益关联点，有时还需要主动创造新的利益结合点。在识别过程中，既要关注具有共同目标的合作伙伴，也要寻找能够形成优势互补的协作对象。

(2) 管理好能够促进企业持续成长的人力资源：随着企业成长，对人才队伍的数量和质量都提出了更高要求。优秀的人才是企业基业长青的根本保障，只有建立科学的人力资源管理体系，才能为企业的可持续发展提供持续动力。

(3) 构建共赢机制：共赢机制是指创业者在进行资源整合时，一定要兼顾资源提供者的利益，使资源提供与使用的双方均能获益。在与外部的资源所有者合作时，创业者还要构建一套各方利益真正实现共赢的机制，给资源提供者以一定的回报，同时尽可能替对方考虑如何规避风险。

(4) 维持信任长期合作：创业者需要通过有效沟通建立初始信任，并逐步将基于个人关系的信任升级为制度化的信任。这种信任关系的深化和扩展，能够为企业积累更丰富的社会资本，为后续发展创造更多机会。在资源整合过程中，既要重视利益分配的合理性，也要注重信任关系的长期培育。

（五）创业资源的整合策略

创业者能否成功地开发出创业机会，进而推动创业活动向前发展，通常取决于他们掌握和能整合到的资源，以及对资源的利用能力。许多创业者早期所能获取与利用的资源都相当匮乏，而优秀的创业者在创业过程中所体现出的卓越创业技能之一，就是创造性地整合竞争优势的战略资源。对于创业者而言，一方面要借助自身的创造性，用有限的资源创造尽可能大的价值；另一方面更要设法获取和整合各类战略资源。

1. 技术性地整合资源

多数创业者受到可用资源的限制而寻找创造性的方式开发机会创建企业，并促使企业成长。为了确保企业持续发展，创业者在每个阶段都要问自己，怎样才能用有限的资源获得更多的价值创造？这就需要创业者善于技巧性地整合利用资源。

许多优秀的创业者都擅长将现有资源进行巧妙重组，通过融入新元素，实现资源利用方式的创新突破。这种独特的整合能力常常能产生出人意料的效果。在实际创业过程中，创业者往往善于发掘和利用身边一切可获得的资源，即便是那些在旁人眼中毫无价值，甚至被视为废弃物的东西。凭借其独到的眼光和丰富的经验，创业者能够将这些看似不相干的资源重新组合，赋予新的价值，创造出独特的商业解决方案。这种变废为宝、化腐朽为神奇的拼凑艺术，正是创业者区别于他人的核心能力之一。

资源整合的艺术在于以敏锐的洞察力重新审视和激活现有资源的价值。具备这种能力的创业者往往能够突破常规思维，在动态环境中灵活调整，将看似不相关的资源进行创造性的联结与重组。这种资源整合过程通常不是按部就班地执行既定方案，而是根据实际情况随机应变、逐步探索的过程。这种“边做边学”的方式恰恰反映了创业活动的高度不确定性本质，同时也最能检验创业者化零为整、点石成金的资源整合智慧。

创业过程中的“步步为营”策略体现为一种渐进式的资源投入方式，即在每个发展阶段都审慎配置最精简的资源。这一策略的核心在于通过精打细算来优化资源使用效率，有效控制运营成本。然而，过度追求成本压缩可能导致产品质量下滑或服务水准降低，甚至引发诸如环境破坏、知识产权侵权等伦理问题，这些短期行为虽然可能带来即时收益，却会严重损害企业的长期发展前景。因此，明智的创业者应当秉持"有原则的节俭"理念。

步步为营的另一重要内涵是强调自主发展，通过减少对外部资源的依赖来降低经营风险，增强对企业的掌控力。这种策略不仅是资源约束条件下的务实选择，更是创业者在有限条件下实现企业愿景的有效路径。长期践行步步为营的创业者往往会培养出谨慎管控的思维模式，这种管理哲学对于初创企业实现稳健成长、顺利过渡到成熟发展阶段具有不可替代的价值。它既是对资源稀缺性的理性回应，也是对创业理想与现实条件之间平衡的艺术把握。

2. 发挥杠杆资源效应

杠杆资源效应就是以尽可能少的付出获取尽可能多的收获。资源杠杆效应的实现本质上是一个价值创造的艺术过程。正如美国著名投资银行家罗伯特·库恩所言，卓越的创业者需要具备双重能力：既要善于发现潜在价值，又要能够创造新的价值，这种能力就像在沙砾中识别钻石一样珍贵。资源杠杆效应具体表现为五个维度：实现资源使用周期的最大化延伸，深度开发被他人忽视的资源价值，巧妙借助外部资源达成创业目标，通过资源组合产生协同增值效应，以及利用现有资源撬动更多资源。

在创业实践中，最能产生杠杆效应的往往是人力资本和社会资本这类无形资源。创业者的人力资本体系由通用性人力资本和专属性人力资本共同构成：前者涵盖教育经历、职业履历和个人特质等基础要素；后者则包括特定行业知识技能构成的产业人力资本，以及创业经验积累形成的创业人力资本。研究表明，专属性人力资本对资源获取具有直接促进作用，拥有行业经验和创业背景的创业者能够更高效地整合资源并开展市场运作。而通用性人力资本不仅为创业者带来知识储备、专业技能和行业声誉，还衍生出校友网络、师生关系等宝贵的社会资本资源。这种多层次的人力资本结构，为创业者实现资源杠杆效应提供了坚实基础。

社会资本作为一种独特的资本形态，与物质资本和人力资本存在本质区别。它源于个体在社会关系网络中的嵌入性优势，表现为从社会结构中获取的各类收益。从微观视角来看，社会资本实质上是个体通过其社交网络所能调动的实际或潜在资源集合，这些资源不仅能够促进目标导向行为的实施，更能为个体创造显著的竞争优势。实践表明，那些拥有广泛外部社交联系的创业者往往能够获取更丰富的商业资讯，这种信息优势使其对特定商业活动形成更深刻的洞察。这种独特的网络资源使创业者能够敏锐捕捉常规商业环境中被忽视的客户需求，从而更有效地获取财务支持和物质资源——这正是社会资本发挥杠杆效应的关键机制。

3. 设置合理利益机制

资源整合的核心在于构建有效的利益联结机制。创业者之所以能够获得家庭成员的支持，关键在于家庭本身就是一个紧密的利益共同体。这启示我们，在整合外部资源时，必须精心设计能够激发各方参与动力的利益机制，将潜在和间接的资源提供者也纳入合作网络。成功的资源整合首先需要全面识别利益相关方，不仅要关注显性的直接利益相关者，更要发掘隐性的间接利益相关者。一般来说，利益关联度越高、越直接，资源整合的成功率就越大。

值得注意的是，利益关系呈现出多种形态：有的显而易见，有的隐而不显；有的直接相关，有的间接相连。在某些情况下，甚至需要主动创造新的利益结合点。但仅仅识别出利益相关方并不足够，关键在于发掘或培育共同的利益基础。这就要求创业者深入分析每个利益相关方的核心诉求，并通过强化相对薄弱的利益联结来提升整合可能性。

实现资源整合的真正挑战在于构建多方共赢的合作机制。对于已经建立信任的长期合作伙伴，既有的共赢模式能够持续发挥作用；但对于初次合作，则需要通过精妙的机制设计来展现潜在收益，促使双方愿意投入资源。优秀的共赢机制需要兼顾两个维度：既要为合作方创造增值空间，又要有效管控风险（风险降低本身就是收益提升）。此外，建立并维护可靠的信任关系，同样是资源整合不可或缺的要素。这种综合性的机制设计，才是实现可持续资源整合的关键所在。

4. 充分利用已有创业资源

当前高校大学生创业面临着一个突出矛盾：校园内蕴藏着丰富的创业支持资源，却因信息不对称而未能被充分发掘和利用。事实上，高校系统汇聚了各类优质的创业资源，但许多有创业意向的大学生对这些近在咫尺的资源缺乏基本认知，更遑论有效运用。如果大学生能够主动了解和整合这些校内资源，不仅能够显著提升自身的创业判断力和机会把握能力，还能从中发现优质的创业契机。

高校提供的创业支持体系具有系统性特征。几乎所有高校都开设了创业课程，成立了创业者协会、科技创新协会等学生组织，定期举办创业沙龙、论坛和专题讲座。这些平台不仅提供规范化的活动安排，更为学生创造了与志同道合者交流的机会，有时甚至能获得成功企业家的直接指导。在课程设置方面，纳入学分体系的创新创业课程采用"校内外师资结合"的模式，通过大班理论讲授、小班实操训练、典型案例分析、创业竞赛、专家辅导和商业模拟等多元化的教学形式，帮助学生全面理解创业要素、创业流程以及创业者可能面临的各类问题。这种立体化的创业教育体系，为大学生提供了从理论到实践的完整支持。

创业基金。为鼓励创业，政府出台了一系列支持计划，不同部门设置了不同的大学生创业基金。各地也先后出台了有关计划或者设置相应的基金。其政策措施以及计划、基金切实地帮助了很大一部分青年大学生的创业。另外，很多高校或者学团组织也设置有大学生创业基金。

5. 有限资源的创造性利用

(1) 资源的利用效率

企业经营效率的核心在于资源转化效能，这种转化过程始终存在优化空间。在现实经营中，任何企业都难以实现资源的完全利用，总会存在不同程度的资源闲置现象。资源利用效率本质上反映了投入产出比，衡量的是企业将资源转化为经济效益的能力。这种转化效能最终会通过财务指标得以显现，常见的评估维度包括：资产运营效率（如总资产收益率、净资产收益率）、人力产出效率（如人均创收、人均创利），以及运营周转效率（如存货周转率、应收账款周转率）等。这些财务指标共同构成了评估企业资源利用质量的综合体系，反映出企业在资源配置和价值创造方面的实际表现。

(2) 资源的重复利用

资源的重复利用包括技术资源、品牌资源、制造资源、营销网络资源、管理资源的重复利用。

技术资源的重复利用。特定技能或技术的使用次数越多,表示资源杠杆运用越充分,资源的利用效率高。

品牌资源的重复利用。再生利用并不限于科技基础的竞争力。品牌可以再生利用,利用高知名度的"企业名称"推出全新的产品,至少可以让顾客"考虑购买"大牌制造商制造的产品,与其他默默无闻的同期新产品比,高知名度已经占有一项竞争优势了。

制造资源的重复利用。制造资源的可重复利用性至关重要,实现这一目标的关键在于保持制造资源的充分灵活性,使其能够快速调整生产线以适应不同产品的生产需求。通过建立协作式伙伴关系,可以将分散的制造能力高效整合,从而快速响应市场机遇。这种灵活的资源配置模式能够随着市场需求的变动而及时调整:当市场机遇出现时迅速集结资源,当机遇消退时则及时解散。对于创业企业而言,维持这种资源弹性和可重复利用能力具有重要的战略意义。

营销网络资源的重复利用。对于中小企业而言,多系列产品共享同一销售网络能有效降低营销成本,实现营销资源的优化配置。然而,当产品线之间存在显著差异,尤其是售后服务要求迥异时,这种资源共享模式可能面临挑战,因为不同产品对营销网络的具体需求可能存在较大差异。

管理资源的重复利用。将某工厂的运营改善经验推广至其他工厂,为同类产品系列部署统一的管理系统,快速采纳并实施一线员工的创新建议以提升客户服务质量,以及派遣资深管理人员驻场指导供应商等,这些做法都能有效提升管理资源的利用效率。

(3) 资源的快速回收

加快资源回收是资源杠杆运用的重要领域,公司赚钱越快,回收的资源就越快,就越能再加以利用。如果投入的资源相同,甲公司回收利润的时间只是乙公司的一半,则表示甲公司享有两倍于乙公司的杠杆运用优势。

三、医学相关资源的获取与整合

(一) 医学相关资源的获取

1. 医学院校资源的获取

即利用医学院校提供的创业孵化基地和项目资金投入,创立创业项目或公司。一方面可以获得资金、场地、辅导等比较全面的支持;另一方面通过项目或公司运作来学习创业,积累创业经验。这种创业成本低,风险小,收益大。

2. 社会医疗资源的获取

社会资源包括医学领域的地方政策资源、医疗机构资源、行业商会资源、相关企业资源,利用这些资源尝试创业。譬如,积极参加学术会议论坛、创业沙龙活动,争取成为有影响力的会员，积极向医疗机构或单位提供自己的专利发明、产品改造、营销创意等，充分利用上述相关资源来支持自己的创业实践或共同进行创业项目的研究与实践。

3. 家族资源的获取

有条件的可以直接进入家族企业进行创业实践。从需求调研产品研发、市场开发、生产工艺、产品价格、物流运输、销售渠道、客户反馈了解，全程学习，全程思考。把创业知识的学习与企业实践相结合，为自己今后创办企业打下基础。

4. 专业团队资源的获取

在自己还不能够成为一个独立的或者是主导型的创业者的时候，可参加同学组织的创业团队，在团队建设和专业发展中学习创业、实践创业。

5. 互联网资源的获取

通过互联网、移动互联网、大数据等开展智慧医疗领域的创业，了解市场需求情况，学习掌握网络营销方式，积累人脉，发现自己的不足。

（二）医学相关资源的整合

1. 整合人脉资源

在创业过程中，人脉网络发挥着不可替代的关键作用。丰富而优质的社会关系能为创业者打开多重机会之门——无论是获取投资支持、掌握核心技术、对接优质产品，还是拓展销售渠道。可以说，有效整合人脉资源是创业成功的重要基石。值得注意的是，创业者整合资源的能力与其综合素质、管理水平和研发实力密切相关，这几种能力本质上相互贯通、彼此促进。因此，创业者应当将提升资源整合能力作为核心修炼，这不仅有助于拓展商业机会，更能全面提升创业成功的概率。

(1) 人脉资源的特性

① 长期投资性：平时要注意人脉资源的积累，不要事到临头才去找人帮忙。因而创业者必须从一开始就建立人际关系。

② 可维护性和可拓展性：人脉资源是可以通过合作、交流、关心、帮助、友情、亲情等进行维护的，并会不断巩固，所以人脉资源需要经常维护，同时在维护中可以不断地发展新的人脉关系。

③ 有限性和随机性：每个人的人脉资源都是有限的，创业者的发展同样也会受到其人脉资源的限制。每个人的能力也是有限的，创业者不可能认识所有那些潜在的帮助者。

④ 辐射性：自己的朋友可能帮不上忙，但是朋友的朋友可以提供帮助。

(2) 开发潜在的人脉资源

① 熟人介绍：扩展自己的人脉链条。

② 参与社团：走出自我封闭的小圈子。

③ 利用网络：廉价的人脉通道。

④ 参加培训：志同道合的平台。

⑤ 参加活动：表现自己、结交他人的舞台。

⑥ 处处留心皆人脉：学会沟通和赞美。

⑦ 不怕拒绝，勇敢出击：主动与人沟通。

⑧ 创造机会:给予比接受更有福气,总是尽量帮助别人。

⑨ 大数法则:结识的人越多,预期成为朋友的人就越多。

2. 整合人才资源

企业或事业唯一真正的资源是人,如何努力创造吸引人才的条件,为企业吸引和留住人才,利用“外脑”整合人才资源,以获得长期持续发展的内在动力,已成为中小企业当前的一项十分迫切的任务。

3. 整合信息资源

在创业资源体系中,信息资源具有基础性地位。它与人力、物力、财力等传统资源同等重要,需要创业者进行系统性的管理与整合。信息要素在组织运行中扮演着枢纽角色,只有当信息流畅通时,其他资源要素才能实现有效协同。特别是在创业初期,市场信息的获取与运用往往直接影响企业的经营绩效。

4. 整合技术资源

技术资源是建立客户信任的关键支撑,其核心载体是专业技术人才。技术整合具有双重维度:既要强化内部技术积累,也要善用外部技术资源。保持技术领先性的根本路径在于持续创新,而自主研发能力的培育和自主知识产权的积累,则是确保技术优势、拓展市场份额的重要保障。对中小企业而言,与高校及科研院所建立产学研合作,是获取前沿技术资源的有效途径,这种合作也能促进技术成果的市场转化。

5. 整合资产资源

资产资源整合需要超越单纯的资金层面。理想的战略投资者不仅能提供资金支持,更能带来政府关系、行业经验、市场渠道等附加价值。在选择投资伙伴时,必须审慎评估其资源禀赋与企业当前发展需求的匹配程度,确保战略协同效应的最大化。这种资源整合策略的核心在于实现“1+1>2”的增值效应。

6. 整合行业资源

在创业过程中,行业资源具有特殊价值,它既包含对行业动态的深刻理解,也体现为对产业发展趋势的精准判断。这种资源的重要性使其成为创业者重点关注的战略要素。

有效整合行业资源意味着要全面把握行业生态系统的各个关键节点,包括竞争格局、供应链关系、销售网络以及监管体系等。但行业资源的范畴远不止于此,科研院所、行业协会、专业媒体、行业展览、技术论坛等专业平台同样蕴含着宝贵价值,需要创业者持续关注并善加利用。

通过战略合作或资本运作等方式,同行业或产业链上下游企业可以实现研发能力、人才储备、销售网络等核心资源的优势互补。这种资源整合既能增强企业间的协同效应,又能提升整体市场竞争力,形成“对内协作、对外竞争”的良性发展格局。

7. 获得政府资源

政府资源对创业者而言是不可多得的成功创业的助推器,政府资源有很多方面的内容,包括财政扶持政策、融资政策、税收政策、科技政策、产业政策、中介服务政策、创业扶持政策、对外经济技术合作与交流政策等。

整合政府资源的方式:一是上政府官网查询;二是委托政策服务公司提供政策咨询;三是与有关部门保持密切的沟通;四是在条件允许的情况下,可指定专人负责有关政策信息的收集。

阅读材料

尹烨:生命科学领域的探索者与科普人

2002年,尹烨从大连理工大学毕业,后加入华大集团子公司——北京华大吉比爱生物技术有限公司,先后从事体外诊断试剂研发、产品注册、生产管理等工作,在生物产品研发、生产、质控、申报注册及生物技术临床应用推广等方面积累了丰富经验,主持申报数十项体外诊断试剂及多项专利,对于GMP/IVD/ISO系列质量管理体系有深刻理解。

2003年,非典暴发,尹烨在保护条件十分有限的情况下,率领团队迅速完成SARS诊断试剂盒的研发及申报。华大集团把首批30万人份的试剂盒无偿提供给国家,对疫情防控起到了关键性作用,这也让尹烨在生物研究领域迅速成名。

2009年,尹烨调入华大集团深圳总部,负责基因组学及生物信息学全球范围内的产业推广。2010年起,他开始组建华大全球营销团队,打造华大全球化科研、产业平台,完成了华大的全球化布局。2017年7月14日,深圳华大基因股份有限公司在创业板上市,成为中国基因科技第一股。尹烨任深圳华大基因股份有限公司首席执行官,率领团队积极推动前沿生物技术和基因组学研究成果的产业化应用,向全球顶尖的医疗机构、科研机构、大学、药厂、育种公司等提供完整的基因组学解决方案,为临床行为提供诊断、干预和治疗依据,为生命科学及医学创新提供技术和研究服务,和团队一起致力于让华大基因成为全球基因科技、临床应用的行业领导者。

2018年1月,尹烨在JP Morgan会议上率先发布个人全基因组测序正式进入百元美金时代,同时发布解密所有5000种哺乳动物基因组的“生命周期表计划”。2020年,全球遭遇新冠疫情,尹烨被任命为华大基因的新冠疫情防控总指挥官,带领华大基因上下数千人战斗在国内及海外抗疫最前线,并将公司研发的检测试剂盒推广到全球180多个国家和地区,累计在海外启动运营“火眼”实验室超过90个,分布在全球30余个国家(地区),为所在国家和地区的公众健康做出积极贡献。

20多年来,从一名研究员到如今的华大集团首席执行官,尹烨对生命科学的热爱,始终伴随着他成长。他心系公益事业,组建面向罕见病群体的机构“同病相联”,和团队一起成立救助遗传病的“华基金”“光基金”,带领团队发起多项包括地中海贫血在内的遗传病、罕见病救助计划,包括和蔡磊先生携手助力渐冻症群体研究。

与此同时,尹烨还是媒体圈、财经圈、科研圈最受欢迎的生物界“名嘴”,传播生命科学的科普工作者。尹烨认为,公益科普是对自身的修行和管理,能带来正能量,即使要把时间管理到极致,他依然愿意去做。人类对自身以及生命奥秘的探寻从未停止过,尹烨在书中说:“如果说生命是一组代码,我始终相信它的代码当中是有爱的。而我们做生命科学,从事健康产业的意义,正是为了让这一份爱能够永续传递。”

（三）充分发挥医学生的独特优势

1. 专业背景

医学生具备扎实的医学知识和实践经验，这使得他们在开发医疗产品或服务时更具专业性。他们能够准确把握市场需求，提供符合用户需求的产品或服务。

2. 创新思维

医学生通常具备创新思维，他们能够在学习中发现问题，并尝试寻找解决方案。这种思维方式在创业过程中尤为重要，有助于医学生实现医疗技术的创新。

3. 人脉资源

医学生在学习和实习过程中积累了丰富的人脉资源，这为他们创业提供了有力的支持。他们可以利用这些资源为产品或服务做推广，提高市场占有率。

（四）积极践行医疗技术创新与商业价值

1. 发现问题

医学生在日常生活中要保持敏锐的观察力，发现问题并寻找解决方案。例如，他们可以关注老年人的健康问题，开发出适用于老年人的健康管理产品。

2. 创新研发

医学生可以利用自己的专业知识，进行创新研发。例如，他们可以通过基因测序技术，开发出个性化的健康管理方案。

3. 实践落地

医学生要将创新理念转化为实际产品或服务，并推向市场。在这个过程中，他们需要关注市场需求，调整产品或服务方向，以实现商业价值。

4. 合作共赢

医学生在创业过程中要学会与他人合作，实现资源共享和优势互补。通过与不同领域的专业人士合作，医学生可以提高创业成功率，实现医疗技术创新与商业价值的最大化。

（叶　晨）

第十三章　创办新企业

学习目标

1. 知识目标

掌握创办新企业的核心理论与方法，包括市场评估、创业团队管理及公司注册与运营管理的系统知识。

2. 能力目标

提升市场预测、资源整合、战略决策及团队协作能力，强化企业运营管理实践技能。

3. 情感价值观目标

激发创新创业精神，培养风险应对意识与社会责任感，树立合规经营理念。

本章概要

本章阐述了创办新企业的核心要素与全流程实践，涵盖市场评估、创业团队管理及公司注册运营管理的理论基础与创新路径。新时代创新创业背景下，市场评估的科学性与动态适应性成为战略决策基石；创业团队管理通过多元主体协同、激励制度设计及文化凝聚力实现人才与利益深度绑定；公司运营管理聚焦合规性、组织效能及差异化竞争，体现资源整合与风险管控的系统性。医学创新的本质属性类比于企业创新的复杂性，即通过知识积累、方法论革新及实践检验，推动理论思维与战略实践的深度融合，最终支撑健康经济生态与可持续发展目标的实现。

引子

很多人对创业充满了憧憬与期待，但真正付诸行动后，才发现困难重重。对市场的真实需求缺乏足够了解，不知道该做什么样的产品或者服务，也不清楚怎么科学组建团队，甚至连公司如何建立、如何运营管理，都毫无头绪。这一章我们就针对市场评估、创业团队管理、公司注册与运营管理，帮你理清创业思路，打下事业的坚实基础。

第一节　市 场 评 估

市场评估是企业对选定的目标市场可行性评价测估的过程。市场评估作为规划市场营销方案，制定营销决策的重要基础，有利于企业根据每一目标市场的价值合理分配有限的营销力量，用较少的投入获取最高的报酬。市场评估首先要在分析市场需求的基础上，具体评估企业需求和营销潜力等指标，掌握市场规模、结构等情况；继而通过竞争分析，了解企业产品在市场需求中的份额即市场占有率，测估企业营销水平，完成市场定位。随着地缘政治波动、技术颠覆和消费者行为变迁等全球商业环境复杂性的加剧，市场评估的维度与方法也在不断革新。

一、市场需求分析

（一）调研市场需求

创业之初，市场调查是制定战略方针的基石，预测市场趋势、指导经营决策都依赖于它；市场调查的实施方案具有通用性，许多创业者由于目标模糊，调研时常常陷入混乱。在市场调查正式启动前，创业者需要明确市场调查的目的，可以通过互联网、报刊、统计机构与行业协会收集二手资料，这些准备工作保证了市场调查的顺利进行和消费者的积极配合。

为实现科学的市场调查，创业者需要精心设计详尽的调查方案：明确调查要求和目的，选择调查对象，调查内容要清晰简洁，避免引起歧义与混乱，还需要恰当选择调查样本、划定调查区域，规划样本抽取，资料的收集与整理方法也需纳入考量。系统化的方法能帮助创业者有效获取关键市场信息，为企业成功奠定基础。

市场调查的方法多种多样，采用哪种调查方法需要综合考虑调查目的、行业特性，以及被调查对象的特点等，初创公司进行市场调查，往往需要综合运用各种调查技术和方法。

1. 二手资料收集法

创业者面临问题困惑，可采取二手资料收集法。问题提出后，深入分析与思考常使创业者意识到偏离了焦点，二手资料的利用尤为关键，可以引导创业者摆脱错误假设、重新聚焦核心。实施二手资料收集法时，创业者需按步骤执行相关操作。

首先，创业者为明确调查方向与核心议题，必须事先理清研究的根本目的。有效防止信息偏离研究主题，需要挑选胜任的调查员，执行准确的资料检索工作。其次，依照调查主题制定周密的搜集计划，包括获取方式、先后次序、实施手段，乃至时间、人力及物力的耗费，均需详尽规划。企业内外部资料来源各异，搜集通常遵循先内后外、先易后难的原则。接下来，资料的价值评估至关重要，它决定了信息的取舍，包括核查内容与调查目标是否高度一致、能否支撑研究主题，信息采集手段是否权威、结果是否稳固，时效性是否满足需求，获取成本是否符合现实。

2. 访问调查法

访问法是调查中常用的基础性数据采集技术，主要包括个体访问法、电话调查法、邮寄问卷法和分组访问法等。

个体访问法强调调查者与受访者间的直接互动，入户访谈、定点邀约或群体座谈都属于此类操作场景，执行中可以是标准化也可以是开放式对话，记录方式通常是实时文本录入或电子化设备辅助。个体的信息采集提问策略要灵活，这样可以适应不同受访者特征。

电话调查法以标准化方案为基础实施数据采集，该方法尤其适用于数据的快速采集。其核心优势是成本控制、格式统一与操作便利性。但此方法的样本代表性受限于电话用户群体覆盖的局限性。数据质量受多重动态因素干扰，受访者情绪波动、通话环境干扰以及深度信息获取障碍都会影响数据可靠性。

邮寄问卷法通过标准化工具包实现跨地域的数据收集，匿名机制有效保障信息反馈的真实性。这种自主应答模式赋予受访者充分思考空间，且地理限制的突破显著提升样本多样性。但实施执行过程面临多重现实挑战，例如回收周期不可预测导致时效性损耗，应答率波动引发抽样偏差，问卷填写质量参差影响数据有效性。

分组访问法组建跨部门协作小组来联合访问。消费电子行业常采用此法，硬件工程师与用户体验师联合开展客户访谈，往往能够同时捕捉技术参数与情感偏好。复杂商业场景处理需要跨职能团队借助成员间的知识互补优势，可以系统挖掘受访对象的潜在需求。

值得注意的是，在面对面的个体访问和分组访谈中，访问者不仅能够实时捕捉受访者的非语言反馈，还能即时澄清那些模糊的表述。深层信息有赖于多轮次的观点碰撞激发，就像思维的火花，需要摩擦才能迸发。访问的强度可以随着对话质量进行调整，优质的对话自然引向深度追问，低效的则可早些结束，这就是动态响应机制。直接沟通能有效规避问卷回收率低、信息失真的痛点。

3. 观察法

观察法的主要是指专业人员的现场监测和仪器记录，以此通过非接触方式获知研究对象的行为。主要包括以下三种：

现场观察法以研究人员亲临目标场所为特征，调查团队可选择实体销售场所进行顾客行为监测，直接捕捉消费者与产品的交互细节。

随机观察法强调时间节点的抽样原则，在预设时段内随机选取观测节点，记录特定行为如随机抽取顾客群体购买指定商品的全过程。

迹象观察法则侧重事后痕迹解析，通过分析环境残留证据推导行为规律。意见簿留言、货架商品翻动痕迹等物理证据均可作为关键分析素材。

4. 实验法

商品实验法通过控制商品经营中的特定要素在限定市场环境中的变量配置，直接观测消费者行为反馈，为产品或服务的市场前景提供可行性预判。该方法包含变量控制法与区域对照法。两种典型实施路径。变量控制法要求选定同质化市场作为基准组，完整记录常规运营状态下的销售数据、客群特征等多维度指标，研究人员定向调整价格策略或产品包装等变量，持续监测消费行为变化，精准测算单一变量对购买转化的影响系数。

区域对照法则构建空间维度的实验组与对照组，在消费特征相近的两个独立市场投放同款商品，分别采用差异化包装方案进行平行测试，通过整合两者销售数据差异与消费者调研结果，建立包装设计与市场响应之间的量化关系模型。

5. 抽样调查法

抽样调查是从全体目标中找出具备代表性的消费者或商品特征进行剖析，进而推断整个市场的态势。而全面普查耗时耗力，经济上也不划算，抽样调查更具优势。它以其科学性、高效性、经济性，在获取精确市场数据方面表现出色。

（二）市场预测

市场预测是基于市场调查获取的各类信息资料，经分析研究，运用科学预测技术方法，对未来市场商品供求趋势、影响因素及变化规律进行的分析推断。市场环境的千差万别、情报资料的多源性与可信度差异、预测结果的显著区别共同促使市场需求预测方法呈现多样化特征。常见的预测技术有以下五种：

1. 经营者意见法

经营者意见法依赖于群体的智慧，专家团队定期集会，研讨未来动向，力求在切磋中形成一致见解。企业常将各关键部门的管理精英聚集，预测未来走势。为使探讨更富成效，部分企业会在会前精心编撰背景资料，分发给与会者提前阅读，带来更准确的预测成果。

2. 购买者意向调查法

购买者意向调查法以直接获取消费者群体的购买意愿和态度为核心手段，预估市场需求量。该方法的核心优势体现在捕捉用户对产品需求的前瞻性判断，当样本数据具有较高完整性时，市场预测值将呈现较高精度，特别是在生产制造领域，稳定的供需特征为这种预测方式提供了理想的应用场景。

3. 时间序列分析法

预测公司未来的销售走向，可以借鉴过往的业绩表现，这对于那些拥有一定运营时长的企业尤为适用。历史销售数据稳固的因果关联，需要借助统计分析技术来加以验证。企业若能洞悉这些关联，便可据此推测其销售业务在未来的发展态势。

4. 销售人员意见法

销售团队身处市场前沿，直面客户群体，他们对未来市场需求的波动与变化拥有宝贵的洞察力，征询他们的看法不失为一种卓有成效的预测良策。可以对销售人员、主管、经销商等不同角色的销售相关人员开展调查，调查形式灵活多样，包含个别访谈、集体研讨、问卷调查等，可因地制宜，贴合实际所需。

5. 专家意见法

专家意见法又称德尔菲法，是一种基于领域权威经验与专业研判的群体决策技术。该方法实施时需向选定专家发放调查表，明确问题并提供相关背景资料。专家基于自身认知形成独立研判结论，组织方汇总整理后，将差异化观点及论证依据匿名返回全体参与者。经过多轮意见征询与交叉验证，群体共识逐渐减小差异，最终产出具有较高一致性的研判结果。

二、竞争分析

（一）识别和分析竞争者

在当今竞争激烈的市场环境中，企业要想保持竞争优势并实现可持续发展，必须对竞争对手进行深入的分析和了解。表面上看，识别竞争者是件简单的事。但需求复杂多变且层次多样，加上技术快速迭代与产业变革，企业面临的竞争形势趋于复杂——可能因新竞争者出现、技术变革或需求转变而被淘汰。因此，企业需密切关注竞争环境变化，明确自身竞争地位及优劣势。识别与分析竞争者的方法主要如下：

1. 产品市场矩阵图法

产品市场矩阵图法以双轴坐标系为基础构建可视化工具；纵轴映射产品核心属性，横轴聚焦市场差异化特征。这种空间分析框架通过建立品类差异与客群代际属性的关联矩阵，形成消费群体分类的动态坐标系，为企业提供精准市场定位的决策依据。

2. 战略群体分析法

战略群体分析的核心在于对产业内策略趋同的企业集群进行识别与归集。判断战略群体相似性需考察多维要素：目标细分市场的重合度，品牌价值定位的相似性，产品组合的覆盖广度，价格带与品质层级的匹配模式，售后服务体系与技术保障的等效性，分销网络的共用程度，促销策略的协同效应。当上述维度呈现高度同构特征时，企业间的竞争对抗强度显著提升，而策略组合的异质性则形成天然的竞争隔离屏障。

3. 竞争层次分析法

竞争层次分析法能帮助企业在错综复杂的竞争环境中抽丝剥茧，识别出不同类型的竞争对手。其中，品牌竞争最为直接，各个品牌在相同市场区域内推出类似产品，竞争相当激烈；形式竞争则聚焦于产品功能的差异，无需纠结于型号或规格。替代竞争者提供的产品虽不尽相同，却能满足相似的需求。通过多层次分析，能让企业透彻地理解当下及未来的竞争态势，并据此制定出更具前瞻性的应对之策。

（二）竞争策略

企业为获取市场竞争优势，可采取成本领先战略，通过多种途径降低运营成本，使总成本低于对手，甚至在行业中居于最低水平。市场价格竞争激烈程度是适用此战略的条件之一。实现战略的途径包含优化流程、改良设计、减少人力投入、促进制造自动化等方式削减开支。当行业产品标准化、同质化，难以通过差异化突围，消费者对产品的使用方式大同小异，用户更换供应商成本低廉，消费者议价较强势，满足这些条件时，成本领先战略更行之有效，它能助力企业在对价格敏感的群体中保持竞争力。

集中化战略是企业将经营活动与资源配置倾注于特定消费者群体、产品线区间或地域市场，其核心在于精细服务某一细分市场或目标客群。企业依此实现专精化并构筑此领域竞争优势。目标市场内，竞争者未涉足或不屑集中化战略。企业资源禀赋受限时，无法高效覆盖广袤市场，集中化是明智之举，特定细分市场精耕细作，企业能更透彻理解、满足特殊需求，于竞争中拔得头筹、提升效率与盈利。

三、目标市场定位

（一）目标市场的选择

1956年，美国营销学者温德尔·史密斯提出了市场细分理论，菲利普·科特勒将其完善，成熟的STP理论（segmentation、targeting、positioning）应运而生，市场细分有助于企业识别并遴选目标市场,实现有效定位。

企业实行市场细分,就要先将整体市场切分、考察消费者五花八门的需求、创建出形形色色的消费群体。市场细分能发掘出潜在的市场机遇,为目标市场的抉择提供基础,而选择目标市场,实际上是对机遇的一种聚焦和优化。企业还要评估细分市场的潜力、竞争格局以及自身实力等,选定一个或几个细分市场作为目标。瞄准了目标市场,企业需要量体裁衣,打造产品特色,满足顾客的特定需求,让产品在市场上吃得开。创业者要发挥优势,在目标市场中塑造与众不同的产品定位,以此抓住顾客的心,延长产品的市场生命力,毕竟,创业资源有限,企业不可能满足所有市场和群体的需求。企业确立目标市场并做足调研后,得保持战略定力,不能频繁更换目标市场策略,才能在选定市场中站稳脚跟,发展壮大。

(二)营销定位策略

1. 避强定位策略

市场空白区的差异化定位成为企业规避同质化竞争的重要路径。在行业头部企业主导的存量市场中,新进入者通过精准识别未被满足的细分需求,在价值主张维度与行业主导者形成鲜明竞争优势。这种竞争规避模式在实践层面呈现双重效能,既能实现市场份额的快速突破,又能在用户认知图谱中建立独特的品牌坐标。市场反馈数据显示,蓝海战略有效降低用户决策成本并加速品牌心智渗透。基于风险收益比视角,资源约束条件下的创业公司更倾向采用这种风险可控、回报周期明确的方式进入市场。

2. 迎头定位策略

迎头定位策略的本质是与行业头部企业展开高强度对抗,这种决策逻辑建立在非对称资源博弈框架之上。企业实施该战略的可行性取决于三个核心要素:具备技术代际优势的产品研发体系、形成闭环生态的差异化服务网络、支撑长期消耗战的资本储备结构。战略误判可能引发资源链断裂风险,表现为营销费用占比突破警戒阈值却未能构建有效竞争壁垒。值得关注的是部分企业通过构建动态对标体系实现战略反超,其核心机制在于将外部压力转化为组织变革驱动力,致力于细分市场渗透率提升与品牌价值的溢价突破。

3. 抢先定位策略

企业通过抢先定位策略推出独特产品激活用户群体对“第一”概念的心理认同,以此建立行业主导地位。这种商业策略的核心机制在于把握认知心理学中的首因效应。品牌抢占市场时间窗口时形成的记忆锚点直接影响购买决策,在同类商品竞争中,早期接触的品牌往往成为用户重复购买时的基准参照。

4. 重新定位策略

企业为摆脱经营窘境、重塑市场竞争力以实现业绩增长,常采取产品重新定位策略,此举多针对销售业绩不佳或市场反响平淡的产品。消费者需求变幻莫测可能导致现有产品需求萎缩,市场竞争态势瞬息万变,新竞争对手的不断涌现逐步蚕食原有市场份额,这都迫使企业管理者重新审视其产品定位。企业有时主动洞察到了新的市场机遇,也通过采取重新定位的策略赢得先机。

第二节　创业团队管理

古语云:“一个篱笆三个桩,一个好汉三个帮。”一个好的创业团队可以同向同行、优势互补地合理规划和实施创业计划,缩短创业时间,减少创业风险,提高创业成功率。对于创业团队的管理与发展,如何成为一个出色的管理者,如何团结互相支持,如何解决内部矛盾和如何处理失误,是创业者必须思考和针对的问题。

一、创业团队构建

(一) 理想的合伙人标准

创业团队组建质量取决于合伙人筛选机制的合理性,其关键在于价值理念匹配度与资源协同效率的科学把控。科学评估候选人专业素养与资源储备成为筛选机制的关键环节。

道德风险防范与专业能力评估构成合伙人筛选的双重基准,二者失衡易导致组织风险。优质战略伙伴贡献的多元价值包括经营技巧、行业经验、社会网络是超越资本投入的价值的。价值观层面的互信机制建立于商业伦理的恪守与专业水准的相互认同,这种认同体系使合作双方具备化解市场波动的底层能力。当外部环境呈现风险时,基于认知框架的战略弹性成为穿越经济周期的核心保障。

合伙机制将个体难以独立推进的事业目标经由多方协作与资源共享得以实现,这种协同效应显著增强项目落地效率并形成持续发展动能。核心成员间价值观差异或决策权分配失衡可能引发项目停滞乃至整体架构瓦解,初创阶段需系统评估潜在风险并制定针对性预案,尤其在股权架构设计与利益分配机制等关键环节必须建立明晰规则。

当创业者掌握特定资源时,互补性资源配置成为筛选合作伙伴的核心标准,资源异质性越显著,协同效应越突出。契约设计需要平衡利益分配与风险管控的双重维度,可量化的权益条款与动态调整机制是维持协作关系的关键要素。权责边界需在合作框架形成阶段完成法定化确认,预防性制度安排能规避长期合作中的责任真空。情感纽带虽能促成初期合作,但缺乏规范化的商业契约往往埋下隐患。理性的协作体系应建立在市场化规则之上,争议解决机制需嵌入利益协调、第三方仲裁等专业路径。前瞻性的风险预案与透明的协议架构,是构建可持续创业共同体的底层逻辑。

(二) 发现理想的合伙人

寻觅合适的创业合伙人,需要采用多元化的策略。专业猎头公司的介入,能针对性地搜罗人才,创业者也可以像发布英雄帖一样刊登招募广告,以期在茫茫人海中迅速传播合作意向、覆盖潜在的合作伙伴。

选择合伙人,创业者首先要明确自身对合伙人的需求,然后构建一套严谨的筛选体系。

物色一位德才兼备的伙伴，需要综合考量品德、才能、资源等多方面因素，并据此制定详尽的选拔方案、确定人选，理清合作事项，并规划出具体的流程与时间表。筛选是第一步，创业者应当积极拓展渠道挖掘候选者，熟人引荐不失为一条捷径，即便熟人圈内无合适人选，亦可借助社交网络发掘潜在目标，之前建立的客户关系同样是宝贵的资源，维系良好的客户关系对创业者意义深远。为确保有充足的备选对象，创业者需组织专人深入调查每位候选人的详细情况，诸如智力水平、性格特征、专业技能、兴趣爱好、内驱力以及未来期望，面面俱到，最终，还需通过创业者亲自面谈，进一步核验候选人是否契合。经过研讨、反复斟酌、优中选优，才能敲定最终的合作伙伴。

二、创业团队激励

初创企业初期普遍面临品牌认知度低、资金链紧张与技术沉淀不足等多重困境，人才吸引与保留成为制约发展的核心难题。长期权益分配机制在此背景下可能成为破局关键，其核心在于精准把控实施节点。激励时机的把握直接影响人才留存效果。部分企业在现金流吃紧阶段过早启动持股计划，试图通过未来权益绑定核心成员共克时艰。企业创始人的善意安排往往无法获得预期回应，员工可能因权益价值模糊而产生不信任感，初创阶段的企业估值缺乏市场参照系，股权预期收益的不可见性容易引发负面联想。

如何界定长期权益分配的最佳触发时机？当企业完成商业模式验证并形成稳定营收曲线时，组织成员能够清晰预见成长空间，此时建立股权绑定策略既可增强团队凝聚力，又能激发二次增长动能。创始团队组建阶段蕴藏着特殊机遇，初始合伙人通常携带差异化资源入场，包括但不限于资本注入、专利储备、行业人脉与运营经验方法，通过签署包含动态调整条款的合伙协议，可在企业生命周期的起点实现利益深度捆绑，这种前置性制度设计为后续战略执行提供了稳定的人力资本基础。

股权激励对象筛选机制存在显著特征。多数企业构建激励方案时将目标群体锁定于特定人才，该类人员通常具备不可替代的专业能力或战略价值，其岗位效能直接关联企业核心竞争力构建及持续盈利水平提升，掌握稀缺技术资源的企业骨干能够缩短研发周期、优化生产流程、突破行业技术壁垒。职业稳定性偏低的基层员工不宜纳入激励体系，盲目扩大激励范围可能导致资源配置效率低下。

激励股份额度分配呈现动态平衡需求。核心岗位高管的持股比例往往与其决策权重正相关，初级岗位员工则对应阶梯式份额设计，处于初创期的科技企业可能配置更高激励比例，成熟期企业倾向于采用限制性股票与期权组合模式。股权稀释风险与激励效能的博弈需要量化测算，当授予总量低于预期价值阈值时，人才保留机制可能失效，若突破合理稀释上限，则可能引发控制权结构异变。薪酬结构中的股权占比应动态参照行业基准值，结合企业战略周期进行弹性调整。

企业实施股权激励，可采取实际股权、虚拟股权与期权三种形式。实际股权激励赋予员工公司股份，拥有签字权、发言权等股东权利，员工归属感显著增强，全身心投入公司发展，但存在较为繁琐的工商变更手续。

另一种激励方式是虚拟股权，即公司内部派发的无形股份，员工根据持股比例分享公司税后利润。虚拟股权激励无需实际出资、不涉及工商注册，常在公司账目上以其他应付款体现。获得虚拟股份的员工不具有表决权，仅能获得分红，通常在达成预设目标后方能兑现收益，其操作简便且易于把控的特性，使之在创业初期资金有限的情况下成为股权激励的常见选择。

还有一种是赋予员工以优惠价格购买公司未来股票的权利，并规定了明确的行权期限。股票期权的价值在于让员工根据对企业发展前景的自主判断，灵活决定购买时机，这种激励机制的设计对初创企业而言，需要综合考量财务状况、产业趋势、技术创新等多维度因素，构建全方位的价值评估体系。为保证激励效果与公司利益的平衡，必须审慎设定行权条件与绩效考核指标。

阅读材料

华为“全员持股计划”

1990年深圳南油工业区，一家小公司在发不出年终奖的窘境中，用白条写下中国商业史上最传奇的股权实验——任正非将公司98.6%股权分给员工，这个当时被视为“空头支票”的举动，如今演化成每年向14万员工发放超50万人均分红的造富机器。2023年，华为向持股员工派发770亿元红利，相当于每天向员工账户打入2.1亿元，这种“全员当老板”的模式，正在改写中国企业的财富分配逻辑。

这场持续34年的股权革命，藏着任正非的独特商业哲学。当其他企业家忙着上市套现时，他选择将公司99%股权锁在华为工会委员会，创造出全球罕见的非上市万亿级民企架构。2023年每股1.5元的分红背后，是任正非“财富在员工脑袋里”的具象化表达——工程师们用代码写出的专利、销售铁军抢下的订单，最终转化为真金白银回馈给创造者。这种“技术资本化”机制，让月薪3万的工程师年底突然收到相当于18个月工资的分红，形成比互联网大厂期权更暴烈的财富效应。

股权设计的精妙之处在于双重绑定。新员工前三年只能看着前辈分红流口水，满五年才有资格申请购股，这种“延迟满足”既筛选出长期主义者，又让核心团队形成利益共同体。更致命的是虚拟受限股制度，杜绝资本投机，确保公司控制权永不旁落。这种“带枷锁的盛宴”，让华为在遭遇制裁的至暗时刻，仍有19.7万员工选择坚守，用三年时间完成13000颗元器件国产替代。

当互联网大厂裁员消息频传时，华为的分红数字正在颠覆职场规则。54.2万元的人均分红，相当于给每个持股员工配发两辆Model Y。这种“全员中产”的造富运动，正在引发产业地震：小米推出青年工程师股权激励计划，宁德时代提升核心骨干持股比例。而华为的下一步更令人胆寒——鸿蒙生态扩张带来万物互联红利，智能汽车解决方案冲击万亿市场，这些新增长点产生的利润，将继续注入这个永不停止的股权分红永动机。

任正非用36年证明，当企业把员工从打工人变成合伙人，创造的不仅是财富神话，更是一支用金线编织的“科技斯巴达军团”。在这个跳槽率超过30%的时代，华为员工主动离职率常年低于5%，或许就是股权魔法的最佳证明。

三、员工招聘与管理

（一）招聘与培训

人才是公司发展的核心竞争力。应依据公司业务需求及岗位任职条件，科学制定合理的人才招聘计划。借助招聘网站、校园招聘、人才市场及内部推荐等多元渠道吸引人才。选拔环节采用面试、笔试、技能测评及背景调查等科学方式，以筛选匹配岗位需求与企业价值观的人才。例如，对于技术岗位，可通过技能测试和项目经验考察候选人专业能力；对于管理岗位，可通过面试中的行为面试法和案例分析，考察候选人管理能力和综合素质。

面试作为招聘流程中的核心，能让招聘者洞察候选人的过往履历与从业能力，包括曾担任何种职务、掌握哪些技艺、为何应聘本司、期望的职务，以及其对自身优劣的评判。管理者也可以了解候选人如何规划个人时间，有何兴趣爱好，又是否擅长团队协作和处理复杂人际关系等。为全面评估候选人，企业不仅要通过多样化的问询去全方位考察，也可采用职业评估技术，客观考量其综合素养及与待聘职位的契合程度，所有考察旨在甄别求职者是否能胜任岗位，是否由衷期望成为企业发展的推动力量。

创业公司资源有限，招聘必须精准，以免耗费成本。发布招聘信息需全面且详尽地阐释岗位需求，方能避免吸引不适任的应聘者。薪酬与环境方面，初创企业或难与大型公司比肩，但并非毫无优势可言。大型企业往往对应聘者年龄、学历、专业、履历都有诸多规定，反观初创企业，则可适当放宽年龄、学历及经验的要求，提供额外福利，强化招聘吸引力。

应当避免对职位及公司状况过度粉饰。某些创业公司在发布招聘信息时言过其实，使应聘者产生不切实际的憧憬。倘若入职后，应聘者察觉实际状况与宣传不符，难免失望离职。如此一来，企业声誉受损，更会给后续招聘埋下隐患。招聘信息需有导向，待遇描述方面，需要有闪光点，才能抓住潜在雇员的心。创业者可通过对比其他公司同类岗位的招聘内容，甄别出吸引人的因素，并根据自身情况，将这些元素融入招聘信息，吸引到心仪的候选人。

（二）员工管理

初创企业在发展过程中面临着诸多挑战，其中员工管理问题尤为关键。有效的员工管理不仅能够提升员工工作积极性与效率，还能为企业长远发展夯实基础。

初创企业在员工管理方面往往面临着一些特殊的困难。一方面，初创企业通常资源有限，难以像大型企业那样提供高额的薪酬和丰富的福利；另一方面，初创企业的业务模式和发展方向可能还不够明确，这使得员工对企业的未来缺乏足够的信心。此外，初创企业的团队规模相对较小，员工之间的关系更加紧密，如何在这种情况下建立良好的团队氛围和企业文化，也是一个亟待解决的问题。为了有效应对以上挑战，初创企业需要采取一系列有效的员工管理策略：

1. 员工培训

员工培训是提升员工能力的有效手段。须结合岗位需求与个人发展制定个性化计划，内容涵盖新员工入职、岗位技能、管理能力及职业素养等培训。通过内部授课、外部研修、在线学习等多元形式，为员工提供成长机会。同时关注职业发展，构建清晰的晋升体系，拓宽员工发展空间。例如，设立技术和管理两条晋升通道，员工可根据自己兴趣和能力选择适合自己的发展路径，激励员工不断提升自己，为公司发展贡献更多力量。

2. 建立合理的激励机制。

绩效管理是提高员工工作积极性和工作效率的重要手段。要建立科学合理的绩效考核体系，明确考核指标、考核标准、考核方法和考核周期。考核指标应与公司战略目标和岗位职责紧密结合，既要有定量指标，也要有定性指标。通过定期绩效考核，对员工工作表现进行客观评价，须及时反馈考核结果，并依据结果对表现优异的员工实施奖励，具体涵盖奖金激励、职位晋升、荣誉表彰等形式。对表现不佳的员工进行辅导和改进，必要时进行岗位调整或辞退。同时，注重激励机制多元化，除物质激励外，还可采用精神激励，如表扬、认可、职业发展机会等，满足员工不同层次需求，激发员工工作热情和创造力。

3. 重视与员工的沟通交流。

初创企业管理者需注重与员工的日常沟通，及时掌握其工作状态与需求。可通过定期团队会议、一对一交流等方式，让员工切实感受到企业的重视。同时，也要鼓励员工积极反馈问题和提出建议，共同推动企业的发展。有一家餐饮初创企业，老板每周都会与员工进行面对面交流，倾听他们在服务顾客过程中遇到的问题，根据员工的建议及时调整菜品和服务流程，使得顾客满意度大幅提升。

4. 注重企业文化的建设。

企业文化是企业的灵魂，能够凝聚员工的力量。初创企业应该结合自身的特点和发展目标，打造独特的企业文化。通过企业文化的宣传和践行，让员工形成共同的价值观和行为准则。例如，一家以环保为理念的初创企业，从办公环境的布置到业务开展，都贯彻环保理念，员工在这样的氛围中，不仅对企业理念高度认同，还在工作中积极传播环保意识。

总之，初创企业的员工管理是一项复杂而又重要的工作。只有通过合理的招聘、有效的激励、良好的沟通和积极的企业文化建设，才能吸引和留住优秀的人才，推动企业不断发展壮大。

第三节　公司注册与运营管理

当今时代充满机遇与挑战，许多有志青年怀揣创业梦想，期望通过成立公司实现个人价值与商业抱负。然而，公司注册与后续运营管理涉及诸多复杂环节与关键要点需要创业者给予高度重视。

一、公司注册

（一）公司注册准备

1. 明确公司类型

注册公司前，首先需确定公司类型，一般类型包括有限责任公司、股份有限公司、个人独资企业、合伙企业等。其中以有限责任公司最为普遍，其股东以认缴出资额为限承担有限责任，公司以全部资产对债务负责。对初创企业而言，风险相对可控，治理结构灵活。股份有限公司适宜大规模企业，其资本划分为等额股份，股东以所持股份为限对公司承担责任。个人独资企业由单个自然人投资设立，其财产归投资人个人所有，投资人以个人财产对企业债务承担无限责任。合伙企业由两个及以上自然人通过签订合伙协议，共同出资、经营并共担盈亏风险。不同公司类型在法律责任、税收政策、融资能力等方面存在差异，需根据自身业务规划、资金实力、风险承受能力等综合考量选择。

2. 确定公司名称

公司名称是企业重要标识，一个好名字不仅要简洁易记、独具特色，还不能与已注册公司名称重复或相似，且要符合法律法规要求。确定名称时，建议多准备几个备选方案，通过国家企业信用信息公示系统等渠道查重，提高核名通过率。名称一般包含行政区划、字号、行业特点和组织形式，如“北京创新科技有限责任公司”，“北京”是行政区划，“创新”是字号，“科技”是行业特点，“有限责任公司”是组织形式。字号是名称核心部分，应尽量体现公司业务特点、企业文化或品牌形象。

3. 规划经营范围

公司经营范围是其开展经营活动的法定范围。填写时，要尽可能全面、准确描述公司计划从事的业务领域。一方面，避免过于宽泛或模糊，以免在实际经营中遭遇政策限制或税务问题；另一方面，也不能过于局限，影响公司未来业务拓展。可参考《国民经济行业分类》标准，选择规范表述。同时，注意区分一般经营项目和许可经营项目。一般经营项目可自主经营，许可经营项目则需取得相关许可证或批准文件后才能开展经营活动，如餐饮行业需食品经营许可证，医疗器械销售需医疗器械经营许可证等。

（二）公司注册流程

1. 工商核名

准备3～5个公司名称，前往当地工商行政管理部门或通过线上工商登记系统进行名称预先核准申请。工商部门会对提交名称进行查重和审核，若名称符合规定且未被占用，将核发《企业名称预先核准通知书》，有效期一般为3～6个月。

2. 提交注册材料

根据公司类型和所在地工商部门要求，准备相关注册材料。一般包括公司章程、股东身份证明、注册资本证明、注册地址证明、法定代表人任职文件和身份证明等。公司章程规定了公司基本运营规则、股东权利与义务、组织机构设置等重要内容，须认真制定。注册地址证明可以是房产证复印件、租赁合同等，要确保地址真实有效且符合工商注册要求。部分地区对注册地址有特殊规定，如某些孵化器、众创空间提供的集中办公区地址也可用于注册。

3. 领取营业执照

提交注册材料后，工商部门会进行审核。审核通过后，申请人可前往工商部门领取营业执照正、副本。营业执照是公司合法经营凭证，记载公司名称、类型、经营范围、注册资本、成立日期、法定代表人等重要信息。如今，许多地区推行电子化营业执照，与纸质营业执照具有同等法律效力，方便企业网上办理各类业务。

4. 刻章备案

领取营业执照后，应至公安机关备案的刻章机构刻制公章、财务章、法人章、合同章、发票章等各类印章。在此之前，要进行印章备案，以便在后续经营活动中合法使用印章。印章备案信息将录入公安机关印章管理系统，确保印章使用安全和可追溯性。

5. 税务登记

公司成立后，应在规定时间内前往当地税务部门办理税务登记。税务登记主要包括税种认定、发票申领、纳税申报方式确定等内容。税务部门会根据公司经营范围、组织形式等信息，核定公司应缴纳的税种和税率。企业需按规定纳税期限进行纳税申报，如实缴纳税款。同时，根据经营需要，企业可向税务部门申请领用发票，用于开展销售业务等活动。

6. 银行开户

选择一家合适银行开设公司基本存款账户。基本存款账户作为公司处理日常转账结算及现金收付的主要账户，其功能涵盖工资、奖金等现金支取业务，且此类业务仅能通过该账户办理。开户时，需向银行提供营业执照、法定代表人身份证明、公司章程等相关材料，银行会对材料进行审核，并按规定进行账户备案。开户完成后，企业将获得开户许可证（部分地区已取消纸质开户许可证，以基本存款账户信息代替）和相关结算工具，如支票、网银U盾等。

二、运营管理

（一）搭建组织架构

1. 明确部门设置

随着公司业务开展，合理的部门设置有助于提高工作效率和管理效能。通常，初创公司需按照业务流程与职能分工设置市场部、研发部、财务部、人力资源部、运营部等部门。市场部承担市场调研、品牌推广及客户开发维护等职责；研发部专注于产品或服务的研发与创新；财务部负责财务管理、会计核算、资金运作等；人力资源部负责人员招聘、培训、绩效考核、薪酬福利管理等；运营部负责公司日常运营的协调与管理，确保各项业务顺利进行。随着公司规模扩大和业务多元化，部门设置可进一步细化和完善。

2. 界定岗位职责

确定部门设置后，要明确每个岗位的职责和权限。岗位职责界定应清晰、具体，避免职责不清导致工作推诿和效率低下。例如,市场专员职责可能包括市场信息收集与分析、市场推广活动策划与执行、客户关系维护等;研发工程师职责可能包括产品设计、技术研发、测试与优化等。通过制定详细岗位说明书,让员工清楚了解工作职责、工作目标和工作流程,同时为绩效考核提供明确依据。

3. 建立信息互通机制

良好的信息互联互通是公司运营的润滑剂。建立有效的沟通机制,确保信息在公司内部及时、准确传递至关重要。可通过定期召开部门会议、公司全体员工大会、跨部门沟通协调会等方式,加强部门之间、员工之间的沟通与协作。同时,借助企业微信、钉钉等现代办公工具,达成信息实时共享与便捷沟通的目标。此外,鼓励员工积极建言献策,构建开放民主的沟通环境,推动企业持续优化与进步。

(二)财务管理

1. 资金预算与规划

资金是公司运营的血液,做好资金预算与规划对公司生存和发展至关重要。首先,需依据公司业务规划及发展目标编制年度资金预算,涵盖收入、成本、费用、投资等预算类别。通过对各项收支的预测分析合理配置资金,保障公司日常运营及业务拓展的资金需求。同时,留存一定应急备用金,用于应对突发状况。在预算执行阶段,须强化监控与分析,及时识别偏差并实施调整举措,以保障预算目标达成。

2. 成本控制

成本控制是提高公司盈利能力的重要手段。要从采购、生产、销售、管理等各个环节入手,降低成本费用。采购环节可借助供应商谈判、集中采购及流程优化等方式控制成本;生产环节则通过提升效率、工艺优化及降低废品率等途径管控生产成本。在销售环节,合理控制销售费用,提高销售转化率,降低单位销售成本;在管理环节,精减管理机构,优化人员配置,降低管理费用。同时,建立成本控制责任制度,将成本控制目标分解到各个部门和岗位,加强对成本的考核与监督。

3. 财务风险管理

公司运营中可能遭遇资金链断裂、应收账款坏账、汇率波动、利率变动等财务风险。须强化财务风险管理,构建完善的风险预警机制与应对策略。例如,通过合理安排资金结构,保持适当资产负债率,降低资金链断裂风险;应加强应收账款管控,建立科学信用评估制度,以有效降低坏账风险。涉及外币业务的企业需密切关注汇率波动,采取套期保值等措施管控汇率风险。合理规划融资结构,根据市场利率变化,选择合适融资方式和融资时机,降低利率风险。

4. 融资

小微企业启动,资金多半来自创业者的积蓄,其他融资途径多种多样,向亲朋好友拆借、与供货商达成赊账协议、银行或金融机构贷款、天使投资以及风险投资。创业者常向亲友借款,然企业一旦失败,债务无法偿还,难免伤及情谊。所以在借款时便应告知风险,主动分享创业计划书并定期汇报企业进展。

供货商赊账时有发生,前提是企业有良好的运作前景。而银行与其他金融机构发放贷款,审查流程和条件则严苛许多,不仅要求提交借款申请表与商业计划书,还常常需要房产、存款证明或有价证券等抵押物或担保品,且这些资产价值通常要超出贷款总额及其利息,而利率和贷款条件也因机构而异。

天使投资是个人或非正式风险投资机构对具备潜力的小微初创企业给予的早期投资,投资形式灵活,甚至仅凭一个具有发展潜力的业务构思就能获得资金。天使投资者的投资额度通常存在限制,而且他们更青睐对本地企业或者熟悉的行业进行投资,你的朋友或家人也有可能扮演天使投资人的角色。

风险投资是一种将风险资本投入有潜力的高科技企业的过程,投资过程由专业人士管理的投资中介机构执行,风险和收益则由所有参与方共同承担和分享。风险投资通常以股权投资的形式出现,有至少三到五年的投资期限。为了实现资本增值,风险投资者在参与被投资企业的经营管理之后,通常选择通过上市、收购并购或其他股权转让的方式撤资获利。

(三)市场营销

1. 市场定位与目标客户确定

市场定位是公司在市场中的立足之本。要借助深度市场调研,掌握行业发展趋势、市场需求及竞争对手动态,明确公司产品或服务的差异化竞争优势,确定目标客户群体。例如,一家高端护肤品公司,通过市场调研发现,其目标客户主要是年龄在25～45岁之间、具有一定消费能力、注重品质和生活品位的女性。针对这一目标客户群体,公司在产品研发、包装设计、品牌推广等方面都围绕其需求和喜好进行,从而在市场中获得竞争优势。

2. 品牌建设与推广

品牌是公司无形资产,良好品牌形象能够提高公司知名度和美誉度,增强客户忠诚度。要注重品牌建设,通过制定品牌战略、塑造品牌文化、设计品牌标识等方式,塑造差异化品牌形象的同时,强化品牌推广策略。整合广告宣传、公关活动、社交媒体营销、口碑传播等多元推广手段,以提升品牌曝光度与市场影响力。例如,利用社交媒体平台进行产品推广和品牌传播,与消费者互动,建立良好品牌口碑;借助产品发布会、行业展会等公关活动的开展,增强品牌知名度与专业形象。

3. 销售渠道拓展

选择合适销售渠道是实现产品或服务价值的关键。销售渠道可分为线上渠道和线下渠道。线上渠道包括公司官网、电商平台、社交媒体平台等,通过互联网进行产品销售及推广。线下渠道包括专卖店、经销商、零售商等,通过实体店铺进行产品销售。公司可根据产品特点、目标客户群体、市场环境等因素,选择单一或多种销售渠道相结合的方式。例如,一家服装公司既在电商平台开设旗舰店进行线上销售,又在商场、商业街等开设专卖店进行线下销售,通过线上线下融合销售模式,扩大市场份额。

(四)公司经营其他要点

1. 依法纳税

依法履行纳税义务构成市场经济主体不可逾越的法律底线。国家财政体系的稳健运行建立在税收征管机制基础之上,各类税种的征收标准与使用方向直接反映公共资源配置的合理性。现行税法体系对市场主体设定了明确的强制性规范，增值税、企业所得税、个人所得税等税种均需按照法定程序申报缴纳，任何主体不得以经营规模或行业特性为由规避纳税责任。

2. 劳动者权益保障

保障劳动者权益已成为现代企业治理的核心命题。劳动力资源作为生产要素的重要组成部分，其权益保障程度与企业人才留存率呈现显著正相关。初创企业运营初期需尊重员工的合法权益。劳动关系的法律保障源于双方签订的书面协议，合同文本明确规定了雇员与雇主之间的权利义务关系，在争议调解与司法裁决中具有法定效力。标准劳动协议通常包含岗位职责、工作时间、薪酬结构、合同期限约定及纠纷解决机制等核心要素。

3. 员工薪酬支付

薪酬支付体系必须达到或超过所在地区最低工资标准，且应以法定货币形式足额发放。企业须动态跟踪属地劳动保障部门发布的薪酬指导线，相关信息可通过各地人社部门官网查询最新标准，薪资结构的透明度直接影响劳资双方的信任度与协作稳定性。

4. 员工社会保障

国家法律明确规定企业及其劳动者必须共同纳入社会保险参保范围，双方需按法定标准及时履行缴费义务。劳动者在退休、患病、工伤、失业或生育等特定情形发生时，可依法获得相应经济补偿及基本生活保障。为劳动者办理参保登记并缴纳社会保险费是企业不可推卸的法定职责。

公司注册是创业第一步，运营管理是公司持续发展的关键。从公司注册前精心筹备，到注册流程顺利完成，再到运营管理中组织架构搭建、财务管理、市场营销、人力资源管理等各个环节有效实施，每一步都需要创业者认真对待、精心谋划。希望通过本节内容，大家对公司注册与运营管理有更全面、深入了解，能在未来创业道路上少走弯路，实现创业梦想。

（王文娴）

第十四章　医 学 创 业

学习目标

1. 知识目标

掌握医学创业的定义、特点及核心要素；熟悉医学创业的主要类型及其商业模式。了解医学创业的政策背景、技术趋势及市场需求。

2. 技能目标

能将基础与临床医学知识转化为创业项目的需求，学会撰写创业计划书并通过路演有效展示项目价值。

3. 情感价值观目标

树立“以解决医疗痛点为核心”的创业初心，关注医疗资源公平分配与公众健康福祉。强化伦理底线，敢于突破传统医疗模式，保持持续学习的心态。

本章概要

医学创业是基于医学原理，整合跨学科技术或创新服务模式，针对疾病防治与健康管理痛点的商业化实践，具有创新性、专业性、风险性、社会性四大特点。在“健康中国2030”政策推动与技术革命背景下，其意义在于通过技术创新驱动产业升级、模式创新重构医疗生态、生态创新优化资源配置，同时创造经济与社会价值。医学院校大学生作为人类医学的“传承者”与医学创新创业的“实践者”，需具备医学知识、创新思维、商业意识三大核心能力。

引子

在医疗科技飞速发展、健康需求持续攀升的时代背景下，医学创业已成为推动医疗健康产业革新的关键力量。医学创业不仅是商业活动的创新实践，更是医疗健康产业突破传统发展瓶颈、实现转型升级的重要驱动力。通过引入前沿技术与新颖理念，医学创业加速了医疗资源优化配置，推动了医疗服务质量提升与成本控制，为人类健康福祉带来新的可能。

第一节　医学创业概述

医学创业作为医疗卫生领域多样需求与创新创业精神的结合体，正日益成为涵盖医疗技术、医疗产品、医疗服务模式等多个方面，推动医疗健康产业发展的重要力量。医学创业不仅为医疗行业注入了新的活力，也为解决当前医疗资源相对短缺、医疗服务不均等问题提供了新的思路和解决方案。

一、医学创业的定义与特点

医学创业是指基于医学科学原理，通过整合生物技术、人工智能、大数据等跨学科技术，或以创新服务模式、管理机制为载体，针对疾病预防、诊断、治疗及健康管理等领域的痛点，进行商业化转化与价值创造的创新性实践活动。其本质是将医学研究成果、临床实践经验与市场需求深度耦合，形成兼具社会价值与经济价值的解决方案。其特点主要体现在以下几个方面：

（1）创新性：医学创业的核心在于创新，无论是技术、产品还是服务模式，都需要有别于传统，具有独特性和新颖性。

（2）专业性：由于医学领域的特殊性，医学创业需要高度的专业知识和技术支持。创业者通常需要具备医学背景或与相关医学专家紧密合作，以确保创业项目的科学性和可行性。

（3）风险性：与所有创业活动一样，医学创业也伴随着较高的风险。这包括技术风险、市场风险、法律风险等。因此，创业者需要具备风险意识和应对能力。

（4）社会性：医学创业不仅关乎经济效益，更关乎社会福祉。其产品和服务往往直接影响到人们的生命健康，因此具有极高的社会价值和意义。

二、医学创业的背景与意义

我国“健康中国2030”规划纲要的实施，从政策层面明确了“推进健康科技创新”的战略方向，加之资本市场对医疗科技领域的持续热捧，医学创业迎来黄金发展期。

一方面，医疗行业面临着前所未有的挑战，人口老龄化加剧，慢性病负担加重和医疗资源分布不均等全球性问题倒逼医疗健康产业突破传统供给模式；另一方面，医疗行业迎来重大发展机遇，基因编辑、精准医疗和数字疗法等技术革命催生全新医疗生态，为创新创业提供了广阔空间。医学创业正是在这样的时代背景下，为医疗行业带来新的增长点，通过技术创新和服务模式创新，提高医疗服务的效率和质量，降低医疗成本，从而更好地满足人们的健康需求。

医学创业的意义主要集中在以下几个方面：

一是通过技术创新驱动产业升级，可以激发医疗技术创新的活力，促进新技术、新产品的研发和应用，如将微创手术机器人、癌症早筛试剂盒等实验室成果转化为普及性医疗产品，突破传统诊疗手段的技术瓶颈。

二是通过模式创新重构医疗服务生态，探索如远程医疗、智慧医疗等新的医疗服务模式，提高医疗服务的便捷性和可及性，如互联网医疗平台、个性化健康管理机构等新业态的涌现，推动医疗服务从“以疾病治疗为中心”向“以健康管理为中心”转型。

三是生态创新优化资源配置。一方面，创业企业通过灵活的机制设计，有效衔接高校科研成果、药企生产能力与临床应用场景，填补产业链协同的“断点”；另一方面，能够合理引导优质医疗资源向基层和农村地区流动，从根本上缓解医疗资源不均的问题。

四是创造经济价值和社会价值。医学创业不仅能够创造经济价值，催生万亿级的健康产业新蓝海，还能够通过提高医疗服务水平和质量，为社会带来福祉。

三、医学院校大学生在创业中的角色、机遇与挑战

在医疗健康产业的变革浪潮中，大学生群体凭借活跃的创新思维、扎实的专业知识储备，以及对新兴技术的敏锐感知，成为医学创业不容忽视的生力军。

作为知识储备与创新活力的富集群体，大学生在医学创业中兼具“传承者”与“实践者”的双重角色。医学院校大学生依托高校优质的教学资源与科研平台，有机会精准捕捉医学相关行业未满足需求，通过跨学科协作，为医学问题提供技术解决方案。这种“医学需求导向 ＋ 技术创新驱动”的创业模式，正是畅通医疗健康领域“产学研用”的有效路径。

在机遇层面，医学院校大学生创业享有政策、资源和需求三方面的优势。国家创新战略持续推进，针对大学生创业的税收减免、创业补贴、孵化基地等政策体系日趋完善，社会资本的关注，更为创业大学生带来前所未有的发展机遇；高校丰富的科研资源与浓厚的学术氛围，为医学及相关专业大学生创业提供了创意孵化的沃土，各高校普遍设立创新创业学院、医学科创中心等，搭建的从创意孵化到成果转化的全链条服务平台日趋完备；新时代对精准医疗、智慧健康的个性化医疗需求爆发式增长，为轻量化、智能化的医疗创业项目提供了广阔市场空间。大学生凭借对新技术的敏感度与低试错成本优势，正成为医疗健康产业创新网络中最具活力的节点。

当前，医学创业正处于快速发展阶段，涌现出了一大批具有创新性和潜力的创业项目。然而，医学创业也面临着诸多挑战，如技术壁垒、资金短缺、政策限制等。为了克服这些挑战，有志于投身创业实践的大学生需要不断提升自身的创新能力和综合素质，积极寻求外部支持和合作，同时关注政策动态和市场变化，以灵活应对各种挑战。

总之，医学院校大学生投身创业，不仅能够将所学知识转化为实际价值，实现个人职业理想，还能为医疗健康产业注入年轻活力，推动行业持续创新发展。医学创业正以其独特的创新性和社会价值吸引着越来越多的关注和投入。未来，随着医疗技术的不断进步和创新创业环境的持续优化，医学创业必将为医疗健康产业的发展注入更多的活力和动力。

第二节 医学创业基础

一、医学创业核心要素

医学创业是医疗健康产业创新发展的重要驱动力，其成功的关键在于医学知识与技能、创新思维与创造力、商业意识与市场调研三大核心要素的有机融合。这些要素相互支撑、协同作用，构成了医学创业项目稳健发展的基石。

（一）医学知识与技能

医学知识与技能是医学创业者的立身之本。医学创业不仅要求创业者具备深厚的医学专业理论功底，更强调将理论知识转化为实际应用的能力，以及对医学相关行业痛点的精准把握。在基础医学领域，解剖学、生理学、病理学等知识是理解人体运行机制和疾病发生发展规律的基石。以解剖学为例，其对人体结构的精确认知，为医疗器械设计提供了重要依据，如人工关节的研发需精准匹配人体骨骼的形态与力学特性。

临床医学知识与实践经验在医学创业中起着关键作用。例如，针对膝关节置换术后患者早期康复阶段的关节活动度训练需求，通过长期临床观察与实践，深入了解关节术后患者的运动力学需求、康复周期规律以及不同阶段的功能恢复目标，以此为基础确定产品的设计参数、功能模块和使用场景，研发出具有精准角度调节和阻力控制功能的康复支具，帮助患者更科学、高效地进行康复训练。

随着医学领域的不断发展，跨学科知识融合成为医学创业的新趋势。生物医学工程与材料学的结合，催生了众多颠覆性创新产品。以可降解血管支架为例，这种支架采用新型生物可降解材料，在完成支撑血管、恢复血流通畅的使命后，可逐渐被人体吸收分解，避免了传统金属支架长期留在体内可能引发的并发症。据不完全统计，在2023—2024年，全球范围内已有超过10款新型可降解血管支架进入临床试验阶段，展现出巨大的市场潜力。此外，人工智能与医学影像的融合，推动了疾病诊断的智能化发展。创业企业开发的基于深度学习的医学影像辅助诊断系统，能够快速、准确地识别X光、CT、MRI等影像中的病变，在肺结节、乳腺癌等疾病的早期筛查中表现出色，显著提高了诊断效率和准确性。

（二）创新思维与创造力

创新思维与创造力是医学创业突破传统、实现差异化竞争的核心要素。在医学领域，创新思维一般体现为“问题定义-技术适配-场景重构”的逻辑链条。以数字疗法为例，面对慢性病管理中患者依从性差、治疗效果不佳、医疗资源浪费等痛点，创业者利用移动医疗、大数据、人工智能等技术，重新构建患者教育、用药提醒、健康监测与数据反馈场景，开创了非药物干预的创新模式。例如，某数字疗法创业公司针对高血压患者开发的管理平台，通过智能穿戴设备实时监测患者的血压、心率等生理数据，结合患者的生活习惯和用药情况，运用算法为患者提供个性化的健康管理方案，包括饮食建议、运动指导和用药提醒。同时，医生可以通过平台实时掌握患者的健康状况，进行远程干预和调整治疗方案。该平台使患者的血压控制达标率提高了30%，显著改善了患者的健康状况，也为医疗资源的优化配置提供了新途径。

创造力则要求创业者敢于突破行业常规，以独特的视角解决医学难题。将游戏化机制引入儿童康复训练，就是创造力在医学领域的典型应用。传统儿童康复训练往往枯燥乏味，导致患儿依从性低，影响康复效果。某创业团队开发的儿童康复互动游戏设备，将康复训练动作融入有趣的游戏场景中，如让患儿通过完成伸手抓取虚拟水果的动作来训练上肢运动功能，通过跳跃躲避障碍物的动作来训练下肢运动能力。这种寓教于乐的方式极大地提高了患儿参与康复训练的积极性和主动性，使康复训练的效果大幅提升。此外，还有许多基于创造力的创新案例，如利用3D打印技术为患者定制个性化的手术导板和植入物，提高手术的精准性和成功率；开发虚拟现实(VR)和增强现实(AR)技术用于医学教育和手术模拟，为医学生和医生提供更加真实、高效的学习和训练环境。

（三）商业意识与市场调研

商业意识与市场调研是医学创业项目实现商业化成功的重要保障。创业者需要具备商业画布思维，清晰界定“价值主张-客户细分-收入模式”等关键要素。价值主张要明确产品或服务能为客户解决什么问题、带来什么独特价值；客户细分要精准定位目标客户群体，深入了解他们的需求、痛点和消费行为；收入模式则要设计合理的盈利方式，确保项目的可持续发展。

市场调研是制定商业策略的基础，需要从宏观、中观和微观三个层面展开。

宏观层面，政策导向对医学创业有着重要影响。以医保支付方式改革为例，近年来，我国大力推行DRG(疾病诊断相关分组)和DIP(按病种分值付费)两种医保结算方式，这对创新医疗器械和药品的市场推广产生了深远影响。创业者需要密切关注医保政策变化，开发符合医保支付要求、具有成本效益优势的产品和服务。

中观层面，运用波特五力模型等工具评估行业竞争格局至关重要。以互联网医院赛道为例，通过分析现有平台的服务模式、用户规模、市场份额、竞争优势和劣势，创业者可以发现差异化竞争的切入点。例如，某互联网医院创业公司通过聚焦基层医疗市场，与基层医疗机构合作，为基层患者提供远程会诊、双向转诊、慢病管理等服务，避开了与头部互联网医院在城市市场的激烈竞争，走出了一条特色发展道路。

微观层面，通过对用户需求分类和优先排序的工具如KANO模型洞察目标用户需求，体现了产品性能和用户满意之间的非线性关系，是产品成功的关键。某大学生创业团队在开发糖尿病管理APP前，通过对300名胰岛素依赖患者进行临床问卷调研和深度访谈，运用KANO模型分析发现，“实时血糖预警”“个性化饮食运动建议”和“用药提醒与记录”是患者的核心痛点和期望功能。基于此，团队精准定位产品功能，开发出集血糖监测数据同步、实时预警、个性化健康方案生成、用药管理等功能于一体的糖尿病管理APP。该APP上线后，受到患者的广泛好评，用户活跃度和留存率远高于同类产品。此外，在商业运营过程中，创业者还需要关注市场营销、渠道建设、客户关系管理等方面，通过有效的商业策略和运营手段，提高产品的市场占有率和品牌知名度，实现创业项目的商业价值。

医学创业的核心要素相互关联、相辅相成。医学知识与技能提供专业支撑，创新思维与创造力带来发展动力，商业意识与市场调研指引前进方向。创业者只有全面掌握并灵活运用这些核心要素，结合具体的市场需求和行业趋势，不断探索和实践，才能在医学创业的道路上取得成功，为医疗健康产业的发展作出积极贡献。

二、医学创业的主要类型和模式

医学创业基于不同的价值创造路径，包含丰富多样的类型与模式，每种类型都有其独特的运营逻辑和发展潜力，共同推动着医疗健康产业的创新与变革。随着全球医疗健康市场规模不断扩大，中国医疗健康产业的创业赛道愈发多元且充满机遇。

（一）医疗技术创业

医疗技术创业聚焦于医疗领域前沿技术的研发与转化，以专利技术为核心壁垒，致力于将实验室成果转化为对医学实际场景具有广泛应用价值的产品或服务。这类创业涵盖生物技术、人工智能、医疗器械等多个细分领域，技术迭代速度极快。

在生物技术方面，基因编辑技术的发展催生了众多致力于攻克遗传性疾病的创业公司。例如由诺贝尔奖获得者詹妮弗·杜德娜创立的Intellia Therapeutics公司，其所开发的治疗转甲状腺素蛋白淀粉样变性（ATTR）的CRISPR基因编辑疗法NTLA-2001，在临床试验中安全有效。这也是首个公布的体内CRISPR基因编辑疗法的临床试验结果。

在人工智能领域，基于深度学习的医学影像辅助诊断技术成为热门方向。如推想医疗作为一家专注于人工智能医疗的创新高科技企业，是全球少数几家同时获得欧盟CE认证、日本PMDA医疗器械认证、美国FDA认证和中国NMPA肺部AI三类证的公司之一。该公司开发的AI医学影像辅助诊断系统，能够快速、准确地识别X光、CT、MRI等影像中的病变，此系统已在全球超过3000家医疗机构部署应用，极大提高了诊断效率和准确性。

在商业模式上，医疗技术创业企业通常采用技术授权、产品自研自销或与大型药企、医疗机构合作开发等模式。如李梢院士团队作为安徽省中医药科技攻关专项项目的重要成员，与皖南医学院新安医学研究中心主任李艳教授团队展开合作，项目组通过应用现代信息技术方法与新安医学思想相结合，成功完成了国医大师李济仁治痹名方“清络饮”的优化开发，获批国家发明专利一项，与江苏康缘药业股份有限公司达成专利成果转化协议，并已于近期开展相关临床研究。

（二）医疗服务创业

医疗服务创业旨在通过创新服务模式，优化医疗资源配置，提升医疗服务的效率和质量。随着互联网技术的发展，互联网医疗平台整合了在线问诊、远程会诊、健康管理等功能，打破了时间和空间的限制，让患者能够更便捷地获取医疗服务，线上医疗服务平台成为医疗服务创业的重要方向。根据中研普华研究院撰写的《2025—2030年中国互联网医院行业发展现状分析及竞争格局预测报告》数据显示：2023年我国互联网医疗市场规模达到3102亿元，同比增长率约39%。到2024年，这一市场规模预计将进一步增长至4190亿元，显示出强劲的增长势头。互联网医院作为互联网医疗的重要组成部分，其市场规模也在不断扩大。根据中国互联网络信息中心(CNNIC)发布的《中国互联网络发展状况统计报告》数据显示，2016—2023年，我国互联网医院数量从17家增加至超3000家。

医疗服务创业的盈利模式主要包括服务收费、会员订阅、广告推广等。以在线问诊平台为例，患者通过平台向医生咨询病情需支付一定的费用；部分平台推出会员服务，会员可享受优先问诊、健康管理等增值服务；同时，平台还可以通过向医疗企业提供广告推广服务获取收入。丁香医生平台除了问诊服务收费外，还通过电商业务销售健康产品，其自有品牌"丁香生活研究所"推出的各类健康用品，年销售额超过5亿元。

（三）医学产品创业

医学产品创业涵盖医疗器械、医疗耗材、健康产品等多个品类，以研发和生产标准化产品为核心。

在医疗器械领域，从传统的诊断设备到先进的手术机器人，创业企业不断推出创新产品。例如，由上海的微创医疗科学有限公司研发的鸿鹄骨科手术机器人同时获得中国国家药品监督管理局(NMPA)、美国食品药品监督管理局(FDA)、欧盟(CE)、巴西卫生监督管理局(ANVISA)、澳大利亚医疗用品管理局(TGA)认证，能够辅助医生实现全膝关节置换手术(TKA)和全髋关节置换手术(THA)的精准手术操作。家用医疗设备如智能血压计、血糖仪等，满足了人们在家中进行健康监测的需求。如欧姆龙推出的智能血压计，不仅具备高精度测量功能，还能通过蓝牙将数据同步至手机APP，为用户生成健康报告，并提供用药提醒和健康建议，全球累计销量超过1亿台。

医疗耗材方面，新型生物可降解材料的应用，推动了医用缝合线、支架等耗材的升级换代。某医用材料有限公司取得了国家药品监督管理局颁发的可吸收性外科缝线医疗器械注册证，该公司开发的可吸收缝合线，适用于产科、美容科等皮肤、皮下组织及脂肪层次的缝合，在伤口愈合后能够完全降解，避免了传统缝合线需拆线的麻烦，降低了感染风险。

医学产品创业的商业模式主要依赖产品销售，企业需要建立完善的供应链体系，确保原材料采购、生产制造、质量控制和市场销售等环节的高效运转。同时，通过品牌建设和市场推广，提高产品的市场占有率和知名度。作为生产出我国第一台多参数监护仪的医疗器械企业，迈瑞医疗在国际化的过程中始终坚持自主创新、技术立足，通过建立全球化的研发、生产和销售网络，其监护仪、超声诊断设备等产品已出口至全球190多个国家和地区，品牌影响力不断提升。

（四）医学科普创业

医学科普创业以传播医学知识、提升公众健康素养为目标，通过多样化的传播形式和渠道，将专业的医学知识转化为通俗易懂的内容。随着新媒体的发展，医学科普创业迎来了新的机遇，抖音、微信公众号、B站等平台成为重要传播阵地。医学科普类内容在抖音平台的月播放量已超过200亿次。创业者通过短视频、图文、直播等形式，在这些平台上进行科普内容创作和传播。此外，线下的医学科普活动，如健康讲座、科普展览等，也成为医学科普创业的重要组成部分。

医学科普创业的盈利模式包括广告收入、知识付费、品牌合作等。科普账号通过吸引大量粉丝，获得广告投放机会；推出医学科普课程、书籍等知识付费产品；与医药企业、健康品牌合作，进行产品推广和品牌宣传。"丁香医生"公众号通过发布高质量的科普文章，积累了超过2000万粉丝，其与众多医药品牌合作推出的广告内容，单篇广告收入可达数十万元。同时，丁香医生还开发了医学科普课程和健康管理类APP，通过知识付费实现盈利。

医学创业的不同类型和模式相互补充、相互促进，共同构成了多元化的医学创业生态。创业者可以根据自身的资源和优势，选择适合的创业类型和模式，在推动医疗健康产业发展的同时，实现自身的商业价值和社会价值。随着技术的不断进步、市场需求的持续变化以及政策环境的优化，医学创业将迎来更广阔的发展空间和更多的创新机会。

此外，在21世纪的商业浪潮中，"跨界创业"将不同行业、不同领域的知识和资源进行融合，创造出全新的商业模式和盈利途径。跨界创业已成为不少创业者追逐的热门话题，也正逐步成为创业者和投资者探索的新领域，值得我们医学生给予相应的关注。

阅读材料

从医生到导演，医学生的跨界创业

近年来，随着中国影视与游戏产业的不断崛起，《哪吒之魔童闹海》和《黑神话：悟空》这两部作品的成功引发了广泛关注，而它们的成功背后，隐藏着一个鲜为人知却令人惊叹的秘密——医学的教育背景。这不禁让人思考，为什么这两位出色的创作者都与医学有着不可分割的联系。

游戏《黑神话：悟空》在全球上线后迅速走红，成为中国游戏行业的巅峰之作。截至2024年底，这款游戏的全平台销量接近2800万份，销售额达到90亿元，创下了全球年度销量第一的纪录。而这款游戏的制作人冯骥，并非游戏制作相关专业毕业，他毕业于华中科技大学生命学院，主修生物医学工程。《哪吒之魔童闹海》这部动画不仅打破了好莱坞的垄断，也让中国电影再次赢得了国际的认可。而这部影片的导演兼编剧，是出身于医生家庭的"饺子"杨宇，他并不是科班出身的动画制作专家，而是毕业于华西医科大学药学院，专攻药学专业。这种非典型的职业背景在影视行业中十分少见，但正是这种独特的教育经历，成为他创作灵感和细节把控的源泉。

这两位均有医学背景的创作者，无疑为各自的作品注入了独特的视角和方法论。医学教育的严格与挑战培养出了一批具备超强抗压能力和系统性思维的顶尖人才。正是这种学习医学相关专业期间接受的严格训练，让他们在跨界活动中能够游刃有余。

以杨宇为例，他为了打造出完美的"穿心咒"特效，竟然花费了一年的时间来打磨细节，甚至将冰针排成精准的血管解剖图。这种对细节的专注与对物理原理的深刻理解，显然与他在医学背景下的训练有着直接的关系。而冯骥在制作《黑神话：悟空》时，则巧妙地融入了生物力学原理，为角色的动作赋予了科学合理性。这种对科学与艺术的结合，正是医学教育中所强调的跨学科思维。

此外，医学教育还培养了“从问题到方案”的闭环思维，这种能力在许多行业中都显得尤为重要。在电影和游戏制作中，常常需要在有限的时间与资源中快速作出决策，优秀的医学专业背景为他们提供了这种能力的基础。杨宇在创建‘哪吒’变身场景时，运用了细胞分裂的动力学原理，使整个画面生动而富有生物学真实感，展示了医学思维在创作中的重要性。

随着时代的推移，医学教育的价值受到越来越多的重视。尤其是在新冠疫情之后，公众对医学的认知加深，许多来自顶尖高校的优秀毕业生开始重新考量自己的职业道路。其中有名的例子就是清华大学的左清宇，他在毕业后选择辞职，重新参加高考，以660分的优秀成绩考上成都中医药大学，开启了自己的中医梦。这一现象不仅反映了医学教育在现代社会中的吸引力，也让人们对医学这一领域的跨界应用产生了更深刻的思考。

随着人工智能技术的迅猛发展，医疗行业的“硬核能力”成为抵御职业风险的重要武器。医学专业的背景不仅能帮助他们在医疗领域脱颖而出，更能在文化、科技等多个行业中发挥跨界潜力。医学作为一门复杂的学科，它实际上是一种面对复杂系统的终极方法论，这种方法论使人们拥有了应对不确定性的能力。

如果我们回顾历史，可以发现，中国传统文化中有一句话：“不为良相，当为良医。”这不仅反映了社会对医学的重视，更强调了医学对于人类生存及发展的重要性。在当下这个复杂多变的世界中，或许医学教育的终极价值不单单在于培养医生，更在于培养出具备超级个体潜质的复合型人才。他们虽然可能不会穿上白大褂，但会在动画、游戏、科技乃至金融等各个领域，用医学赋予的思维重新塑造行业规则。这种思维的跨界运用，正是推动社会进步的重要动力。

《哪吒之魔童闹海》和《黑神话：悟空》的成功，不仅是视觉和文化的胜利，也是一种医学思维在创作领域体现的成功。随着更多具有医学背景的人才涌入这些行业，我们或许能够期待更多的惊喜与创新，揭示医学作为“元学科”的潜力与前景。

资料来源：搜狐网，https://acg.sohu.com，有删改。

三、医学院校大学生创业的风险与应对策略

医学院校大学生创业作为推动医疗健康产业变革的重要力量，在为人类健康带来新希望的同时，也面临着复杂且严峻的风险与挑战。这些风险贯穿于创业项目从构思到运营的全生命周期，涉及技术研发、市场竞争、法律合规、资金管理等多个核心环节。对于资金与经验相对匮乏的大学生创业者而言，深入了解这些风险并掌握应对策略，是在医学创业赛道上实现突破的关键。

（一）技术风险

医学创业的技术风险具有高复杂性和不确定性，是众多创业项目折戟的重要原因。在

生物技术领域，以细胞治疗和基因编辑为代表的前沿技术，虽然蕴含着巨大的医疗价值，但研发过程充满挑战。例如，CAR-T疗法从实验室概念到临床应用平均耗时8～10年，其间需要攻克细胞培养、基因修饰、免疫排斥等一系列技术难题。据行业统计，全球约60%的细胞治疗研发项目因技术瓶颈无法按时进入下一阶段，部分项目甚至因关键技术无法突破而彻底失败。

医疗器械研发同样面临着技术封锁与创新难题。高端医疗影像设备如核磁共振成像仪(MRI)的核心部件超导磁体，其技术长期被西门子、GE医疗等国外企业垄断。国内创业企业不仅需要投入巨额资金进行技术攻关，还要面对研发周期长、人才短缺等问题。此外，医学技术更新换代速度极快，替代技术的出现可能使原有技术瞬间失去竞争力。在分子诊断领域，传统病原体检测方法正逐渐被核酸检测技术取代，那些未能及时跟上技术变革的企业，市场份额急剧下降。

对于大学生创业者而言，技术风险更是需要重点关注的领域。由于缺乏科研经验和专业设备，在技术研发过程中容易陷入闭门造车的困境。建议大学生创业者积极与高校科研团队、医疗机构合作，利用高校的实验室资源和专家指导，提高技术研发的成功率。同时，要密切关注行业技术发展趋势，提前布局具有潜力的新技术，避免因技术迭代而被市场淘汰。

（二）市场风险

市场风险是医学创业企业必须跨越的重要障碍，主要体现在需求错配、竞争加剧和政策市场分割三个方面。部分创业企业过于追求技术的先进性，忽视了市场的实际需求。某公司曾推出一款高端智能健康监测设备，虽然功能强大，但因操作复杂、价格昂贵，与目标用户群体的需求严重不符，最终导致产品滞销。

医学创业领域竞争异常激烈，同质化问题突出。以AI辅助诊断赛道为例，近年来新成立的相关企业超过500家，产品功能和技术路径高度相似。为争夺有限的市场份额，企业不得不陷入价格战，压缩利润空间。同时，不同地区的医保政策、审批标准存在差异，给企业的市场拓展带来了巨大挑战。企业进入新市场时，需要投入大量资源适应各地政策，增加了运营成本和市场风险。

大学生创业者在应对市场风险时，应充分发挥自身优势。一方面，大学生对新兴市场需求具有敏锐的洞察力，可以聚焦细分领域，挖掘未被满足的市场需求；另一方面，要重视市场调研，通过问卷调查、用户访谈等方式，深入了解目标用户的需求和痛点，确保产品或服务具有市场竞争力。此外，大学生创业者还可以利用校园资源，开展小规模的市场测试，收集用户反馈，优化产品设计。

（三）法律风险

医学创业主赛道的创业项目可能涉及大量法律法规和行业标准，法律与合规风险不容忽视。如医疗器械生产领域，国家对于医疗器械有着严格的分类，其中心脏起搏器、人工关节等三类医疗器械的注册审批流程严格且复杂。企业需要提交大量的临床试验数据、技术资料等，任何一个环节不符合要求，都可能导致注册失败。一旦注册受阻，不仅前期投入的资金和时间付诸东流，还可能错过市场机会。

数据安全和隐私保护也是法律合规的重点领域。随着《个人信息保护法》《数据安全法》等法律法规的实施，医疗数据的收集、存储、使用和共享受到严格监管。医疗创业企业如果因数据泄露、违规使用患者信息等问题违反法律规定，将面临巨额罚款，甚至可能被吊销营业执照。此外，在远程医疗、智能医疗设备应用等场景下，一旦发生医疗事故，企业需要承担相应的法律责任，这对企业的声誉和财务状况都会造成严重影响。

大学生创业者更需要重视法律与合规风险的防范。建议在创业初期，聘请专业的法律顾问，对项目进行全面的法律评估，确保项目符合相关法律法规和行业标准。在数据管理方面，要建立严格的数据安全管理制度，采用加密技术保护用户数据。同时，要加强对员工的法律培训，提高全员的法律意识和合规意识。

（四）资金风险

医学创业项目普遍具有研发周期长、资金投入大的特点，资金风险贯穿始终。在研发阶段，企业需要投入大量资金用于技术研发、设备购置、人员招聘等。

在融资过程中，医学创业企业也面临着诸多困难。早期项目由于技术不成熟、市场前景不明朗，难以获得风险投资机构的青睐。而后期项目虽然有一定的技术和市场基础，但融资需求大，对投资机构的资金实力和风险承受能力要求较高。此外，资金链断裂是医学创业企业面临的最大危机之一。一旦企业资金周转出现问题，无法按时支付供应商货款、员工工资等，将导致企业运营陷入困境，甚至破产倒闭。

对于大学生创业者来说，资金短缺是普遍面临的问题。为解决资金风险，大学生创业者可以充分利用国家和地方的创业扶持政策，申请创业补贴、创业贷款等资金支持。同时，积极参加各类创业大赛，不仅可以获得奖金，还能吸引投资人的关注。在资金使用方面，要制定详细的资金预算和使用计划，合理控制成本，提高资金使用效率。此外，可以尝试寻找战略合作伙伴，通过资源共享、优势互补的方式，降低创业成本，缓解资金压力。

（五）伦理风险

伦理风险是医学创业中容易被忽视却影响深远的关键问题，其贯穿于医学研究、产品应用和数据使用等多个环节。在医学研究方面，生物医学研究的伦理审查至关重要。若创业者为追求研发速度，在未充分保障受试者知情权和选择权的情况下开展临床试验，或刻意隐瞒潜在风险，将严重违背医学伦理。在医疗产品应用场景中，伦理风险同样不容忽视。以人工智能辅助诊断系统为例，如果算法在训练过程中存在数据偏差，导致对特定人群（如少数族裔）的诊断准确性显著降低，就会造成医疗资源分配的不公平，违背医学伦理中公平公正的原则。此外，当智能医疗设备出现故障引发医疗事故时，责任界定不清也可能导致伦理困境，患者的权益难以得到有效保障。

医疗数据应用中的伦理问题也日益凸显。医疗数据往往涉及患者的敏感信息，若创业企业在数据收集、存储和共享过程中，未遵循最小必要原则，过度收集数据，或未经患者同意将数据用于商业目的，将侵犯患者的隐私权和自主权。例如，某些健康管理APP在用户不知情的情况下，将用户的健康数据出售给第三方机构，这种行为不仅违反法律法规，更违背了基本的伦理道德。

面对伦理风险，医学创业者应建立健全伦理审查机制，在项目启动前，主动将研究方案提交给专业的伦理委员会进行严格审查，确保研究过程符合伦理规范。同时，加强对员工的伦理培训，提高全员的伦理意识，使伦理准则贯穿于企业运营的每一个环节。此外，还应建立透明的沟通机制，及时向公众和利益相关方披露项目信息，接受社会监督，维护企业的公信力。

综上，医学创业的风险与挑战复杂多样，涵盖技术、市场、法律、资金、伦理等多个层面。对于大学生创业者而言，虽然面临着诸多困难，但也拥有创新思维活跃、学习能力强等优势。只要充分认识这些风险，建立完善的风险预警和应对机制，在技术研发上注重创新与可行性结合，在市场拓展中精准定位需求，在法律合规方面严格把控，在资金管理上合理规划，在伦理准则上坚守底线。只有这样，才能在充满挑战的医学创业道路上稳步前行，实现自己的创业梦想，为医疗健康产业的发展贡献青春力量。

四、医学生创业准备与规划

（一）创业个人能力提升与准备

对于怀揣医学创业梦想的大学生而言，扎实的个人能力储备是应对创业风险、把握市场机遇的关键。在医学创业的复杂赛道上，个人能力的提升与准备需聚焦医学专业知识的掌握、商业技能的学习、团队协作与领导力的培养三大核心方向，结合大学生的资源与优势，制定切实可行的提升策略。

1. 扎实掌握专业知识

大学生应充分利用所学专业的课程体系，不仅要精通解剖学、生理学、病理学等基础医学课程，更要关注医学前沿知识。例如，选修“转化医学”“精准医疗”等课程，了解基因编辑、细胞治疗等新兴技术的临床应用。同时，主动阅读《柳叶刀》等权威期刊，定期参加校内医学学术讲座，及时掌握行业最新动态。

实习是将理论转化为实践的重要环节。大学生可通过见习实习、社区义诊等方式，深入接触临床一线。在实习过程中，注重观察诊疗流程中的痛点，如某护理专业学生在儿科实习时，发现儿童静脉穿刺成功率低，患者家属满意度差，由此萌发开发辅助穿刺设备的创业想法。此外，参与病例讨论、手术观摩等活动，能够培养临床思维，提升对疾病诊断与治疗的综合理解能力。

医学创业往往需要多学科知识支撑。大学生可辅修生物医学工程、数据科学等专业课程，学习3D打印技术、机器学习算法在医疗领域的应用。例如，生物医学工程与医学专业结合，可研发个性化医疗器械；计算机科学与医学结合，则能开发智能诊断系统。同时，利用中国大学生MOOC平台学习卫生经济学、医学伦理等课程，完善知识体系，为创业决策提供更全面的视角。

2. 主动学习商业技能

我们可以通过选修创业管理、市场营销、财务管理等课程，学习商业画布、SWOT分析、财务报表编制等基础商业工具。以商业画布为例，它是能够帮助创业者催生创意、降低猜测、确保他们找对目标用户、合理解决问题的工具。此外，参与针对大学生的各类创新创业竞赛，如中国国际大学生创新大赛，在实战中运用理论知识，提升商业策划与执行能力。

我们还可以通过研读《中国医疗健康产业蓝皮书》《全球数字医疗发展报告》等行业报告，了解医学创业的市场趋势与政策导向。

我们还能够利用学校固有的创业孵化基地、创业社团等资源，开展小规模创业实践。例如，组织健康科普讲座、销售医疗文创产品，在实践中锻炼市场调研、客户沟通、成本控制等能力。同时，申请大学生创业项目，获得学校资金支持与导师指导，逐步将创意转化为实际项目。某大学生团队通过运营校园健康服务公众号，积累了用户运营与广告变现的实战经验，为后续创业奠定基础。

3. 培养团队协作与领导力

在创业初期，应组建包含医学专业、技术开发、商业运营等不同背景成员的团队。例如，临床医学专业学生负责把握产品的医学专业性，计算机专业学生承担技术开发任务，市场营销专业学生负责市场推广。通过制定团队章程，明确各成员的职责与权限，避免因分工不清导致的效率低下。同时，定期召开团队会议，加强沟通协作，提升团队凝聚力。

大学生创业者可通过担任学生干部、组织社团活动等方式，锻炼领导力。在团队管理中，学会制定清晰的目标与计划，合理分配任务，激励团队成员共同成长。运用OKR（目标与关键成果法）管理工具，将长期目标拆解为阶段性任务，确保团队方向一致。例如，在开发智能健康监测设备项目中，通过OKR明确每个阶段的研发目标与市场推广计划，提高团队执行力。

有效的沟通是团队协作的基础。大学生应学习倾听与表达技巧，在团队讨论中尊重不同意见，避免因沟通不畅引发矛盾。同时，积极与导师、行业专家、投资人等建立联系，拓展人脉资源。通过参加行业研讨会、创业沙龙等活动，与业内人士交流经验，获取指导与支持。某大学生创业团队通过与医院专家建立合作关系，获得了产品临床验证的宝贵机会，加速了项目落地进程。

大学生医学创业的个人能力提升与准备是一个持续积累、不断实践的过程。通过夯实医学知识、强化商业技能、提升团队协作与领导力，大学生创业者将更有能力应对创业道路上的各种挑战，提高创业成功的概率。

（二）创业项目选择与评估

对于怀揣创业梦想的医学生而言，选择合适的创业项目并进行科学评估，是迈向成功创业的关键第一步。医学领域广阔且复杂，医学生须结合自身专业优势、资源储备以及市场需求，从市场潜力、竞争态势、技术可行性等多个维度进行综合考量，确保项目具备可行性与发展前景。

1. 科学分析市场潜力，寻找创业“蓝海”

政策往往是市场发展的重要导向，医学生应密切关注国家和地方的医疗政策动态。例如，“健康中国2030”规划纲要明确提出加强慢性病防治、推进健康科技创新，这为慢性病管理、智能健康监测等领域带来了巨大的发展机遇。再如，国家对社会办医、互联网医疗的支持政策，为医疗服务类创业项目提供了广阔空间。通过研究政策文件、参与政策解读讲座，深入理解政策背后的市场需求，能够精准定位具有政策红利的创业方向。

医学生在选择项目时，可从自身熟悉的领域入手，如针对某类疾病的诊断、治疗或康复过程中的痛点，开发相应的产品或服务。同时，关注新兴市场需求，如随着人口老龄化加剧，老年痴呆症的早期筛查与干预、失能老人的照护等领域需求日益增长，也是值得探索的方向。通过查阅行业报告、统计数据，了解目标市场的规模和增长趋势，判断项目的发展前景。例如，咨询机构发布的数据显示，全球人工智能辅助诊断市场规模预计在未来五年内将以25%以上的年复合增长率增长，这表明该领域市场潜力巨大。此外，还可以通过实地调研、问卷调查等方式，收集一手数据，进一步验证市场需求的真实性和规模大小。

2. 客观评估竞争态势，找准竞争优势

对目标市场的现有竞争对手进行全面分析，包括其产品或服务特点、市场份额、优势与劣势等。以互联网医疗平台为例，分析头部平台如平安好医生、阿里健康的业务模式、服务内容、用户群体等，找出它们尚未覆盖或存在不足的领域。同时，关注潜在的竞争对手，如传统药企、科技巨头进入相关领域可能带来的竞争压力。通过绘制竞争地图，清晰呈现市场竞争格局，为项目定位提供参考。

在了解竞争态势的基础上，寻找项目的差异化竞争点。医学生可以结合自身的专业特长和创新思维，从技术、服务、模式等方面打造独特的优势。例如，开发具有更高准确性和特异性的诊断试剂，或提供更加个性化、专业化的医疗服务。如前述及，某团队针对传统康复训练缺乏趣味性和个性化的问题，开发了基于虚拟现实技术的康复训练系统，将康复训练与游戏相结合，根据患者的康复进度和身体状况定制训练方案，成功在康复医疗市场中脱颖而出。

此外，创业还要充分考虑项目面临的竞争壁垒，如技术专利、品牌影响力、客户资源等。拥有核心技术专利能够有效阻止竞争对手的模仿，为项目赢得发展时间和空间。良好的品牌形象和客户口碑则有助于提高用户忠诚度，增强市场竞争力。医学生在选择项目时，要评估项目是否具备构建竞争壁垒的条件，确保项目的可持续发展。例如，研发具有自主知识产权的医疗器械或软件系统，通过专利布局和品牌建设，提升项目的竞争优势。

3. 深入研究技术需求，确保项目落地

医学生创业项目往往涉及一定的技术创新，需要对项目所涉及的技术进行可行性分析。判断技术实现的难度，以及自身或团队是否具备相应的研发能力。如果项目技术难度过高，超出了团队的能力范围，可能导致研发周期延长、成本增加，甚至项目失败。例如，开发一款新型的基因编辑药物，需要具备深厚的分子生物学知识和先进的实验设备，若团队不具备相关条件，就需要谨慎考虑该项目的可行性。可以通过与高校科研团队、专业机构合作，弥补自身技术能力的不足。

医学领域技术更新换代迅速，选择项目时要关注技术发展趋势，确保项目采用的技术具有前瞻性和可持续性。例如，在人工智能辅助诊断领域，深度学习算法不断演进，如果项目采用的是落后的算法模型，可能在项目尚未完成时就已失去市场竞争力。医学生应定期关注行业前沿技术动态，与技术专家保持沟通，及时调整项目的技术路线，避免因技术过时导致项目失败。

在项目启动前，尽可能进行技术测试与验证，确保技术方案的可行性和稳定性。可以开展实验室研究、小规模临床试验或用户测试等，收集反馈意见，对技术进行优化和改进。例如，开发一款智能健康监测设备，在产品原型完成后，邀请部分用户进行试用，根据用户的使用体验和反馈，对设备的功能、性能进行调整，降低技术风险，提高项目的成功率。

医学生创业项目的选择与评估需要全面、深入地分析市场潜力、竞争态势和技术可行性。通过科学的评估方法，结合自身优势和资源，选择具有潜力的项目，并制定合理的发展策略，才能在医学创业的道路上迈出坚实的第一步，为成功创业奠定基础。

（三）创业计划书撰写与推介路演

无论是参加各类比赛，还是切实投身创业实践，一份优秀的创业计划书是获取资源、吸引投资的敲门砖，而精彩的路演则是展示项目魅力、赢得支持的关键环节。结合医学创业的特点与大学生的实际情况，以下从计划书撰写与路演两大方面给同学们一些建议。

1. 创业计划书撰写

(1) 计划书核心结构及撰写建议

封面与目录：封面需突出项目名称、团队名称、联系方式及日期，设计简洁且具有医疗行业特色，如采用医疗蓝为主色调搭配医疗器械元素。目录要清晰呈现各章节内容，方便阅读者快速定位关键信息。

执行摘要：用300～500字精炼概括项目核心，包括项目定位（如“专注于基层医院的AI辅助诊断解决方案”）、创新点（如“采用独特的多模态影像融合算法”）、市场前景（如“目标市场规模超百亿元”）及融资需求（如“计划融资500万元用于产品研发与市场推广”），吸引投资者继续阅读。

项目概述：详细介绍项目背景，说明选择该医学创业方向的原因，如临床实践中发现的痛点；阐述项目目标，明确短期（1～2年）和长期（3～5年）发展规划；同时，清晰界定项目提供的产品或服务，如智能康复设备的功能与适用场景。

市场分析：从宏观层面分析医疗行业发展趋势、政策环境对项目的影响；微观层面深入调研目标市场，明确市场规模（引用权威数据，如“我国慢性病管理市场2025年预计达XX亿元”）、目标客户群体（如“年龄在60岁以上的糖尿病患者”）、市场需求特点等；并分析竞争对手，指出自身项目的竞争优势与差异化策略。

产品或服务：对于医学产品，详细描述技术原理、研发进度、产品功能、质量标准及临床试验情况；若为医疗服务，说明服务流程、服务特色、服务团队资质等。例如，介绍AI诊断软件的算法优势、数据来源与准确性验证结果。

商业模式：清晰展示项目的盈利模式，如产品销售、服务收费、订阅制、广告收入等；说明客户获取与留存策略，如与医院合作推广、线上营销活动等；同时，阐述与合作伙伴的合作方式，如与医疗器械厂商联合开发产品。

营销策略：制定线上线下相结合的推广策略，线上利用社交媒体、医疗垂直平台进行内容营销，线下参加医疗展会、举办学术研讨会；明确产品定价策略，结合成本、市场需求与竞争情况，如采用渗透定价法快速占领市场。

团队介绍：突出团队成员的专业背景与优势，如业内专家负责项目指导、计算机专业的成员主导技术研发、市场营销专业的小伙伴负责推广；介绍团队成员的过往经验与成就，如曾参与重大科研项目、获得创新创业竞赛奖项等，增强团队可信度。

财务规划：编制未来3～5年的财务预测报表，包括资产负债表、利润表、现金流量表；合理估算收入来源、成本结构（研发成本、生产成本、营销成本等）与利润情况；进行财务指标分析，如投资回报率（ROI）、内部收益率（IRR），展示项目的盈利能力与财务健康状况。

风险分析与应对：识别项目可能面临的风险，如技术风险（研发失败）、市场风险（竞争加剧）、法律风险（医疗器械注册不通过）、资金风险（融资困难）等；针对每种风险制定具体的应对措施，如技术风险可通过与科研机构合作降低不确定性。

（2）撰写要点与技巧

突出创新性与可行性：强调项目在医学领域的创新点，如新技术、新疗法、新模式；同时，结合大学生实际资源与能力，说明项目的可行性，如已有的技术基础、合作资源等。

数据支撑与案例佐证：引用权威行业报告、统计数据增强说服力，如引用《中国医疗健康产业蓝皮书》；加入实际案例，如已开展的小规模试点项目成果，证明项目的市场接受度。

语言简洁专业：避免冗长复杂的表述，使用专业术语但要确保非专业人士也能理解；逻辑清晰，各章节过渡自然，重点内容可加粗或用小标题突出。

2. 推介路演

（1）路演内容设计

精彩开场：用一个引人入胜的故事、震撼的数据或提问吸引观众注意力，如“你知道每年有多少脑卒中患者因错过黄金救治时间而致残吗？我们的项目将改变这一现状”。

核心内容呈现：在有限时间内（通常5～10分钟），重点阐述项目的核心价值、创新点、市场需求与商业模式；结合PPT、视频、产品原型等辅助工具，直观展示项目优势，如通过视频演示智能医疗设备的操作流程。

突出团队优势：介绍团队成员的专业背景与合作经历，强调团队的执行力与凝聚力，让投资者相信团队有能力实现项目目标。

明确融资需求：清晰说明融资用途、资金使用计划及预期回报，如“本次融资500万元，其中300万元用于产品研发，150万元用于市场推广，50万元用于团队建设，预计2年内实现盈利”。

（2）路演技巧与注意事项

表达技巧：保持自信，语速适中，语调有起伏，与观众进行眼神交流；使用简洁易懂的语言，避免过多专业术语；借助肢体语言增强感染力，如适当的手势、站姿。

时间控制：严格按照规定时间完成路演，提前进行多次演练，确保各部分内容分配合理；可安排团队成员进行时间提醒。

应对提问：提前预测投资者可能提出的问题，如技术原理、市场竞争、盈利模式等；回答问题时要清晰、准确、诚实，若遇到不懂的问题，不要回避，可承诺会进一步沟通。

视觉辅助：制作简洁美观的PPT，避免文字过多，多用图表、图片、数据可视化展示；PPT风格与项目定位相符，如科技感十足的设计用于智能医疗项目。

大学生撰写医学创业计划书与进行路演时，须充分发挥自身优势，结合医学行业特点，精心准备内容，注重展示效果。通过一份优秀的计划书和精彩的路演，将创业项目的潜力与价值充分展现，从而吸引更多资源与支持，助力创业梦想成真。

阅读材料

青春创未来——因自己曾被腰痛困扰,医学在读博士创业想为更多人止痛

"宋医生,麻烦你看看我的脖子。"某天中午,来自山西的曹女士走进位于长沙市开福区的一家骨科专科门诊。她口中的宋医生名叫宋涯,是这家专科门诊的创始人之一,也是中南大学湘雅医院骨科学在读博士。

曹女士今年32岁,她表示自己近年来饱受颈椎背部疼痛困扰,之前看过许多医生,此次来到长沙找宋涯求医,是在病友的推荐下慕名而来的。其实,宋涯走上这条创业之路,也与他曾遭受的腰痛经历有很大关系。

宋涯的学医之路始于本科在南华大学就读临床医学专业,后来到中南大学湘雅医院读研、读博,学的都是骨科专业。

读研时,宋涯就在门诊实习中发现,有一些手术很成功的病人,肢体肌能却恢复得不够好。比如有患者手臂骨折,拍片子看的话骨头长得很好,但患者的手部功能和力量还是很差。这让他意识到,对于骨科患者来说,术后康复非常重要和关键。当时,宋涯就尝试做起线上康复指导项目。

与此同时,宋涯也接触到很多脖子痛、腰痛、膝盖痛、腿痛等患者,他们没有手术指征,一般只能靠吃药来缓解疼痛,其中有人服药效果并不好,在生活中只能忍受着疼痛与不便。

让宋涯对这种疼痛感同身受的是,有段时间他因为连续伏案写作,腰痛悄悄找上了他。最严重的时候,他"从坐着到站起来,可能要花一两分钟的时间才能直起腰"。当时,宋涯也吃了药,但效果并不明显。

一个偶然的机会,有朋友得知宋涯腰痛,就主动提出给他扎一针。刚开始,宋涯有些抗拒也有些不信,但敌不过腰痛难忍,他接受了朋友的建议。结果,宋涯回忆:"朋友运用疼痛治疗技术给我处理后,当即痛感就缓解了很多,到第二天我的腰基本上就不疼了。"

有了这次经历后,宋涯开始劝说朋友做合伙人一起来创业,专门做骨科疼痛治疗和康复治疗。与此同时,他自己在这方面做了许多研究,还经常付费参加学习班,去学习和接触新的治疗技术。

创业初期,年轻的宋涯又面临着没有病人敢去找他看病的压力。好在宋涯用自己的专业,渐渐赢得了患者的信任。他说:"当有患者找来但还心存疑虑时,我会跟对方聊为什么会得这个病、是什么习惯导致的这个病、这个病到底是什么样子的……用我们的专业来赢得患者的认可。渐渐地,患者觉得我们这里治疗效果挺好的,就会主动推荐给其他患者。现在我每天坐诊都是要预约的,每天最多接待20位病人,这样也是为了给每位患者都留出了足够的问诊时间。"

据介绍,在宋涯接诊的患者中,像曹女士这样从其他省市专程而来的不在少数。宋涯也不得不从周一至周日都出诊,几乎全年无休。

让宋涯感到安心的是,在创业的过程中,导师、学校、政府机构等都给了他很大的支

持。在学习中,宋涯一方面自己合理安排时间,既专注门诊,又完成学习任务;另一方面导师也给他介绍学习资源和渠道。在创业时,中南大学、岳麓山大科城等还给予了他政策和资金的支持。其中,宋涯透露:"我们是搞专业出身,对商业运营并不擅长。中南大学学生创新创业指导中心就给予了我们实际运营过程中的指导,包括邀请专家一对一地辅导,给了我们非常大的帮助。"

现在,宋涯的团队已发展到18人,包括全职医生1名、兼职医生5名、康复师3名,还有护士等。对于未来规划,他已经有了清晰的想法:"我们团队的接诊量还是有限的,未来我们想聚焦于技术和培训,一是将我们的治疗技术和运动康复理念推广出去;二是接纳更多的医生、康复师等群体来学习,这样通过他们再去服务患者,帮助更多患者缓解身体疼痛,改善生活质量,享受无痛人生。

资料来源:《潇湘晨报》,有删改。

(余　亮)

参 考 文 献

[1] 李冬雪,卢勇,常建莲.大学生职业生涯规划与就业指导[M].北京:中国言实出版社,2022.

[2] 訾浩然,常小芳.大学生生涯发展与就业指导[M].成都:电子科技大学出版社,2019.

[3] 刘志,黄佳,陈智,等.大学生职业生涯规划与就业指导[M].长沙:中南大学出版社,2020.

[4] 李花,陈斌,武香俊,等.大学生职业生涯规划[M].天津:南开大学出版社,2014.

[5] 陈彩彦,兰冬蓉.大学生职业生涯规划[M].北京:航空工业出版社,2018.

[6] 崔炜,罗松远.大学生职业生涯规划[M].上海:上海交通大学出版社,2015.

[7] 刁伟,孙天明,杨彤.洞见职场[M].北京:航空工业出版社,2020.

[8] 黄昌兴,李俊才,赵巍.大学生职业生涯规划教程[M].北京:中国言实出版社,2020.

[9] 张晓蕊,马晓娣,岳志春.大学生职业生涯规划[M].北京:北京理工大学出版社,2019.

[10] 王晓庆,麻曦业.大学生职业生涯规划与就业指导[M].北京:北京理工大学出版社,2021.

[11] 张晓蕊,朱望东,岳志春.大学生职业生涯规划与管理[M].北京:北京理工大学出版社,2023.

[12] 李花,陈斌,陈鑫林,等.大学生职业发展规划与就业指导[M].北京:北京师范大学出版社,2012.

[13] 陈伟,冷耀明,汪华.职业生涯规划[M].北京:北京邮电大学出版社,2011.

[14] 高亮,邹琴,罗平,等.大学生职业生涯规划[M].北京:北京理工大学出版社,2023.

[15] 张进.职业生涯规划[M].北京:对外经济贸易大学出版社,2014.

[16] 王妍,闫洪雨,孙韬.职业生涯规划与就业指导[M].苏州:苏州大学出版社,2022.

[17] 李莉.大学生职业生涯规划实训教程[M].北京:北京理工大学出版社,2015.

[18] 谢永川,袁国,朱红兵,等.大学生职业生涯规划[M].北京:北京理工大学出版社,2010.

[19] 李莉.大学生职业生涯规划[M].北京:北京理工大学出版社,2022.

[20] 胡伯龙.大学生职业生涯规划[M].长春:东北师范大学出版社,2015.

[21] 陈磊.大学生职业发展教育[M].重庆:重庆大学出版社,2018.

[22] 钟谷兰,杨开.大学生职业生涯发展与规划[M].上海:华东师范大学出版社,2008.

[23] 钟谷兰,杨开.大学生职业生涯发展与规划[M].2版.上海:华东师范大学出版社,2016.

[24] 陈磊,黄利梅,禹旭红,等.大学生职业发展教育 职业生涯规划篇[M].北京;北京师范大学出版社,2015.

[25] 王列富,黄太国,向海,等.大学生职业生涯规划[M].北京;中国原子能出版社,2014.

[26] 陶勇.大学生职业生涯发展与规划[M].南京:南京大学出版社,2021.

[27] 卢建华,李天萍.医学创新的智慧与谋略[M].北京:科学出版社,2014.

[28] 卢建华,吴建国.医学科研思维与方法[M].北京:科学出版社,2011.

[29] 张文,任惠民,赵树仲.现代医学50年:医学前沿的巡礼和反思[M].西安:陕西科学技术出版社,1989.

[30] 吴建国,卢建华.论唯物辩证法与医学人才科研素质的关系[J].中国卫生事业管理杂志,1998(11):608-610.

[31] 卢建华.唯物辩证法与医学生的素质教育[J].江苏高教,1998(5):72-91.

[32] 孙伟,李长智.创新创业教程[M].北京:清华大学出版社,2017.

[33] 刘飒,邢红彬.创新创业教程[M].3版.北京:清华大学出版社, 2022.
[34] 陈运普,胡孝红,张莉,等.大学生创新思维教程[M].武汉:武汉大学出版社, 2022.
[35] 张宝强,刘红军.大学生创新创业实务教程[M].郑州:郑州大学出版社, 2018.
[36] 李业明,吴忠红.职业生涯规划与就业指导[M].上海:上海交通大学出版社, 2022.
[37] 邱月玲,范守忠,阎宏,等.职业规划与就业指导[M].北京:科学技术文献出版社, 2015.
[38] 孙睿,侯存敏.大学生职业生涯规划与就业指导[M].北京:中国时代经济出版社,2013.
[39] 阳杰,陈永杰,齐存霞,等.大学生职业生涯规划与就业指导[M].镇江:江苏大学出版社, 2013.
[40] 杨岩,刘春兰,武静,等.职业生涯规划与就业指导[M].北京:北京师范大学出版社,2015.
[41] 王建国,王献玲.大学生职业规划与就业指导教程[M].郑州:郑州大学出版社, 2012.
[42] 郭新春.大学生职业生涯规划与就业指导十讲[M].上海:上海交通大学出版社,2020.
[43] 丁梦,王霖,张宝红,等.大学生就业指导[M].镇江:江苏大学出版社,2017.
[44] 张健萍,陆忠华.残障大学生职业发展与就业指导[M].北京:知识产权出版社,2015.
[45] 范广,张高科.大学生就业指导[M].上海:上海交通大学出版社,2023.
[46] 张秦龙,乔晶策,贺适.大学生职业生涯规划与就业指导Z双色版[M].上海:上海交通大学出版社, 2021.
[47] 刘雅芳,李东鹏,周兴中.用智慧与奋斗赢得未来[M].上海:上海交通大学出版社, 2020.
[48] 夏雨,李道康,王苇.大学生职业发展与就业创业[M].上海:上海交通大学出版社,2016.
[49] 李运楼,李尊华,周倩兰.就业指导与创业基础训练教程[M].北京:航空工业出版社,2015.
[50] 孟琳,张妍.求职技巧[M].镇江:江苏大学出版社,2017.
[51] 刘华,尹志刚.大学生职业发展与就业创业教程[M].上海:上海交通大学出版社,2017.
[52] 高仁泽,柳晓夫.高职生职业发展与就业指导教程[M].北京:北京理工大学出版社,2012.
[53] 梁甜甜,梁玉莲.劳动法新论[M].北京:北京理工大学出版社,2016.
[54] 司岩,何少涛,巨星,等.大学生就业指导教程[M].大连:东软电子出版社,2013.
[55] 刘雪巍,郭立栋.新时代高校劳动教育教程[M].济南:山东人民出版社,2022.
[56] 冯桂梅,李颖卓.医学生不良就业心理的对策研究调查与思考[J].中国大学生就业,2014(24):40-43.
[57] 兰玲,王金娟,王猛,等.经管类专业创新创业教育[M].北京:经济管理出版社,2018.
[58] 姚凯.大学生创业导论[M].北京:清华大学出版社,2015.
[59] 苗苗,李静波,杨柳.创新 创业 创青春:正年轻,有梦想,走“三创”征途[M].成都:西南交通大学出版社,2020.
[60] 兰海,赵治中.创业基础:理论与实务[M].重庆:重庆大学出版社,2022.
[61] 苗苗,沈火明,高恒,等.创新创业创青春[M].2版.北京:机械工业出版社,2022.
[62] 蒋晓明,巢昕.高职学生创新创业基础[M].2版.北京:高等教育出版社,2021.
[63] 刘鹰,刘丹,李莹莹,等.创业基础[M].北京:中国轻工业出版社,2015.
[64] 夏伯平,闫咏,朱克勇.大学生创业实训指南[M].北京:现代教育出版社,2015.
[65] 徐俊祥,杨志清,黄欢.创未来[M].天津:天津人民出版社,2021.
[66] 付生德,桑振平,黄天利,等.大学生创新创业指导教程[M].北京:现代教育出版社,2018.
[67] 史梅,徐俊祥,白冰.大学生创新与创业指导[M].北京:现代教育出版社,2015.
[68] 王宏,牛冰非,卢朝东,等.创业基础训练教程[M].开封:河南大学出版社,2019.
[69] 苗苗,蒋玉石,周静,等.创业管理[M].北京:电子工业出版社,2019.
[70] 马殷春,戈璇,施伟,等.动漫类专业创新创业基础教程[M].北京:北京理工大学出版社,2023.
[71] 张俊,刘万韬,齐河宁,等.大学生创新创业教程 理论 案例 实训 微课版[M].北京:航空工业出版社, 2020.

[72] 徐伟，张晔庚，苏琼瑶，等.大学生职业生涯规划与就业创业指导[M].北京：北京理工大学出版社，2023.
[73] 卢飞成.创业实战[M].杭州：浙江大学出版社，2012.
[74] 周国桥.创新创业技能实训与案例[M].北京：高等教育出版社，2018.
[75] 易高峰.数字经济时代创新创业教程[M].南京：南京大学出版社：2022.
[76] 宋俊骥，周玮.大学生创新创业实务教程[M].苏州：苏州大学出版社，2022.
[77] 吴迪.创新实践教育通识：大学生如何启动创造性项目[M].北京：机械工业出版社，2024.
[78] 保研岛团队.保研一本通[M].合肥：中国科学技术大学出版社，2024.
[79] 刘露，汤礼广.大学生创新创业基础与实践[M].合肥：合肥工业大学出版社，2022.
[80] 霍楷，高嵩.美育与创新：艺术展演与竞赛育人研究[M].北京：化学工业出版社，2024.
[81] 张铮，刘法虎，陈慧.新时代职业教育专业群开发研究与实践[M].武汉：华中科技大学出版社，2021.
[82] 杨琦，许家宝.工程训练及实习报告[M].合肥：合肥工业大学出版社，2020.
[83] 钱婧.学术咸鱼自救指南[M].贵阳：贵州人民出版社，2023.
[84] 王涛，虞苍璧，马小田，等.创新创业基础[M].北京：清华大学出版社，2023.
[85] 马琳，杨兰，秦峰.大学生职业生涯规划[M].北京：北京理工大学出版社，2023.
[86] 司法部.中华人民共和国新法规汇编2023第5辑(总第315辑)[M].北京：中国法制出版社，2023.
[87] 马吉梅，万永成，蔡玮素，等.大学生职业生涯规划[M].北京：中国商业出版社，2023.
[88] 吴限.三部门：加强就业权益维护[J].中国信用，2024(7)：32.
[89] 曹萍.我省出“实招”促进高校毕业生等青年就业创业[J].农家参谋，2024(22)：7.
[90] 赵万山.优化就业政策措施 全力促发展惠民生[N].兰州日报，2023-07-29(R03).
[91] 王静.发挥创业带动就业倍增效应[N].石家庄日报，2023-07-27(2).
[92] 张红波.挖掘编制存量 加大补员力度[N].云南经济日报，2023-04-28(1).
[93] 解楚楚.河北十七条稳就业政策全力促发展惠民生[N].河北日报，2023-06-17(1).
[94] 人力资源和社会保障部法规司.人力资源和社会保障政策法规汇编2021[M].北京：中国劳动社会保障出版社，2022.
[95] 刘露.从创意到创业：大学生创新创业实践指导[M].合肥：合肥工业大学出版社，2023.
[96] 中国法制出版社.中华人民共和国民法典随身笔记：人格权编·侵权责任编(含司法解释)[M].北京：中国法制出版社，2021.
[97] 中国法制出版社.中华人民共和国教育法律法规全书[M].北京：中国法制出版社，2023.
[98] 中国法制出版社.中华人民共和国教育注释法典[M].5版.北京：中国法制出版社，2023.
[99] 杨红平，左国防.大学生创新创业实务新编[M].北京：光明日报出版社，2024.
[100] 应小陆，王艳茹，马飞.国情思政大课：青年红色筑梦之旅印记[M].上海：立信会计出版社，2023.
[101] 司法部.中华人民共和国新法规汇编2021第10辑(总第296辑)[M].北京：中国法制出版社，2022.
[102] 荣曼生，王超，陈腊文，等.大学生创业基础[M].北京：高等教育出版社，2023.
[103] 张云华，赵薇薇，贾景姿，等.创新创业基础[M].2版.上海：上海交通大学出版社，2023.
[104] 中国法制出版社.生态环境法律政策全书2023版[M].北京：中国法制出版社，2023.
[105] 张晓蕊，朱望东，马晓娣.大学生就业指导[M].北京：北京理工大学出版社，2022.
[106] 中国法制出版社.中华人民共和国劳动和社会保障法律法规全书[M].北京：中国法制出版社，2023.
[107] 叶飞松，李爱卿，张得钦，等.助力新起点：高职新生入学教育[M].2版.北京：中国人民大学出版社，2022.
[108] 刘杰，王要武.中国建设教育发展报告2020—2021[M].北京：中国建筑工业出版社，2022.

[109] 朱明俊,章霞,陈金和,等.创新创业教程[M].北京:北京理工大学出版社,2023.
[110] 薛颖,兰佳丽,李玉坤,等.新时代应用文写作[M].西安:西安电子科技大学出版社,2022.
[111] 陈庆,尚凤标,王晓明,等.大学生创业与创新[M].北京:北京理工大学出版社,2023.
[112] 国务院办公厅关于进一步支持大学生创新创业的指导意见[J].中国人力资源社会保障,2021(11):5.
[113] 《技术与教育》编辑部.国务院和教育部等有关部门职业教育重要文件摘编(2021年下半年)[J].技术与教育,2021(4):25-42.
[114] 中共中央办公厅、国务院办公厅印发《关于推动现代职业教育高质量发展的意见》[J].教育科学论坛,2021(33):3-6.
[115] 国务院办公厅关于进一步支持大学生创新创业的指导意见[J].中国人力资源社会保障,2021(11):5.
[116] 雷卫星,叶江华.地方高校大学生创新创业实践路径探索:以武夷学院茶与食品学院为例[J].武夷学院学报,2024,43(10):87-91.
[117] 秦雅楠.进一步支持大学生创新创业[N].人民日报,2021-10-13(3).
[118] 柴新.大学生创新创业财金扶持政策推出升级版[N].中国财经报,2021-10-14(3).